现代经济与管理类规划教材

财务报告解读与分析

（第 2 版）

李远慧　郝宇欣　主编

清华大学出版社

北京交通大学出版社

·北京·

内 容 简 介

看懂、看活、看透企业财务报告是广大财务报告信息使用者提升决策能力的基础。本书以真实的上市公司财务报告为分析对象，以新会计准则体系和最新的相关法律、法规为依据，全面阐述了财务报告解读与分析的基本原理、基本程序和基本方法。全书分 4 部分，共 8 章，第一部分为财务报告解读与分析理论基础；第二部分为重要财务报表及附注解读与分析，包括资产负债表解读与分析、利润表解读与分析、现金流量表解读与分析、所有者权益变动表解读与分析、财务报告附注信息披露解读；第三部分为财务指标分析；第四部分为综合绩效评价。

本书突出了理论与实务应用并重的特征，以上市公司的真实案例贯穿始终，展示了财务报告解读与分析去粗取精、去伪存真、由此及彼、由表及里的分类与综合、整理与加工的过程，具有很强的可读性和实用性。本书可作为高等院校会计学、财务管理等经济管理类相关专业财务报告分析课程的教材，同时也适合经济管理人员、在职会计人员、投资者及其他对财务分析感兴趣的读者使用。

图书在版编目（CIP）数据

财务报告解读与分析 / 李远慧，郝宇欣主编. —2 版. —北京：北京交通大学出版社：清华大学出版社，2018.8

（现代经济与管理类规划教材）

ISBN 978-7-5121-3599-4

Ⅰ. ① 财… Ⅱ. ① 李… ② 郝… Ⅲ. ① 会计报表-会计分析-高等学校-教材 Ⅳ. ① F231.5

中国版本图书馆 CIP 数据核字（2018）第 149981 号

财务报告解读与分析
CAIWU BAOGAO JIEDU YU FENXI

责任编辑：丁塞峨

出版发行：清 华 大 学 出 版 社　　邮编：100084　　电话：010-62776969　　http://www.tup.com.cn
　　　　　北京交通大学出版社　　邮编：100044　　电话：010-51686414　　http://www.bjtup.com.cn

印 刷 者：北京时代华都印刷有限公司

经　　销：全国新华书店

开　　本：185 mm×230 mm　　印张：20.25　　字数：519 千字

版　　次：2018 年 8 月第 2 版　　2018 年 8 月第 1 次印刷

书　　号：ISBN 978-7-5121-3599-4/F·1798

定　　价：45.00 元

本书如有质量问题，请向北京交通大学出版社质监组反映。对您的意见和批评，我们表示欢迎和感谢。

投诉电话：010-51686043，51686008；传真：010-62225406；E-mail：press@bjtu.edu.cn。

前言

　　会计是企业通用的国际"商业语言"，财务报告是会计信息的载体，是外界观察和透视企业的"窗口"，看懂、看活、看透企业财务报告则是广大财务报告信息使用者提升商业和投资决策能力的基础。本书以真实的上市公司财务报告为分析对象，以新会计准则体系和最新的相关法律、法规为依据，全面阐述了财务报告解读与分析的基本原理、基本程序和基本方法。

　　本书的主要目的是让读者学会如何"用会计"，洞察数字背后的真正含义。只有对一家公司当前的财务状况和过去的收益记录数据了如指掌时，才更有资格和能力准确地评判该公司的未来价值。全书分4部分，共8章，第一部分为第1章，主要介绍财务报告解读与分析理论基础；第二部分为第2～6章，主要是对重要财务报表及附注的解读与分析，包括资产负债表解读与分析、利润表解读与分析、现金流量表解读与分析、所有者权益变动表解读与分析、财务报告附注信息披露解读；第三部分为第7章，主要进行财务指标分析；第四部分为第8章，主要讲解综合绩效评价的方法，并向读者系统地展示了杜邦财务分析体系和EVA模型的实际应用。

　　本书突出了理论与实务应用并重的特征，以上市公司的真实案例贯穿始终，展示了财务报告分析与解读去粗取精、去伪存真、由此及彼、由表及里的分类与综合、整理与加工的过程，具有很强的可读性和实用性。

　　本书的主要特点如下。

　　① 新颖。充分结合了新企业会计准则的内容框架，以真实的上市公司年度财务报告为主线，贯穿始终，鲜活地展示了财务报告解读与分析的原理、程序和方法，并结合行业背景及对比分析，增强读者对财务报告的感性认识。

　　② 讲解全面、透彻、通俗。内容安排系统全面。本书从财务报告中的个别报表分析解读开始，到财务指标分析工具的具体运用，再到完整的综合绩效评价，层层递进、逐步深入，构成了一个完整的财务报告分析知识框架。

　　③ 操作性、实用性强。从实际应用出发，通过条分缕析，让读者逐步掌握财务报告的分析思路和方法，通过真实的上市公司财务报告进行案例分析，向读者展示了发生在上市公司中的真实故事。

本书由北京交通大学李远慧①、郝宇欣担任主编。各章具体内容由李远慧、郝宇欣、王佳丽、李润宇、杜明昕、聂鸣华、张聪共同合作撰写完成。在本书的编著过程中，我们参考了大量国内外学者的著作、教材及文章，在此表示诚挚的谢意，请恕难以在参考文献中一一注明。

　　在本书的撰写过程中，我们尽量融入了最新的财务报告分析与解读方面的知识和工具，但受时间和水平的限制，难免存在错误和遗漏。期待该书能够得到广大读者的认可，也期待热心读者提出宝贵的批评意见，以便我们为读者提供更好的服务。

编者

2018 年 7 月

---

① 李远慧：管理学博士，现为北京交通大学经济管理学院会计系副教授、博士生导师，中国注册会计师、中国注册税务师。主要研究领域为会计信息与资本市场、公司治理。曾荣获 2016 年、2015 年全国百篇优秀管理案例奖；2014 年度铁道科技奖 1 等奖、2012 年度铁道科技奖 2 等奖；北京交通大学握奇奖教金、北京交通大学优秀教学成果一等奖、二等奖等，所主编教材曾获教育部"十二五"普通高等教育本科国家级规划教材。

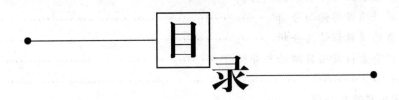

第1章

财务报告解读与分析理论基础

 学习目标

1. 认知财务报告的含义；
2. 理解财务报告分析的意义及程序；
3. 掌握财务报告分析的基本方法。

1.1 财务报告概述

1.1.1 财务报告的概念

财务报告是企业对外提供的反映企业某一特定日期的财务状况和某一会计期间的经营成果、现金流量等会计信息的文件。

"财务报告"从国际范围来看是一个比较通用的术语，但是在我国现行有关法律、行政法规中使用的是"财务会计报告"这一术语，为了保持法规体系上的一致性，我国企业会计准则仍然沿用了"财务会计报告"的术语，但同时又引入了"财务报告"这一术语，并指出"财务会计报告"又称"财务报告"，从而较好地解决了立足国情与国际趋同的问题。在所有具体准则的制定中则统一使用了"财务报告"的术语。

财务报告具有以下几层含义：一是财务报告应当是对外报告，其服务对象主要是投资者、债权人等外部使用者，专门为了内部管理需要、有特定目的的报告不属于财务报告的范畴；

二是财务报告应当综合反映企业的生产经营状况，包括某一时点的财务状况和某一时期的经营成果与现金流量等信息，以勾画出企业经营状况的全貌；三是财务报告必须形成一个系统的文件，不应是零星的或不完整的信息。

财务报告是企业财务会计确认与计量的最终结果的体现，投资者等使用者主要通过财务报告来了解企业当前的财务状况、经营成果和现金流量等情况，从而预测未来的发展趋势。因此，财务报告是向投资者等财务报告使用者提供决策和其他有用信息的媒介和渠道，是投资者、债权人等使用者与企业管理层之间信息沟通的桥梁和纽带。

1.1.2　财务报告的目标

财务报告的目标是向财务报告使用者提供与企业财务状况、经营成果和现金流量等有关的会计信息，反映企业管理层受托责任履行情况，有助于财务报告使用者做出经济决策。

财务报告的目标所要解决的主要问题是企业为什么要提供会计信息，向谁提供会计信息，提供哪些重要会计信息。围绕这些问题形成了两种竞争性的观点：受托责任观和决策有用观。

受托责任观体现了会计的传统角色意识，其思想渊源早在会计产生初期就已经存在，其盛行是基于股份公司发展及两权分离形成的委托代理关系，认为财务报告的目标主要在于如实反映代理人受托责任的履行情况。两权分离即只要存在授权关系，便可能导致受托责任。曾经担任美国会计学会会长的井尻雄士说过，受托责任的关系可因宪法、法律、合同、组织的规则、风俗习惯甚至口头合约而产生。一个公司对其股东、债权人、雇员、客户、政府或有关联的公众承担受托责任。在一个公司内部，一个部门的负责人对分部经济负有受托责任，而部门经理对更高一层的负责人也承担受托责任。就这一意义而言，说我们今天的社会是构建在一个巨大的受托责任网络之上，毫不过分。

随着公司制和资本市场的不断发展和完善，传统意义上的委托代理关系不断延伸和拓展，委托人的过度分散已经成为必然。由于公司产权关系的复杂化和多样化，公司治理和协调的交易费用变得越来越大，相应地，会计担负起为信息使用人提供决策支持的任务，也就成了市场资源有效配置的基础和重要条件。会计信息供求双方之间复杂的利害关系使得公开公允的会计披露不单单表现为委托代理合约的维系，而且成了一种强制性制度安排。于是决策有用观应运而生，并迅速占据主导地位。

国际财务报告准则（IFRs）将财务报告目标定位于决策有用观和受托责任观并存，但同时认为受托责任观是从属于决策有用观的。2010 年 9 月 28 日，国际会计准则理事会（IASB）与美国财务会计准则委员会（FASB）联合发布了概念框架第一阶段工作成果——通用目的财务报告的目标，明确指出，财务报告的目标在于"提供关于报告主体的财务信息，以便有助于对现在和潜在的投资者、贷款人和其他债权人做出向主体提供资源的决策。这些决策包括购买、出售或持有主体的权益和债权工具，以及向主体提供贷款的金额和信贷形式"。同时认识到评价管理层受托责任的重要性，联合框架认为，决策有用观包括了受托责任观，这样就没有必要专门将受托责任作为财务报告的目标。我国 2014 年修订的《企业会计准则——基本准则》将财务报告的目标确定为，向财务报告使用者提供与企业财务状况、经营成果和现金流量等有关的会计信息，反映企业管理层受托责任履行情况，有助于财务报告使用者做出经济决策。财务报告使用者包括投资者、债权人、政府及其有关部门和社会公众等。

我国企业会计准则的目标体现了趋同和创新的统一，符合中国特色市场经济环境，我国制定会计准则采取了折衷而务实的融合观。基本准则一方面尽可能充分借鉴 IASB 的概念框架；另一方面又比较冷静地结合社会主义市场经济的发展现实，从而积极稳妥地提出受托责任和决策有用双重目标。该目标体系首先把受托责任目标放在了第一位，这表明公司的财务报告重在对企业管理层及其受托管理的资源进行必要而充分的监督，防止国有资产流失，促进股东财富的保值和增值。其次，决策有用观明显强化了财务报告的目标，体现出会计准则制定者的战略眼光，它有助于消除信息不对称和机会主义，服务于广大投资者的经济决策，合理引导资源的优化配置，促进资本市场公开、公平和公正，乃至于对整个国民经济的持续、稳定和健康发展都具有重要意义。

1.1.3　财务报告体系

财务报告包括财务报表和其他应当在财务报告中披露的相关信息和资料。其中，财务报表是对企业财务状况、经营成果和现金流量的结构性表述，至少应当包括资产负债表、利润表、现金流量表、所有者权益（或股东权益，下同）变动表和附注。考虑到小企业规模较小，外部信息需求相对较低，因此，小企业编制的报表可以不包括现金流量表。

① 资产负债表是反映企业在某一特定日期的财务状况的会计报表。企业编制资产负债表的目的是通过如实反映企业的资产、负债和所有者权益金额及其结构情况，从而有助于使用者评价企业资产的质量及短期偿债能力、长期偿债能力、利润分配能力等。

② 利润表是反映企业在一定会计期间的经营成果的会计报表。企业编制利润表的目的是通过如实反映企业实现的收入、发生的费用，以及应当计入当期利润的利得和损失等金额及其结构情况，从而有助于使用者分析评价企业的盈利能力及其构成与质量。

③ 现金流量表是反映企业在一定会计期间的现金和现金等价物流入和流出的会计报表。企业编制现金流量表的目的是通过如实反映企业各项活动的现金流入、流出情况，从而有助于使用者评价企业的现金流和资金周转情况。

④ 所有者权益变动表是反映所有者权益各部分当期增减变动情况的报表。企业编制所有者权益变动表的目的是通过反映所有者权益总量的增减变动、所有者权益各部分结构性的增减变动，从而有助于使用者准确了解所有者权益增减变动的根源，包括引起所有者权益变动的没有计入利润表而直接计入所有者权益的利得和损失。

⑤ 附注是对在会计报表中列示项目所作的进一步说明，以及对未能在这些报表中列示项

目的说明等。企业编制附注的目的是通过对财务报表本身作补充说明，以更加全面、系统地反映企业财务状况、经营成果和现金流量的全貌，从而有助于向使用者提供更为有用的决策信息，帮助其做出更加科学合理的决策。

财务报表区别于现行法律、行政法规中使用的会计报表，财务报表除了包括会计报表本身外，还包括附注，而会计报表不包括附注。附注是财务报表的重要组成部分。

报表之间的相互关系可以用图1-1来表示。

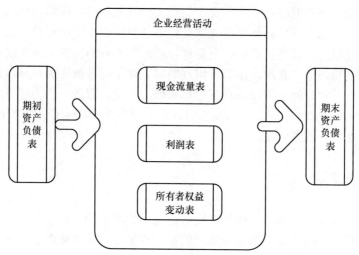

图1-1　会计报表关系示意图

财务报表是财务报告的核心内容，但是除了财务报表之外，财务报告还应当包括其他相关信息，具体可以根据有关法律法规的规定和外部使用者的信息需求而定。如企业可以在财务报告中披露其承担的社会责任、对社区的贡献、可持续发展能力等信息，这些信息与使用者的决策也是相关的，尽管属于非财务信息，无法包括在财务报表中，但是如果有规定或使用者有需求，企业应当在财务报告中予以披露。有时企业也可以自愿在财务报告中披露相关信息。

财务报表格式和附注分别按一般企业、商业银行、保险公司、证券公司等企业类型予以规定。企业应当根据其经营活动的性质，确定本企业适用的财务报表格式和附注。除不存在的项目外，企业应当按照具体准则及应用指南规定的报表格式进行列报。政策性银行、信托投资公司、租赁公司、财务公司、典当公司应当执行商业银行财务报表格式和附注规定，如有特别需要，可以结合本企业的实际情况，进行必要的调整和补充。担保公司应当执行保险公司财务报表格式和附注规定，如有特别需要，可以结合本企业的实际情况，进行必要的调整和补充。资产管理公司、基金公司、期货公司应当执行证券公司财务报表格式和附注规定，如有特别需要，可以结合本企业的实际情况，进行必要的调整和补充。

1.1.4　财务报表的分类

财务报表可以按照不同的标准进行分类。

① 按财务报表反映内容的不同，财务报表可以分为静态财务报表和动态财务报表。静态财务报表主要反映企业某一特定时期的财务状况，即资产负债表，其相关指标都是时点指标；动态财务报表是指反映企业在一定时期内完成的经济指标的报表，即利润表、现金流量表和所有者权益变动表，其相关的主要指标都是时期指标。

② 按财务报表编报期间的不同，财务报表可以分为中期财务报表和年度财务报表。中期财务报表是以短于一个完整会计年度的报告期间为基础编制的财务报表，包括月报、季报和半年报等。年度财务报表是以一个完整会计年度的报告期间为基础编制的财务报表。

③ 按财务报表编报主体的不同，财务报表可以分为个别财务报表和合并财务报表。个别财务报表是由企业在自身会计核算基础上对账簿记录进行加工而编制的财务报表，它主要用以反映企业自身的财务状况、经营成果和现金流量情况。合并财务报表是以母公司和子公司组成的企业集团为会计主体，根据母公司和所属子公司的财务报表，由母公司编制的综合反映企业集团财务状况、经营成果及现金流量的财务报表。

1.2　财务报表列报的基本要求

1. 依据各项会计准则确认和计量的结果编制财务报表

企业应当根据实际发生的交易和事项，按照各项具体会计准则的规定进行确认和计量，并在此基础上编制财务报表。企业应当在附注中对遵循企业会计准则编制的财务报表做出声明，只有遵循了企业会计准则的所有规定，财务报表才可以被称为"遵循了企业会计准则"。

企业不应以在附注中披露代替对交易和事项的确认和计量，也就是说，企业如果采用不恰当的会计政策，不得通过在附注中披露等其他形式予以更正，企业应当对交易和事项进行正确的确认和计量。

2. 列报基础

在编制财务报表的过程中，企业管理层应当对企业持续经营的能力进行评价，需要考虑的因素包括市场经营风险、企业目前或长期的盈利能力、偿债能力、财务弹性，以及企业管理层改变经营政策的意向等。评价后对企业持续经营的能力产生严重怀疑的，应当在附注中披露导致对持续经营能力产生重大怀疑的重要的不确定因素。

非持续经营是企业在极端情况下出现的一种情况。非持续经营往往取决于企业所处的环境以及企业管理部门的判断。一般而言，企业存在以下情况之一的，通常表明企业处于非持续经营状态：

① 企业已在当期进行清算或停止营业；

② 企业已经正式决定在下一个会计期间进行清算或停止营业；

③ 企业已确定在当期或下一个会计期间没有其他可供选择的方案而将被迫进行清算或停止营业。

企业处于非持续经营状态时，应当采用其他基础编制财务报表，如破产企业的资产应当采用可变现净值计量，负债应当按照其预计的结算金额计量等。在非持续经营情况下，企业应当在附注中声明财务报表未以持续经营为基础列报，披露未以持续经营为基础的原因及财务报表的编制基础。

3. 权责发生制

对于我国现行会计准则，除现金流量表需要按照收付实现制编制外，其他报表应该按照权责发生制编制。在权责发生制准则的框架下，当项目符合基本准则中相应要素的定义和确认标准时，企业应当确认相应资产、负债、所有者权益、收入和费用，并应在财务报表中进行反映。

4. 列报的一致性

可比性是会计信息质量的一项重要要求，目的是使同一企业不同期间和同一期间不同企业的财务报表相互可比。为此，财务报表项目的列报应当在各个会计期间保持一致，不得随意变更，这一要求不仅仅针对财务报表中的项目名称，还包括财务报表项目的分类、排列顺序等方面。

在以下规定的特殊情况下，财务报表项目的列报是可以改变的：

① 会计准则要求改变；

② 企业经营业务的性质发生重大变化后，变更财务报表项目的列报能够提供更可靠、更相关的会计信息。

5. 依据重要性原则单独或汇总列报项目

关于项目在财务报表中是单独列报还是合并列报，应当依据重要性原则来判断。

① 性质或功能不同的项目，一般应当在财务报表中单独列报，但是不具有重要性的项目可以合并列报。例如，存货和固定资产在性质上和功能上都有本质差别，必须分别在资产负债表上单独列报。

② 性质或功能类似的项目，一般可以合并列报，但是对其具有重要性的类别应该单独列报。例如，原材料、产品等项目在性质上类似，均通过生产过程形成企业的产品存货，因此可以合并列报，合并之后的类别统称为"存货"。

③ 项目单独列报的原则不仅适用于报表，还适用于附注。某些项目的重要程度不足以在资产负债表、利润表、现金流量表或所有者权益变动表中单独列示，但是可能对附注而言却具有重要性，在这种情况下应当在附注中单独披露。

④ 无论是《企业会计准则第 30 号——财务报表列报》规定的单独列报项目，还是其他具体会计准则规定单独列报的项目，企业都应当予以单独列报。

重要性是判断项目是否单独列报的重要标准。企业在进行重要性判断时，应当根据所处环境，从项目的性质和金额大小两方面予以判断：一方面，应当考虑该项目的性质是否属于企业日常活动、是否对企业的财务状况和经营成果具有较大影响等；另一方面，项目金额大小的重要性，应当通过单项金额占资产总额、负债总额、所有者权益总额、营业收入总额、净利润等直接相关项目金额的比重加以确定。

6. 财务报表项目金额间的相互抵销

财务报表项目应当以总额列报，资产和负债、收入和费用不能相互抵销，即不得以净额列报，但企业会计准则另有规定的除外。例如，企业欠客户的应付款不得与其他客户欠本企业的应收款相抵销，如果相互抵销就掩盖了交易的实质。

下列两种情况不属于抵销，可以以净额列示。

① 资产项目按扣除减值准备后的净额列示，不属于抵销。对资产计提减值准备，表明资产的价值确实已经发生减损，按扣除减值准备后的净额列示，才反映了资产当时的真实价值。

② 非日常活动产生的损益以收入扣减费用后的净额列示，更有利于报表使用者的理解，也不属于抵销。从重要性来讲，非日常活动的发生具有偶然性，并非企业主要的业务。

7. 比较信息的列报

企业在列报当期财务报表时，至少应当提供所有列报项目上一可比会计期间的比较数据，以及与理解当期财务报表相关的说明，目的是向报表使用者提供对比数据，提高信息在会计期间的可比性，以反映企业财务状况、经营成果和现金流量的发展趋势，提高报表使用者的判断与决策能力。

在财务报表项目的列报确需发生变更的情况下，企业应当对上期比较数据按照当期的列报要求进行调整，并在附注中披露调整的原因和性质，以及调整的各项目金额。但是，在某些情况下，对上期比较数据进行调整是不切实可行的，应当在附注中披露不能调整的原因。

8. 财务报表表首的列报要求

财务报表一般分为表首、正表两部分。其中，在表首部分企业应当概括地说明下列基本信息：

① 编报企业的名称，如企业名称在所属当期发生变更的，还应明确标明；

② 对资产负债表而言，须披露资产负债表日，而对利润表、现金流量表、所有者权益变

动表而言，须披露报表涵盖的会计期间；

③ 货币名称和单位，按照我国企业会计准则的规定，企业应当以人民币作为记账本位币列报，并标明金额单位，如人民币元、人民币万元等；

④ 财务报表时合并财务报表的，应当予以标明。

9. 报告期间

企业至少应当编制年度财务报表。根据《中华人民共和国会计法》的规定，会计年度自公历 1 月 1 日起至 12 月 31 日止。因此，在编制年度财务报表时，可能存在年度财务报表涵盖的期间短于一年的情况，比如企业在年度中间（如 3 月 1 日）开始设立等，在这种情况下，企业应当披露年度财务报表的实际涵盖期间及其短于一年的原因，并应当说明由此引起财务报表项目与比较数据不具可比性这一事实。

1.3 财务报告分析概述

1.3.1 财务报告分析的概念

财务报告分析是以会计核算和报表资料以及其他相关资料为依据，采用一系列专门的分析技术和方法，对企业等经济组织过去和现在的筹资活动、投资活动、经营活动的偿债能力、盈利能力、营运能力和发展能力状况等进行分析与评价，为企业的投资者、债权人、经营者及其他关心企业的组织或个人了解企业过去，评价企业现状，预测企业未来，做出正确决策提供准确信息的经济应用学科。

财务报告分析有广义和狭义之分。狭义的财务报告分析是指以企业财务报告反映的财务指标为主要依据，通过对财务报告数据的进一步加工，生成一些新的数据，对企业的财务状况和经营结果进行评价和剖析，为报告使用者投资判断和决策提供重要财务信息支撑的一种分析活动。广义财务报告分析还应包括行业分析、企业战略分析、企业环境分析、企业发展前景分析和资本市场分析等。

1.3.2 财务报告分析的主体

财务报告分析的主体，是指与企业存在一定的现时或潜在的经济利益关系，为特定目的对企业进行财务报告分析的单位、团体和个人。一般而言，与企业有着经济利益的各相关方都会成为企业财务报告的使用者，并且他们站在各自的立场上，为各自的目的，对企业的财务状况、经营成果及现金流量进行分析和评价。这些使用者均构成财务报告分析的主体，具体可以从会计信息的外部使用者和内部使用者两个方面进行阐释。

1）会计信息的外部使用者

会计信息的外部使用者主要是指不参与企业的日常经营活动的，但对企业具有财务利益的个人和组织，包括投资者、债权人、政府及有关部门、社会公众等。这些使用者通常从公开披露的会计报表中得到会计信息。

（1）投资者

投资者包括既有的投资者和潜在的投资者，他们一般需要根据会计信息决定是否保留其在某一企业的投资或向某一企业进行投资。因此，他们需要通过财务报告来评价资产质量、偿债能力、盈利能力和营运效率等，评估与投资有关的未来现金流量的金额、时间和风险等。

（2）债权人

债权人包括企业的贷款人和供应商等。贷款人、供应商通常十分关心企业的偿债能力和财务风险，他们需要根据财务报告来评估企业能否如期支付贷款本金及其利息，能否如期支付所欠购货款。

（3）政府及有关部门

政府及有关部门作为经济管理和经济监督部门，通常关心经济资源分配的公平、合理，市场经济秩序的公正、有序，宏观决策所依据信息的真实、可靠等，因此，他们需要信息来监管企业的有关活动（尤其是经济活动）、制定税收政策、进行税收征管和国民经济统计等。

（4）社会公众

社会公众通常关心企业对所在地经济做出的贡献，如增加就业、刺激消费、提供社区服务等。因此，在财务报告中提供有关企业发展前景及其能力、经营效益及效率等方面的信息，可以满足社会公众的信息需要。在众多社会公众中有一类特殊群体——分析师，他们基于自己的工作或兴趣，关注公司的发展，通常会对公司的财务报告进行分析。

2）会计信息的内部使用者

会计信息的内部使用者，主要包括企业内部各阶层的管理者及企业的雇员。

（1）管理层

会计信息最重要的内部使用者是企业的管理层，即接受投资者和股东委托，参与日常经营的以董事和经理为首的管理团队。管理层对会计信息的需要因其目的不同而不同，一般包括管理、计划、控制与决策。如管理层可能需要对企业的产品做长期计划、研究开发计划、资本预算及制定竞争策略，或可能对产品进行成本控制等，这些都需要利用会计信息来支持相应的筹资决策、投资决策、生产决策、营销决策、人事决策等。

（2）雇员

企业的雇员主要是通过企业的会计信息了解企业的获利能力、发展前景等，以判断是否与企业保持长久的关系。

会计信息使用者的关系如图1-2所示。

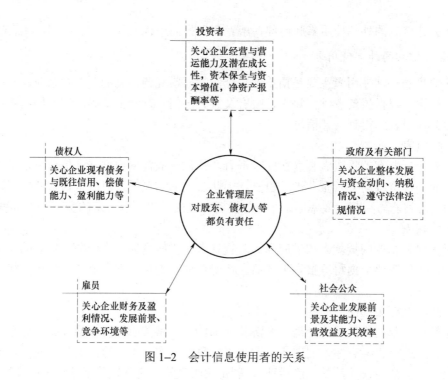

图 1-2　会计信息使用者的关系

1.3.3　财务报告分析的程序

　　财务报告分析程序，是指进行财务报告分析时所要遵循的一般程序。通常分为 4 个阶段：财务报告信息收集和整理阶段；财务报告整体和项目分析阶段；财务指标分析和因素分析阶段；财务报告分析综合评价和专题分析阶段。

1. 财务报告信息收集和整理阶段

该阶段主要完成 3 个任务：
① 确定要收集哪些财务数据；
② 确定以怎样的程序来收集这些数据；
③ 执行既定的程序。

2. 财务报告整体和项目分析阶段

　　在明确了要收集什么信息及怎么收集的基础上，财务报告分析首先应该进行企业战略分析。战略分析是对拟进入的行业整体形势进行的分析，或者是针对企业竞争对手制定战略层面的策略进行的分析和规划。企业战略层面的分析对企业的后续分析有重要意义。这是因为一个企业的战略行为能够在宏观层面影响企业的微观战术层。其次，进行财务报表会计分析。

具体来说，就是对资产负债表、利润表、现金流量表、所有者权益变动表及会计报表附注进行具体的分析和解读。其中，对资产负债表着重分析资产的流动性和资产质量等，对利润表着重分析收入和费用的配比情况等，对现金流量表着重分析企业现金流量的合理性和持久性，对所有者权益变动表着重分析股东权益增减变动的情况。在解读财务报告的过程中，还应该判断企业的财务报表体系是否恰当地反映了企业真实的经济状况。

3. 财务指标分析和因素分析阶段

进行上述分析之后，分析人员应当对企业的综合状况进行全面分析和评价，其中财务指标分析是财务报告分析的一个重要途径。由于会计信息的综合特点，借助财务报表分析能够通过挖掘会计信息的内涵来窥探企业真实的经营状况。另外，不同的财务报表分析目标也会导致企业主体使用不同的财务指标来进行相关分析，通常包括营运能力、偿债能力和盈利能力分析等，从而对企业财务状况和经营业绩、现金流量等有一个全面的认识。

4. 财务报告分析综合评价和专题分析阶段

财务报告分析综合评价阶段的主要任务是延续分析阶段的工作。在财务报告分析的实施阶段，由于其分析大量采用指标和比例分析的方法，因此在得到有用的数据的同时也使得财务报告分析的结果偏重于某一具体事件而缺少综合性。在财务报告分析的综合阶段就是要把前一阶段的不同指标综合在一起考察，以得出正确的分析结论。

在对企业进行了全面的了解之后，还应该根据分析的目的进行有针对性的专题分析，如杜邦分析、EVA 分析等。在这一阶段，企业不但要对现有的经营情况进行分析，还要对未来发展趋势作出预测和评价。

财务报告分析程序如图 1-3 所示。

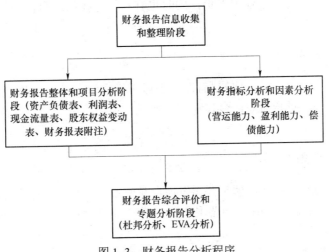

图 1-3 财务报告分析程序

1.4 财务报告分析的基本方法

1.4.1 比较分析法

比较分析法是将相关财务数据或财务指标数值与所确定的标准进行对比分析，计算其存在的数量差异，并进一步分析差异产生的原因或以此推测指标变动趋势的一种分析方法。

比较分析法通过将公司的实际状况与标准或先进水平进行比较，便于信息使用者在了解企业生产经营状况、资本获利性、投资安全性的同时，分析并揭示其存在的不足与薄弱环节，了解其行业竞争能力，为相应的投资与财务决策提供依据。

采用比较分析法时，如何选择确定的比较标准是至关重要的。常用的标准有以下几种。

1. 本公司历史上曾达到的最佳指标

以本公司历史上曾经达到的最佳指标作为标准，便于公司了解自身财务状况及经营成果的发展变化程度与变动趋势。此外，由于公司历史最佳指标代表本公司历史经营曾经达到过的最好水平，因此更加符合公司的实际情况，避免一厢情愿、好高骛远等问题的出现。

2. 当期计划或预算指标

选择当期计划或预算指标作为标准，将日常生产经营情况纳入计划或预算，有助于公司加强预算管理，使生产经营有序进行。同时，通过计算、分析计划或预算的完成情况及其存在差异的原因，便于公司进行业绩评价，同时也有利于查找问题存在的关键，有的放矢，不断提高管理与决策水平。

3. 同行业平均水平

通过与同行业平均水平进行比较，有助于公司正确认识自己在行业中所处的地位或水平，明确自身优势与劣势，扬长避短，合理规划公司经营策略，确保公司投资与资产经营决策的合理有效。

4. 国内外同行业先进指标

以该类指标作为比较标准，便于公司发现自身的不足之处，明确自己的赶超目标，促使公司取长补短，认清存在的缺陷、问题和差距，分析先进公司的经验技巧，从而鞭策自己不断完善，努力赶超。

在采用比较分析法时，除了注意标准的选择之外，还应注意指标的可比性。例如，比较指标的数据形式、指标所包含的具体内容及指标的计算方式与方法、指标所涵盖的时间、区间等，都直接影响着分析的内容与结果的可比与否。对于季节性较强的生产公司，旺季与淡季就不适合直接比较。而对于存货周转率，由于先进先出法与加权平均法计算出来的发出货物的成本不一致，也有可能导致因为营业成本或存货的计算方法不同而产生差异变化，从而导致计算结果的不可比性。

此外，在比较的过程中，还应该充分注意绝对数指标与相对数指标的有机结合。单纯利用绝对数指标或只看重相对数指标的做法常常是不可取的，也容易造成分析结果的失误。

1.4.2 比率分析法

比率分析法是指将财务数据中存在某些内在关联的两个或两个以上要素的数值相除，计算其相应比率的方法。

通常，在同一期间的同一财务报表项目之间，或者不同的财务报表项目之间，彼此还存在一定的关系，比率分析法通过将影响企业财务状况、经营成果、现金流量等方面的两个相关因素结合起来，构建出相应的比率，并加以分析和判断。

比率分析法在财务报告分析中处于极为重要的地位，通常作为一种专门的分析方法，它对相关联的不同项目、指标进行比较，以说明项目之间的的关系。

财务比率分析按照分析的目的及所起作用的不同，分为三类。

1. 相关比率分析

相关比率分析是指分析同一财务报表中两项相关数值的比率，包括：

① 反映偿债能力的比率，如流动比率、速动比率、资产负债率等；

② 反映盈利能力的比率，如净资产收益率、总资产报酬率、销售利润率、成本费用利润率等；

③ 反应营运能力的比率，如存货周转率、应收账款周转率、流动资产周转率等；

④ 反映现金流动能力的比率，如现金比率、经营活动现金流量与净利润的比率、现金负债比率等。

2. 结构比率分析

结构比率是指财务报表中个别项目数值与全部项目总和的比率。这类比率揭示了部分与整体的关系，通过不同时期结构比率的比较还可以揭示公司财务业绩的构成和结构的发展变化趋势。结构比率的计算方法通常是：

$$结构比率=\frac{指标某部分的数值（部分）}{指标的总体数值（总体）}\times100\%$$

在财务报告分析中常用的结构比率包括：

① 利润表的结构比率,如营业利润占利润总额的比重、主营业务利润占利润总额的比重、主营业务利润占营业利润的比重等;

② 资产负债表的结构比率,如存货与流动资产的比率、流动资产与全部资产的比率、所有者权益占全部资产的比重、流动负债占总负债的比重等;

③ 现金流量表的结构比率,如经营活动现金流量总量占总现金净流量的比重、投资活动现金流量占总现金流量的比重、筹资活动现金流量占总现金流量的比重等。

3. 动态比率分析

动态比率分析是指分析财务报表中某个项目不同时期的两项数值的比率,又称为趋势分析或水平分析。公司的经济现象受多方面因素变化的影响,只从某一时期或某一时点上很难完整地分析公司的财务状况的发展规律和趋势,必须把若干数据按时期或时点的先后顺序整理为数列,并计算它的发展速度、增长速度、平均发展速度和平均增长速度等,才能探索它的发展规律和趋势。

财务报表的时期数列反映了某种经济现象在一定时期内发展过程的结果及总量,它是各个时期的数值不断累计的结果。例如,销售收入、利润总额等利润表项目所构成的数列就是时期数列。而时点数列表明的是在特定的时点上的某种经济现象所处的状态的数值。

根据财务指标的时间数列,可以计算出相关指标的增长量、发展速度等指标来反映相关财务指标的发展规律。具体来说,可以分为两类。

(1)增长量

增长量反映某种经济现象在一定时期内所增加(或减少)的绝对数,是比较期与基期的差额,增长量指标由于作为比较标准的时期不同,分为逐期增长量和累计增长量。

$$增长量=比较期数值(报告水平)-基期数值(基期水平)$$

(2)发展速度

发展速度是表明某种经济现象发展程度的比率,它是全部数列中各比较期与基期水平之比,根据比较标准的时期不同,分为定基发展速度和环比发展速度。定基发展速度是报告期水平与某一固定期间水平的对比;环比发展速度是各期水平与前期水平的对比。

$$定基发展速度 = \frac{分析期某指标数值}{固定基期该指标数值} \times 100\%$$

$$环比发展速度 = \frac{分析期某指标数值}{前期该指标数值} \times 100\%$$

1.4.3 因素分析法

因素分析法也叫作连锁替代法,是通过分析影响财务指标数据的各个构成要素,寻找造成指标变动的内在原因的方法。该方法一般适用于综合性的财务指标，如总成本、利润总额、净资产报酬率等问题的分析。

因素分析法的一般做法是：先确定某个综合指标各个影响因素及各影响因素之间的相互关系，并计算其在标准状态下的综合指标数值，然后依次把其中一个当作可变因素进行替换，最后再分别找出每个因素对差异的影响程度。用数学方式表示为：

设某指标受 a，b 两个因素影响，其中，下标为 0 者代表基期或比较标准的水平，下标为 1 者代表该指标的实际水平，则：

$$总差异的绝对值 = a_1b_1 - a_0b_0 = a_1b_1 - a_1b_0 + a_1b_0 - a_0b_0$$

$$= a_1(b_1 - b_0) + (a_1 - a_0)b_0$$

其中，以标准水平为比较基数，即：比较基数 $= a_0b_0$。

第一次替换，将 a_0 换为 a_1。

第二次替换是在第一次的基础上，将 b_0 替换为 b_1（即构成了实际数），即：比较基期 $= a_1b_1$。

然后将每一次的替换结果减去上一次的替换值，得出：

$$a \text{ 因素的影响} = (a_1 - a_0)b_0$$

$$b \text{ 因素的影响} = a_1(b_1 - b_0)$$

在连环替代中，各替代因素的排列顺序是：先数量指标，后价值指标；先外延型指标，后内涵型指标。

上述利用加减运算进行的连环替代，计算出的是各个因素对总体差异在绝对值上的影响程度。实际中也可以利用乘除运算进行指数方面的连环替代（替代顺序同上），以便计算出各个因素对总体差异在相对数或比率方面的影响程度。

1.5　案例公司背景

产值占 GDP 比重超 4%的汽车产业是我国国民经济的支柱产业，是实现稳增长目标不可或缺的重要领域，在国民经济发展中具有极其重要的战略地位。汽车行业产业链长、关联度高、就业面广、消费拉动大，在国民经济和社会发展中发挥着重要作用。进入 21 世纪以来，我国汽车产业高速发展，形成了多品种、全系列的各类整车和零部件生产及配套体系，产业集中度不断提高，产品技术水平明显提升，已经成为世界汽车生产大国。

2016 年是"十三五"开局之年，在改革创新深入推进和宏观政策效应不断释放的共同作用下，中国经济缓中趋稳，实体经济呈趋稳迹象，2016 年我国经济增长的速度为 6.7%。宏观经济形势的变化对汽车行业发展有着较大影响，汽车市场呈现较强的周期性调整趋势。据中国汽车工业协会根据国家统计局提供的全国汽车行业 15 445 家规模以上企业主要经济指标快报显示，2016 年，汽车行业整体经济运行平稳，主营业务收入增长较快，同时，利润总额稳步增长，明显高于 2015 年，亏损企业户数有所减少，应收账款、产成品库存资金增长较快，然而，汽车行业固定资产投资增速趋缓。截至 2016 年末，汽车制造行业包括汽车整车、汽车零部件等企业的 A 股上市公司共 117 家，其中盈利 113 家，亏损 4 家，亏损户数比 2015 年同期减少 3 家。汽车行业市值共计 16 324.62 亿元，占上市公司总市值 2.98%。汽车行业上市公司实现营业利润 1 184.70 亿元，占上市公司全部实现营业利润的 3.26%；实现净利润 1 152.46 亿元，与 2015 年 982.56 亿元的净利润相比增长 17.29%。2016 年汽车行业毛利 3 026.99 亿元，与 2015 年相比增长 24.61%，毛利率也由 2015 年的 15.64% 升至 16.45%。

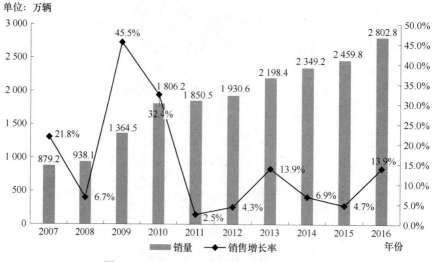

图 1-4　2007—2016 年我国汽车销量走势图

2016 年 3 月，中国汽车工业协会发布"十三五"汽车工业发展规划意见，要求我国汽车产销量保持稳定增长，2020 年产销规模达到 2800 万～3000 万辆，建成 5～6 家具有国际竞争力的世界知名企业（世界汽车企业前 20 强）；中国品牌汽车占据市场主导地位（占国内市场份额 50% 以上），有 5～10 款中国品牌汽车成为世界知名产品；实现汽车产品海外销售（包括生产）占总规模的 10%；中国品牌新能源汽车产销量达到 100 万辆。2016 年 5 月，中共中央、国务院发布《国家创新驱动发展战略纲要》，要求推广新能源汽车的应用，促进无人驾驶汽车的发展。

北汽福田汽车股份有限公司（以下简称福田汽车）成立于 1996 年 8 月 28 日，1998 年 6 月在上海证券交易所上市，股票代码 600166。截至 2016 年，企业资产近 540 亿，员工近 3.9 万人，是中国品种最全、规模最大的商用车企业。北京是福田汽车公司的全球总部所在地，也是福田汽车的创新中心和业务管理与营运中心。此外，福田汽车在国内的京、鲁、湘、粤、冀、鄂等多省市拥有整车和零部件基地；在中国、日本、德国、印度、俄罗斯等国家拥有研发分支机构；在印度、俄罗斯设立了事业部，在全球 20 多个国家设有 KD 工厂，产品出口到

80 多个国家和地区。目前，福田汽车的实际控制人为北京市人民政府国有资产监督管理委员会。具体控股关系如下。

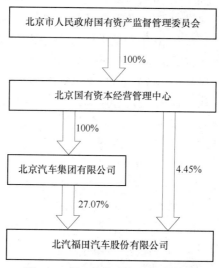

图 1-5　福田汽车产权及控制关系

　　福田汽车作为一家跨地区、跨行业、跨所有制的国有控股上市公司，目前旗下拥有欧曼、欧辉、欧马可、奥铃、时代、萨瓦纳、拓陆者、萨普、图雅诺、风景、蒙派克、伽途、瑞沃等业务品牌。生产车型涵盖轻型卡车、中型卡车、重型卡车、轻型客车、大中型客车、乘用车及核心零部件发动机。自成立以来，福田汽车坚持"商业模式、科技创新、管理创新、人才开发、全球化"的经营方针，以令业界称奇的"福田速度"实现了快速发展，累计产销汽车近 800 万辆，成长为中国商用车第一品牌，成为中国汽车行业自主品牌和自主创新的中坚力量。

　　福田汽车的主营业务包括客车、轻型卡车、商务车、重型卡车与专用车等的生产与销售。经过 20 年的发展，福田汽车品牌价值突破千亿，品牌形象逐渐丰富，品牌溢价能力持续提升。2016 年，世界品牌实验室在北京发布第十三届中国 500 最具价值品牌排行榜，福田汽车品牌价值为 1 005.65 亿元，从 2005 年至今，福田汽车已连续 12 年居商用车行业第一位，在中国汽车行业排名第四。

　　截至 2016 年 12 月 31 日，我国汽车行业共有汽车整车上市公司 117 家，行业平均总股本 10.80 亿股，实际平均流通 A 股 8.59 亿股，总资产平均数为 171.96 亿元，福田汽车总股本为 66.70 亿股，全部为实际流通 A 股，总资产为 539.13 亿元，排名行业第八。汽车行业 2016 年主营业务行业平均数为 156.37 亿元，净利润增长率为 17.29%，而福田汽车主营业务收入 465.32 亿元，净利润增长率为 43.64%，行业排名第三十五。

　　2016 年我国汽车行业在宏观经济政策的驱动下，加大供给侧改革力度，产品结构调整和更新步伐持续加快，汽车行业逐步进入中速增长阶段，产销增速呈逐月增高态势。2016年，汽车销售2 802.82万辆，同比增长13.65%。其中，乘用车销售2 437.69万辆，同比增长14.93%；商用车销售365.13万辆，同比增长5.80%。2016年我国商用车销售占比13.03%，乘用车占比86.97%，商用车销售占比将不断下降。商用车目前已进入成熟期，行业集中度增长，未来增长方式是整合性增长；乘用车未来10年仍处于成长期。福田汽车克服了经济增速放缓和商用车市场低迷的双重影响，全年实现销售531 109辆，同比增长8.37%，继续保持中国商用车第一品牌的市场地位，实现销售收入465.3亿元，利润总额5.2亿元。其中：中重型卡车实现销量84 028辆，较2015年同期上升3.7%，行业同比上升28.1%，低于行业增幅，市场占有率8.7%，较2015年同期下滑2.1%；轻型卡车（含微卡）实现销量351 313辆，较2015年同期下滑1%，行业同比增长2%，竞争能力有待提升，但轻卡总体行业依然保持全国第一，市场占有率达到16.4%，较2015年同期下滑0.5个百分点；大中型客车实现销量9 127辆，较2015年同期上升20.8%，行业同比上升16.2%，增幅大于行业，市场占有率为4.8%，较2015年同期上升0.2个百分点，竞争力大幅提升；轻型客车实现销量30 635辆，较2015年同期上升3.7%，而行业同比下滑18.1%，市场占有率8.7%，较2015年同期上升1.8个百分点；乘用车实现销量56 006辆，较2015年同期上升228.4%，行业同比上升14.9%，增幅大于行业。

2016年福田汽车出口情况为：出口汽车57 782辆，同比下降4.28%，出口数量占中国出口汽车6.94%。

2016年，福田汽车研发投入达到25.53亿元，占公司销售收入的5.49%。公司采用"产业控股公司+业务集团"管理模式，初步形成了福田汽车基于科技创新驱动的三大业务集团——商用车业务集团、乘用车业务集团、金融业务集团，形成了商乘并举的战略发展新格局。公司在产品结构升级、产品创新能力和全球化战略推进等方面取得了显著成绩。

本书以福田汽车2014年、2015年、2016年三年的财务报告为对象，结合真实的案例帮助读者系统地掌握财务报告的分析与解读方法。

思考题

1. 如何理解受托责任观和决策有用观？
2. 财务报告分析的程序分为哪几个阶段？各阶段应该注意什么？
3. 什么是比率分析法？比率分析法按照分析的目的及所起作用的不同可分为几类？
4. 企业财务信息使用者有哪些？它们之间有什么关系？

第2章

资产负债表解读与分析

 学习目标

1. 了解资产负债表的作用和结构特征；
2. 理解资产负债观和收入费用观；
3. 理解资产、负债和所有者权益项目的列报要求；
4. 掌握资产负债表分析的基本程序；
5. 掌握资产负债表的分析重点及分析内容。

2.1 资产负债表概述

2.1.1 资产负债表的概念

资产负债表是反映企业某一特定日期的财务状况的会计报表。我国企业的年报日为公历每年的 12 月 31 日，资产负债表反映了该日的财务状况。

资产负债表主要提供有关企业财务状况方面的信息，即某一特定日期关于企业资产、负债、所有者权益及其相互关系。收入费用观和资产负债观是计量企业收益的两种不同会计理论。

收入费用观认为财务会计的中心是收益，会计要素可最终地归结为"成本（费用）""收入"，以及与收入、费用相互配比而产生的"收益"，其基本公式为"收益=收入−费用"。为了保证收益的真实性，收入费用观强调收益的确定要符合配比原则、历史成本原则和稳健性原则；收入费用观以利润表为第一报表，资产负债表成为合理计量损益的跨期摊销的过渡性的报表，成了利润表的"附表"。资产负债观认为，财务会计的重心是资产。即：

收益=（期末资产−期末负债）−（期初资产−期初负债）−当期所有者投入+
当期向所有者分配

资产负债观的资产主要强调未来价值，即未来的现金流入，而非过去为取得该资产所实际耗费的支出。资产负债观强调资产定义的第一性，其他的会计要素都可以通过资产来表示，资产计价成为会计计量的重心，只要资产变动了，损益也就变化了。于是不管资产交易是否发生，只要资产的市场价值发生变化，原来不计入损益的资产增值部分，在资产负债观下都必须计入损益表项目和所有者权益。

资产负债观和收入费用观是两种不同的收益计量理论，对企业收益的确定起着决定性作用，两者均从会计要素的确认、计量出发以反映企业的损益状态，并报告给会计信息的使用者，为他们对企业经营和财务状况作出判断提供依据，以便于他们对自己的经济行为作出相应决策。而资产负债观与收入费用观作为会计准则制定的两种不同指导思想，显然存在诸多不同，主要表现在认识、理念不同，主张、出发点不同，确认范围、计量方法、属性、步骤、程序不同，目的、侧重点、服务对象不同等。

资产负债观以全面收益为理念，从价值存量的角度出发，认为企业收益是在保持企业实际生产能力不变的前提下企业物质财富的增加。全面收益由净收益加其他全面收益组成，收益确认范畴得到扩展，不仅包括企业已实现的收益，也包括未实现的利得或损失等，收益的确定不需要考虑实现问题，实质上体现了一种综合收益观。资产负债观注重交易的实质，更加关注企业一定期间内资产、负债价值的变化情况，强调信息的相关性、有用性，拓宽了会计计量属性的范围，从单一的历史成本计量扩展到采用现行价值或公允价值计量，突出企业所有存量的变动是其增加经验活动成果的最好证据。资产负债观认为，如果资产负债表信息不完整或不可靠，则利润表信息必然不完整且没用，因此认为资产负债表是会计准则规范的重点和会计核算的首要出发点，把会计看成是一种计量资产和负债的手段，其目的是通过定期和经常地估价来计量各项资产和负债的价值乃至整个企业的价值，确立了资产负债表在会计报表体系中的核心地位。其精义在于反映企业长期成长能力的信息，为决策有用观服务。

收入费用观与资产负债观则大相径庭。收入费用观以营业收益为理念，从价值流量的角度出发，认为企业收益是企业收入超过投入货币价值后的余额，收益由净收益组成，仅包括企业已实现的收益，收益的确定需要考虑实现问题。收益是企业已确认收入与相关成本费用匹配的结果，主张以交易为中心。收入费用观注重交易的实现，强调信息的真实性、可靠性，会计计量须遵循历史成本原则，突出企业所有流量的变动是其增加经营活动成果的最好证据。收入费用观认为即使资产负债表信息无效，利润表信息也可以保证完整有效，满足财务报表使用者的绝大部分信息需求，认为收益指标是衡量企业的主要指标。在收入费用观中，会计被视为一个收入与费用的配比过程，确立了利润表在会计报表体系中的核心地位，资产负债表反映一定时点上的财务状况，并不代表整个企业及企业各种资源的真实价值，资产负债表的重要性位居其二。其精义在于反映当期企业经营者履行职责的信息，为受托责任观服务。

长期以来，我国传统会计准则受客观环境因素影响，主要采用收入费用观来确认与计量企业的收益，会计信息使用者较为关注利润表。新会计准则立足于企业的长期、可持续发展，充分借鉴了国际会计准则，在较大程度上实现了与国际财务报告准则的趋同，会计理念也由收入费用观转向了资产负债观。资产负债表取代利润表成为财务报告体系的重心，体现了经营主体价值概念的历史性回归，并成为当代企业会计事物改革和发展的一个目标。当前，国际会计准则、美国会计准则及我国新会计准则都充分体现了资产负债表概念的主体地位，并成为会计准则的一个基本原则，而且由此衍生出全面收益、公允价值等新的范畴和新的理念。

但是，资产负债观概念的形成，还是一个辩证的否定之否定的过程。一方面，人们似乎逐渐意识到，企业只有在资产减去负债后的余额，即所有者权益（净资产）增加的情况下，才表明企业的资产增加了，股东的财富增长了，企业的目标才算达到或逐步实现了；另一方面，一个不争的事实仍旧是，会计实务界企业经理人似乎对利润仍然一往情深，并围绕盈余管理、利润操作大做文章。新会计准则立意的高尚风格、长远眼光似乎并没有在实务界产生共鸣。因此企业会计准则制定机构强调资产负债观，并借此希望企业能够着眼于长期发展的战略，改善资产负债管理水平，努力优化资本结构和资产结构，克服眼前利益的诱惑，这也有助于进一步规范企业的会计行为，提高决策和控制水平，进而提升资源配置的合理性和有效性，促进市场经济健康、有序发展。

2.1.2　资产负债表的作用

"世界上第一个亿万富翁"洛克菲勒在 19 世纪 50 年代开始经商的时候就非常善于查看资产负债表。而曾经有过百年辉煌历史的英国老牌银行帝国巴林银行前董事长彼得·巴林则认为资产负债表没有什么用。他曾经说过，若以为揭露更多资产负债表的数据，就能增加对一个集团的了解，那真是幼稚无知。但随后不久，巴林银行就因为内部控制不力，而且资产负债表对衍生金融工具风险方面的信息没有得到应有的揭示而倒闭了。很多人都承认，如果巴林银行更加重视资产负债表的信息披露，也许就不会倒闭。两者对比，资产负债表的重要地位和作用可见一斑。

对于财务报告的使用者而言，资产负债表的作用主要有以下几个方面。

① 资产负债表是报表使用者了解企业各种资源及资源分布、结构的有效途径。它把企业所拥有和控制的资源按经济性质、用途等分为流动资产、长期投资、固定资产、无形资产等。各项目之下又具体分成明细项目。例如，流动资产可以按照其构成项目的不同性质，分为货币资金、应收及预付款项、存货等。这样有助于报告使用者全面了解企业的资产规模、资产结构与资产质量。资产是任何一家企业赖以生存并获利的基础，因此，对资产的分析评价，有助于进一步判断企业持续生产与经营的能力与规模，分析企业的盈利潜力与偿债实力。

② 资产负债表可以反映企业资金的来源构成，以帮助报表使用者了解企业的资本结构，评价企业进一步融资的能力及潜在的营运风险。资产负债表把债权人权益和所有者权益分类列示，并根据不同性质将负债又分为流动负债和非流动负债，把所有者权益又分为实收资本（股本）、资本公积、盈余公积、未分配利润，这样企业的资金来源及构成情况就可以在资产负债表中得到充分反映。一般而言，当企业的资产负债率偏高时，意味着企业潜在的财务风险较大，将直接影响企业进一步举债经营的能力。

③ 资产负债表反映着企业的财务实力、偿债能力和支付能力，报表使用者可借其预测企业未来的盈利能力和财务状况的变动趋势。例如，通过了解资产项目可以了解企业资产的流动性和财务弹性，进而判断企业的偿债能力和支付能力。通过资产结构和权益结构分析，可以了解企业筹集和使用资金的能力。此外，资产负债表中提供的数据往往是比较数据，通过将"期初数"与"期末数"两栏数据进行对比分析，可以分析有关项目的变动情况，掌握变动规律，从而预测变动趋势。

2.1.3 资产负债表的格式

资产负债表的格式一般有账户式资产负债表、报告式资产负债表和财务状况式资产负债表3种。

1. 账户式资产负债表

账户式资产负债表将"资产=负债+所有者权益"这一平衡公式展开，按照"T"型账户的形式设计，把表分为左右两方，资产项目在左方，负债和所有者权益项目在右方，左方的资产总额等于右方的负债和所有者权益总额。

账户式资产负债表的优点是资产和权益间的恒等关系一目了然。但要编制比较资产负债表，尤其是在做旁注时，这种表使用起来不太方便。

按照我国企业会计准则的规定，企业的中期报告和年度报告中的资产负债表采用账户式资产负债表。表 2-1 是账户式资产负债表范例。

表 2-1　账户式资产负债表

会企 01 表

编制单位：　　　　　　　　　　　年　月　日　　　　　　　　　单位：元

资　　产	期末余额	年初余额	负债和所有者权益（或股东权益）	期末余额	年初余额
流动资产：			流动负债：		
货币资金			短期借款		
以公允价值计量且其变动计入当期损益的金融资产			以公允价值计量且其变动记入当期损益的金融负债		

资　　产	期末余额	年初余额	负债和所有者权益（或股东权益）	期末余额	年初余额
应收票据			应付票据		
应收账款			应付账款		
预付款项			预收款项		
应收利息			应付职工薪酬		
应收股利			应交税费		
其他应收款			应付利息		
存货			应付股利		
划分为持有待售的资产					
一年内到期的非流动资产			其他应付款		
其他流动资产			一年内到期的非流动负债		
流动资产合计			其他流动负债		
非流动资产：			流动负债合计		
可供出售金融资产			非流动负债：		
持有至到期投资			长期借款		
长期应收款			应付债券		
长期股权投资			长期应付款		
投资性房地产			专项应付款		
固定资产			预计负债		
在建工程			递延所得税负债		
工程物资			其他非流动负债		
固定资产清理			非流动负债合计		
生产性生物资产			负债合计		
油气资产			所有者权益（或股东权益）：		
无形资产			实收资本（或股本）		
开发支出			资本公积		
商誉			减：库存股		
长期待摊费用			其他综合收益		
递延所得税资产			盈余公积		
其他非流动资产			未分配利润		
非流动资产合计			所有者权益（或股东权益）合计		
资产总计			负债和所有者权益（或股东权益）总计		

2. 报告式资产负债表

报告式资产负债表是将资产负债表的项目自上而下排列，首先列示资产的数额，然后列示负债的数额，最后再列示所有者权益的数额。其依据的会计恒等式为"资产=权益"或"资产−负债=所有者权益"。其格式如表 2-2 所示。

表 2-2　报告式资产负债表

资产：
　各项目明细
　资产总计
负债：
　各项目明细
　负债合计
所有者权益：
　各项目明细
　所有者权益合计
负债及所有者权益合计

报告式资产负债表的优点是有利于编制比较资产负债表，有较多空间进行旁注。其缺点是资产与负债和所有者权益之间的恒等关系不如账户式资产负债表一目了然。

3. 财务状况式资产负债表

财务状况式资产负债表是以"资产−负债=所有者权益"的会计等式为基础，在表内列示营运资本。其格式如表 2-3 所示。

表 2-3　财务状况式资产负债表

流动资产
　减：流动负债
营运资本
　加：非流动资产
　减：非流动负债
所有者权益

2.1.4　资产负债表列报要求

1. 资产负债表列报总体要求

1）分类别列报

资产负债表列报，最根本的目标就是如实反映企业在资产负债表日所拥有的资源、所承担的负债及所有者拥有的权益。因此，资产负债表应当按照资产、负债和所有者权益三大类别分类列报。

2）资产和负债按流动性列报

资产和负债应当按照流动性分别分为流动资产和非流动资产、流动负债和非流动负债列示。流动性，通常按资产的变现或耗用时间长短或负债的偿还时间长短来确定。企业按照财务报表列报准则的规定，应先列报流动性强的资产或负债，再列报流动性弱的资产或负债。

3）列报相关的合计、总计项目

资产负债表中的资产类至少应当列示流动资产、非流动资产及资产的合计项目；负债类至少应当列示流动负债、非流动负债及负债的合计项目；所有者权益类应当列示所有者权益的合计项目。

资产负债表遵循了"资产=负债+所有者权益"这一会计恒等式，把企业在特定时日所拥有的经济资源和与之相对应的企业所承担的债务及偿债以后属于所有者的权益充分反映出来。因此，资产负债表应当分别列示资产总计项目和负债与所有者权益之和的总计项目，并且这二者的金额应当相等。

2. 资产的列报要求

资产负债表中的资产除应当按照流动资产和非流动资产两大类别列示外，还应进一步按性质分项列示。

1）正常营业周期

判断流动资产、流动负债时所称的一个正常营业周期，是指企业从购买用于加工的资产起至实现现金或现金等价物的期间。正常营业周期通常短于一年，在一年内有几个营业周期。但是，也存在正常营业周期长于一年的情况，如房地产开发企业开发用于出售的房地产开发产品，造船企业制造的用于出售的大型船只等。当正常营业周期不能确定时，应当以一年（12个月）作为正常营业周期。

2）流动资产和非流动资产的划分

资产负债表中的资产应当分流动资产和非流动资产列报，因此区分流动资产和非流动资产十分重要。资产满足下列条件之一的，应当归类为流动资产。

① 预计在一个正常营业周期中变现、出售或耗用，包括存货、应收账款等。变现一般针对应收账款等而言，指将资产变为现金；出售一般针对产品等存货而言；耗用一般指将存货（如原材料）转变成另一种形态（如产成品）。

② 主要为交易目的而持有。主要指交易性金融资产。

③ 预计在资产负债表日起一年内（含一年）变现。

④ 自资产负债表日起一年内，交换其他资产或清偿负债的能力不受限制的现金或现金等价物。如用途受到限制，则不能作为流动资产列报，否则可能高估了流动资产金额，从而高估流动比率等财务指标，影响使用者的决策。

除此以外，被划分为持有待售的非流动资产应当归类为流动资产。

3. 负债的列报要求

资产负债表中的负债按照流动负债和非流动负债在资产负债表中进行列示，在流动负债和非流动负债类别下再进一步按性质分项列示。

1）流动负债与非流动负债的划分

流动负债的判断标准与流动资产的判断标准相对应。满足下列条件之一的，应当归类为流动负债：

① 预计在一个正常营业周期中清偿；

② 主要为交易目的而持有；

③ 自资产负债表日起一年内到期应予以清偿；

④ 企业无权自主地将清偿推迟至资产负债表日后一年以上。

有些流动负债，如应付账款、应付职工薪酬等，属于企业正常营业周期中使用的营运资金的一部分。尽管这些经营性项目有时在资产负债表日后超过一年才到期清偿，但是它们仍应划分为流动负债。

除此以外，被划分为持有待售的非流动负债应当归类为流动负债。

2）资产负债表日后事项对流动负债与非流动负债划分的影响

流动负债与非流动负债的划分是否正确，直接影响对企业短期和长期偿债能力的判断。这种划分，应当反映在资产负债表日有效的合同安排，考虑在资产负债表日起一年内企业是否必须无条件清偿。但是，资产负债表日之后、财务报告批准报出日前的再融资等行为，与资产负债表日判断负债的流动性状况无关。因为资产负债表日后的再融资、展期或贷款人提供宽限期等，都不能改变企业应向外部报告的在资产负债表日合同性（契约性）的义务。

（1）资产负债表日起一年内到期的负债

对于在资产负债表日起一年内到期的负债，企业预计能够自主地将清偿义务展期至资产负债表日后一年以上的，应当归类为非流动负债；不能自主地将清偿义务展期的，即使在资产负债表日后、财务报告批准报出日前签订了重新安排清偿计划协议，从资产负债表日来看，此项负债仍应当归类为流动负债。

（2）违约长期债务

企业在资产负债表日或之前违反了长期借款协议，导致贷款人可随时要求清偿的负债，应当归类为流动负债。在这种情况下，债务清偿的主动权并不在企业，企业只能被动地无条件归还贷款，而且该事实在资产负债表日已存在，所以该负债应当作为流动负债列报。但是，如果贷款人在资产负债表日或之前同意提供在资产负债表日后一年以上的宽限期，企业能够在此期限内改正违约行为，且贷款人不能要求随时清偿时，在资产负债表日的此项负债并不符合流动负债的判断标准，应当归类为非流动负债。

4. 所有者权益的列报要求

资产负债表中的所有者权益是企业资产扣除负债后的剩余权益，反映企业在某一特定日期股东投资者拥有的净资产的总额。资产负债表中的所有者权益类一般按照净资产的不同来源和特定用途进行分类，分为实收资本（或股本）、资本公积、盈余公积、未分配利润等项目列示。

2.2　资产负债表总体分析

2.2.1　资产负债表趋势分析

资产负债表趋势分析是指通过将企业报告期的资产负债表与前期对比，全面深入分析企业各资产负债项目的变动。运用趋势分析，可以了解项目增减变动额度和幅度情况，从而发现疑点。变动额度多少为异常应视企业收入基础确定，本节中资产负债表趋势分析表的编制采用增减变动额和增减变动百分比两种方式。表 2-4 为福田汽车 2014—2016 年度资产负债表趋势分析。

从表 2-4 可以看出，2016 年福田汽车的应收票据、应收账款、预付款项、存货、一年内到期的非流动资产、其他流动资产、无形资产、商誉、递延所得税资产、其他非流动资产、短期借款、应付账款、应交税费、一年内到期的非流动负债、长期借款、长期应付款、递延所得税负债、股本相较于 2015 年增幅较大，而其他应收款、在建工程、专项应付款、其他非流动负债、其他综合收益项目降低较多。

表2-4　福田汽车2014—2016年度资产负债表趋势分析

单位：元

项目	2016年12月31日	2015年12月31日	2014年12月31日	2016年增减额	2015年增减额	2016年增减百分比/%	2015年增减百分比/%
流动资产：							
货币资金	4 079 942 947.48	4 557 843 830.73	2 190 969 971.43	−477 900 883.25	2 366 873 859.30	−10.49	108.03
以公允价值计量且其变动计入当期损益的金融资产							
应收票据	309 184 950.11	141 772 788.12	81 990 487.00	167 412 161.99	59 782 301.12	118.08	72.91
应收账款	12 600 913 522.02	5 223 204 538.76	3 874 058 428.09	7 377 708 983.26	1 349 146 110.67	141.25	34.83
预付款项	819 960 226.65	373 541 437.29	376 087 780.60	446 418 789.36	−2 546 343.31	119.51	−0.68
应收利息	1 889 390.97	1 924 608.55	1 817 957.08	−35 217.58	106 651.47	−1.83	5.87
应收股利							
其他应收款	528 618 165.67	2 068 656 464.04	1 203 380 456.32	−1 540 038 298.37	865 276 007.72	−74.45	71.90
存货	3 256 008 269.98	2 059 386 400.00	2 051 103 243.87	1 196 621 869.98	8 283 156.13	58.11	0.40
一年内到期的非流动资产	1 848 612 676.72	1 166 258 058.91	961 489 611.30	682 354 617.81	204 768 447.61	58.51	21.30
其他流动资产	1 665 347 588.21	1 057 041 088.74	530 723 949.45	608 306 499.47	526 317 139.29	57.55	99.17
流动资产合计	25 110 477 737.81	16 649 629 215.14	11 271 621 885.14	8 460 848 522.67	5 378 007 330.00	50.82	47.71
非流动资产：							
可供出售金融资产	319 015 200.00	328 453 956.56	329 831 504.72	−9 438 756.56	−1 377 548.16	−2.87	−0.42
持有至到期投资							
长期应收款	2 150 413 008.14	2 014 662 676.43	1 678 760 978.85	135 750 331.71	335 901 697.58	6.74	20.01
长期股权投资	2 465 101 702.90	2 306 048 442.12	2 085 244 101.30	159 053 260.78	220 804 340.82	6.90	10.59

续表

项　　目	2016年12月31日	2015年12月31日	2014年12月31日	2016年增减额	2015年增减额	2016年增减百分比/%	2015年增减百分比/%
投资性房地产							
固定资产	12 290 393 033.74	10 190 528 870.60	9 756 497 809.37	2 099 864 163.14	434 031 061.23	20.61	4.45
在建工程	1 656 508 307.10	2 623 467 592.44	2 221 973 914.84	-966 959 285.34	401 493 677.60	-36.86	18.07
工程物资							
固定资产清理							
生产性生物资产							
油气资产							
无形资产	6 324 849 264.00	4 590 932 727.93	3 690 723 261.36	1 733 916 536.07	900 209 466.57	37.77	24.39
开发支出	2 195 821 363.57	3 029 612 926.59	2 682 025 120.59	-833 791 563.02	347 587 806.00	-27.52	12.96
商誉	14 653 707.00			14 653 707.00		100.00	
长期待摊费用	8 162 575.84	7 353 500.41	5 068 631.61	809 075.43	2 284 868.80	11.00	45.08
递延所得税资产	1 300 613 380.52	960 533 556.91	909 334 909.74	340 079 823.61	51 198 647.17	35.41	5.63
其他非流动资产	77 455 648.27	51 737 853.90	66 388 293.29	25 717 794.37	-14 650 439.39	49.71	-22.07
非流动资产合计	28 802 987 191.08	26 103 332 103.89	23 425 848 525.67	2 699 655 087.19	2 677 483 578.22	10.34	11.43
资产总计	53 913 464 928.89	42 752 961 319.03	34 697 470 410.81	11 160 503 609.86	8 055 490 908.22	26.10	23.22
流动负债							
短期借款	3 386 631 860.61	1 327 241 040.84	2 221 717 219.89	2 059 390 819.77	-894 476 179.05	155.16	-40.26
以公允价值计量且其变动计入当期损益的金融负债							
应付票据	5 654 906 250.00	4 578 397 808.57	2 287 010 000.00	1 076 508 441.43	2 291 387 808.57	23.51	100.19

项 目	2016年12月31日	2015年12月31日	2014年12月31日	2016年增减额	2015年增减额	2016年增减百分比/%	2015年增减百分比/%
应付账款	12 731 580 646.51	8 157 296 184.32	5 672 990 847.54	4 574 284 462.19	2 484 305 336.78	56.08	43.79
预收款项	2 940 323 056.06	2 485 589 981.69	2 750 133 510.72	454 733 074.37	−264 543 529.03	18.29	−9.62
应付职工薪酬	507 022 006.32	436 065 853.30	253 554 925.66	70 956 153.02	182 510 927.64	16.27	71.98
应交税费	515 912 595.94	85 490 449.66	42 239 303.29	430 422 146.28	43 251 146.37	503.47	102.40
应付利息	38 868 046.77	39 651 978.20		−783 931.43	39 651 978.20	−1.98	100.00
应付股利							
其他应付款	3 729 179 996.67	3 024 474 516.98	2 867 915 290.47	704 705 479.69	156 559 226.51	23.30	5.46
一年内到期的非流动负债	1 220 189 225.30	613 096 070.43	660 134 719.71	607 093 154.87	−47 038 649.28	99.02	−7.13
其他流动负债	24 794 853.87	31 803 801.03	89 284 281.22	−7 008 947.16	−57 480 480.19	−22.04	−64.38
流动负债合计	30 749 408 538.05	20 779 107 685.02	16 844 980 098.50	9 970 300 853.03	3 934 127 586.52	47.98	23.35
非流动负债:							
长期借款	2 209 056 570.69	1 283 073 118.60	953 469 680.18	925 983 452.09	329 603 438.42	72.17	34.57
应付债券	997 570 668.56	996 898 920.71		671 747.85	996 898 920.71	0.07	100.00
长期应付款	170 987 554.37	72 024 516.32	337 985 465.01	98 963 038.05	−265 960 948.69	137.40	−78.69
长期应付职工薪酬							
专项应付款	2 888 328.62	5 208 988.05	9 560 850.55	−2 320 659.43	−4 351 862.50	−44.55	−45.52
预计负债							
递延收益	705 339 690.43	862 089 581.63	1 001 057 634.70	−156 749 891.20	−138 968 053.07	−18.18	−13.88
递延所得税负债	11 487 653.74	1 961 151.66	1 547 806.41	9 526 502.08	413 345.25	485.76	26.71

续表

项　　目	2016 年 12 月 31 日	2015 年 12 月 31 日	2014 年 12 月 31 日	2016 年增减额	2015 年增减额	2016 年增减百分比/%	2015 年增减百分比/%
其他非流动负债		880 000.04	1 760 000.00	−880 000.04	−879 999.96	−100.00	−50.00
非流动负债合计	4 097 330 466.41	3 222 136 277.01	2 305 381 436.85	875 194 189.40	916 754 840.16	27.16	39.77
负债合计	34 846 739 004.46	24 001 243 962.03	19 150 361 535.35	10 845 495 042.43	4 850 882 426.68	45.19	25.33
所有者权益							
股本	6 670 131 290.00	3 335 065 645.00	2 809 671 600.00	3 335 065 645.00	525 394 045.00	100.00	18.70
其他权益工具							
其中：优先股							
永续债							
资本公积	7 839 934 428.43	10 174 480 379.93	7 758 713 124.03	−2 334 545 951.50	2 415 767 255.90	−22.95	31.14
减：库存股			7 758 713 124.03	−	−7 758 713 124.03	−	−100.00
其他综合收益	−131 541 452.03	−57 819 588.09	−108 370 206.54	−73 721 863.94	50 550 618.45	−127.50	−46.65
专项储备							
盈余公积	2 082 928 680.33	1 999 152 572.27		83 776 108.06	1 999 152 572.27	4.19	100.00
未分配利润	2 449 740 532.98	3 090 605 512.53	2 961 486 424.07	−640 864 979.55	129 119 088.46	−20.74	4.36
归属于母公司股东权益合计	18 911 193 479.71	18 541 484 521.64	15 286 766 394.85	369 708 958.07	3 254 718 126.79	1.99	21.29
少数股东权益	155 532 444.72	210 232 835.36	260 342 480.61	−54 700 390.64	−50 109 645.25	−26.02	−19.25
所有者权益合计	19 066 725 924.43	18 751 717 357.00	15 547 108 875.46	315 008 567.43	3 204 608 481.54	1.68	20.61
负债和所有者权益总计	53 913 464 928.89	42 752 961 319.03	34 697 470 410.81	11 160 503 609.86	8 055 490 908.22	26.10	23.22

1. 总资产变动分析

资产是企业的一项重要经济资源，是企业生产经营的物质基础，同时资产也是企业会计要素中最核心的一个要素。一般来说，企业的资产总额越大，表明其生产经营规模越大，企业的经济实力也就越强。另外，一定数额的资产还是某些市场、行业或业务的"准入证"。因此，对福田汽车的资产变动进行分析，可以考察其生产经营规模的变动。

根据福田汽车 2014—2016 年度财务报告，三年间，福田汽车资产总额不但保持在 300亿元以上，而且每年以较快幅度增长，两年增长幅度均在 20% 以上，2016 年的增长幅度高达26.10%。无论是流动资产还是非流动资产，增长额与 2015 年相比都有大幅度提升。

2. 流动资产变动分析

流动资产是指在一年内或超过一年的一个营业周期内实现变现或耗用的资产，包括现金及各种存款、存货、应收预付款等。在企业的日常经营过程中，流动资产发挥着重要作用，它是企业持续营运的前提和保证，购买原材料需要流动资产，买卖商品、给职工发工资、偿还到期债务等都需要一定的流动资产作为保证。关注企业的流动资产，就是从流动风险的角度考察企业的财务状况，其重要性不言而喻。

图 2-1 和图 2-2 分别是福田汽车 2016 年、2015 年流动资产变动情况。

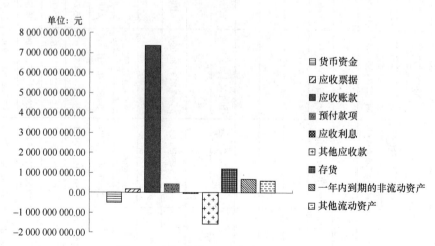

图 2-1　福田汽车 2016 年流动资产变动

由图 2-1 可以看出，除少数项目外，2016 年福田汽车流动资产各项目均有增加额，其中增加额最大的是应收账款，其次是存货。

图 2-2 反映的是，在 2015 年，福田汽车的流动资产变动主要来自于货币资金，变动额为2 366 873 859.30，占流动资产总变动额 5 358 007 330.00 的比例接近 44%。

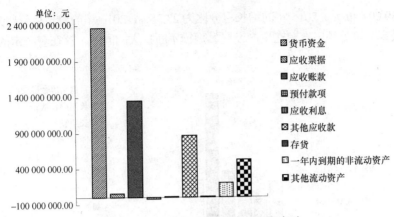

图 2-2　福田汽车 2015 年流动资产变动

3. 非流动资产变动分析

图 2-3 和图 2-4 分别是福田汽车 2016 年、2015 年非流动资产变动情况。

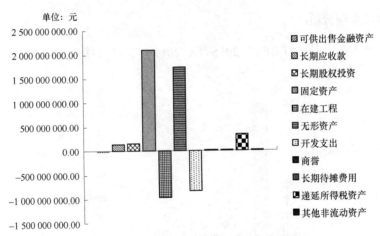

图 2-3　福田汽车 2016 年非流动资产变动

由图 2-3 可以看出，2016 年度福田汽车非流动资产中变化最大的为固定资产，其次是无形资产、在建工程，开发支出的变化量也比较大。除在建工程、开发支出的变动为负数外，非流动资产的其他项目本年度都有所增长。

与 2016 年非流动资产变动显著不同，2015 年非流动资产变动中数额最大的是无形资产，其变动额占整个非流动资产变动额的 30% 以上，其他项目变化相对来说都比较小。

4. 负债变动分析

从 2014 年到 2016 年，福田汽车负债总额分别为 19 150 361 535.35 元、24 001 243 962.03

元、34 846 739 004.46 元。2015 年的增长百分比为 23.35%，2016 年的增长百分比为 47.98%，大于资产的增长率。可见福田汽车在生产发展、规模不断扩大的同时，存在着一定的债务风险。

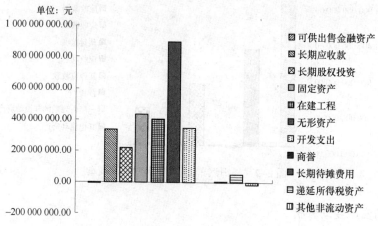

图 2-4　福田汽车 2015 年非流动资产变动

5. 流动负债变动分析

图 2-5 和图 2-6 分别是福田汽车 2016 年、2015 年流动负债变动情况。

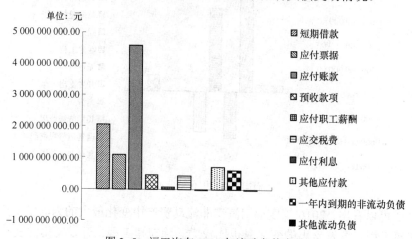

图 2-5　福田汽车 2016 年流动负债变动

由图 2-5 可以看出，2016 年福田汽车流动负债项目中，变化数量最大的是应付账款和短期借款。经分析可知，变化比例最大的是应交税费，其次是短期借款，一年内到期的非流动负债和应付账款的变化幅度也比较大。年报中对短期借款变动的说明是补充流动资金贷款增加所致。另外，应付账款项目期末比期初增加 56.08%，主要是本期结算周期变化导致应付货款增加所致，公司一年以上的重要应付账款货款及工程款。相较 2016 年，福田汽车 2015 年

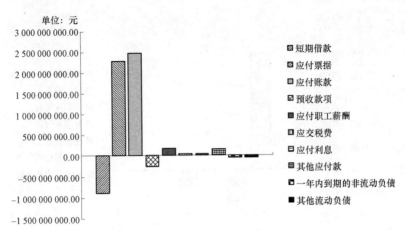

图 2-6　福田汽车 2015 年流动负债变动

流动负债变动主要系应付票据和应付账款的增加，两者增加合计占 2015 年流动负债变动额的 121.39%，相应增加的款项主要是 2015 年末，福田汽车未到期票据及应付货款增加所致。 2014—2016 年间，福田汽车应付票据及应付账款各自增长了 2 倍有余，由此可以看出公司生产规模在不断扩大。

6. 非流动负债变动分析

图 2-7 和图 2-8 分别是福田汽车 2016 年、2015 年非流动负债变动情况。

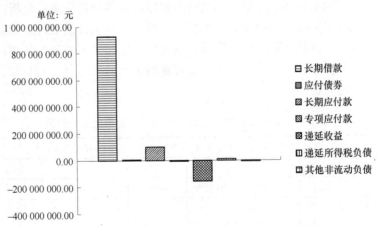

图 2-7　福田汽车 2016 年非流动负债变动

由图 2-7 和图 2-8 可知，三年来福田汽车非流动负债变动呈不断增加的趋势，非流动负债项目主要用于企业生产经营的建设投资、满足企业扩大再生产的需要。对非流动负债数额进行判断或将非流动负债与企业负债总额进行比较，可以大体判断企业的发展阶段，一般来说，成长型企业此数额较高，成熟型企业此数额较低。

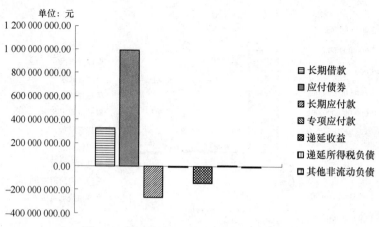

图 2–8　福田汽车 2015 年非流动负债变动

2.2.2　资产负债表结构分析

　　资产负债表的结构分析是通过计算表中各资产项目占资产总额的比重、各负债项目占负债总额的比重、各所有者权益项目占所有者权益总额的比重，以及各类项目变动额占总变动额的比重，反映资产负债表中的项目与资产、负债、所有者权益之间的关系情况及其变动情况。依据资产负债表中资产项目、负债项目和所有者权益项目三年的结构及其变动情况，可以分析说明财务成果的结构及其增减变动的合理程度。对各项目比重的分析，可以得出其在企业资本结构中的重要程度。一般来说，项目比重越大，说明其重要程度越高，对总体的影响越大。将分析期各项目的比重与前期同项目的比重对比，又可以研究各项目的比重变动情况，从而对各资产负债项目的结构变化情况有直观的了解。表 2–5 为福田汽车 2014—2016 年度资产负债表结构分析。

表 2–5　福田汽车 2014—2016 年度资产负债表结构分析　　　　　　　单位：%

项　　目	2016 年度	2015 年度	2014 年度	2016 年增长百分比	2015 年增长百分比
流动资产：					
货币资金	7.57	10.66	6.31	−4.28	29.38
以公允价值计量且其变动计入当期损益的金融资产	—	—	—	—	—
应收票据	0.57	0.33	0.24	1.50	0.74
应收账款	23.37	12.22	11.17	66.11	16.75
预付款项	1.52	0.87	1.08	4.00	−0.03
应收利息	0.00	0.00	0.01	0.00	0.00
应收股利	—	—	—	—	—

项　目	2016 年度	2015 年度	2014 年度	2016 年增长百分比	2015 年增长百分比
其他应收款	0.98	4.84	3.47	−13.80	10.74
存货	6.04	4.82	5.91	10.72	0.10
一年内到期的非流动资产	3.43	2.73	2.77	6.11	2.54
其他流动资产	3.09	2.47	1.53	5.45	6.53
流动资产合计	46.58	38.94	32.49	75.81	66.76
非流动资产：	—	—	—	—	—
可供出售金融资产	0.59	0.77	0.95	−0.08	−0.02
持有至到期投资	—	—	—	—	—
长期应收款	3.99	4.71	4.84	1.22	4.17
长期股权投资	4.57	5.39	6.01	1.43	2.74
投资性房地产	—	—	—	—	—
固定资产	22.80	23.84	28.12	18.82	5.39
在建工程	3.07	6.14	6.40	−8.66	4.98
工程物资	—	—	—	—	—
固定资产清理	—	—	—	—	—
生产性生物资产	—	—	—	—	—
油气资产	—	—	—	—	—
无形资产	11.73	10.74	10.64	15.54	11.18
开发支出	4.07	7.09	7.73	−7.47	4.31
商誉	0.03	—	—	0.13	
长期待摊费用	0.02	0.02	0.01	0.01	0.03
递延所得税资产	2.41	2.25	2.62	3.05	0.64
其他非流动资产	0.14	0.12	0.19	0.23	−0.18
非流动资产合计	53.42	61.06	67.51	24.19	33.24
资产总计	100.00	100.00	100.00	100.00	100.00
流动负债	—	—	—	—	—
短期借款	9.72	5.53	11.60	18.99	−18.44
以公允价值计量且其变动计入当期损益的金融负债	—	—	—	—	—
应付票据	16.23	19.08	11.94	9.93	47.24
应付账款	36.54	33.99	29.62	42.18	51.21
预收款项	8.44	10.36	14.36	4.19	−5.45

续表

项　　目	2016 年度	2015 年度	2014 年度	2016 年增长百分比	2015 年增长百分比
应付职工薪酬	1.46	1.82	1.32	0.65	3.76
应交税费	1.48	0.36	0.22	3.97	0.89
应付利息	0.11	0.17	0.00	−0.01	0.82
应付股利	—	—	—	—	—
其他应付款	10.70	12.60	14.98	6.50	3.23
一年内到期的非流动负债	3.50	2.55	3.45	5.60	−0.97
其他流动负债	0.07	0.13	0.47	−0.06	−1.18
流动负债合计	**88.24**	**86.58**	**87.96**	**91.93**	**81.10**
非流动负债：	—	—	—	—	—
长期借款	6.34	5.35	4.98	8.54	6.79
应付债券	2.86	4.15	0.00	0.01	20.55
长期应付款	0.49	0.30	1.76	0.91	−5.48
长期应付职工薪酬	0.00	0.00	0.00	0.00	0.00
专项应付款	0.01	0.02	0.05	−0.02	−0.09
预计负债	0.00	0.00	0.00	0.00	0.00
递延收益	2.02	3.59	5.23	−1.45	−2.86
递延所得税负债	0.03	0.01	0.01	0.09	0.01
其他非流动负债	0.00	0.00	0.01	−0.01	−0.02
非流动负债合计	**11.76**	**13.42**	**12.04**	**8.07**	**18.90**
负债合计	**100.00**	**100.00**	**100.00**	**100.00**	**100.00**
所有者权益	0.00	0.00	0.00	0.00	0.00
股本	34.98	17.79	18.07	1 058.72	16.39
其他权益工具	—	—	—	—	—
其中：优先股	—	—	—	—	—
永续债	—	—	—	—	—
资本公积	41.12	54.26	49.90	−741.11	75.38
减：库存股	0.00	0.00	49.90	0.00	−242.11
其他综合收益	−0.69	−0.31	−0.70	−23.40	1.58
专项储备	0.00	0.00	0.00	0.00	0.00
盈余公积	10.92	10.66	0.00	26.59	62.38
未分配利润	12.85	16.48	19.05	−203.44	4.03

项　　目	2016 年度	2015 年度	2014 年度	2016 年增长百分比	2015 年增长百分比
归属于母公司股东权益合计	99.18	98.88	98.33	117.36	101.56
少数股东权益	0.82	1.12	1.67	−17.36	−1.56
所有者权益合计	**100.00**	**100.00**	**100.00**	**100.00**	**100.00**
负债和所有者权益总计					

1. 总资产结构分析

图 2-9 为福田汽车 2014—2016 年总资产结构。

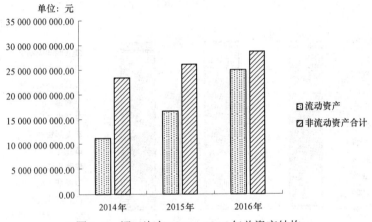

图 2-9　福田汽车 2014—2016 年总资产结构

由图 2-9 可以看出，三年来福田汽车在资产总量增长的同时，流动资产和非流动资产都在逐年增加，但是变化速度又略有不同，流动资产增速高于非流动资产，导致非流动资产占资产总量的比例逐年递减，流动资产相应比例在小幅增长。但总的来说，流动资产在资产总量中所占的比例低于非流动资产所占的比例，只是该差距在逐年缩小。

2. 流动资产结构分析

图 2-10 为福田汽车 2014—2016 年流动资产结构。

由图 2-10 可以看出，在福田汽车流动资产中占比最大的项目是应收账款，三年均在 30% 左右，第二高的项目是货币资金，约占流动资产的 20%。存货占 10% 左右，所占比重较小，说明存货周转较快。

3. 非流动资产结构分析

图 2-11 为福田汽车 2014—2016 年非流动资产结构。

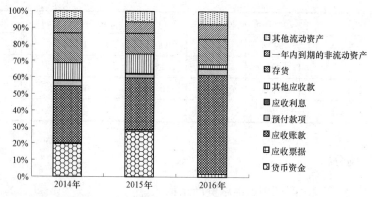

图 2-10　福田汽车 2014—2016 年流动资产结构

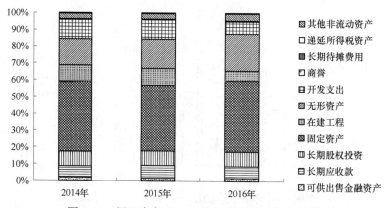

图 2-11　福田汽车 2014—2016 年非流动资产结构

　　由图 2-11 可以看出，福田汽车非流动资产各项目中所占比例最大的是固定资产，三年都在 40% 左右，且固定资产总额逐年增加，但占非流动资产总额的比例变化幅度较小。其次占比最大的是无形资产，且其在总资产中所占比重逐年增加，另外开发支出和长期股权投资所占的比重也比较大。

4. 负债结构分析

　　图 2-12 为福田汽车 2014—2016 年负债结构。

　　由图 2-12 可以看出，福田汽车三年来流动负债维持在较高水平。其中 2016 年流动负债的增加主要是由于① 公司补充流动资金新增短期借款；② 本期结算周期变化，使应付账款增加；③ 本期应交所得税、增值税增加，使应交税费增加；④ 一年内到期非流动负债增加等原因导致。

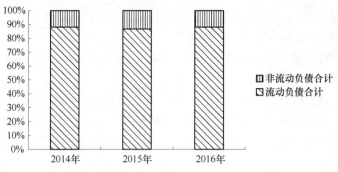

图 2-12　福田汽车 2014—2016 年负债结构

5. 流动负债结构分析

流动负债是指预计在一个正常营业周期中清偿，或者主要为交易目的而持有，或者自资产负债表日起一年内到期应予清偿，或者企业无权自主地将清偿推迟至资产负债表日后一年以上的负债。流动负债主要包括短期借款、应付票据、应付账款、预收账款、应付职工薪酬等，其各项目的筹资成本和流动性有一定的区别。对流动负债的结构进行分析，可以详细考察企业的营运能力和短期偿债水平。

图 2-13 为福田汽车 2014—2016 年流动负债结构。

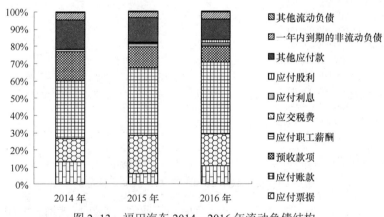

图 2-13　福田汽车 2014—2016 年流动负债结构

由图 2-13 可看出，福田汽车流动负债中所占比重较大的为应付账款、应付票据、预收款项、其他应付款。

流动负债具有以下特点：

① 筹资成本低。一般来说，流动负债利率较低，有些应付款项甚至无须支付利息，因而筹资成本较低。

② 期限短。流动负债的期限一般都在 1 年以下，有时为半年、3 个月、1 个月，甚至更短。

③ 金额小。流动负债的金额一般不会太大。

④ 到期必须偿还。流动负债发生的频率最高，一般到期必须偿还，否则会影响企业信用，以后再借会发生困难。

⑤ 流动负债一般只适合企业流转经营中短期、临时性的资金需要，不适合固定资产等非流动资产。因为企业流转经营中的存货等能在流转中很快地变现，用于偿付流动负债；而固定资产等非流动资产则不然，一旦投入，需要在较长时期后才能产生现金流入，收回投资，短期内无法变现偿债。

表 2-6 为福田汽车 2014—2016 年流动负债与销售收入、利润变动；图 2-14 为福田汽车 2014—2016 年流动负债分析。

表 2-6　福田汽车 2014—2016 年流动负债与销售收入、利润变动　　　　　　单位：元

项　　目	2016 年	2015 年	2014 年
流动负债	30 749 408 538.05	20 779 107 685.02	16 844 980 098.50
营业收入	46 532 069 535.53	33 997 492 420.07	33 691 283 636.83
流动负债比营业收入	0.66	0.61	0.50

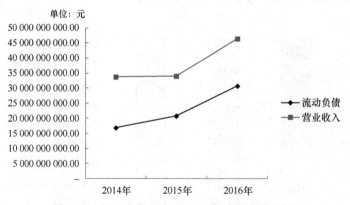

图 2-14　福田汽车 2014—2016 年流动负债分析

由表 2-6 可以看出，三年来企业的流动负债和营业收入都在持续增长，但流动负债与营业收入的比值有所下降，比值在 0.5～0.7 的范围内，说明流动负债和营业收入的增长基本保持一致，企业的流动负债比例较高，具有一定的偿债风险。

6. 非流动负债结构分析

非流动负债是指流动负债以外的负债。主要包括长期借款、应付债券、长期应付款、专项应付款、预计负债等。非流动负债在负债总额中所占的比重可以在一定程度上反映出企业

的发展周期。一般来说，成长型企业较高，成熟型企业较低。

非流动负债主要用于企业生产经营的投资建设，满足企业扩大再生产的需要，因而具有债务金额大、偿还期限长、分期偿还的特征。对企业的非流动负债结构进行分析，可以从总体上把握企业长期的偿债能力。

图 2-15 为福田汽车 2014—2016 年非流动负债结构。

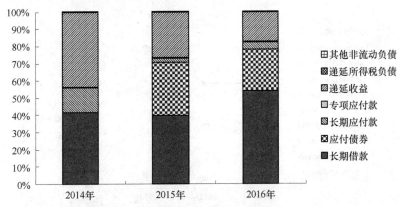

图 2-15　福田汽车 2014—2016 年非流动负债结构

由图 2-15 可以看出，福田汽车非流动负债中主要有三个项目：长期借款、应付债券和递延收益。其中，2014 年不存在应付债券，比例较高的为长期应付款。

分析非流动负债需要注意以下几点。

① 考察企业非流动负债的关键是适度负债，这样既能利用长期借款弥补资金缺口获得杠杆收益，而又不至于因此使企业陷入财务困境，如果企业在非流动负债增长的同时，经济效益、实现的利润明显提高，说明企业负债经营正常，企业财务状况良好。

② 将非流动负债与流动负债的变化结合起来分析。企业非流动负债增加，流动负债减少，说明企业生产经营资金有长期保证，是扩大业务的好机会。在这种情况下，如果企业销售收入确实增加，则表明企业抓住了机会，经营有方。如果销售收入并未增加，有两种可能，一是企业通过增加在建工程进行结构性调整；二是企业通过恶化资金结构，用降低结构稳定性的办法，暂时回避短期资金紧张。

表 2-7 福田汽车 2014—2016 年负债与销售收入分析，图 2-16 为福田汽车 2014—2016 年负债与销售收入分析。

表 2-7　福田汽车 2014—2016 年负债与销售收入分析　　　单位：元

项　　目	2016 年	2015 年	2014 年
流动负债	30 749 408 538.05	20 779 107 685.02	16 844 980 098.50
非流动负债	4 097 330 466.41	3 222 136 277.01	2 305 381 436.85

续表

项　目	2016 年	2015 年	2014 年
营业收入	46 532 069 535.53	33 997 492 420.07	33 691 283 636.83
流动负债比营业收入	0.660 8	0.611 2	0.500 0
非流动负债比营业收入	0.088 1	0.094 8	0.068 4

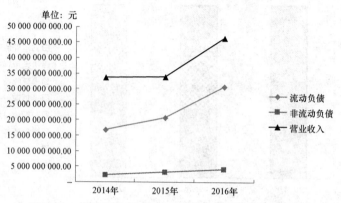

图 2-16　福田汽车 2014—2016 年负债与销售收入分析

由图 2-16 可以看出，随着营业收入的增加，福田汽车的流动负债和非流动负债都在稳步增长且变动趋势趋于一致，说明企业的负债结构是稳定的。

③ 关注非流动负债资金的归属问题，即非流动负债产生的利息、折价或溢价摊销、辅助费用及外币借款而发生的汇兑差额，应归属于发生当期的费用还是予以资本化计入资产。我国会计准则对借款费用处理思路为：为固定资产、投资性房地产等的构建而发生的非流动负债利息费用，在固定资产、投资性房地产等未达到预定可使用状态前发生的，予以资本化，即计入在建工程价值；固定资产、投资性房地产达到可使用状态后发生的，直接计入当期损益（财务费用）。为存货生产而借入的借款费用在符合资本化条件的情况下应该予以资本化。

2.3　资产负债表具体项目解读与分析

2.3.1　资产项目解读与分析

资产项目解读的主要任务是分析各项资产的质量。资产质量是指资产的变现能力或被企业在未来进一步利用的质量。资产质量的好坏，主要表现在资产的账面价值量与其变现价值量或被进一步利用的潜在价值量（可以用资产的可变现净值或公允价值来计量）之间的差异。

1. 流动资产项目解读

1）货币资金

货币资金是企业在经营活动中处于货币状态的资产，包括库存现金、银行存款及其他货币资金（包括外埠存款、银行汇票存款与银行本票存款、信用卡、信用证存款和企业存出投资款等）。货币资金是企业生产经营活动得以进行的必要保证，对企业而言极为重要。所以，企业货币资金的持有量应该视其生产经营规模与特点、营运周期、业务资金收支的频繁程度及资金回笼率等因素而定。

货币资金因为有现实的支付和偿债能力，其流动性最强，是企业各种收支业务的集中点和资金循环控制的关键环节。

分析货币资金，一般需要从以下几个环节入手。

（1）判断货币资金与企业的规模、行业特点是否匹配

一般而言，企业的资产规模越大，相应的货币资金规模越大，业务收支频繁，处于货币形态的资产也会较多。在相同的总资产规模条件下，不同行业（如制造业、商业、金融业企业）的企业货币资金的规模也不同。同时，它还受企业对货币资金运用能力的影响。过高的货币资金规模，可能意味着企业正在丧失潜在的投资机会，也可能表明企业经营者生财无道。

福田汽车 2016 年末货币资金金额为 4 079 942 947.48 元，其资产规模为 53 913 464 928.89 元，货币资金占到企业资产的 7.57%。纵向比较，企业三年货币资金占资产规模的比例先增后降，总体来说比例有小幅度上升；企业会计年报中披露 2016 年福田汽车国内营业收入大幅增加，由于销量增加及应收新能源补贴增加，导致企业应收账款比例上升，货币资金比重降低。横向上，比较同行业的其他公司东风汽车、长城汽车 2016 年货币资金，可以看出从总量上福田汽车的货币资金规模大于这些公司，但与上汽集团比较起来资金规模却很小。相比其他企业，其货币资金占资产规模的比例比较小。虽然总量较大，但占总资产的比例较小，企业仍应当采取适当的收现措施，加快货币资金的流转。

表 2-8 为福田汽车 2014—2016 年货币资金规模变化，图 2-17 为福田汽车 2014—2016 年货币资金规模变化比较。

表 2-8　福田汽车 2014—2016 年货币资金规模变化　　　　　单位：元

项　　　目	2016 年	2015 年	2014 年
货币资金数额	4 079 942 947.48	4 557 843 830.73	2 190 969 971.43
资产规模	53 913 464 928.89	42 752 961 319.03	34 697 470 410.81
所占比例/%	7.57	10.66	6.31

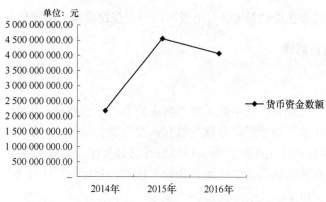

图 2-17　福田汽车 2014—2016 货币资金规模变化比较

（2）企业的筹资能力分析

企业信誉好，能够比较容易地从资本市场和金融机构筹措到资金，就没有必要持有大量的货币资金；反之，如果企业的信誉不好，筹资能力有限，就不得不存储较多的货币资金来应付各种可能发生的突发性需求。

（3）货币资金的构成内容分析

如福田汽车的企业财务报告中详细列示了货币资金的构成内容。53 913 464 928.89 元货币资金中，包括库存现金 363 774.88 元，银行存款 2 673 353 063.74 元，其他货币资金 1 406 226 108.86 元。

企业的银行存款和其他货币资金中有些是不能随时用于支付的存款，如不能随时支取的一年以上的定期存款、有特定用途的信用证存款、商业汇票存款等，它们必将减弱货币资金的流动性，对此，应在报表附注中加以列示，以正确评价企业资产的流动性及其支付能力。

福田汽车财务报表附注列明企业使用受到限制的存款为 1 082 805 466.08 元，因此其 2016 年年末的现金及现金等价物余额为 2 997 137 481.40 元。

（4）货币资金内部控制制度的完善程度及实际执行质量分析

这包括企业货币资金收支的全过程，如客户选择、销售折扣与购货折扣的谈判与决定、付款条件的决定、具体收款付款环节及会计处理等。

2）以公允价值计量且其变动计入当期损益的金融资产

以公允价值计量且其变动计入当期损益的金融资产，包括交易性金融资产和初始确认时指定为以公允价值计量且其变动计入当期损益的金融资产。对于此类金融资产，采用公允价值进行后续计量，公允价值变动形成的利得或损失，以及与该等金融资产相关的股利和利息收入计入当期损益。

（1）交易性金融资产

交易性金融资产是指主要为交易目的而持有的资产。它是流动资产的一部分，包括债券投资、股票投资、基金投资及国债期货、股指期货等衍生工具。

满足以下条件之一的金融资产，应当划分为交易性金融资产：

① 取得该金融资产的目的，主要是为了在近期内出售；

② 属于进行集中管理的可辨认金融工具组合的一部分，且有客观证据表明企业近期采用短期获利方式对该组合进行管理。在这种情况下，即使组合中有某个组成项目持有的期限稍长也不受影响；

③ 属于衍生工具。

（2）初始确认时指定为以公允价值计量且其变动计入当期损益的金融资产

该指定可以消除或明显减少由于该金融资产的计量基础不同而导致的相关利得或损失在确认和计量方面不一致的情况；企业的风险管理或投资策略的正式书面文件已载明，该金融资产组合等，以公允价值为基础进行管理、评价并向关键管理人员报告。

3）应收账款

应收账款是指企业因销售商品、产品或提供劳务等原因，应向购货客户或接受劳务的客户收取的款项或代垫的运杂费等。应收账款的发生具有经常性的特点，同时，应收账款存在一定的风险。为避免风险，应收账款可按风险和账龄进行披露，计提坏账准备。

福田汽车 2014—2016 年度财务报表附注中，对应收账款分别按风险和账龄分类，并披露了排名前五位的应收账款。应收账款按风险分类如表 2-9 所示。

单项金额重大的标准因公司而异，福田汽车关于单项金额重大并单独计提坏账准备的应收账款标准为：余额为 2 000 万元（含 2 000 万元）以上的非纳入合并财务报表范围关联方的应收款项。单项金额重大并单独计提坏账准备的其他应收款标准为：余额为 1 000 万元（含 1 000 万元）以上的非纳入合并财务报表范围关联方的其他应收款项。单项金额不重大但单独计提坏账准备的应收款项系涉诉款项、客户信用状况恶化的款项。

对于单项金额重大的应收款项，当存在客观证据表明公司将无法按应收款项的原有条款收回所有款项时，根据其预计未来现金流量现值低于其账面价值的差额，单独进行减值测试，计提坏账准备。

对于单项金额非重大的应收款项，与经单独测试后未减值的应收款项一起按信用风险特征划分为若干组合，根据以前年度与之相同或相类似的、具有类似信用风险特征的应收账款组合的实际损失率为基础，结合现时情况确定各项组合计提坏账准备的比例，据此计算当期应计提的坏账准备。

一般来讲，企业的应收账款符合下列条件之一的，应确认为坏账：

① 债务人死亡，以其遗产清偿后仍然无法收回；

② 债务人破产，以其破产财产清偿后仍然无法收回；

③ 债务人较长时间内未履行其偿债义务，并有足够的证据表明无法收回或收回的可能性极小。

表 2-9　应收账款按风险分类披露

单位：元

类别	2016 年 12 月 31 日			2015 年 12 月 31 日			2014 年 12 月 31 日		
	金额	比例%	坏账准备	金额	比例%	坏账准备	金额	比例%	坏账准备
单项金额重大并单独计提坏账准备的应收账款	54 902 269.01	0.42	54 902 269.01	50 262 486.50	0.73	50 262 486.50	27 448 052.51	0.67	27 448 052.51
按信用风险特征组合计提坏账准备的应收账款	12 957 833 960.83	98.31	439 170 251.41	5 419 681 556.35	97.92	220 850 429.32	3 981 156 689.36	97.63	149 262 246.47
单项金额不重大但单独计提坏账准备的应收账款	167 659 553.90	1.27	85 409 741.30	65 002 176.37	0.94	40 628 764.64	69 380 559.27	1.7	27 216 574.07
合计	13 180 395 783.74	100.00	579 482 261.72	5 534 946 219.22	100.00	311 741 680.46	4 077 985 301.14	100.00	203 926 873.05

福田汽车 2016 年年报附注中还披露，应收款项采用实际利率法，按摊余成本进行后续计量，在终止确认、发生减值或摊销时产生的利得或损失，计入当期损益。

此外，福田汽车年报中还披露其应收账款坏账的计提比例如表 2–10 所示。

表 2–10　福田汽车 2016 年应收账款坏账的计提比例

账　龄	计提比例/%
<1 年	1
1～<2 年	5
2～<3 年	10
3～<4 年	20
≥4 年	40

表 2–11 是福田汽车 2014—2016 年应收账款按账龄分类披露，图 2–18 和图 2–19 分别是福田汽车 2014—2016 年应收账款账龄分析、福田汽车 2014—2016 年提取坏账准备分析。

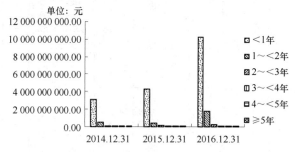

图 2–18　福田汽车 2014—2016 年应收账款账龄分析

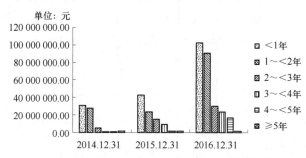

图 2–19　福田汽车 2014—2016 年提取坏账准备分析

应收账款质量分析的要点如下。

（1）分析应收账款和应收票据的规模

应收账款和应收票据的规模受诸多因素的影响，应结合企业的行业特点、经营方式、信用政策来分析。如广告业往往采用预收账款，制造业采用赊销，商业企业相当一部分则是采用现金销售。采用现金销售的企业应收账款较少，采用赊销方式的企业中应收账款较多。企

表 2-11 福田汽车 2014—2016 年应收账款按账龄分类披露

单位：元

账龄	2016 年 12 月 31 日				2015 年 12 月 31 日				2014 年 12 月 31 日			
	金额	比例/%	坏账准备	计提比例/%	金额	比例/%	坏账准备	计提比例/%	金额	比例/%	坏账准备	计提比例/%
<1 年	10 219 173 143.94	81.71	102 191 731.45	1	4 265 546 081.79	86.22	42 655 460.81	1	3 108 270 209.51	83.36	31 082 702.14	1
1~<2 年	1 816 474 044.71	14.52	90 823 702.24	5	470 524 393.29	9.51	23 526 219.66	5	557 690 468.34	14.96	27 884 523.41	5
2~<3 年	306 087 736.57	2.45	30 608 773.65	10	153 262 038.73	3.1	15 326 203.89	10	52 019 631.25	1.40	5 201 963.14	10
3~<4 年	116 285 496.38	0.02	23 257 099.27	20	47 653 579.72	0.96	9 530 715.95	20	4 591 961.49	0.12	918 392.30	20
4~<5 年	42 952 737.47	0.29	17 181 094.99	40	4 231 961.48	0.09	1 692 784.59	40	1 710 312.40	0.05	684 124.96	40
≥5 年	5 666 073.69	0.67	2 266 429.48	40	5 820 421.19	0.12	2 328 168.48	40	4 323 303.79	0.12	1 729 321.52	40
合计	12 506 639 232.76	100	6 692 970.97		4 947 038 476.20	100	95 059 553.38		3 728 605 886.78	100	67 501 027.47	

业放宽信用政策，刺激销售，就会增加应收账款；反之，就会减少应收账款。因此，对企业的应收账款规模应该进行纵向比较分析。

表 2-12 为福田汽车 2014—2016 应收账款规模变化，图 2-20 为其变动趋势图。

表 2-12　福田汽车 2014—2016 年应收账款规模变化　　　　单位：元

项　目	2016 年	2015 年	2014 年
应收账款规模	12 600 913 522.02	5 223 204 538.76	3 874 058 428.09
营业收入	46 532 069 535.53	33 997 492 420.07	33 691 283 636.83
所占比例/%	27.08	15.36	11.50

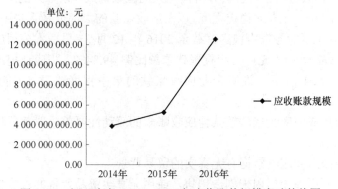

图 2-20　福田汽车 2014—2016 年应收账款规模变动趋势图

从表 2-12 和图 2-20 可以看出，福田汽车三年来应收账款随着主营业务收入的增加而增长，从 2014 年到 2015 年应收账款占主营业务收入的比重升高 3.86%，2015 年公司披露其应收账款增长主要系当期大客车等业务销售增加导致；2015 年到 2016 年应收账款占主营业务收入的比重升高 11.72%，2016 年公司披露其应收账款大幅增长主要系销量增加影响及应收新能源补贴增加导致。

2016 年度，福田汽车应收账款为 12 600 913 522.02 元，占净资产的比重为 66.09%，占比比 2015 年度增长了 137.26%，总体而言，系其主营销售增加所致。

（2）分析坏账损失风险

在市场经济条件下，企业生产经营存在各种风险，采用商业信用赊销商品将不可避免地发生坏账损失，即货款长期被拖欠甚至无法收回而给企业造成损失的情况。因此分析应收账款的质量可以从账龄和债务人的构成两方面进行。

① 账龄分析。一般而言，未过信用期或已过信用期但拖欠期较短的债权出现坏账的可能性比已过信用期较长时间的债权发生坏账的可能性要小。与其他企业进行比较时，应参考其他企业的计算口径、确定标准。

从图 2-18 可以看出福田汽车应收账款的账龄分布情况，2014—2016 年，1 年以内的应收账款始终占企业应收账款总额的绝大部分，其次是1—2年的应收账款。从图2-19对坏账准备的直观表述可以看出福田汽车的坏账主要从1年以内和1—2年的应收账款中提取，其数额较大的原因是应收账款数额较大。另外，4—5年和5年以上的应收账款坏账准备计提比例较高，所以坏账准备在4年以上的区间呈现上升趋势。

企业在对应账款进行披露时还着重考虑风险因素，把应收账款分类为单项金额重大并单独计提坏账准备的应收账款、按信用风险特征组合计提坏账准备的应收账款和单项金额不重大但单独计提坏账准备的应收账款。2016年，按信用风险特征组合计提坏账准备的应收账款占总额的98.31%，单项金额重大并单独计提坏账准备的应收账款及单项金额不重大但单独计提坏账准备的应收账款数额均很小，所占总额比例分别为0.42%和1.27%。

② 对债务人的构成分析。它包括分析债务人的区域构成、债务人的所有权性质、债权人与债务人的关联状况和债务人的稳定程度，以及应收账款的大部分是否集中于少数几个客户。

福田汽车2016年度财务报告披露，截至2016年12月31日，本公司应收账款欠款金额前五名合计6 503 372 885.18元，占应收账款总额比例49.34%，相应计提的坏账准备期末余额汇总金额94 654 524.74元，说明企业应收账款的集中程度较高，可能会产生难以收回的坏账。

分期收款销售形成的应收账款较其他应收账款的流动性要差，对其分析要区别于一般的应收账款。

（3）考察应收账款和应收票据有无真实的贸易背景

分析企业是否利用虚无信用来创造销售，或用无真实贸易背景的应收票据向银行贴现，加大企业信用风险。

（4）判断公司所处的市场状况

如应收账款和应收票据之和远远大于资产负债表右方的预收账款，说明公司的产品市场是一个典型的买方市场，产品销售难度很大。

2016年度，福田汽车应收账款12 600 913 522.02元，应收票据309 184 950.11元，总和12 910 098 472.13元，远远大于预收账款2 940 323 056.06元，公司的产品市场可能是买方市场。但根据年报中披露的2016年产品销售数量增多，说明产品销售良好，因此应收账款数量多主要是由于其销售增加及应收新能源补贴增加。

（5）分析应收账款的坏账准备计提是否充足

坏账准备提取的高低直接影响当期利润，上市公司常常会利用应收账款坏账准备的提取来操纵业绩。

从福田汽车2016年度的财务报告中可以看出，其一年以内的应收账款几年来均保持在80%以上，各账龄的坏账计提比例合理，应收账款的收回状况良好。

4）应收票据

应收票据是指企业因赊销产品、提供劳务等在采用商业汇票结算方式下收到的商业汇票，包括商业承兑汇票和银行承兑汇票。一般而言，应收票据是一种流动性相对较强的资产。应收票据分为不带息应收票据和带息应收票据。根据企业现金需求的变化，应收票据还可以用于贴现。

财务报表分析在了解应收票据特点和分类基础上，应该重点加强对应收票据贴现和转让的管理，降低应收票据的风险。

福田汽车 2014—2016 年应收票据披露如表 2-13 所示。

表 2-13　福田汽车 2014—2016 年应收票据

单位：元

种类	2016 年 12 月 31 日	2015 年 12 月 31 日	2014 年 12 月 31 日
银行承兑汇票	309 184 950.11	141 772 788.12	81 990 487.00
商业承兑汇票			
合计	309 184 950.11	141 772 788.12	81 990 487.00

说明：2016 年应收票据中包含期末公司已质押的应收票据 6 000 000.00 元

从表 2-13 可以看出，福田汽车 2016 年的应收票据全部为银行承兑汇票。年报中还披露了福田汽车已质押的应收票据，已质押的应收票据金额为 6 000 000.00 元。

此外，应收票据中还包括期末公司已背书或贴现且在资产负债表日尚未到期的应收票据和期末公司因出票人未履约而将其转为应收账款的票据，福田汽车的应收票据不适用这两项。背书是一种票据行为，是票据权利转移的重要方式。背书按目的可以分为两类：一是转让背书，即以转让票据权利为目的的背书；二是非转让背书，即以设立委托收款或票据质押为目的的背书。

5）存货

存货是指企业在正常生产经营过程中持有以备出售的产成品或商品，或为了出售仍然处在生产过程中的在产品，或在生产过程或提供劳务过程中耗用的材料、物料等。存货在同时满足以下两个条件时，才能加以确认：该存货包含的经济利益很可能流入企业；该存货的成本能够可靠计量。

无论是工业还是商业企业，存货都是企业生产经营的中心，存货往往占到企业流动资产的一半左右。但是，随着经济和生产的发展及一些先进管理方法的应用，存货占流动资产的比重也在不断下降。存货对企业生产经营活动的变化具有特殊敏感性，必须使存货数量与企业的生产经营活动保持平衡，若存货过少，会影响生产，导致企业错失销售良机；若存货数量过度增加，使得资金沉淀，最终也会使企业生产中断，难以为继。

表 2-14 为福田汽车 2014—2016 年存货规模变化，图 2-21 为其变动趋势图。

表 2-14　福田汽车 2014—2016 年存货规模变化　　　　　单位：元

项　目	2016 年	2015 年	2014 年
存货规模	3 256 008 269.98	2 059 386 400.00	2 051 103 243.87
流动资产规模	25 110 477 737.81	16 649 629 215.14	11 271 621 885.14
占流动资产比例/%	12.97	12.37	18.20
资产规模	53 913 464 928.89	42 752 961 319.03	34 697 470 410.81
占资产比例/%	6.04	4.82	5.91

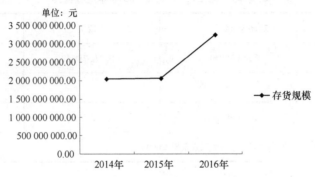

图 2-21　福田汽车 2014—2016 年存货规模变动趋势图

从图 2-21 和表 2-14 可以看出，从 2014 年到 2016 年，福田汽车存货规模逐年扩大，占流动资产的比重在 10%～20%之间，比例很小，且存货占流动资产的比重整体呈下降的趋势。根据公司在年报中的披露，公司长期保持稳健的财务政策，在公司现金流不足的情况下，可以通过加强应收账款回收、变现存货来获得必要的偿债资金支持。

存货质量分析的要点有以下几个。

（1）存货的品种构成结构分析

即盈利产品占企业品种构成的比例、市场发展前景和产品的抗变能力。

（2）存货跌价准备计提是否充分

如存货披露是否遵循成本与可变现净值孰低法，存货有无相应的所有权证。

（3）存货的计价问题

各种不同存货的计价方法会使存货计价产生极大的差异，尤其在通货膨胀导致存货价格大幅波动的时候。对于着重分析企业短期偿债能力的报表使用者来说，企业利润的虚实影响不大，关键是要了解存货的变现价值。

企业会计准则规定，存货的期末计价采用成本与可变现净值孰低法，对于可变现净值低于成本的部分，应当计提存货跌价准备。对此，一方面，要特别关注企业是否利用存货项目进行潜亏挂账问题。一些企业利用存货项目种类繁多、金额庞大、重置频繁、计价方法多样等客观因素，采用种种非法手段，将一些呆滞商品、积压商品、残次品长期隐藏于存货项目中，这实际上就是企业的一种潜在亏损。显然，这种存货根本丧失了流动性。另一方面，要注意考察企业存货跌价准备的计提对未来产生的财务影响，尤其是企业是否存在利用存货跌价准备的计提政策进行"巨额冲销"，对这种现象，要正确分析其对未来财务的影响。

（4）存货的日常管理分析

企业存货质量不仅取决于存货的账面数字，还与存货的日常管理密切相关。只有恰当保持各项存货的比例和库存周期，材料存货才能为生产过程消化，商品存货才能及时销售，从而实现存货的顺利变现。

表 2–15 为福田汽车 2014—2016 年存货分项目列示。

福田汽车 2016 年财务报告中，对存货的分类、发出存货的计价方法、存货可变现净值的确定依据及存货跌价准备的计提方法、存货的盘存制度、低值易耗品的摊销方法都进行了说明。其中，具体披露的存货项目有原材料、在产品、库存商品、周转材料、消耗性生物资产、建造合同形成的已完工未结算资产、委托加工物资和发出商品，数量最多的是库存商品，金额为 1 565 117 987.93 元，占存货总量的 44.29%，其次是发出商品和原材料。在存货跌价准备中，福田汽车当期对原材料、在产品、库存商品和发出商品计提了跌价准备。

表 2–15 福田汽车 2014—2016 年存货分项目列示 单位：元

项目	2016 年 12 月 31 日	跌价准备	2015 年 12 月 31 日	跌价准备	2014 年 12 月 31 日	跌价准备
原材料	635 718 494.53	1 733 174.09	280 085 520.09	14 131 770.27	437 595 840.11	29 238 096.88
在产品	302 378 694.23	513 751.44	312 104 988.46	5 459 893.57	322 005 997.14	10 023 279.08
库存商品	1 565 117 987.93	253 922 644.65	1 160 209 785.00	174 308 692.80	1 201 969 698.50	120 156 130.11
周转材料	—		—		—	
消耗性生物资产	7 122 090.79	—	6 330 562.09	—	7 813 925.37	—
建造合同形成的已完工未结算资产	—		—		—	
委托加工物资	835 131.85	—	1 513 610.11	—	21 007 139.82	—
发出商品	1 022 447 657.95	21 442 217.12	529 494 128.93	36 451 838.04	231 425 200.14	11 297 051.14
合计	3 533 620 057.28	277 611 787.30	2 289 738 594.68	230 352 194.68	2 221 817 801.08	170 714 557.21

6）预付账款

预付账款是指企业按照合同规定预付的款项，包括预付给供货单位的购货款及企业进行在建工程预付的工程价款等。

从资产的流动性来看，预付账款是一种特殊的流动资产，由于款项已经支付，除一些特殊的情况外（如预收货款的企业未能按约提供商品、预付保险单被提前注销等），在未来期间不会导致现金流入，即在这种债权收回时，流入的不是货币资金，而是存货，因此，该项目的变现性极差。

判断预付账款的规模是否合适，主要应考虑采购特定存货的市场供求情况。一般而言，预付账款不构成流动资产的主体部分。若企业预付账款较高，则可能预示着企业有非法转移资金、非法向有关单位提供货款及抽逃资金等不法行为。

福田汽车2016年度的资产负债表中披露了预付账款账龄分析见表2-16和图2-22。

表2-16　福田汽车2014—2016年预付账款账龄分析　　　　单位：元

账龄	2016年12月31日		2015年12月31日		2014年12月31日	
	金额	比例%	金额	比例%	金额	比例%
<1年	786 575 523.98	95.99	343 257 830.17	92.05	342 116 070.16	91.13
1～<2年	16 921 633.55	2.03	14 822 237.77	3.89	22 794 166.27	5.95
2～<3年	9 156 979.11	1.10	7 350 528.69	1.93	7 158 926.25	1.87
3～<4年	7 306 090.01	0.88	8 110 840.66	2.13	4 018 617.92	1.05
合计	819 960 226.65	100	373 541 437.29	100	376 087 780.60	100

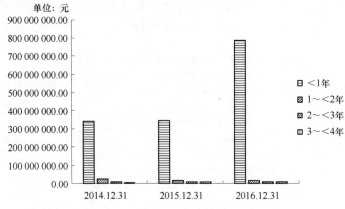

图2-22　福田汽车2014—2016年预付账款账龄分析图

由表2-16和图2-22可以看出，三年来福田汽车的预付账款总额呈先小幅下降后大幅上升的趋势，其中1年以内的预付账款始终占绝大部分，1—2年的预付账款数量先下降后上升。

福田汽车2016年度财务报告披露，2016年福田汽车预付关键零部件材料采购款增加，导致本项目期末较期初增加119.51%。

福田汽车2016年度账龄超过1年的预付款项主要为公司开发大型模具的预付款。

此外，福田汽车2016年财务报告中没有对预付款项的坏账准备进行披露。

7）应收利息

应收利息是指企业因债权投资而应收取的一年内到期收回的利息，它主要包括如下情况：一是企业购入的是分期付息到期还本的债券，在会计结算日，企业按规定所计提的应收利息；二是企业购入债券时实际支付款项中所包含的已到期而尚未领取的债券利息。已到期而尚未领取的债券利息也是对分期付息债券而言，不包括企业购入到期还本付息的长期债券应收的利息。

福田汽车 2014—2016 年度财务报告中，对应收利息的披露见表 2-17。

表 2-17　福田汽车 2014—2016 年应收利息披露情况　　　单位：元

项目	2016 年 12 月 31 日	2015 年 12 月 31 日	2014 年 12 月 31 日
定期存款	1 499 118.75	1 749 969.67	1 817 957.08
委托贷款	390 272.22	174 638.88	—
合计	1 889 390.97	1 924 608.55	1 817 957.08

8）应收股利

应收股利是指企业因股权投资而应收取的现金股利以及应收其他单位的利润，包括企业购入股票实际支付的款项中所包括的已宣告发放但尚未领取的现金股利和企业因对外投资应分得的现金股利或利润等，但不包括应收的股票股利。

9）其他应收款

反映企业除应收票据、应收账款、预付账款、应收股利、应收利息等经营活动以外的其他各种应收、暂付的款项。其他应收款属于企业主营业务以外债权，如应收的各项赔款、罚款、存出保证金，应向职工个人收取的垫付款项等。

其他应收款既为"其他"，则与企业主营业务产生的债权（应收账款等）比较其数额不应过大。如果存在数额较高的现象，则属于不正常现象，容易产生一些不明原因的占用。为此，要借助会计报表附注仔细分析其具体构成项目的内容和发生时间，特别是其中数额较大、时间较长、来自关联方的应收款项。要警惕企业利用该项目粉饰利润、让大股东无偿占用资金及转移销售收入偷逃税款等。

在福田汽车 2016 年的资产负债表中，应收账款占资产比重为 23.37%，其他应收款为0.98%，其他应收款远少于应收账款。在财务报表附注中，福田汽车分别披露了合并报表和母公司报表中其他应收款的分类和坏账准备的情况。其中，分类按风险和账龄分别进行。具体披露如表 2-18 所示。

表 2-18　福田汽车 2014—2016 年其他应收款风险分类表　　　单位：元

类别	2016 年 12 月 31 日			2015 年 12 月 31 日			2014 年 12 月 31 日		
	金额	比例/%	坏账准备	金额	比例/%	坏账准备	金额	比例/%	坏账准备
单项金额重大并单独计提坏账准备的其他应收款	—	—	—	—	—	—	47 723 382.40	3.84	14 521 244.26
按信用风险特征组合计提坏账准备的其他应收款	563 385 821.41	99.15	34 767 655.74	2 100 235 985.78	99.44	38 533 894.37	1 194 302 176.79	96.13	24 123 858.61

续表

类别	2016年12月31日			2015年12月31日			2014年12月31日		
	金额	比例/%	坏账准备	金额	比例/%	坏账准备	金额	比例/%	坏账准备
单项金额不重大但单独计提坏账准备的其他应收款	4 823 792.80	0.85	4 823 792.80	11 829 895.43	1.56	4 875 522.80	410 671.00	0.03	410 671.00
合计	568 209 614.21	100	39 591 448.54	2 112 065 881.21	100	43 409 417.17	1 242 436 230.19	100	39 055 773.87

2016年福田汽车其他应收款项目期末较期初减少74.45%，主要是由于新能源补贴款由其他应收款转到了应收账款，导致本期其他应收款大幅下降，应收账款大幅上升。

本期不存在单项金额重大并单独计提坏账准备的其他应收款，按信用风险特征组合计提坏账准备的其他应收款有563 385 821.41元，占其他应收款总额的99.15%，单项金额不重大但单独计提坏账准备的其他应收款所占比例很小。

对其他应收款的分析同应收账款一样，也要进行账龄分析。

从图2-23可以看出，福田汽车的其他应收款数额集中于1年内的其他应收款，占企业其他应收款总额的比例为50%～80%之间。

企业需要根据以往的经验、客户的信用状况及未来市场环境等具体情况来估计坏账损失，计提坏账准备。对福田汽车每年的其他应收款进行分析后，按一定比例计提坏账准备，见表2-19和图2-23。

表2-19 福田汽车2014—2016年其他应收款账龄分类表　　　单位：元

账龄	2016年12月31日				2015年12月31日				2014年12月31日			
	金额	比例/%	坏账准备	计提比例/%	金额	比例/%	坏账准备	计提比例/%	金额	比例/%	坏账准备	计提比例/%
<1年	315 735 227.61	56.04	3 157 352.29	1	1 825 663 192.32	86.93	18 256 631.94	1	934 967 565.42	78.29	9 349 675.64	1
1～<2年	78 114 807.65	13.87	3 905 740.37	5	156 513 304.54	7.45	7 825 665.22	5	227 339 915.58	19.04	11 366 995.78	5
2～<3年	67 331 936.07	11.95	6 733 193.62	10	114 094 089.01	6.91	11 409 408.90	10	30 743 154.13	2.57	3 074 315.42	10
3～<4年	99 550 852.90	17.67	19 910 170.59	20	2 719 858.25	0.16	543 971.65	20	838 724.48	0.07	167 744.90	20
4～<5年	1 622 218.00	0.29	648 887.20	40	838 724.48	0.05	335 489.79	40	393 150.00	0.03	157 260.00	40
≥5年	1 030 779.18	0.18	412 311.67	40	406 817.18	0.02	162 726.87	40	19 667.18	0.002	7 866.87	40
合计	563 385 821.41	100	34 767 655.74		2 100 235 985.78	100	38 533 894.37		1 194 302 176.79	100	24 123 858.61	

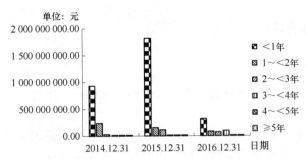

图 2-23　福田汽车 2014—2016 年其他应收账款账龄分析

本期计提坏账准备金额 9 741 585.37 元；本期收回或转回坏账准备金额 223 880.00 元。其中，本期坏账准备转回或收回金额 223 880.00 元，是从北京军都旅游度假村有限责任公司以货币资金形式回收的，见图 2-24。

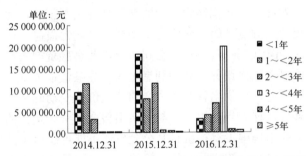

图 2-24　福田汽车 2014—2016 年其他应收款坏账准备分析

此外，福田汽车 2016 年度财务报告还披露了欠款金额前五名的情况：截至 2016 年 12 月 31 日，公司其他应收款项欠款金额前五名合计 291 461 162.87 元，占其他应收款总额比例 51.3%。其中：应收北京福田戴姆勒汽车有限公司技术转让及许可费中 1 年以内为 117 374 320.21 元，占其他应收款期末余额合计数的比例为 20.66%。

10）一年内到期的非流动资产

一年内到期的非流动资产反映企业一年内到期的非流动资产项目中在一年内到期的金额，包括一年内到期的持有至到期投资、长期待摊费用和一年内可收回的长期应收款。

11）其他流动资产

其他非流动资产反映企业除货币资金、交易性金融资产、应收票据、应收账款、存货等流动资产以外的其他资产。2016 年度，福田汽车其他流动资产余额 1 665 347 588.21 元，较 2015 年度增长 57.55%，福田汽车披露该增长主要系公司委托贷款及待抵扣税金增加。

2. 非流动资产项目解读

1）可供出售金融资产

可供出售金融资产反映企业持有的以公允价值计量的可供出售的股票投资和债券投等金融资产。

企业在确认金融资产时，将其划分为以下 3 类：以公允价值记量且其变动计入当期损益的金融资产、以摊余成本计量的金融资产和以公允价值计量且变动计入其他综合收益的金融资产。

可供出售金融资产分析，首先要判断其分类是否恰当，是否符合有关金融资产的确认标准，然后再看其会计处理是否正确。债券性质的可供出售金融资产的公允价值变动首先计入公允价值变动损益，待其真正实现时再转入投资收益；股权性质的可供出售金融资产的公允价值变动首先确认为直接计入所有者权益的利得或损失，计入其他综合收益，待其真正实现时再在利润表中确认。对此，要特别注意企业的会计处理是否正确，尤其是是否存在为了粉饰业绩将持有的可供出售金融资产的公允价值变动直接确认为损益，计入利润表的现象。

根据福田汽车 2016 年度财务报告披露，公司可供出售金融资产采用公允价值进行后续计量，其折溢价采用实际利率法摊销并确认为利息收入。除减值损失及外币货币性金融资产的汇兑差额确认为当期损益外，可供出售金融资产的公允价值变动确认为其他综合收益，在该金融资产终止确认时转出，计入当期损益。与可供出售金融资产相关的股利或利息收入，计入当期损益。对于在活跃市场中没有报价且其公允价值不能可靠计量的权益工具投资，以及与该权益工具挂钩并须通过交付该权益工具结算的衍生金融资产，按成本计量。

福田汽车 2016 年度财务报告中披露，公司无可供出售债务工具，但有期末按成本计量的可供出售权益工具，账面价值 319 015 200.00 元，未发生减值。

2）持有至到期投资

持有至到期投资是指到期日固定，回收金额固定或可确定，且企业有明确意图和能力持有到期的非衍生金融资产。包括企业持有的在活跃市场上有公开报价的国债、企业债券、金融债券等。持有至到期投资的目的主要是定期收取利息、到期收回本金，并力图获得长期稳定的收益。

对持有至到期投资的分析，主要从以下几个方面进行。

（1）持有至到期投资的项目构成及债务人分析

对持有至到期投资而言，虽然投资者按照约定，将定期收取利息、到期收回本金，但是债务人能否定期支付利息、到期偿还本金，取决于债务人在需要偿还的时点是否有足够的现金。因此，有必要对持有至投资的投资项目或投资对象的具体构成进行分析，并在此基础上对债务人的偿债能力作进一步的判断，从而评价持有至到期投资的质量。分析时可参阅会计报表附注中的持有至到期投资明细表，并结合其他市场信息。

（2）持有至到期投资的收益分析

企业购买国债、企业债券或金融债券是持有至到期投资的主要内容，其投资收益为定期收取的利息。对持有至到期投资收益的分析，首先应当根据当时金融市场情况，判断投资的回报水平，即收益率的高低。一般来说，持有至到期投资的收益率应高于同期银行存款利率。另外还要注意，持有至到期投资是按照权责发生制的原则确定的，并不与现金流入量相对应，即无论投资企业是否收到利息，都要按应收利息计算出当期的投资收益。大多数情况下，投资收益的确认都先于利息的收取，由此会导致投资收益与现金流入的不一致。

（3）持有至到期投资的减值分析

当持有至到期投资发生减值时，应当将账面价值减记至预计未来现金流量的现值。计提持有至到期减值准备不仅会导致持有至到期投资账面价值的减少，而且会影响当期的利润总额。因此一些企业可能出于某种不良的动机，通过少提或多提减值准备来达到虚增或虚减持有至到期投资账面价值和利润的目的。尤其是，按照我国相关会计准则的规定，大部分长期资产，如固定资产、无形资产、长期股权投资及采用成本模式的投资性房地产所计提的资产减值准备在处置前是不得转回的，但对持有至到期投资、贷款和应收款项等金融资产，确认减值损失后如有客观证据表明该金融资产价值已恢复，且客观上与确认该损失后发生的事项有关（如债务人的信用评级已提高）的，原确认减值损失应当转回。对此应当尤为注意，要特别警惕企业是否存在利用持有至到期投资减值准备的计提和转回人为操纵利润的情形。

3）长期应收款

长期应收款反映企业融资租赁产生的应收款项、采用递延方式具有融资性质的因销售商品和提供劳务等产生的长期应收款项等。

福田汽车 2016 年度财务报告中按类别披露了本期长期应收款及计提的坏账准备，2016年企业长期应收款为 2 461 994 573.14 元，类别为融资租赁款（包含未实现融资收益）、分期收款销售商品和分期收款提供资金，合计额除去了 1 年内到期的长期应收款。具体披露如表 2-20 所示。

表 2-20　福田汽车 2014—2016 年长期应收款类别分析　　　　　　　单位：元

项目	2016 年 12 月 31 日		2015 年 12 月 31 日		2014 年 12 月 31 日	
	账面余额	坏账准备	账面余额	坏账准备	账面余额	坏账准备
融资租赁款	3 454 651 588.98	311 581 565.00	2 335 249 668.23	267 581 082.28	2 108 452 004.59	173 304 914.88
其中：未实现融资收益	275 450 019.00		257 084 361.99		278 252 580.28	
分期收款销售商品	792 955 660.88		1 113 252 149.39		705 103 500.44	
分期收款提供劳务						

续表

项目	2016 年 12 月 31 日		2015 年 12 月 31 日		2014 年 12 月 31 日	
	账面余额	坏账准备	账面余额	坏账准备	账面余额	坏账准备
分期收款提供资金	63 000 000.00					
减：1 年内到期的长期应收款	−1 848 612 676.72		−1 166 258 058.91		−961 489 611.30	
合计	2 461 994 573.14	311 581 565.00	2 282 243 758.71	267 581 082.28	−961 489 611.30	173 304 914.88

4）长期股权投资

长期股权投资反映企业持有的对子公司、联营企业和合营企业的长期权益性投资。

企业长期股权投资分析主要从以下方面进行。

（1）长期股权投资构成分析

它主要从企业投资对象、投资规模、持股比例等方面进行分析。通过对其构成进行分析，可以了解企业投资对象的经营状况及其收益等方面的状况，从而有助于判断长期股权投资的质量。

福田汽车 2014—2016 年度财务报告中，对长期股权投资按照投资对象进行了披露，如表 2–21 所示。

表 2–21 福田汽车 2014—2016 年长期股权投资分项目列示   单位：元

项目	2014 年 12 月 31 日	2015 年 12 月 31 日	2016 年增减变动					2016 年 12 月 31 日
			追加投资	减少投资	权益法下确认的投资收益	其他综合收益调整	宣告发放现金股利或利润	
对合营企业投资	1 954 824 177.52	2 199 760 636.22			454 974 318.77	−4 389 000.00	303 581 642.03	2 346 764 312.96
对联营企业投资	130 419 923.78	106 287 805.90	26 350 000.00	7 091 317.37	−7 087 934.90		121 163.69	118 337 389.94
合计	2 085 244 101.30	2 306 048 442.12	26 350 000.00	7 091 317.37	447 886 383.87	−4 389 000.00	303 702 805.72	2 465 101 702.90

此外，报告披露福田汽车重要的合营企业或联营企业为北京福田康明斯发动机有限公司和北京福田戴姆勒汽车有限公司，持股比例均为 50%，同时表决权比例也为 50%。

（2）长期股权投资初始成本的确认

根据我国相关会计准则规定，长期股权投资初始投资成本分为企业合并取得和非合并取得，分别进行确定；其中，企业合并取得又分为同一控制下的企业合并取得和非同一控制下的企业合并取得。

同一控制下的企业合并取得的长期股权投资，应当在合并日按照取得被合并方所有者权益账面价值的份额作为长期股权投资的初始投资成本。长期股权投资的初始投资成本与支付的现金、转让的非现金资产以及所承担债务账面价值之间的差额，应当调整资本公积；资本公积不足冲减的，调整留存收益。这一会计处理方法的实质是按权益结合法核算企业合并业务。

非同一控制下的企业合并取得的长期股权投资，初始投资成本为购买方在购买日为取得对被购买方的控制权而付出的资产、发生或承担的负债以及发行的权益性证券的公允价值，即以付出的资产等的公允价值作为初始投资成本。这一会计处理方法的实质是按购买法核算企业合并业务。

除企业合并形成的长期股权投资以外，其他方式取得的长期股权投资，应当结合长期股权投资的取得形式，按照取得投资时对价付出资产的公允价值确认初始投资成本。

分析时，要特别注意企业长期股权投资初始投资成本的确认是否符合会计准则规定，尤其是企业合并形成的长期股权投资，是否正确地区分了同一控制下的企业合并和非同一控制下的企业合并。

（3）关注长期股权投资核算方法的选择

长期股权投资核算方法包括成本法和权益法，核算方法的使用取决于投资企业与被投资企业的关系。

当投资企业能够对被投资单位实施控制时，日常核算应当采用成本法，待编制合并会计报表时再按权益法进行调整。

当投资单位对被投资单位具有共同控制或重大影响时，对长期股权投资的核算应采用权益法。权益法核算的内容包括以下 4 个方面。

① 长期股权投资的初始投资成本小于投资时，应享有被投资单位可辨认净资产公允价值份额的，一方面，应增加长期股权投资的投资成本；另一方面，应确认营业外收入。

② 投资企业取得长期股权投资后，应按照应享有或应分担的被投资单位实现的净损益份额，确认投资损益并调整长期股权投资的账面价值。

③ 投资企业按照被投资单位宣告分派的利润或现金股利计算应分得的部分，相应减少长期股权投资的账面价值。

④ 投资企业对于被投资单位除净损益以外所有者权益的其他变动，应当按照持股比例计算应享有的份额，相应调整长期股权投资的账面价值并计入所有者权益。可见，长期股权投资采用权益法核算时投资对象的选择非常重要。

5）投资性房地产

投资性房地产，是指为赚取租金或资本增值，或两者兼有而持有的房地产，即企业持有房地产的目的不是自用，而是用于投资，主要包括已出租的土地使用权，持有并准备增值后转让的土地使用权和已出租的建筑物。

对投资性房地产项目的分析，首先应该注意企业对投资性房地产的分类是否恰当，即企业是否将投资性房地产与固定资产、无形资产的界限作了正确区分。作为投资性房地产，企业持有的目的是赚取租金或资本增值，或两者兼有；而企业自用的房地产，即为生产商品、提供劳务或者经营管理而持有的房地产和房地产开发企业作为存货的房地产，则分别属于固定资产和存货，并非投资性房地产。另外，当有确凿证据表明投资性房地产的用途发生改变，满足下列条件之一的，应当将投资性房地产转换为其他资产或将其他资产转换为投资性房地产：

① 投资性房地产开始自用；

② 作为存货的房地产，改为出租；

③ 自用土地使用权停止自用，用于赚取租金或资本增值；

④ 自用建筑物停止自用，改为出租。

6）固定资产

固定资产是指同时具有以下特征的有形资产：为生产产品、提供劳务、出租或经营管理而持有；使用寿命超过一个会计年度。一般而言，固定资产属于企业的劳动资料，代表了企业的扩大再生产能力。固定资产具有占用资金数额大、资金周转时间长的特点，对其进行分析需要从以下几方面入手。

（1）固定资产与企业资产规模配比情况分析

对固定资产分析首先要对其进行数量判断，其与资产规模的比例关系要结合行业、企业生产经营的特点和产品生命周期等进行综合考察。表 2-22 和图 2-25 分别是福田汽车2014—2016 年固定资产与企业资产规模配比表和福田汽车 2014—2016 年固定资产与企业资产规模配比图。

表 2-22　福田汽车 2014—2016 年固定资产与企业资产规模配比表　　　　单位：元

资产	2016 年		2015 年		2014 年	
	数值	比例	数值	比例	数值	比例
固定资产	12 290 393 033.74	22.80	10 190 528 870.60	23.84	9 756 497 809.37	28.1
资产总额	53 913 464 928.89	100	42 752 961 319.03	100	34 697 470 410.81	100

通过对福田汽车三年来固定资产与企业资产进行分析，企业的固定资产占总资产的比重始终保持在 20%～30%之间，相对于行业的固定资产与企业规模平均水平而言，福田汽车的固定资产占企业资产规模的比例较低。

福田汽车的固定资产规模随着总资产规模的增加而逐渐扩大，说明企业随着生产经营规模的扩大固定资产也在随之增加，这是合理的，但是固定资产的增长比资产总量的增长要平缓一些。

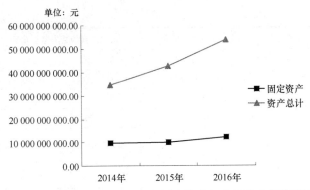

单位：元

图 2-25　福田汽车 2014—2016 年固定资产与企业资产规模配比图

（2）固定资产折旧和减值准备分析

固定资产按照原值减去累计折旧和固定资产减值准备后的净额列示，如何计提折旧和如何计提固定资产减值准备具有一定的灵活性，会给固定资产的账面价值带来很大的影响。因此，在实务中，一些企业往往会利用政策选择的灵活性虚增或虚减固定资产的账面价值和利润，结果造成会计信息失真。因此，必须认真分析固定资产会计政策。

福田汽车 2014—2016 年度财务报告中，分别按固定资产所包括的房屋及建筑物、机器设备、运输工具和电子设备及其他的类别列示了固定资产的原值、累计折旧、减值准备和账面价值，具体如表 2-23 所示。

表 2-23　福田汽车 2016 年固定资产情况　　　　　　　单位：元

项目	房屋及建筑物	机器设备	运输工具	电子设备及其他	合计
一、账面原值：					
1. 期初余额	6 676 396 770.45	6 247 281 525.15	213 941 724.30	597 516 944.24	13 735 136 964.14
2. 本期增加金额	961 376 619.69	2 091 741 757.88	30 384 838.05	134 983 556.66	3 218 486 772.28
（1）购置	35 920 977.19	95 020 813.89	22 922 339.16	97 939 964.65	251 804 094.89
（2）在建工程转入	1 009 248 226.57	1 986 804 990.98	7 462 498.89	37 043 592.01	3 040 559 308.45
（3）其他增加	−83 792 584.07	9 915 953.01			−73 876 631.06
3. 本期减少金额	59 426 606.49	162 969 573.32	29 089 619.23	24 991 754.28	276 477 553.32
（1）处置或报废	59 426 606.49	162 969 573.32	29 089 619.23	24 991 754.28	276 477 553.32
（2）其他减少					
4. 期末余额	7 578 346 783.65	8 176 053 709.71	215 236 943.12	707 508 746.62	16 677 146 183.10
二、累计折旧					
1. 期初余额	995 906 873.36	1 938 982 725.88	74 648 825.04	323 058 978.92	3 332 597 403.20
2. 本期增加金额	245 344 489.84	517 990 538.08	22 484 800.75	73 155 069.41	858 974 898.08
（1）计提	245 344 489.84	512 828 294.74	22 484 800.75	73 155 069.41	853 812 654.74
（2）其他增加		5 162 243.34			5 162 243.34

续表

项目	房屋及建筑物	机器设备	运输工具	电子设备及其他	合计
3. 本期减少金额	24 719 210.51	64 866 229.34	23 994 826.27	3 562 750.02	117 143 016.14
（1）处置或报废	24 719 210.51	64 866 229.34	23 994 826.27	3 562 750.02	117 143 016.14
（2）其他减少					
4. 期末余额	1 216 532 152.69	2 392 107 034.62	73 138 799.52	392 651 298.31	4 074 429 285.14
三、减值准备					
1. 期初余额		212 010 690.34			212 010 690.34
2. 本期增加金额		100 989 680.00			100 989 680.00
（1）计提		100 989 680.00			100 989 680.00
（2）其他增加					
3. 本期减少金额		676 506.12			676 506.12
（1）处置或报废		676 506.12			676 506.12
（2）其他减少					
4. 期末余额		312 323 864.22			312 323 864.22
四、账面价值					
1. 期末账面价值	6 361 814 630.96	5 471 622 810.87	142 098 143.60	314 857 448.31	12 290 393 033.74
2. 期初账面价值	5 680 489 897.09	4 096 288 108.93	139 292 899.26	274 457 965.32	10 190 528 870.60

2016 年末，福田汽车暂时闲置的固定资产账面价值 30 594 801.33 元，未办妥产权证书的固定资产账面价值 2 816 224 360.18 元，二者占比均较小，不影响公司固定资产规模。

7）在建工程

在建工程反映企业期末各项未完工程的实际支出，包括交付安装的设备价值。在建工程本质上是正在形成中的固定资产，它是企业固定资产的一种特殊表现形式。在建工程占用的资金属于长期资金，但是投入前属于流动资金。如果工程管理出现问题，会使用大量的流动资金沉淀，甚至造成企业流动资金的周转困难。因此，在分析该项目时，应深入了解工程的工期长短，及时发现存在的问题。

对在建工程的分析还要注意其转为固定资产的真实性和合理性。

福田汽车 2016 年度财务报告对在建工程明细进行了披露，如表 2-24 所示。

表 2-24　福田汽车 2016 年在建工程明细

单位：元

工程名称	预算数	资金来源	工程投入占预算的比例/%
密云多功能厂建设项目	2 960 340 000.00	募集资金与金融机构贷款	94
奥铃发动机项目	1 200 000 000.00	自筹与金融机构贷款	85

工程名称	预算数	资金来源	工程投入占预算的比例/%
佛山汽车厂建设项目	990 990 000.00	自筹	50
诸城中高端卡车项目	785 570 000.00	自筹与金融机构贷款	80
潍坊多功能汽车厂建设项目	1 220 520 000.00	募集资金、自筹与金融机构贷款	95
福田铸造中心项目	1 506 630 000	自筹	85
研发能力提升技术改造项目	156 500 000.00	自筹	65
奥铃发动机技改项目	49 750 000.00	自筹与金融机构贷款	99
怀柔重型机械项目	2 134 510 000.00	募集资金与金融机构贷款	98
欧曼工厂冲压能力升级改造	156 200 000.00	自筹	99
宣化福田雷萨泵送机械厂扩能技改项目	379 500 000.00	自筹	100
合计	11 540 510 000.00		

福田汽车在建工程期末比期初减少 36.86%，主要系在建工程完工转入固定资产所致。

关于在建工程减值准备情况：截至 2016 年 12 月 31 日，福田汽车在建工程不存在可收回金额低于其账面价值之情况，故未计提在建工程减值准备。

8）工程物资

工程物资反映企业尚未使用的各项工程物资的实际成本，2016 年度福田汽车财务报告中工程物资项目金额为零。

9）固定资产清理

固定资产清理反映企业因出售、毁损、报废等原因转入清理但尚未清理完毕的固定资产净值。

10）生物资产

生物资产反映企业持有的生产性生物资产。企业会计准则规定，生物资产，是指有生命的动物和植物。生物资产分为消耗性生物资产、生产性生物资产和公益性生物资产。

消耗性生物资产，是指为出售而持有的或在将来收获为农产品的生物资产，包括生长中的大田作物、蔬菜、用材林以及存栏待售的牲畜等；生产性生物资产，是指为产出农产品、提供劳务或出租等目的而持有的生物资产，包括经济林、薪炭林、产畜和役畜等；公益性生物资产，是指以防护、环境保护为主要目的的生物资产，包括防风固沙林、水土保持林和水源涵养林等。

企业至少应当于每年年度终了对消耗性生物资产和生产性生物资产进行检查，有确凿证据表明生物资产发生减值的，应当计提消耗性生物资产跌价准备或生产性生物资产减值准备。

生物资产存在下列情形之一的，通常表明该生物资产发生了减值：

① 因遭受火灾、旱灾、水灾、冻灾、台风、冰雹等自然灾害，造成消耗性生物资产或生产性生物资产发生实体损坏，影响该资产的进一步生长或生产，从而降低其产生经济利益的能力；

② 因遭受病虫害或动物疫病侵袭，造成消耗性生物资产或生产性生物资产的市场价格大幅度持续下跌，并且在可预见的未来无回升的希望；

③ 因消费者偏好改变而使企业消耗性生物资产或生产性生物资产收获的农产品的市场需求发生变化，导致市场价格逐渐下跌。

11）油气资产

油气资产，是指油气开采企业所拥有或控制的油气井及相关设施和矿区权益。资产负债表中此项目反映企业持有的矿区权益和油气井及相关设施的原价减去累计折耗和累计减值准备后的净额。

油气资产属于递耗资产。递耗资产是指通过开采、采伐、利用而逐渐耗竭，以致无法恢复或难以恢复、更新或按原样重置的自然资源，如矿藏等。开采油气所必需的辅助设备和设施（如房屋、机器等），作为一般固定资产管理。

油气资产的折耗，是指油气资产随着当期开发进展而逐渐转移到所开采产品（油气）成本中的价值。企业会计准则规定，企业应当采用产量法或年限平均法对油气资产计提折耗。企业采用的油气资产折耗方法，一经确定，不得随意变更。未探明矿区权益不计提折耗。

企业会计准则规定，在确认油气井及相关设施成本时，弃置义务应当以矿区为基础进行预计，主要涉及油气井及相关设施的弃置、拆移、填埋、清理和恢复生态环境等所发生的支出。

未探明矿区权益应当至少每年进行一次减值测试。按照单个矿区进行减值测试的，其公允价值低于账面价值的，应当将其账面价值减记至公允价值，减记的金额确认为油气资产减值损失；按照矿区组进行减值测试并计提减值准备的，确认的减值损失不分摊至单个矿区权益的账面价值。

12）无形资产

无形资产，是指企业拥有或控制的没有实物形态的可辨认非货币性资产。反映企业持有的无形资产，包括专利权、非专利技术、商标权、著作权、土地使用权等。

对无形资产的分析可以从以下几方面入手。

（1）无形资产的规模和构成

无形资产是商品经济高度发达的产物，看似无形，却如同一双看不见的手，给企业的生存及发展带来巨大的影响。随着知识经济时代的到来，无形资产对企业生产经营活动的影响越来越大。在知识经济时代，企业控制的无形资产越多，可持续发展能力和竞争能力越强，因此，企业应该重视对无形资产的培育。另外，还要注意考察无形资产的类别比重，借以判断无形资产的质量。具体来说，专利权、商标权、著作权、土地使用权、特许权等无形资产的价值量较高，且其价值易于鉴定；而一旦企业的无形资产以非专利技术等不受法律保护的项目为主时，则容易产生资产"泡沫"。

（2）无形资产摊销政策分析

企业应当正确地分析判断无形资产的使用寿命，对于无法预见无形资产为企业带来经济利益期限的，应当视为使用寿命不确定的无形资产，对该类资产不应摊销；使用寿命有限的无形资产，则应当考虑与该无形资产有关的经济利益的预期实现方式，采用适当的摊销方法，将其应摊销金额在使用寿命内系统合理地摊销。分析时，应审核无形资产的摊销是否符合企业会计准则的有关规定。尤其是无形资产使用寿命的确定是否正确，有无将本能确定使用寿命的无形资产不予摊销；摊销方法的确定是否考虑了经济利益的预期实现方式；摊销方法和摊销年限有无变更，变更是否合理等。

福田汽车2016年财务报告中对无形资产的披露分为无形资产原值、累计摊销、减值准备和账面价值4个部分，公司该年的无形资产包括土地使用权、非专利技术、软件、商标。表2-25为福田汽车2016年无形资产原值，表2-26为福田汽车2016年无形资产累计摊销。

表2-25　2016年福田汽车无形资产原值　　　　单位：元

项目	土地使用权	非专利技术	软件	商标	合计
一、账面原值					
1. 期初余额	3 111 345 430.98	2 602 932 025.89	521 696 902.30	64 476 290.55	6 300 450 649.72
2. 本期增加金额	—	2 311 571 222.68	177 177 733.69	39 572 371.21	2 528 321 327.58
（1）购置	—	10 218 685.95	177 177 733.69	6 572 371.21	193 968 790.85
（2）内部研发	—	2 251 314 866.24	—	—	2 251 314 866.24
（3）其他增加	—	50 037 670.49	—	33 000 000.00	83 037 670.49
3. 本期减少金额	—	8 964 911.35	8 295 470.47	—	17 260 381.82
（1）处置	—	8 964 911.35	8 295 470.47	—	17 260 381.82
（2）其他减少	—	—	—	—	—
4. 期末余额	3 111 345 430.98	4 905 538 337.22	690 579 165.52	104 048 661.76	8 811 511 595.48

表2-26　2016年福田汽车无形资产累计摊销　　　　单位：元

项目	土地使用权	非专利技术	软件	商标	合计
二、累计摊销					
1. 期初余额	284 042 093.09	1 080 756 597.10	335 334 107.26	9 385 124.34	1 709 517 921.79
2. 本期增加金额	60 642 369.40	636 125 609.49	85 687 107.53	2 435 596.68	784 890 683.10
（1）计提	60 642 369.40	636 125 609.49	85 687 107.53	2 435 596.68	784 890 683.10

项目	土地使用权	非专利技术	软件	商标	合计
（2）其他	—	—	—	—	—
3. 本期减少金额	—	298 830.38	7 447 443.03	—	7 746 273.41
（1）处置	—	298 830.38	7 447 443.03	—	7 746 273.41
（2）其他减少	—	—	—	—	—
4. 期末余额	344 684 462.49	1 716 583 376.21	413 573 771.76	11 820 721.02	2 486 662 331.48

2016 年度福田汽车无形资产期末余额较 2015 年增加 37.77%，主要系开发乘用车相关支出转无形资产所致。

截至 2016 年 12 月 31 日，福田汽车无形资产不存在可收回金额低于其账面价值之情况，故未计提无形资产减值准备。此外，2016 年财务报告附注中还说明：2016 年末通过公司内部研发形成的无形资产占无形资产余额的比例为 55.07%。

13）开发支出

开发支出反映企业在开发无形资产过程中能够资本化形成的无形资产成本的支出部分。内部研究开发项目的支出，可区分为研究阶段支出和开发阶段支出。研究阶段的支出，于发生时计入当期损益。开发阶段的支出，同时满足下列条件的，才能予以资本化，即：完成该无形资产以使其能够使用或出售在技术上具有可行性；具有完成该无形资产并使用或出售的意图。无形资产产生经济利益的方式，包括能够证明运用该无形资产生产的产品存在市场或无形资产自身存在市场，无形资产将在内部使用的，能够证明其有用性；有足够的技术、财务资源和其他资源支持，以完成该无形资产的开发，并有能力使用或出售该无形资产；归属于该无形资产开发阶段的支出能够可靠地计量。不满足上述条件的开发支出计入当期损益。

福田汽车 2014—2016 年度财务报告对开发支出的披露如表 2-27 所示。

表 2-27　福田汽车 2014—2016 年度开发支出　　单位：元

类别	2014 年 12 月 31 日	2015 年 12 月 31 日	本期增加		本期减少		2016 年 12 月 31 日
			内部开发支出	其他	确认为无形资产	转入当期损益	
开发阶段支出	2 682 025 120.59	3 029 612 926.59	1 448 495 073.17	—	2 251 314 866.24	30 971 769.95	2 195 821 363.57
研究阶段支出	2 682 025 120.59	—	1 104 396 193.82	—	—	1 104 396 193.82	—
合计		3 029 612 926.59	2 552 891 266.99	—	2 251 314 866.24	1 135 367 963.77	2 195 821 363.57

2016 年福田汽车开发支出项目期末比期初减少 2.52%，主要系开发支出确认为无形资产和转入当期损益。

14）商誉

商誉是在非同一控制下的企业合并中，购买方付出的合并成本超出合并中取得的被购买方可辨认净资产公允价值的差额。商誉是一项特殊的资产，它只有在企业合并中才有可能产生并予以确认，代表被购买企业的一种超额获利能力。企业合并所形成的商誉，至少应当在每年年终进行减值测试。初始确认后的商誉，以其成本扣除累计减值准备后的金额计量。对该项目的分析，主要是结合企业会计政策的说明，判断商誉确认和商誉减值测试的正确性，从而分析商誉价值的真实性。

福田汽车 2016 年度商誉期末余额 14 653 707.00 元，主要系 2016 年度公司收购德国 Brock 公司产生。

15）长期待摊费用

长期待摊费用反映企业已经发生但应由本期和以后各期负担的分摊期限在一年以上的各项费用。长期待摊费用在一年内（含一年）摊销的部分，在资产负债表"一年内到期的非流动资产"项目填列。

长期待摊费用本身没有交换价值，不可转让，其实质上是按照权责发生制的原则将费用资本化，该项目根本没有变现性，其数额越大，表明资产的质量越低，因此，对企业而言，这类资产数额应当越少越好，占资产的比重越低越好。

在分析长期待摊费用时，应注意企业是否存在根据自身需要将长期待摊费用当作利润的调节器。即在不能完成利润目标或与目标相差很远的情况下，将一些影响利润的本不属于长期待摊费用核算范围的费用转入，而在利润完成情况超目标时，又会出现"以丰养欠"的考虑，加快长期待摊费用的摊销速度，将长期待摊费用大量提前转入摊销，以达到降低隐匿利润的目的，为以后的各期经营业绩的提高奠定基础。

福田汽车 2014—2016 年度财务报告中，对长期待摊费用的披露如表 2-28 所示。

表 2-28　福田汽车 2014—2016 年度长期待摊费用　　　　　单位：元

项目	2014 年 12 月 31 日	2015 年 12 月 31 日	本期增加金额	本期摊销金额	其他减少金额	2016 年 12 月 31 日
租赁费	1 085 440.46	1 038 237.50	—	47 202.96		991 034.54
改良支出	2 595 800.77	5 795 206.25	4 988 257.66	3 818 831.45		6 964 632.46
集中供热并网费	1 387 390.38	520 056.66		520 056.66		
其他	—	—	212 820.52	5 911.68		206 908.84
合计	5 068 631.61	7 353 500.41	5 201 078.18	4 392 002.75		8 162 575.84

福田汽车 2016 年度长期待摊费用项目期末比期初增加 11.00%，主要系改良支出增加。

16）递延所得税资产

递延所得税资产反映企业确认可抵扣暂时性差异产生的递延所得税资产。资产负债表上资产方的递延所得税资产和负债方的递延所得税负债是指在采用资产负债表债务法对所得税进行核算时，因资产、负债按照会计准则规定而确定的账面价值与按照税法规定确定的计税基础不同而产生的暂时性差异分别确认的递延所得税资产和递延所得税负债。其中，应纳税暂时性差异在产生当期应当确认相关的递延所得税负债，可抵扣暂时性差异应当确认相关的递延所得税资产。例如，一项资产的账面价值为 200 万元，计税基础为 150 万元，两者之间的差额会形成未来期间的应纳税所得额 50 万元，增加未来期间的应纳税所得额即应交所得税，对企业形成经济利益的流出，故在取得资产时应当确认递延所得税负债。

递延所得税资产和递延所得税负债的确认体现了交易或事项发生后，对未来期间计税的影响，即会增加未来期间的应交所得税或是减少未来期间的应交所得税，在所得税会计核算方面贯彻了资产、负债等基本会计要素的界定。

值得注意的是，递延所得税资产的确认应当以未来期间可能取得的应纳税所得额为限。即企业有明确的证据表明其于可抵扣暂时性差异转回的未来期间能够产生足够的应纳税所得额，进而利用可抵扣暂时性差异的，则应当以可能取得的应纳税所得额为限，确认相关的递延所得税资产。在可抵扣暂时性差异转回的未来期间内，企业无法产生足够的应纳税所得额用以抵扣可抵扣暂时性差异的影响，使得与递延所得税资产相关的经济利益无法实现的，该部分递延所得税资产不应确认，但应在会计报表附注中进行披露。据此，如若企业在资产负债表中确认了递延所得税资产，则表明企业有明确的证据表明其于可抵扣暂时性差异转回的未来期间能够产生足够的应纳税所得额，进而利用可抵扣暂时性差异；如若企业在资产负债表中未确认递延所得税资产，则不一定表明企业不存在可抵扣暂时性差异，可能企业只是无法取得足够的应纳税所得额而未确认相关的递延所得税资产。

表 2-29 为福田汽车 2014—2016 年递延所得税资产。

表 2-29　福田汽车 2014—2016 年递延所得税资产　　　　单位：元

项目	2016 年 12 月 31 日		2015 年 12 月 31 日		2014 年 12 月 31 日	
	可抵扣暂时性差异	递延所得税资产	可抵扣暂时性差异	递延所得税资产	可抵扣暂时性差异	递延所得税资产
资产减值准备	1 532 409 926.27	264 676 278.09	1 034 022 517.41	180 505 557.26	820 261 488.51	138 969 299.49
内部交易未实现利润	28 672 120.32	4 300 818.05	62 029 088.59	9 304 363.29	47 992 766.80	7 198 915.02
可抵扣亏损	400 569 207.77	94 441 826.01	303 341 594.58	69 080 471.99	315 300 029.48	74 093 156.03
预提费用	2 214 179 362.39	456 841 827.63	1 186 908 115.77	210 185 567.75	942 351 564.46	158 510 060.77
折旧摊销与税法差异	320 500 051.79	49 809 034.47	17 419 495.49	3 968 050.59	12 500 973.83	2 823 310.83

项目	2016 年 12 月 31 日		2015 年 12 月 31 日		2014 年 12 月 31 日	
	可抵扣暂时性差异	递延所得税资产	可抵扣暂时性差异	递延所得税资产	可抵扣暂时性差异	递延所得税资产
应付职工薪酬	44 378 138.53	7 258 895.88	23 459 257.91	3 518 888.69	11 548 020.88	1 732 203.13
计入递延收益的政府补助	705 339 690.43	110 800 953.56	862 089 581.63	129 313 437.24	1 001 057 634.70	150 158 645.21
担保赔偿准备金	24 772 098.93	6 193 024.73	30 988 964.55	7 747 241.14	33 681 829.73	8 420 457.43
未到期责任准备金	22 754.94	5 688.73	814 836.48	203 709.12	5 602 451.49	1 400 612.87
对合营企业非货币性资产出资及出售资产等顺逆流交易未实现利润	1 572 315 085.34	235 847 263.50	1 704 485 623.94	255 672 843.61	1 874 573 326.43	281 185 998.96
本期不满足收入确认条件的预收技术许可款计缴税费	429 648 599.99	64 447 290.00	589 873 999.99	88 481 100.00	565 615 000.00	84 842 250.00
本期不满足收入确认条件的融资租赁逾期利息收入	23 961 919.49	5 990 479.87	10 209 302.13	2 552 326.23	—	—
合计	7 296 768 956.19	1 300 613 380.52	5 825 642 378.47	960 533 556.91	5 630 485 086.31	909 334 909.74

2016 年福田汽车递延所得税资产项目期末比期初增加 35.99%，主要系本期可抵扣暂时性差异增加。

17）其他非流动资产

其他非流动资产反映企业除了长期股权投资、固定资产、在建工程、工程物资、无形资产等资产以外的其他非流动资产。本项目应根据有关科目的期末余额填列。就数量判断，即为"其他"，即其他非流动资产的数额不应过大，如果它们数额较大，则需要进一步分析。

福田汽车 2014—2016 年其他非流动资产如表 2-30 所示。

表 2-30　福田汽车 2014—2016 年其他非流动资产　　　　　　单位：元

项目	2016 年 12 月 31 日	2015 年 12 月 31 日	2014 年 12 月 31 日
预付土地使用权款	47 514 696.32	47 514 696.32	47 514 696.32
预付设备与工程等长期资产款	29 940 951.95	4 223 157.58	18 873 596.97
合计	77 455 648.27	51 737 853.90	66 388 293.29

2016 年福田汽车其他非流动资产项目期末比期初增加 35.99%，主要系预付长期资产增加。

2.3.2　负债项目解读与分析

负债项目是指过去交易、事项形成的现实义务，履行该义务预期会导致经济利益流出企业。负债包括流动负债和非流动负债。

流动负债是指将在一年内或超过一年的一个营业周期内偿还的债务。它包括短期借款、应付票据、应付账款、预收账款、应付职工薪酬、应交税费、应付利息、应付股利、其他应付款、一年内到期的长期负债和预提费用等，其特点是偿还数量和金额确定，债权人明确。在对流动负债进行分析时，不仅要分析其构成的结构，判断企业的流动负债来自何方，分析其性质和数额、偿还紧迫程度如何，衡量企业的财务风险，还要把分析与企业的性质、经营形势相联系，分析企业的采购政策、付款政策、利润分配政策及其他经营的特点。对于商业企业，正常情况下是流动负债和销售收入或实现的利润都有所增长，而工业企业常常是长期负债和实现的利润都在增长，流动负债却无明显变化。

非流动负债是指偿还期限在一年或超过一年的一个营业周期以上的长期债务，包括长期借款、应付债券、长期应付款、专项应付款。这些债务无须在下一年或下一个营业经营周期等较短的时间内全额偿还，因此一般成为企业长期资金来源的一个重要组成部分。非流动负债一般金额大、偿还期长、企业使用成本高。由于非流动负债偿还时间较长，受货币时间价值的影响较大，非流动负债的价值一般应根据合同或契约规定的在未来必须支付的本金和所付利息之和按适当折现率折现后的折现值确定。

1. 流动负债

1）短期借款

短期借款反映企业借入尚未归还的一年期以内（含一年）的借款，包括短期流动资金借款、结算借款、票据贴现借款等。因短期借款期限较短，企业在借款时，应测算短期借款到期时的现金流量状况，确保届时企业有足够的现金偿还本息。

根据福田汽车 2016 年财务报告披露，企业短期借款包括信用借款和质押借款，其中信用借款 3 298 274 779.38 元，约占短期借款总额的 97.39%，而质押借款仅为 88 357 081.23 元，所占比例很小。

我国企业短期借款在流动负债总额中所占的份额较大，因此，在对短期借款进行分析时，应关注短期借款的数量是否与流动资产的相关项目相适应，有无不正常之处，还应关注借款的偿还时间，预测企业未来的现金流量，评判企业的短期借款偿还能力。

福田汽车 2016 年财务报告披露，短期借款 3 386 631 860.61 元，占净资产的 17.76%，比 2015 年增长了 155.16%，增长的主要原因是公司补充流动资金贷款增加。另外，年末流动资产中的货币资金数额为 4 079 942 947.48 元，应收账款数额为 12 600 913 522.02 元，远大于短期借款，企业的短期借款偿还能力较强。

2）以公允价值计量且其变动计入当期损益的金融负债

以公允价值计量且其变动计入当期损益的金融负债可进一步分为交易性金融负债和直接指定为以公允价值计量且其变动计入当期损益的金融负债。对于此类金融负债，按照公允价值进行后续计量，公允价值变动形成的利得或损失，以及与该等金融负债相关的股利和利息支出计入当期损益。

3）应付账款

应付账款反映企业因购买原材料、商品和接受劳务供应等而应付给供应单位的款项。应付账款是一种商业信用行为，与应付票据相比，需要以企业的商业信用作为保证。

分析应付账款时，要联系存货进行分析。在供货商赊销政策一定的条件下，企业应付账款的规模和企业采购规模有一定的对应关系，如企业产销平稳，应付账款的规模还应与营业收入保持一定的对应关系。通常企业应付账款的平均付款期会较为稳定，如果企业购销状况没有较大的变化，同时供货商没有放宽赊销的信用政策，而企业应付账款的规模不正常增加、平均付款期不正常延长，就表明企业的支付能力恶化。

福田汽车 2016 年度应付账款为 12 731 580 646.51 元，占企业净资产的 66.77%，比 2015 年末增加 56.08%，主要系本期结算周期变化所致。

表 2-31 为福田汽车 2014—2016 年应付账款与存货、营业收入变动表，图 2-26 为其变动图。

表 2-31　福田汽车 2014—2016 年应付账款与存货、营业收入变动表　　单位：元

项目	2016 年	2015 年	2014 年
应付账款	12 731 580 646.51	8 157 296 184.32	5 672 990 847.54
存货	3 256 008 269.98	2 059 386 400.00	2 051 103 243.87
营业收入	46 532 069 535.53	33 997 492 420.07	33 691 283 636.83

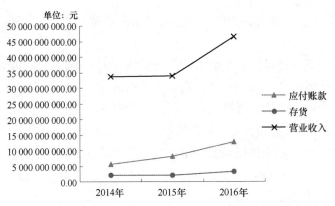

图 2-26　福田汽车 2014—2016 年应付账款与存货、营业收入变动图

　　由图 2-26 可以看出，企业的应付账款、存货和营业收入三年来都是逐步增长的，变动趋势一致，说明随着营业收入的增加，企业的存货和应付账款也在增加，企业产销平衡。应付账款变动趋势与存货的变动趋势基本吻合，反映了企业供应商赊销政策是稳定的、可靠的。

　　4）应付票据

　　应付票据反映企业因购买材料、商品和接受劳务等而开出、承兑的商业汇票，包括银行承兑汇票和商业承兑汇票。

　　我国票据法规定，商业汇票的偿付期限最长不得超过 6 个月，则此项负债在付款时间上具有法律约束力，是企业的一种到期必须偿付的"刚性"债务。企业的应付票据如果到期不能支付，不仅会影响企业的信誉，影响以后资金的筹集，而且还会遭到银行的处罚。按照规定，如果应付商业汇票到期，企业的银行存款账户余额不足以支付票款，则除退票外还要比照签发空头支票的规定，按票面金额的 1%处罚金；如果银行承兑汇票到期，企业未能足额交存票款，银行将支付票款，再对企业执行扣款，并按未扣回金额每天加收 0.5%的罚息。因此在进行财务报表分析时，应当认真分析企业的应付票据，了解应付票据的到期情况，预测企业未来的现金流量，评价应付票据的偿还能力。

　　福田汽车 2014—2016 年应付票据披露如表 2-32 所示。

表 2-32　福田汽车 2014—2016 年应付票据披露　　　　　　　　单位：元

种类	2016 年 12 月 31 日	2015 年 12 月 31 日	2014 年 12 月 31 日
银行承兑汇票	5 654 906 250.00	4 578 397 808.57	2 287 010 000.00

　　2016 年福田汽车应付票据项目期末较期初增加 23.51%，系银行承兑汇票的正常增加。本期末已到期未支付的应付票据总额为 0 元。

　　5）预收账款

　　预收账款是指企业按照合同规定向购货单位预收的款项。预收账款是一种特殊的债务，其在偿付时不是以现金偿付，而要以实物（存货）支付，所以，预收账款的偿还一般不会对现金流量产生影响。

预收账款是一种"良性"债务，对企业来说，预收账款越多越好。因为预收账款作为企业的一项短期资金来源，在企业发送商品或提供劳务前，可以无偿使用；同时，也预示着企业的产品销售情况很好，供不应求。

预收账款的另一个重要作用在于，由于预收账款一般是按收入的一定比例预交的，通过预收账款的变化可以预测企业未来营业收入的变动。

福田汽车 2014—2016 年度财务报告中，首先对预收账款进行了列示，其次披露了账龄超过 1 年的重要预收款项。表 2-33 为福田汽车 2014—2016 年预收账款列示表。

表 2-33　福田汽车 2014—206 年预收账款列示表　　单位：元

项目	2016 年 12 月 31 日	2015 年 12 月 31 日	2014 年 12 月 31 日
货款、业务许可费及金融服务费许可费	2 940 323 056.06	2 455 589 981.69	2 683 327 220.65
拆迁补偿款	—	30 000 000.00	—
其他	—	—	66 806 290.07
合计	2 940 323 056.06	2 485 589 981.69	2 750 133 510.72

2014—2016 年福田汽车 1 年以上的预收账款主要为货款、业务许可费及金融服务费。

6）应付职工薪酬

应付职工薪酬反映企业根据有关规定应付给职工的工资、职工福利、社会保险费、住房公积金、工会经费、职工教育经费、非货币性福利、辞退福利等各种薪酬。外商投资企业按规定从净利润中提取的职工奖励及福利基金，也在本项目中列示。应付职工薪酬包括职工在职期间和离职后提供给职工的全部货币性薪酬和非货币性福利。

分析应付职工薪酬时，应注意企业是否通过该项目调节利润，即要清楚应付职工薪酬是否为企业真正的负债。要警惕企业利用不合理的预提方式提前确认费用和负债，从而达到隐瞒利润、少纳税款的目的。当然，如果企业应付职工薪酬余额过大，尤其是期末数比期初数增加过大，则可能意味着企业存在拖欠职工工资的行为，而这有可能是企业资金紧张、经营陷入困境的表现。

福田汽车 2014—2016 年度财务报告中，在应付职工薪酬项目对短期薪酬、离职后福利-设定提存计划辞退福利进行了列示，对应付职工薪酬的披露如表 2-34。

表 2-34　福田汽车 2014—2016 年应付职工薪酬　　单位：元

项目	2014 年 12 月 31 日	2015 年 12 月 31 日	本期增加	本期减少	2016 年 12 月 31 日
一、短期薪酬	244 180 638.08	427 612 176.64	3 399 182 043.74	3 330 464 270.00	496 329 950.38

续表

项目	2014 年 12 月 31 日	2015 年 12 月 31 日	本期增加	本期减少	2016 年 12 月 31 日
二、离职后福利–设定提存计划	9 374 287.58	8 453 676.66	395 329 273.96	393 090 894.68	10 692 055.94
三、辞退福利	—	—	12 959 803.13	12 959 803.13	—
合计	253 554 925.66	436 065 853.30	3 807 471 120.83	3 736 514 967.81	507 022 006.32

福田汽车 2016 年应付职工薪酬项目期末比期初增加 16.27%，短期薪酬和离职后福利–设定提存计划均有所增加。

7）应交税费

应交税费反映企业按照税法规定计算应缴纳的各种税费，包括增值税、消费税、营业税、所得税、资源税、土地增值税、城市建设维护税、房产税、土地使用税、车船使用税、教育费附加、矿产资源补偿费等。其中，企业代扣代交的个人所得税，也通过应交税费项目列示。会计实务中，一些税金不需要预计应交数的，如印花税、耕地占用税等，计入管理费用，不在本项目列示。

应交税费涉及的税种和收费项目较多，分析时，应当首先了解欠税的内容，有针对性地分析企业欠税的原因，如该项目为负数，则表示企业多交的应当退回给企业或作为以后年度抵交的税金。

福田汽车 2014—2016 年度财务报告中，按应交税费的税项披露应交税费数额。2016 年 12 月 31 日，合计应交税费为 515 912 595.94 元，具体如表 2–35 所示。

表 2–35　福田汽车 2014—2016 年应交税费　　　　　　单位：元

税项	2016 年 12 月 31 日	2015 年 12 月 31 日	2014 年 12 月 31 日
增值税	122 300 478.69	5 464 154.14	—
消费税	54 059 423.47	13 643 195.31	9 134 816.81
营业税	—	827 657.10	1 115 250.18
企业所得税	285 394 679.53	20 076 662.62	—
个人所得税	17 679 778.33	11 650 543.38	9 452 805.23
城市维护建设税	5 671 426.26	7 779 059.46	6 726 042.65
房产税	12 468 791.60	10 190 747.39	6 951 406.88
土地使用税	8 439 217.27	7 888 543.85	2 370 279.86
教育费附加	4 702 333.13	6 073 820.25	5 825 211.41
印花税	4 788 315.70	890 952.73	379 888.11
其他税费	408 151.96	1 005 113.44	283 602.16
合计	515 912 595.94	85 490 449.66	42 239 303.29

8）应付利息

应付利息反映企业按照规定应当支付的利息，包括分期付息到期还本的借款应支付的利息、企业发行的企业债券应支付的利息等。

福田汽车 2014—2016 年度财务报告中对应付利息的列示如表 2-36。

表 2-36　福田汽车 2014—2016 年应付利息　　　　　　　　　单位：元

项目	2016 年 12 月 31 日	2015 年 12 月 31 日	2014 年 12 月 31 日
企业债券利息	38 250 000.00	38 250 000.00	—
短期借款应付利息	618 046.77	1 401 978.20	—
合计	38 868 046.77	39 651 978.20	—

福田汽车 2016 年应付利息披露的是企业债券利息和短期借款应付利息，金额分别是 38 250 000.00 元和 618 046.77 元，其中企业债券利息占应付利息总额的 98.41%，短期借款应付利息占很小的部分。

9）应付股利

应付股利反映企业根据股东大会或类似机构审议批准的利润分配方案确定分配给投资者的现金股利或利润。

值得注意的是，股份有限公司可采用的股利分配方式有现金股利和股票股利。而股票股利实质上是股东权益结构调整的重大财务决策，不涉及现实负债问题，所以，资产负债表上所反映的应付股利（利润）指的是企业应付未付的现金股利。福田汽车 2014—2016 年末应付股利余额均为 0。

10）其他应付款

其他应付款反映企业除应付票据、应付账款、预收款项、应付职工薪酬、应付股利、应付利息、应交税费等经营活动之外的各项应付和暂收款项。如应付包装物租金、存入保证金等。

其他应付款既为"其他"，则在资产负债中该项目的数额与主营业务的债务相比不应过大，且时间也不易过长，否则，其他应付款项目中就有可能隐含企业之间的非法资金拆借、转移营业收入等违规挂账行为。

福田汽车 2014—2016 年度财务报告中按款项性质列示了其他应付款，如表 2-37 所示。

表 2-37　福田汽车 2014—2016 年其他应付款　　　　　　　　　单位：元

项目	2016 年 12 月 31 日	2015 年 12 月 31 日	2014 年 12 月 31 日
押金及工程设备款	657 874 600.16	1 112 100 711.50	1 164 773 598.28
商务政策及促销款	998 283 121.23	763 771 809.17	735 992 983.30

续表

项目	2016 年 12 月 31 日	2015 年 12 月 31 日	2014 年 12 月 31 日
保证金	662 591 991.32	524 483 581.51	502 206 886.18
运费及劳务费	203 150 759.48	215 392 025.43	200 880 176.81
预提费用	936 179 207.88	144 915 922.51	95 630 421.48
其他往来	271 100 316.60	263 810 466.86	168 431 224.42
合计	3 729 179 996.67	3 024 474 516.98	2 867 915 290.47

由表 2-4 和表 2-5 可知，福田汽车 2016 年度应付账款 12 731 580 646.51 元，占负债总额的比例为 36.54%，其他应付款为 3 729 179 996.67 元，占负债总额的 10.70%。可见，其他应付款与主营业务的债务相比所占比重较小。而且根据年报附注中的信息可知，账龄超过一年的重要其他应付款期末余额为 795 331 192.57 元，占到其他应付款总额的 21.33%，故其他应付款时间也是合理的。

11）一年内到期的非流动负债

一年内到期的非流动负债，反映企业非流动负债中将于资产负债表日后一年内到期部分的金额，如将于一年内偿还的长期借款。

福田汽车 2014—2016 年度财务报告中，分别披露了一年内到期的长期借款和一年内到期的长期应付款，如表 2-38 所示。

表 2-38　福田汽车 2014—2016 年一年内到期的非流动负债　　　　单位：元

项目	2016 年 12 月 31 日	2015 年 12 月 31 日	2014 年 12 月 31 日
一年内到期的长期借款	874 084 024.35	371 655 173.81	473 831 201.30
一年内到期的应付债券	—	—	—
一年内到期的长期应付款	346 105 200.95	241 440 896.62	186 303 518.41
合计	1 220 189 225.30	613 096 070.43	660 134 719.71

福田汽车 2016 年一年内到期的非流动负债项目期末比期初增加了 99.02%，主要系一年内到期的长期借款到期增加所致。

12）其他流动负债

其他流动负债反映企业除短期借款、交易性金融负债、应付票据、应付账款、应付职工薪酬、应交税费等流动负债以外的其他流动负债。

福田汽车 2016 年度财务报告披露，公司 2016 年度其他非流动负债项目主要为：担保赔偿准备金、未到期责任准备金，总金额为 24 794 853.87 元。

2. 非流动负债

1）长期借款

长期借款是指企业向银行或其他金融机构借入的、偿还期限在一年以上的款项。这些款项多用于满足企业购建或改建、扩建固定资产的需求，以及企业日常营运中对流动资产的正常需要等。在对企业长期借款进行分析时，应对长期借款的数额、增减变动及对企业财务状况的影响给予足够重视。

在分析企业长期借款的质量状况时，应注意长期借款是否与企业固定资产和无形资产规模相适应、是否与企业当期收益相适应。此外，还应分析长期借款的合规性与合理性。

福田汽车 2016 年度长期借款总额为 2 209 056 570.69 元，占总资产的比例为 4.10%，比 2015 年度增加了 72.17%，主要系增加国家开发银行项目贷款所致。

表 2-39 反映福田汽车 2014—2016 年度长期借款分类，图 2-27 反映福田汽车 2014—2016 年长期借款与资产规模变动趋势。

表 2-39　福田汽车 2014—2016 年度长期借款分类

单位：元

项目	2016 年 12 月 31 日	2015 年 12 月 31 日	2014 年 12 月 31 日
质押借款	567 384 926.77	415 730 528.04	672 553 117.11
抵押借款	357 600 000.00	407 600 000.00	232 600 000.00
保证借款	112 155 668.27	—	—
信用借款	2 046 000 000.00	831 397 764.37	522 147 764.37
减：一年内到期的长期借款	−874 084 024.35	−371 655 173.81	−473 831 201.30
合计	2 209 056 570.69	1 283 073 118.60	953 469 680.18

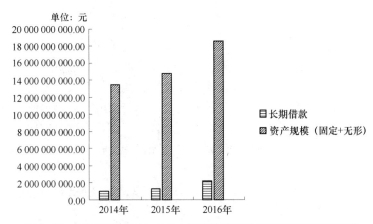

图 2-27　福田汽车 2014—2016 年度长期借款与资产规模变动趋势

由表 2–39 可以看出，长期借款有质押借款、抵押借款、保证借款、信用借款四类，其中最多的是信用借款，期末余额为 2 046 000 000.00 元，占长期借款总额的 92.62%。

由图 2–27 中可以看出，福田汽车长期借款和资产规模均在逐年增长，企业的长期借款数额与资产规模变化相适应。

2）应付债券

应付债券是指企业在符合债券发行条件的前提下，按照一定的筹资策略所发行的、偿还期限在一年以上的各种债券，如普通债券及可转换公司债券等。

相对于长期借款而言，发行长期债券要经过一定的法定手续，但对款项的使用没有过多的限制。能够发行企业债券的单位只能是经济效益好的上市公司或特大型企业，往往经过金融机构严格的信用等级评估。所以，持有一定数额的应付债券，尤其是可转换公司债券，表明企业的商业信用较高。另外，某些可转换债券可在一定的时期后转换为股票而不需要偿还，反而减轻了企业的偿债能力。以上都是应付债券的优点，但是也应该注意，应付债券的规模应当同无形资产、固定资产的规模相适应。另外，应付债券是企业面向社会募集的资金，债权人分散，如果企业使用资金不利或转移用途，将会波及企业债券的市价和企业的声誉。所以，在进行财务报表分析时，应对应付债券的数额、增减变动及其对企业财务状况的影响给予足够的关注。

福田汽车 2016 年度财务报告中披露了应付债券种类和增减变动情况，如表 2–40 所示。

表 2–40　福田汽车 2016 年度应付债券种类和增减变动情况　　　　单位：元

债券名称	面值	发行日期	债券期限	发行金额	2015 年 12 月 31 日	按面值计提利息	溢折价摊销	本期偿还	2016 年 12 月 31 日
公司债券	1 000 000 000.00	42 094.00	5 年期	1 000 000 000.00	996 898 920.71	51 000 000.00	671 747.85	51 000 000.00	997 570 668.56

3）长期应付款

除了长期借款和长期应付债券之外，企业对于其他的长期负债，通常是通过"长期应付款"项目反映出来的。一般情况下，长期应付款主要包括应付补偿贸易引进设备款和应付融资租赁款，以及以分期付款方式购入固定资产发生的长期应付款项。专项应付款是指企业取得政府（或其他渠道）拨入的、尚未完工核销的、具有专门或特定用途的款项，如专项用于技术改造、技术研究与开发的款项。这部分专项应付款，由于在项目完成后，通常是核销并转入企业资本公积中，因此，一般情况下在发生了相应的研发或技术改造支出后是无须偿还的。

2016 年度福田汽车长期应付款余额为 170 987 554.37 元，较 2015 年增加 137.40%，主要系公司应付融资租赁款增加所致。

4）专项应付款

专项应付款反映企业取得政府作为企业所有者投入的具有专项或特定用途的款项。企业在收到该款项时应将其作为负债，企业将该款项用于特定的工程项目，待工程项目完工形成长期资产时，专项应付款应转入资本公积。可见，专项应付款不仅一般无须偿还，还会在将来增加所有者权益，再加上能够获得国家专利或特定用途的拨款，往往意味着企业获得国家的政策支持，因此，专项应付款也可以看作是一项良性的债务，其数额越大，意味着未来的净资产会有较大增加。

福田汽车 2016 年度财务报告中对专项应付款项目进行了披露，只有拆迁补偿款一项，余额 2 888 328.62 元，较 2015 年减少 44.55%，主要系专项拆迁补偿款减少所致。

5）预计负债

预计负债反映企业确认的对外提供担保、未决诉讼、产品质量保证、重组义务、亏损性合同等预计负债。预计负债是因或有事项而确认的负债。或有事项是指过去交易或事项形成的，其结果须由某些不确定事项的发生或者不发生才能决定的不确定事项。如对外提供担保、未决诉讼、产品质量保证等。与或有事项相关的一些义务在满足一些条件时，应当确认为预计负债，并在资产负债表中列示；否则，则属于或有负债，或有负债只能在表外披露，不能在表内确认。

6）递延收益

递延收益主要产生于与资产相关的政府补助。与资产相关的政府补助，应当冲减相关资产的账面价值或确认为递延收益，并在相关资产使用寿命内按照合理、系统的方法分期计入损益。

2016 年度，福田汽车递延收益余额为 705 339 690.43 元，主要源于与资产相关的政府补助。

7）递延所得税负债

递延所得税负债反映企业确认的应纳税暂时性差异产生的所得税负债。递延所得税负债产生的原因与递延所得税资产相同，都是采用资产负债表债务法核算所得税时产生的。应纳税暂时性差异在转回期间将增加未来期间的应纳税所得额和应交所得税，导致企业经济利益的流出，从其发生当期看，构成企业应支付税金的义务，应作为递延所得税负债确认。

除企业会计准则中明确规定可以不确认递延所得税负债的情况以外，企业对于所有应纳税暂时性差异均应确认相关的递延所得税负债。除直接计入所有者权益的交易或事项及企业合并外，在确认递延所得税负债时，应增加利润表中的所得税费用。

福田汽车 2016 年度递延所得税负债余额为 11 487 653.74 元，较 2015 年度增加 485.76%，主要系公司合并形成无形资产的税会差异所致。

8）其他非流动负债

其他非流动负债反映企业除长期借款、应付债券等负债以外的其他非流动负债。本项目应根据有关科目的期末余额减去一年内到期偿还数后的余额填列。非流动负债各项目中将于一年内到期的非流动负债，应在"一年内到期的非流动负债"项目内单独反映。

福田汽车 2016 年度财务报告中披露，公司其他非流动负债余额为 0，较 2015 年末的880 000.04 元相比，下降 100.00%，主要是由于公司商标使用费摊销完成，无余额所致。

2.3.3 所有者权益项目解读与分析

所有者权益，是指企业所有者在企业资产中享有的经济利益。从资金价值的角度而言，相当于企业全部资产偿还债务之后的余值。一般包括投入资本和留存收益两部分。

1. 投入资本（股本）

投入资本（股本）是指企业所有者实际投入企业的资本，包括实收资本和资本公积。实收资本是指企业收到的、由投资者投入的、构成企业注册资本金的那部分投入资本，一般包括国家资本金、法人资本金和个人资本金等。对企业的实收资本分析要分析企业实收资本与注册资本的一致性。如果不一致，要分析是否存在注册资本不到位的现象。

福田汽车 2014—2016 年度财务报告中，披露了股本增减变动的情况，如表 2–41 所示。

表 2–41　福田汽车 2014—2016 年股本增减变动情况　　　　单位：元

| 项目 | 2014 年 12 月 31 日 | 2014 年 12 月 31 日 | 本次变动增减（+、—） | | | | | 2016 年 12 月 31 日 |
			发行新股	送股	公积金转股	其他	小计	
股份总数	2 809 671 600	3 335 065 645	—	1 000 519 693.50	2 334 545 951.50	—	3 335 065 645	6 670 131 290

福田汽车 2014 年发行非公开发行人民币普通股（A 股）57 000.00 万股，截至 2015 年 3 月 11 日止，福田汽车已增发人民币普通股（A 股）525 394 045 股，募集资金总额为人民币300 000.00 万元。根据 2015 年度股东大会决议和修改后的章程规定，福田汽车以总股本3 335 065 645 股为基数，每 10 股送红股 3 股（含税），同时以资本公积每 10 股转增 7 股，总股本变更为 6 670 131 290 股。

2. 其他权益工具

企业发行的除普通股（作为实收资本或股本）以外，按照金融负债和权益工具区分原则分类为权益工具的其他权益工具，按照以下原则进行会计处理：对于归类为权益工具的金融工具，无论其名称中是否包含"债"，其利息支出或股利分配都应当作为发行企业的利润分配，其回购、注销等作为权益的变动处理；对于归类为金融负债的金融工具，无论其名称中是否包含"股"，其利息支出或股利分配原则上按照借款费用进行处理，其回购或赎回产生的利得或损失等计入当期损益。企业（发行方）发行金融工具，其发生的手续费、佣金等交易费用，如分类为债务工具且以摊余成本计量的，应当计入所发行工具的初始计量金额；如分类为权益工具的，应当从权益（其他权益工具）中扣除。

3. 资本公积

1）资本公积

资本公积是指企业所有者权益中不构成实收资本，但也并非来源于企业利润的那部分资本，它可能来源于投资者投入资本中超过注册资本的那部分资本，也可能来源于其他单位或个人投入企业，但不构成企业实收资本的那些资产的转化形式。资本公积通常包括资本溢价（股本溢价）和直接计入所有者权益的利得和损失。

福田汽车 2014—2016 年度财务报告中，披露了资本公积的情况，如表 2-42 所示。

表 2-42 福田汽车 2014—2016 年资本公积 单位：元

项目	2014 年 12 月 31 日	2015 年 12 月 31 日	本期增加	本期减少	2016 年 12 月 31 日
资本溢价（股本溢价）	7 655 645 288.29	10 071 358 700.84	—	2 334 545 951.50	7 736 812 749.34
其他资本公积	103 067 835.74	103 121 679.09		—	103 121 679.09
合计	7 758 713 124.03	10 174 480 379.93	—	2 334 545 951.50	7 839 934 428.43

福田汽车 2016 年度资本公积减少了 2 334 545 951.50 元，这是由于福田汽车以资本公积每 10 股转增 7 股，进行了资本公积金的转增。

2）库存股

库存股反映企业持有的尚未转让或注销的本公司股票金额，是资本公积的备抵科目。

4. 其他综合收益

其他综合收益是指企业根据相关会计准则规定未在当期损益中确认的各项利得和损失。包括外币折算调整、最小退休金负债调整、债务和权益证券的为实现利得和损失、避险的衍生金融工具的公允价值变动等。

其他综合收益项目应当根据相关会计准则的规定分为下列两类列报。

（1）以后会计期间不能重分类进损益的其他综合收益项目

这主要包括重新计量设定受益计划净负债或净资产导致的变动、按照权益法核算的在被投资单位以后会计期间不能重分类进损益的其他综合收益中所享有的份额等；

（2）以后会计期间在满足规定条件时将重分类进损益的其他综合收益项目

这主要包括按照权益法核算的在被投资单位以后会计期间在满足规定条件时将重分类进损益的其他综合收益中享有的份额、可供出售金融资产公允价值变动形成的利得或损失、持有至到期投资重分类为可供出售金融资产形成的利得或损失、现金流量套期工具产生的利得或损失中属于有效套期的部分、外币财务报表折算差额等。

福田汽车 2014—2016 年度财务报告中，披露了其他综合收益的情况，如表 2-43 所示。

表 2-43　福田汽车 2014—2016 年其他综合收益　　　　　　　单位：元

项目	2014 年 12 月 31 日	占比/%	2015 年 12 月 31 日	占比/%	2016 年 12 月 31 日	占比/%
一、以后不能重分类进损益的其他综合收益	−1 456 000.00	1.34	−2 915 000.00	5.04	−7 304 000.00	5.55
其中：重新计算设定受益计划净负债和净资产的变动						
权益法下在被投资单位不能重分类进损益的其他综合收益中享有的份额	−1 456 000.00	100.00	−2 915 000.00	100.00	−7 304 000.00	100.00
二、以后将重分类进损益的其他综合收益	−106 914 206.54	98.66	−54 904 588.09	94.96	−124 237 452.03	94.45
其中：权益法下在被投资单位以后将重分类进损益的其他综合收益中享有的份额						
可供出售金融资产公允价值变动损益	8 770 902.91	−8.09	7 174 986.98	−13.07		
持有至到期投资重分类为可供出售金融资产损益						
现金流量套期损益的有效部分						
外币财务报表折算差额	−115 685 109.45	106.75	−62 079 575.07	113.07	−124 237 452.03	100.00
其他综合收益合计	−108 370 206.54	100.00	−57 819 588.09	100.00	−131 541 452.03	100.00

福田汽车 2016 年度其他综合收益净额为−131 541 452.03 元，全部为归属于母公司股东的其他综合收益。2016 年度福田汽车其他综合收益项目较 2015 年减少了 127.50%，主要系汇率变动导致外币报表折算差异增加。

5. 留存收益

留存收益是指企业从净利润中提留下来的尚未以股利等形式分配给股东的那部分所有者权益，包括盈余公积和未分配利润两部分。对留存收益分析要了解留存收益总量变动及其原因和趋势，分析留存收益的构成及变化。留存收益的增加有利于增强企业的实力、保证财务资本的保全、降低财务风险、缓解财务压力。留存收益的变化取决于企业的盈亏状况和利润分配政策。

根据我国《公司法》规定，企业当年实现净利润后，应该按照一定顺序进行分配，以股份公司为例，通常的分配顺序包括：

① 弥补以前年度尚未弥补的亏损，但不得超过税法规定的弥补期限；

② 缴纳所得税；

③ 提取法定公积金；

④ 提取任意公积金；

⑤ 向股东分配利润。

企业按规定从利润中提取的法定公积金和任意公积金，即构成了资产负债表中的盈余公积金金额，法定公积金按税后利润的 10% 提取，当企业的法定公积金累计额为企业注册资本的 50% 以上时可以不再提取。企业的法定公积金不足以弥补以前年度亏损的，在按照规定提取法定公积金之前，应当先用当年利润补亏。企业的公积金按规定可以用于弥补亏损、转增资本或扩大企业的生产经营。对于以任意公积金转增资本时，法律没有限制，但是用法定公积金转增资本时，《公司法》规定，法定公积金转为资本时，所留存的该项公积金不得少于转增前公司注册资本的 25%。

所有者权益的分析还要注意以下几点。

（1）所有者权益是企业长期偿债能力的安全保证

在资产的要求权需要偿还时，负债具有优先偿还权，因而所有者权益对于企业的偿债能力及风险承担具有重大的稳定作用，是反映其经济实力的基础，是确保企业存在、稳定和发展的基石。对于债权人来说，所有者权益在资本结构中所占的比重越高，其偿债越有保证，对债权人也越有利。总之，企业所有者权益增加，说明企业可动用资金增多，经济实力增强。企业通过内部发展筹集的资金越多，企业的经营管理水平就越高，经济效益就越好；反之，企业通过外部筹集的资金越多，企业的经营风险就越大。

表 2-44 和图 2-28 为福田汽车 2014—2016 年资本结构分析表和分析图。

表 2-44　福田汽车 2014—2016 年资本结构分析　　　　　单位：元

项目	2016 年		2015 年		2014 年	
	金额	比例	金额	比例	金额	比例
负债总额	34 846 739 004.46	64.63%	24 001 243 962.03	56.14%	19 150 361 535.35	55.19%
所有者权益	19 066 725 924.43	35.37%	18 751 717 357.00	43.86%	15 547 108 875.46	44.81%
资产总额	53 913 464 928.89	100.00%	42 752 961 319.03	100.00%	34 697 470 410.81	100.00%

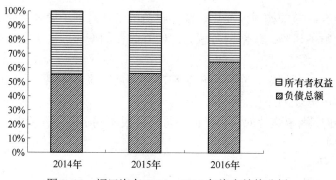

图2-28　福田汽车2014—2016年资产结构分析

由图2-28可以看出三年来福田汽车的负债在资本结构中所占的比例逐步下降,而所有者权益在资本结构中所占比例逐步上升,这企业表明企业发展状况良好,越来越多的资金通过企业的内部发展来筹集,体现了企业的经营管理水平逐步提高,经济效益发展良好。

（2）分析所有者权益内部的股东持股构成情况与企业未来发展的适应性

在企业的股东构成中,控股股东有权决定一个企业的财务和经营政策;重大影响性股东对一个企业的财务和经营政策有参与决策的权利。因此,控股股东、重大影响性股东将决定一个企业的发展方向。在对企业的所有者权益进行分析时,必须关注企业的控股股东、重大影响性股东的背景状况、是否具有战略眼光、有没有能力将企业引向光明未来。

福田汽车2016年财务报告附注中关于股东数量和持股情况、控股股东及实际控制人情况都进行了详细披露。其中公司前十名股东为:北京汽车集团有限公司、北京国有资本经营管理中心、许加元、常柴股份有限公司、中国证券金融股份有限公司、中央汇金资产管理有限责任公司、潍柴动力股份有限公司、首钢总公司、全国社保基金五零一组合、招商财富—招商银行—天祺1号专项资产管理计划。前十名股东中,第一大股东控股数为1 805 288 934股,持股比例27.07%,为公司控股股东,共派出五人担任本公司董事,并派出一人担任本公司监事。第二名股东持有第一名股东100%股份,为公司的实际控制人,对公司的财务和经营政策具有重要影响。第二、第七、第八名股东各派出一人担任董事,第四名股东派出一人担任监事。

思考题

1. 对于报表的使用者而言,资产负债表有何作用?
2. 资产项目是如何分类的?哪些项目是分析的重点?分析的内容包括哪些方面?
3. 负债项目是如何分类的?对流动负债和非流动负债分析时侧重点有哪些?
4. 所有者权益项目解读时应重点关注哪些项目?分析时应注意哪些问题?

第3章

利润表解读与分析

 学习目标

1. 了解利润表的作用、结构和内容；
2. 掌握利润表的趋势分析与结构分析方法；
3. 掌握利润表中各项目的解读方法；
4. 掌握每股收益的计算方法及其列报。

3.1 利润表概述

3.1.1 利润表的概念

利润表又称收益表或损益表，是反映企业在一定会计期间的经营成果的会计报表，它是反映企业财务成果的动态报表。利润表揭示了企业利润的实现过程，如图 3–1 所示，利润表反映企业的经营成果，当企业盈利时，不仅表现为企业收入的增加和利润的增加，还表现为企业的资产也增多了；反之，则表现为企业的收入和利润减少了，相应的资产也减少了。

3.1.2 利润表的作用

利润是企业经营业绩的综合体现，又是进行利润分配的主要依据，因此，利润表是会计报表中的主要报表。

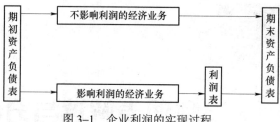

图 3-1　企业利润的实现过程

利润表的作用主要体现在以下几个方面。

（1）利润表提供的信息，可用于反映与评价企业的经营成功与获利能力，预测企业未来的盈利趋势

通过企业的营业收入、费用、利润等绝对量指标或投资收益率、销售利润率等相对指标可以评价企业过去的经营成果。通过比较企业在不同时期或同一行业中不同企业的有关指标，可以了解企业的获利能力大小，预测企业的未来盈利趋势。

（2）利润表综合反映企业生产经营活动的各个方面，有利于企业管理当局改善经营管理

利润表是由企业营业利润、投资净收益、营业外收支净额等项目构成的，它们涉及企业生产经营活动的各个方面，通过利润表有关收入、成本费用项目的分析，可以发现企业管理中存在的问题，及时作出相应的决策，改善企业的经营管理。

（3）利润表是企业决策机构确定可供分配的利润或发放的股利和税务机关课征所得税的重要依据

企业本期实现的净利润是企业分配利润或发放股利的重要来源。企业利润表中的净利润或亏损数也是企业调整计算应纳税所得额的重要依据。

3.1.3　利润表的基本结构

利润表的编制依据是收入、费用与利润三者之间的相互关系，即"收入−费用＝利润"。

不同国家和地区对有关利润的信息需求有所不同，所以对上述利润等式的分解运用也有所不同。一般存在着两种利润表的编制格式——单步式利润表和多步式利润表。

单步式利润表简单套用"收入−费用＝利润"这一数量关系，先分别计算所有的收入类总和与费用类总和，再将其简单相减得出当期利润总额，而不考虑收入与费用之间的因果配比关系。这种利润表形式简单，编制容易，也很直观，但不利于对利润构成进行分析，也不利于对不同时期经营成果的比较分析。

多步式利润表是将"收入−费用＝利润"这一基本公式，按照收入与费用之间的因果关系进行配比，先分步计算日常经营活动和非日常经营活动的盈亏得失，再汇总计算利润总额和净利润。多步式利润表通过营业利润、利润总额、净利润和综合收益四个层次来分步披露企

业的收益，详细地揭示企业收益的形成过程，有助于使用者分析了解企业经营所得与所耗，了解企业的经营效果。

根据财务报表列报准则的规定，企业对于费用的列报应当采用"功能法"列报，即按照费用在企业所发挥的功能进行分类列报，通常分为从事经营业务发生的成本、管理费用、销售费用和财务费用等。对企业而言，其活动通常可以划分为生产、销售、管理、融资等，每一种活动上发生的费用所发挥的功能并不相同，因此，按照费用功能法将其分开列报，有助于使用者了解费用发生的活动领域。例如，企业为销售产品发生了多少费用、为一般行政管理发生了多少费用、为筹措资金发生了多少费用等。这种方法通常能向报表使用者提供具有结构性的信息，能更清楚地揭示企业经营业绩的主要来源和构成，提供的信息更为相关。

企业还可以在附注中披露费用按照性质分类的相关性信息，为企业预测未来现金流量提供补充。费用按照性质分类是指将费用按其性质分为耗用的原材料、职工薪酬费用、折旧费、摊销费等。

我国企业会计准则要求企业采用多步式利润表编制格式。利润表如表 3-1 所示。

表 3-1　利润表

会企 02 表

编制单位：　　　　　　　　　　　年　月　　　　　　　　　　　单位：元

项　　目	本期金额	上期金额
一、营业收入		
减：营业成本		
税金及附加		
销售费用		
管理费用		
财务费用		
资产减值损失		
加：公允价值变动收益（损失以"–"号填列）		
投资收益（损失以"–"号填列）		
其中：对联营企业和合营企业的投资收益		
二、营业利润（亏损以"–"号填列）		
加：营业外收入		
其中：非流动资产处置利得		
减：营业外支出		
其中：非流动资产处置损失		
三、利润总额（亏损总额以"–"号填列）		

项　目	本期金额	上期金额
减：所得税费用		
四、净利润（净亏损以"－"号填列）		
五、其他综合收益的税后净额		
（一）以后不能重分类进损益的其他综合收益		
1. 重新计算设定受益计划净负债和净资产的变动		
2. 权益法下在被投资单位不能重分类进损益的其他综合收益中享有的份额		
……		
（二）以后将重分类进损益的其他综合收益		
1. 权益法下在被投资单位以后将重分类进损益的其他综合收益中享有的份额		
2. 可供出售金融资产公允价值变动损益		
3. 持有至到期投资重分类为可供出售金融资产损益		
4. 现金流量套期损益的有效部分		
5. 外币财务报表折算差额		
……		
六、综合收益总额		
七、每股收益：		
（一）基本每股收益		
（二）稀释每股收益		

3.1.4　利润表列报的总体要求

企业在利润表中应当对费用按照功能分类，分为从事经营业务发生的成本、管理费用、销售费用和财务费用等。企业的活动通常可以划分为生产、销售、管理、融资等，每一种活动上发生的费用所发挥的功能并不相同，因此，按照费用功能法将其分开列报，有助于使投资者了解费用发生的活动领域。

但是，由于银行、保险、证券等金融企业的日常活动与一般企业不同，具有特殊性。准则规定，金融企业可以根据其特殊性列示利润表项目。例如，商业银行将利息支出作为利息收入的抵减项目列示、将手续费及佣金支出作为手续费及佣金收入的抵减项目列示等。

此外，企业应当在附注中披露费用按照性质分类的利润表补充资料，可将费用分为耗用的原材料、职工薪酬费用、折旧费用、摊销费用等，这有助于报表使用者预测企业的未来现金流量。

3.2　利润表总体分析

3.2.1　利润表趋势分析

利润表趋势分析是指通过将企业报告期的利润表与前期对比，揭示各方面存在的问题和差异，为全面深入分析企业的利润情况奠定基础。

变动额度多少为异常应视企业收入基础确定。一般而言，变动额度如果超过 20% 则应视为异常，当然还必须结合项目的性质（重要还是不重要）。

通过编制利润趋势分析表可以实现对利润表的趋势分析，可采用增减变动额和增减变动百分比两种方式编制。

表 3–2 为福田汽车 2014—2016 年度利润表趋势分析，图 3–2 和图 3–3 分别是福田汽车 2014—2016 年净利润变动分析和利润总额变动分析。

表 3–2　北汽福田汽车股份有限公司 2014—2016 年度利润表趋势分析　　　　单位：元

项目	2016 年	2015 年	2014 年	2016 年增减额	2015 年增减额	2016年增减百分比/%	2015年增减百分比/%
一、营业总收入	46 532 069 535.53	33 997 492 420.07	33 691 283 636.83	12 534 577 115.46	306 208 783.24	36.87	0.91
其中：营业收入	46 532 069 535.53	33 997 492 420.07	33 691 283 636.83	12 534 577 115.46	306 208 783.24	36.87	0.91
二、营业总成本	47 396 889 627.90	34 922 260 266.91	34 520 454 022.36	12 474 629 360.99	401 806 244.55	35.72	1.16
其中：营业成本	40 185 176 314.17	29 754 699 977.51	29 679 522 975.31	10 430 476 336.66	75 177 002.20	35.05	0.25
税金及附加	600 673 057.88	250 204 257.46	224 952 154.70	350 468 800.42	25 252 102.76	140.07	11.23
销售费用	2 841 987 035.93	2 028 307 747.81	1 760 340 263.67	813 679 288.12	267 967 484.14	40.12	15.22
管理费用	3 255 518 433.84	2 562 317 590.26	2 366 235 863.58	693 200 843.58	196 081 726.68	27.05	8.29
财务费用	–38 460 801.48	11 749 170.06	183 991 498.24	–50 209 971.54	–172 242 328.18	–427.35	–93.61
资产减值损失	551 995 587.56	314 981 523.81	305 411 266.86	237 014 063.75	9 570 256.95	75.25	3.13
加：公允价值变动收益（损失以 "–" 号填列）							

项目	2016 年	2015 年	2014 年	2016 年增减额	2015 年增减额	2016 年增减百分比/%	2015 年增减百分比/%
投资收益（损失以"−"号填列）	283 183 243.13	73 808 383.05	197 537 916.76	209 374 860.08	−123 729 533.71	283.67	−62.64
其中：对联营企业和合营企业的投资收益	267 129 576.25	61 145 874.77	110 391 021.95	205 983 701.48	−49 245 147.18	336.87	−44.61
三、营业利润（亏损以"−"号填列）	−581 636 849.24	−850 959 463.79	−631 632 468.77	269 322 614.55	−219 326 995.02	31.65	−34.72
加：营业外收入	1 153 065 994.36	1 312 582 240.18	1 148 212 484.22	−159 516 245.82	164 369 755.96	−12.15	14.32
其中：非流动资产处置利得	139 410 126.93	277 283 223.59	295 256 531.68	−137 873 096.66	−17 973 308.09	−49.72	−6.09
减：营业外支出	53 557 486.79	60 140 782.48	57 024 527.06	−6 583 295.69	3 116 255.42	−10.95	5.46
其中：非流动资产处置损失	23 136 270.51	28 587 043.97	18 947 391.85	−5 450 773.46	9 639 652.12	−19.07	50.88
四、利润总额（亏损总额以"−"号填列）	517 871 658.33	401 481 993.91	459 555 488.39	116 389 664.42	−58 073 494.48	28.99	−12.64
减：所得税费用	5 743 798.09	44 950 629.98	922 093.94	−39 206 831.89	44 028 536.04	−87.22	4774.84
五、净利润（净损失以"−"号填列）	512 127 860.24	356 531 363.93	458 633 394.45	155 596 496.31	−102 102 030.52	43.64	−22.26
归属于母公司所有者的净利润	566 828 250.88	406 414 030.22	477 101 654.77	160 414 220.66	−70 687 624.55	39.47	−14.82
少数股东损益	−54 700 390.64	−49 882 666.29	−18 468 260.32	−4 817 724.35	−31 414 405.97	9.66	170.10
六、其他综合收益的税后净额	−73 721 863.93	50 550 618.45	−23 882 978.00	−124 272 482.38	74 433 596.45	−245.84	−311.66
归属于母公司所有者的其他综合收益的税后净额	−73 721 863.93	50 550 618.45	−23 882 978.00	−124 272 482.38	74 433 596.45	−245.84	−311.66
（一）以后不能重分类进损益的其他综合收益	−4 389 000.00	−1 459 000.00	−1 456 000.00	−2 930 000.00	−3 000.00	200.82	0.21
权益法下在被投资单位不能重分类进损益的其他综合收益中享有的份额	−4 389 000.00	−1 459 000.00	−1 456 000.00	−2 930 000.00	−3 000.00	200.82	0.21
（二）以后将重分类进损益的其他综合收益	−69 332 863.93	52 009 618.45	−22 426 978.00	−121 342 482.38	74 436 596.45	−233.31	−331.91
1. 可供出售金融资产公允价值变动损益	−7 174 986.98	−1 595 915.93	−38 949 742.71	−5 579 071.05	37 353 826.78	349.58	−95.90
2. 外币财务报表折算差额	−62 157 876.95	53 605 534.38	16 522 764.71	−115 763 411.33	37 082 769.67	−215.95	224.43
归属于少数股东的其他综合收益的税后净额							
七、综合收益总额	438 405 996.30	407 081 982.38	434 750 416.45	31 324 013.92	−27 668 434.07	7.69	−6.36

续表

项目	2016 年	2015 年	2014 年	2016 年增减额	2015 年增减额	2016年增减百分比/%	2015年增减百分比/%
归属于母公司所有者的综合收益总额	493 106 386.94	456 964 648.67	453 218 676.77	36 141 738.27	3 745 971.90	7.91	0.83
归属于少数股东的综合收益总额	−54 700 390.64	−49 882 666.29	−18 468 260.32	−4 817 724.35	−31 414 405.97	9.66	170.10
八、每股收益							
（一）基本每股收益/元/股	0.08	0.13	0.17	−0.05	−0.04	−38.46	−23.53
（二）稀释每股收益/元/股							

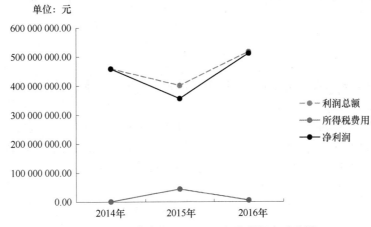

图 3-2 福田汽车 2014—2016 年净利润变动分析

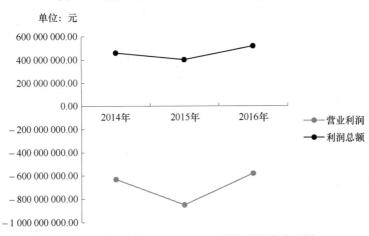

图 3-3 福田汽车 2014—2016 年利润总额变动分析

利润表趋势分析应抓住几个关键利润指标的变动情况。

1. 净利润趋势分析

净利润是企业所有者最终取得的财务成果或可供企业所有者分配或使用的财务成果。

福田汽车 2016 年实现净利润 512 127 860.24 元，比 2015 年增加 155 596 496.31 元，增加了 43.64%。从趋势分析表看，公司净利润增加主要是由于利润总额比 2015 年增加 116 389 664.42 元，且所得税费用比 2015 年减少 39 206 831.89 元，二者相互促进，导致净利润增加。

福田汽车 2015 年实现净利润 356 531 363.93 元，比 2014 年减少 102 102 030.52 元，下降比率为 22.26%。从趋势分析表看，公司净利润下降主要是由于利润总额比 2014 年减少 58 073 494.48。而所得税费用增加了 44 028 536.04 元，相比于 2014 年，所得税费用涨幅接近 50 倍。

2. 利润总额趋势分析

利润总额是反映企业全部财务成果的指标，它不仅反映企业的营业利润，还反映企业的营业外收支情况。

福田汽车 2016 年利润总额比 2015 年增加 116 389 664.42 元，原因是公司的营业利润增加了 269 322 614.55 元，近三年营业利润一直处于负数状态，虽然营业外利润与 2015 年相比有所下降，但是营业利润少亏损的与营业外利润增减因素相抵，利润总额还是上升了 116 389 664.42 元。

福田汽车 2015 年利润总额比 2014 年下降 58 073 494.48 元，下降率为 12.64%，主要原因是公司营业利润减少 219 326 995.02 元，下降率为 34.72%，但是营业外利润有所增长，两个因素共同导致 2015 年利润总额较 2014 年下降 58 073 494.48 元。

3. 营业利润趋势分析

营业利润是指企业营业收入减去营业成本、税金及附加、期间费用、资产减值损失、公允价值变动损益（或收益），再加上投资收益后的金额。它既包括企业的主营业务利润和其他业务利润，又包括企业公允价值变动净收益和对外投资的净收益，它反映了企业自身生产经营业务的财务成果。

福田汽车 2016 年营业收入比 2015 年增长 12 534 577 115.46 元，增长率为 36.87%，其成本的增长率与收入的增长率基本持平为 35.72%，此外投资收益增加了 209 374 860.08 元，相比于 2015 年涨幅达到 283.67%。另外，财务费用大幅缩减，降幅达 427.35%。因此，营业利润呈现增长态势。

2015 年福田汽车营业利润较 2014 年减少 219 326 995.02 元，下降率为 34.72%，原因是营业收入虽然比 2014 年增长了 306 208 783.24 元，增长率为 0.91%，但是其成本和其他费用增长幅度比收入的增长幅度还要大，税金及附加、销售费用、管理费用均大幅增加，涨幅依次为：11.23%、15.22%和8.29%。并且2015年的投资收益比2014年的投资收益减少了123 729 533.71元，下降率为62.64%，这也是营业利润减少的重要原因之一。

3.2.2 利润表的结构分析

利润表的结构分析是通过计算利润表中各项目占营业收入的比重或结构，反映利润表中的项目与营业收入关系情况及其变动情况，分析说明财务成果的结构及其增减变动的合理程度。通过各项目的比重，分析各项目在企业经营收入中的重要性。一般来说，项目比重越大，说明其重要程度越高，对总体的影响越大。将分析期各项目的比重与前期同项目的比重对比，研究各项目的比重变动情况，以及取得的业绩和存在的问题，福田汽车2014—2016年度利润表结构分析如表3-3所示。

表3-3 福田汽车2014—2016年度利润表结构分析　　单位：%

项　　目	2016年	2015年	2014年	2016年增长百分比	2015年增长百分比
一、营业总收入	100.00	100.00	100.00		
其中：营业收入	100.00	100.00	100.00		
二、营业总成本	101.86	102.72	102.46	−0.86	0.26
其中：营业成本	86.36	87.52	88.09	−1.16	−0.57
税金及附加	1.29	0.74	0.67	0.55	0.07
销售费用	6.11	5.97	5.22	0.14	0.74
管理费用	7.00	7.54	7.02	−0.54	0.51
财务费用	−0.08	0.03	0.55	−0.12	−0.51
资产减值损失	1.19	0.93	0.91	0.26	0.02
加：公允价值变动收益（损失以"−"号填列）					
投资收益（损失以"−"号填列）	0.61	0.22	0.59	0.39	−0.37
其中：对联营企业和合营企业的投资收益	0.57	0.18	0.33	0.39	−0.15
三、营业利润（亏损以"−"号填列）	−1.25	−2.50	−1.87	1.25	−0.63
加：营业外收入	2.48	3.86	3.41	−1.38	0.45
其中：非流动资产处置利得	0.30	0.82	0.88	−0.52	−0.06

项　目	2016 年	2015 年	2014 年	2016 年增长百分比	2015 年增长百分比
减：营业外支出	0.12	0.18	0.17	−0.06	0.01
其中：非流动资产处置损失	0.05	0.08	0.06	−0.03	0.03
四、利润总额（亏损总额以"−"号填列）	1.11	1.18	1.36	−0.07	−0.18
减：所得税费用	0.01	0.13	0.00	−0.12	0.13
五、净利润（净损失以"−"号填列）	1.10	1.05	1.36	0.05	−0.31
归属于母公司所有者的净利润	1.22	1.20	1.42	0.02	−0.22
少数股东损益	−0.12	−0.15	−0.05	0.03	−0.09
六、其他综合收益的税后净额	−0.16	0.15	−0.07	−0.31	0.22
归属于母公司所有者的其他综合收益的税后净额	−0.16	0.15	−0.07	−0.31	0.22
（一）以后不能重分类进损益的其他综合收益	−0.01	0.00	0.00	−0.01	0.00
1. 权益法下在被投资单位不能重分类进损益的其他综合收益中享有的份额	−0.01	0.00	0.00	−0.01	0.00
（二）以后将重分类进损益的其他综合收益	−0.15	0.15	−0.07	−0.30	0.22
1. 可供出售金融资产公允价值变动损益	−0.02	0.00	−0.12	−0.01	0.11
2. 外币财务报表折算差额	−0.13	0.16	0.05	−0.29	0.11
归属于少数股东的其他综合收益的税后净额	0.00	0.00	0.00	0.00	0.00
七、综合收益总额	0.94	1.20	1.29	−0.26	−0.09
归属于母公司所有者的综合收益总额	1.06	1.34	1.35	−0.28	0.00
归属于少数股东的综合收益总额	−0.12	−0.15	−0.05	0.03	−0.09

　　在利润表结构分析中，首先要看收入结构情况，如果营业收入中主营业务收入占比较大，说明企业的盈利主要来自主营业务，有利于企业的持续发展。而如果企业的营业收入中其他业务收入或营业外收入的比重较大，那么说明企业的收入是不稳定的，不利于企业利润的积累和长远发展。利润结构中，如果一个企业的利润主要来自营业利润，说明企业的盈利状况是比较稳定和可持续的；而如果利润是来自投资净收益、营业外收入等项目，那么企业的利润可能会因为这些收益的消失而发生巨大变化。此外，对利润组成中的其他项目进行粉饰也经常成为企业调节利润的手段。

　　对福田汽车利润结构进行分析，可发现影响利润变动的主要因素。

　　从表 3-3 中可以看出企业 2014—2016 年度各项财务成果的构成情况。2016 年营业利润占营业收入的比重为–1.25%，比 2015 年的–2.50%增加了 1.25%；利润总额的占比为 1.11%，比 2015 年的 1.18%减少了 0.07%；2016 年度净利润的占比为 1.10%，比 2015 年的 1.05%增加了 0.05%。可见，从企业利润的构成情况看，盈利能力比 2015 年度有所好转。营业利润和净利润增加的原因，从营业利润结构增长看，主要是营业成本、管理费用、财务费用结构下降及投资收益的结构上升所致，说明这几项数据的下降和投资收益的上升是增加营业利润比重的重要原因。利润总额的比重减少是因为虽然营业利润比重增加，但是营业外收入比重的减少大于营业利润比重的增加造成利润总额的比重减少。而所得税费用比重的减少大于利润总额比重的减少所以净利润的比重反而比 2015 年增加。但是税金及附加、销售费用、资产减值损失对比 2015 年比重都有所增加，这对于净利润的增加也起到消极作用，但是总体来说在近三年营业利润都为负值的情况下 2016 年福田汽车的盈利能力已经在缓慢好转了。

福田汽车 2015 年营业利润占营业收入的比重为–2.50%，比 2014 年的–1.87%下降了 0.63%；利润总额的占比为 1.18%，比 2014 年的 1.36%下降了 0.18%；2015 年度净利润的占比为 1.05%，比 2014 年的 1.36%下降了 0.31%。可见，从企业利润的构成情况看，盈利能力比 2014 年度都有所下降。下降的原因，从营业利润结构增长看，主要是税金及附加、销售费用、管理费用、资产减值损失结构上升所致，说明税金及附加、销售费用、管理费用、资产减值损失增长是降低营业利润比重的根本原因。同时投资收益的大幅下降也使得营业利润更加减少。但是营业外收入的增加使得利润总额的下降幅度没有营业利润的下降幅度大，当然营业成本和财务费用的比重减少对营业利润、利润总额和净利润带来一定的积极影响，但总体来看盈利能力总体还是下降了。

3.3　利润表项目解读与分析

利润表的项目分析以营业收入为起点，对构成利润表的各项目进行分析，通过分析收益的业务结构，可以了解不同业务的获利水平，明确它们各自对企业总获利水平的影响方向和影响程度，最终揭示出收益的来源和构成。

1. 营业利润项目解读与分析

企业营业利润代表了企业的总体经营管理水平和政策，在很大程度上决定着企业净利润的数量和收益的持久性。营业利润包括主营业务利润、其他业务利润、投资收益等方面的利润。一般来讲，主营业务利润应是利润形成的主要渠道，要想深入了解企业营业状况的好坏，还须深入地分析构成营业利润的每个项目。

1）营业收入项目解读与分析

"营业收入"项目，反映企业经营主要业务和其他业务所确认的收入总额，包括主营业务收入和其他业务收入。

主营业务收入是指企业销售商品、提供劳务等主营业务取得的收入，企业取得的主营业务收入是其生产经营业务的最终环节，是企业生产经营成果能否得到社会承认的重要标志。

从数量上分析，将主营业务收入与资产负债表的资产总额配比。主营业务收入代表了企业的主要经营能力和获利能力，而这种能力应与企业的生产经营规模（资产总额）相适应。这种分析应当结合行业、企业生产经营规模，以及企业经营生命周期来开展。主营业务收入占资产总额的比重，处于成长或衰退阶段的企业较低，处于成熟阶段的企业较高；工业企业和商业企业较高，有些特殊行业（如航天、饭店服务业）较低。若两者不配比（过低或过高），还需要进行质量分析。

从质量上分析，应注意下列问题。

（1）主营业务收入与资产负债表的应收账款配比

以此观察企业的信用政策，是以赊销为主还是以现金销售为主。一般而言，如果赊销比重较大，应进一步将其与本期预算、企业往年同期实际、行业水平（如国家统计局测算的指标）进行比较，评价企业主营业务收入的质量。

（2）主营业务收入是否存在关联方交易

如果企业为集团公司或上市公司，有的公司为获取不当利益，往往利用关联方交易来进行企业所谓的"盈余管理"。关联方交易不同于单纯的市场行为，存在通过地位上的不平等而产生交易上的不平等，来迎合自己利益需要的可能。在公司需要业绩成果的时候，关联方交易的作用十分明显。一些上市公司由于在关联方公司内部进行"搬砖头"式的关联销售，难有现金流入。对此，要关注会计报表附注对于关联方交易的披露，分析关联方交易之间商品价格的公平性。

分析其他业务收入时应注意其他业务收入与主营业务收入的配比。其他业务收入占主营业务收入的比重不应过大，若比重明显偏高，应关注会计报表附注，检查该企业是否存在关联交易行为。这种关联方交易主要是企业向关联方企业出租固定资产、出租包装物、出让无形资产（如专利权、商标权、著作权、土地使用权、特许权、非专利技术）的使用权等，尤其是非专利技术，分析这种交易的真实性、合理性。

表3-4列示了福田汽车营业收入构成，福田汽车2016年营业收入较2015年增加幅度较大，主要原因是在国家宏观经济的驱动下，调整产品结构，完成战略转型，建立与世界一流汽车零配件商的联盟并使之成为其核心竞争力之一，促使公司销售业务大幅增长。2015年与2014年相比营业收入几乎持平也是因为中国经济步入"新常态"，"十二五"收官之年汽车行业适应供给侧结构性改革政策，乘用车产销增速放缓，商用车产销整合发展，整体产销与2014年持平。

表 3–4 福田汽车营业收入构成 单位：元

项目	2016 年	2015 年	2014 年
主营业务收入	44 131 046 686.53	32 556 915 766.04	32 606 112 571.15
其他业务收入	2 401 022 849.00	1 440 576 654.03	1 085 171 065.68
合计	46 532 069 535.53	33 997 492 420.07	33 691 283 636.83

2）营业成本项目解读与分析

企业的营业成本由主营业务成本和其他业务成本构成。

表 3–5 列示了福田汽车营业成本构成，由于福田汽车 2016 年营业收入较 2015 年增加幅度大，因此营业成本也随之有较大幅度的增长。

表 3–5 福田汽车营业成本构成 单位：元

项目	2016 年	2015 年	2014 年
主营业务成本	38 534 998 808.09	28 984 933 065.78	29 216 879 532.62
其他业务成本	1 650 177 506.08	769 766 911.73	462 643 442.69
合计	40 185 176 314.17	29 754 699 977.51	29 679 522 975.31

主营业务成本，是指企业因销售商品、提供劳务等主营业务而发生的实际成本。它是为取得主营业务收入所发生的代价。通过对企业费用项目的分析，会计信息使用者可以对企业费用的发生情况、主要用途、费用规模有一个大致的了解，通过对成本的分析，可以对企业产品成本水平有所了解，与销售价格相比，还可以分析产品的盈利情况。可见，费用、成本信息和收入信息一样，对报表分析者具有十分重要的意义。

主营业务成本与主营业务收入配比。将两者之差除以主营业务收入，即得出重要的财务指标——毛利率，并以此结合行业、企业经营生命周期来评价主营业务成本的合理性。一般而言，工业企业和商业企业的毛利率在 20%左右，饮食业的毛利率在 40%左右。若毛利率过低或过高，则需要进一步进行成本的质量分析。

表 3–6 列示了福田汽车毛利率与行业均值比较。可以看出，福田汽车的毛利率低于行业的平均水平。

表 3–6 福田汽车毛利率与行业均值比较

项目	2016 年	2015 年	2014 年
毛利率/%	12.68	10.97	10.39
行业均值/%	33.80	34.76	31.96

分析时应注意其他业务收入与其他业务成本的配比，由此来分析不同其他业务项目对其他业务利润的贡献程度。有时，个别企业发生两者不配比的情况，即其他业务收入小于其他业务成本（如销售原材料），则有转移企业资产之嫌。

3）税金及附加项目解读与分析

税金及附加是指企业进行日常经营活动应负担的各种税金及附加，包括消费税、城市维护建设税、资源税和教育费附加，以及与投资性房地产相关的房地产税、土地使用税，还有车船使用税、印花税等相关税费。

分析税金及附加时，应将该项目与营业收入配比。因为企业在一定时期内取得的营业收入要按国家规定交纳各种税金及附加。如果两者不配比，则说明企业有"漏税"之嫌。但应注意，按照现行税制，增值税的交纳是采用"抵扣"的方法，进行以上项目的比较时，应予以剔除。

表 3-7 列示了福田汽车 2014—2016 年税金及附加与营业收入比与行业均值的比较。从中可以看出，福田汽车的税金及附加与营业收入比低于行业均值。

表 3-7 福田汽车 2014—2016 年税金及附加与营业收入比与行业均值的比较 单位：%

项目	2016 年	2015 年	2014 年
税金及附加/营业收入	1.29	0.74	0.67
行业均值	2.77	3.34	3.03

表 3-8 列示了福田汽车税金及附加构成。福田汽车 2016 年税金及附加较 2015 年增加 140.07%，除了消费税这一个项目增加了 162.07% 外，还有房产税、土地使用税、车船使用税等新增税费，总体来说，税金及附加整体比 2015 年上升。

表 3-8 福田汽车税金及附加构成 单位：元

项目	计缴标准	2016 年	2015 年	2014 年
消费税	3%、5%、9%、12%	369 703 342.28	141 071 660.32	134 703 898.53
营业税	5%	1 981 473.67	8 893 726.74	7 161 461.30
城市维护建设税	5%、7%	68 192 012.49	55 848 063.27	45 112 490.18
教育费附加	3%、5%	55 734 254.64	44 390 807.13	37 973 544.78
资源税		—	—	—
房产税	1.2%	35 860 519.93		
土地使用税	当地单位面积征税额	25 991 260.04		
车船使用税		100 684.00		
印花税	0.3%、0.56%、0.56%	37 993 748.66		
其他税费	—	5 115 762.17	—	759.91
合计	—	600 673 057.88	250 204 257.46	224 952 154.70

4）销售费用项目解读与分析

销售费用，是指企业在销售商品和材料、提供劳务等过程中发生的各项费用及专设销售机构的各项经费。销售费用是一种期间费用，它是随着时间推移而发生的，与当期产品的管理和产品销售直接相关，而与产品的产量、产品的制造过程无直接关系，因而在发生的当期从损益中扣除。分析销售费用时，应注意销售费用与营业收入配比。通过该比率的行业水平比较，考察其合理性。

表 3-9 列示了福田汽车销售费用与营业收入比与行业均值比较。从中可以看出，福田汽车的销售费用与营业收入比的水平比行业均值要高，说明 2014—2016 年福田汽车在市场开拓方面的投入力度较大。

表 3-9 福田汽车销售费用与营业收入比与行业均值比较

单位：%

项目	2016 年	2015 年	2014 年
销售费用/营业收入	6.11	5.97	5.22
行业均值	3.60	3.20	3.01

5）管理费用项目解读与分析

管理费用，是指企业行政管理部门为组织和管理生产经营活动而发生的各种费用。分析时应注意以下几个方面。

（1）管理费用应与营业收入配比

一般情况下，人们认为费用越低收益越高，企业就越赚钱，事实并非如此。管理层可以通过调整某些费用在不同期间内的支出时间，从而达到影响报告收益的目的。因此，应当根据企业当前经营状况、以前各期间的支出水平和对未来的预测来评价支出的合理性，而不是单纯强调绝对值的下降。

表 3-10 列示了福田汽车管理费用与营业收入比与行业均值比较。从中可以看出，福田汽车的管理费用与营业收入比低于行业平均水平，说明福田汽车管理层较好地控制了管理费用。

表 3-10 福田汽车管理费用与营业收入比与行业均值比较

单位：%

项目	2016 年	2015 年	2014 年
管理费用/营业收入	7.00	7.54	7.02
行业均值	8.64	8.19	7.36

（2）重视会计报表附注中关于关联方交易的披露

这种关联方交易主要是企业向关联方企业租入固定资产、无形资产的使用权，以及向上级单位或母公司上缴的"管理费"等，因此，应分析这种交易的真实性、合理性，警惕人为转移企业资产。

6）财务费用项目解读与分析

财务费用，是指企业为筹集生产经营所需资金而发生的费用。具体包括的项目内容有：利息支出（减利息收入）、汇兑损失（减汇兑收益）、金融机构手续费，以及筹集生产经营资金发生的其他费用等。

分析财务费用时，应注意以下几个方面。

（1）财务费用应与营业收入配比

通过该比率的行业水平、企业规模，以及本企业经营生命周期、历史水平分析，考察其合理性与合法性（如企业之间的私下信贷交易产生的财务费用）。

表3-11列示了福田汽车财务费用与营业收入比与行业均值比较，从中可以看出，福田汽车的财务费用与营业收入比远远低于行业平均水平。

表 3-11　福田汽车财务费用与营业收入比与行业均值比较　　　　单位：%

项目	2016 年	2015 年	2014 年
财务费用/营业收入	-0.08	0.03	0.55
行业均值	1.23	1.29	1.18

（2）关注财务风险

有大量外汇业务的企业通过汇兑损益掌握外汇市场风险对企业的影响程度。

（3）重视财务费用赤字

对于大多数企业而言，财务费用不会出现赤字。这种情况通常出现在企业的存款利息收入大于贷款利息费用的时候，如果数额较大，也不正常。

表3-12列示了福田汽车财务费用的明细情况。从中可以看出，福田汽车2014—2016年三年的财务费用都是呈下降趋势的，但是2016年比2015年有较大下降趋势，下降了427.35%，主要是本期卢布汇兑收益增加所致。2015年财务费用较2014年的下降主要是本期定向增发完成、利息支出减少及本期汇兑损失减少所致。

表 3-12　福田汽车财务费用明细　　　　单位：元

项目	2016 年	2015 年	2014 年
利息支出	270 428 030.96	251 175 434.23	284 764 716.78
减：利息资本化	-95 546 152.98	-137 521 384.84	-174 258 860.94
减：利息收入	-101 942 801.91	-102 544 134.17	-126 727 825.79

项目	2016 年	2015 年	2014 年
汇兑损益	−130 481 498.46	−13 654 572.67	178 237 196.27
手续费及其他	19 081 620.91	14 293 827.51	21 976 271.92
合计	−38 460 801.48	11 749 170.06	183 991 498.24

7）资产减值损失项目解读与分析

资产减值损失是指企业计提各项资产减值准备所形成的损失。

对资产减值损失进行分析时应注意以下问题。

① 资产减值损失与资产负债表中相关项目（如存货、长期股权投资、固定资产等）的配比，并考虑企业各项资产减值情况。

② 各项资产减值情况与会计报表附注中相关会计政策配比。分析和评价所采用的相应会计政策的合理性。

③ 各项资产减值情况与企业以往情况、市场情况，以及企业水平配比，以观察和分析其变动趋势。

表 3–13 列示了福田汽车 2014—2016 年度资产减值损失构成。从中可以看出，福田汽车 2016 年较 2015 年资产减值损失增加 75.25%，主要是由于应收账款计提的减值准备增加且比 2015 年多产生了固定资产的减值准备，2015 年的资产减值损失期末余额较 2014 年增加了 3.13%，变化幅度不大。

表 3–13　福田汽车 2014—2016 年度资产减值损失构成　　　　单位：元

项目	2016 年	2015 年	2014 年
一、坏账损失	313 199 045.48	207 740 952.22	197 263 818.44
二、存货跌价损失	144 815 809.24	114 721 051.78	103 749 100.01
三、可供出售金融资产减值损失			
四、持有至到期投资减值损失			
五、长期股权投资减值损失			
六、投资性房地产减值损失			
七、固定资产减值损失	100 989 680.00	—	15 700 000.00
八、工程物资减值损失			
九、在建工程减值损失			
十、生产性生物资产减值损失			
十一、油气资产减值损失			

项目	2016 年	2015 年	2014 年
十二、无形资产减值损失			
十三、商誉减值损失			
十四、其他	−7 008 947.16	−7 480 480.19	−11 301 651.59
合计	551 995 587.56	314 981 523.81	305 411 266.86

8）公允价值变动收益项目解读与分析

公允价值变动收益是指企业交易性金融资产、交易性金融负债，以及采用公允价值模式计量的投资性房地产、衍生工具、套期保值业务等公允价值变动形成的应计入当期损益的利得或损失。

对公允价值变动收益分析时应注意以下问题。

① 公允价值变动收益与资产负债表中相关项目（如交易性金融资产、交易性金融负债、投资性房地产等）的配比，并考虑企业各项资产实际的价值变动情况。

② 各项资产价值变动情况与市场实际情况配比，观察和分析其变动趋势。

福田汽车 2014—2016 年利润表中公允价值变动收益项都为 0。

9）投资收益项目分析

投资收益，是指企业对外投资所取得的收益或损失，是企业对外投资的结果。企业保持适度规模的对外投资，表明企业具备较高的理财水平。因为这意味着企业除了正常的生产经营取得利润之外，还有第二条获取收益的途径。

对投资收益分析时应注意投资收益与资产负债表中的投资项目配比。即要求投资收益应与企业对外投资的规模相适应，一般投资收益率应高于同期银行存款利率。当然，对外投资是一把"双刃剑"，一方面可以为企业带来盈利，另一方面也可以带来投资损失。如果投资收益连续几个会计期间低于同期银行存款利率，或为负数，则需要进一步分析对外投资的目的及其合理性。

表 3-14 是福田汽车 2014—2016 年度投资收益明细构成（按投资类别核算）。

表 3-14　福田汽车 2014—2016 年度投资收益明细构成（按投资类别核算）　单位：元

项目	2016 年	2015 年	2014 年
权益法核算的长期股权投资收益	267 129 576.25	61 145 874.77	110 391 021.95
处置长期股权投资产生的投资收益			
以公允价值计量且其变动计入当期损益的金融资产在持有期间的投资收益			
处置以公允价值计量且其变动计入当期损益的金融资产取得的投资收益			

续表

项目	2016 年	2015 年	2014 年
持有至到期投资在持有期间的投资收益			
可供出售金融资产等取得的投资收益	9 004 398.00	12 662 508.28	12 848 664.98
处置可供出售金融资产取得的投资收益	7 049 268.88		74 298 229.83
丧失控制权后，剩余股权按公允价值重新计量产生的利得			
合计	283 183 243.13	73 808 383.05	197 537 916.76

从表 3-14 中可以看出，2016 年较 2015 年投资收益增加 283.67%，主要是由于 2016 年福田汽车出售金融资产取得收益。而 2015 年较 2014 年投资收益减少 62.64%，主要是由于福田汽车没有通过出售金融资产获得收益且权益法核算的被投资单位本期经营业绩较 2014 年有所下降。

2. 利润总额项目解读与分析

利润总额代表了企业当期综合的盈利能力和为社会所做的贡献。同时，利润总额也直接关系到各种利息分配问题，例如，投资人、职工、国家（税收）。对影响利润总额的非生产经营性因素应进一步分析评价。

1）营业外收入项目解读与分析

营业外收入是指企业发生的除营业利润以外的收益。主要包括：债务重组利得、与企业日常活动无关的政府补助、盘盈利得、捐赠利得等。

对营业外收入判断时应注意以下问题。

① 营业外收入是一种利得。营业外收入通常属于那种不经过经营过程就能够取得或不曾期望获得的收益。因此，其数额一般很少。如果数额较大，则需要进一步分析，是否为关联方交易，操纵企业利润。

② 营业外收入与营业外支出不存在配比关系。

从表 3-15 中可以看出，福田汽车 2015 年营业外收入比 2014 年增加 14.32%，增幅不大，主要是由于 2015 年收到收益性政府补助及其他项目的增加。而 2016 年较 2015 年下降 12.15%，主要是因为非流动资产处置利得和政府补助都下降。

表 3-15　福田汽车 2014—2016 年度营业外收入　　　　　　单位：元

项目	2016 年	2015 年	2014 年
非流动资产处置利得合计	139 410 126.93	277 283 223.59	295 256 531.68
其中：固定资产处置利得	87 322 387.54	49 508 823.61	259 307 185.01
无形资产处置利得	8 136 603.71	7 770 326.07	35 949 346.67

续表

项目	2016 年	2015 年	2014 年
债务重组利得			
非货币性资产交换利得			
接受捐赠			
政府补助	857 197 545.02	902 300 646.77	727 373 260.28
专利及专有技术使用费	91 652 537.81	91 652 537.82	91 652 537.81
非货币性资产交换利得			
商标使用费	15 200 000.00	15 200 000.00	15 200 000.00
赔偿金、违约金及罚款收入	16 304 696.19	10 710 850.68	12 020 899.47
其他	33 301 088.41	15 434 981.32	6 709 254.98
合计	1 153 065 994.36	1 312 582 240.18	1 148 212 484.22

2）营业外支出项目解读与分析

营业外支出是指企业发生的除营业利润以外的支出。主要包括：债务重组损失、公益性捐赠支出、非常损失、盘亏损失、非流动资产毁损报废损失等。

既然是营业外发生的开支，其数额不应过大，否则是不正常的，应加以关注：

① 是否是企业的经营管理水平较低；

② 是否为关联方交易，转移企业资产；

③ 是否有违法经营行为，如违反经济合同、滞延纳税、非法走私商品；

④ 是否有经济诉讼和纠纷等。

从表 3-16 可以看出福田汽车 2014—2016 年度营业外支出总体持平，起伏不大，2016 年较 2015 年营业外支出减少幅度较大一些，营业外支出减少 10.95%，是除了其他项外所有项都有所下降。

表 3-16　福田汽车 2014—2016 年度营业外支出

单位：元

项目	2016 年	2015 年	2014 年
非流动资产处置损失合计	23 136 270.51	28 587 043.97	18 947 391.85
其中：固定资产处置损失	23 051 364.85	28 462 043.97	18 947 391.85
无形资产处置损失	84 905.66	125 000.00	
债务重组损失			
非货币性资产交换损失			
对外捐赠	904 000.00	2 344 000.00	5 315 222.00

项目	2016 年	2015 年	2014 年
非常损失	898 994.96		5 341 886.78
罚款及滞纳金	1 458 533.14	2 780 948.33	4 545 912.13
其他	27 159 688.18	26 428 790.18	22 874 114.30
合计	53 557 486.79	60 140 782.48	57 024 527.06

3. 净利润项目分析与解读

净利润是企业所有者最终取得的财务成果，也是可供企业所有者分配或使用的财务成果。它是企业正常生产经营、非正常生产经营共同的结果，虽然里面有一些偶然、非正常因素的影响，但毕竟是企业现实的、最终的能为所有者所有的资源。对于净利润项目的分析，在利润总额的基础上，还须考虑所得税费用项目的分析。

所得税是根据企业应纳税所得额的一定比例上缴的一种税金。对企业而言，所得税是应当计入当期损益的费用，即企业为盈利所必须负担的代价（国家税收）。

对所得税费用分析时应注意会计与税法的差异。随着我国会计制度改革和税制改革的逐步深入，企业按照会计制度核算的会计利润与按照税法计算的应纳税所得额之间的差距也逐步扩大。企业纳税是以应纳税所得额为标准，而应纳税所得额是在企业会计利润（利润总额）基础上调整确定的，所以应考察所得税费用与利润总额的配比关系。

表 3–17 列示了福田汽车 2014—2016 年度所得税费用。从中可以看出，2016 年所得税比 2015 年减少 87.22%，主要是非应税收入和研究开发费加成扣除的纳税影响使得 2016 年的利润总额虽然增加，但是所得税费用却比 2015 年减少了。

表 3–17　福田汽车 2014—2016 年度所得税费用

单位：元

项目	2016 年	2015 年	2014 年
当期所得税费用	345 823 621.70	95 454 298.97	111 974 828.59
递延所得税费用	−340 079 823.61	−50 503 668.99	−111 052 734.65
合计	5 743 798.09	44 950 629.98	922 093.94

4. 综合收益与其他综合收益项目分析与解读

经营者的总业绩称为综合收益总额。综合收益，是指企业在某一期间除与所有者以其所有者身份进行的交易之外的其他交易或事项所起的所有者权益变动。综合收益总额反映净利润和其他综合收益扣除所得税影响后的净额相加后的合计金额。

综合收益总额包括两部分：未计入损益的业绩额和已计入损益的业绩额。未计入损益的业绩额（持产收益）其业绩质量低（风险大）；已计入损益的业绩额来源于非经营活动（营业外收支净额）和经营活动，其中，来自于非经营活动的业绩质量低（偶然所得）；经营活动包括虚拟经济和实体经济，其中，来自于虚拟经济的业绩质量低（波动大）；实体经济经营活动有三种模式：预收、现销、赊销，其中，来自赊销的业绩质量低（变现风险大）。

其他综合收益，是指企业根据其他会计准则规定未在当期损益中确认的各项利得和损失。

其他综合收益项目应当根据其他相关会计准则的规定分为下列两类列报：

① 以后会计期间不能重分类进损益的其他综合收益项目，主要包括重新计量设定受益计划净负债或净资产导致的变动、按照权益法核算的在被投资单位以后会计期间不能重分类进损益的其他综合收益中所享有的份额等；

② 以后会计期间在满足规定条件时将重分类进损益的其他综合收益项目，主要包括按照权益法核算的在被投资单位以后会计期间在满足规定条件时将重分类进损益的其他综合收益中所享有的份额、可供出售金融资产公允价值变动形成的利得或损失、持有至到期投资重分类为可供出售金融资产形成的利得或损失、现金流量套期工具产生的利得或损失中属于有效套期的部分、外币财务报表折算差额等。

在合并利润表中，企业应当在净利润项目之下单独列示归属于母公司所有者的损益和归属于少数股东的损益，在综合收益总额项目之下单独列示归属于母公司所有者的综合收益总额和归属于少数股东的综合收益总额。

企业应当在附注中披露下列关于其他综合收益各项目的信息：

① 其他综合收益各项目及其所得税影响；

② 其他综合收益各项目原计入其他综合收益、当期转出计入当期损益的金额；

③ 其他综合收益各项目的期初和期末余额及其调节情况。

表 3-18 给出了福田汽车 2014—2016 年度综合收益与其他综合收益的情况，可以发现，综合收益中净利润的占比是主要的，综合收益的变动趋势基本上由净利润的变动趋势所决定。2014—2016 年，其他综合收益的变化较大，主要是计入其他综合收益的外币报表折算差额和可供出售金融资产公允价值变动所引起。

5. 每股收益项目分析与解读

每股收益是衡量上市公司盈利能力最常用的财务指标。它反映普通股的获利水平。在分析时，可以进行公司间的比较，以评价该公司的相对应盈利能力；可以进行不同时期的比较，了解该公司盈利能力的变化趋势；可以进行经营业绩和盈利预测的比较，掌握公司的管理能力。

每股收益分析时要注意以下几个问题。

表3-18 福田汽车2014—2016年度综合收益与其他综合收益的情况

单位：元

项目	2016年 本期所得税前发生额	2016年 减：前期计入其他综合收益当期转入损益	2016年 减：所得税费用	2016年 本期所得税后发生额	2015年 本期所得税前发生额	2015年 减：前期计入其他综合收益当期转入损益	2015年 所得税费用	2015年 本期所得税后发生额	2014年 本期所得税前发生额	2014年 减：前期计入其他综合收益当期转入损益	2014年 所得税费用	2014年 本期所得税后发生额
一、以后不能重分类进损益的其他综合收益	-4 389 000.00			-4 389 000.00	-1 459 000.00			-1 459 000.00	-1 456 000.00			-1 456 000.00
其中：重新计算设定受益计划净负债和净资产的变动												
权益法下在被投资单位不能重分类进损益的其他综合收益中享有的份额	-4 389 000.00			-4 389 000.00	-1 459 000.00			-1 459 000.00	-1 456 000.00			-1 456 000.00
二、以后将重分类损益的其他综合收益	-62 157 876.96	7 174 986.98		-69 332 863.94	51 727 986.22		-281 632.23	52 009 618.45	42 753 013.31	61 245 454.02	3 934 537.29	-22 426 978.00
其中：权益法下在被投资单位以后将重分类进损益的其他综合收益中享有的份额												

续表

项目	2016年				2015年				2014年			
	本期所得税前发生额	减：前期计入其他综合收益当期转入损益	减：所得税费用	本期所得税后发生额	本期所得税前发生额	减：前期计入其他综合收益当期转入损益	所得税费用	本期所得税后发生额	本期所得税前发生额	减：前期计入其他综合收益当期转入损益	所得税费用	本期所得税后发生额
可供出售金融资产公允价值变动损益		7 174 986.98		-7 174 986.98	-1 877 548.16		-281 632.23	-1 595 915.93	26 230 248.60	61 245 454.02	3 934 537.29	-38 949 742.71
持有至到期投资重分类为可供出售金融资产损益												
现金流量套期损益的有效部分												
外币财务报表折算差额	-62 157 876.96			-62 157 876.96	53 605 534.38			53 605 534.38	16 522 764.71			16 522 764.71
其他综合收益税后净额			-73 721 863.94				50 550 618.45				-23 882 978.00	
净利润		512 127 860.24				356 531 363.93				458 633 394.45		
综合收益	438 405 996.30				407 081 982.38				434 750 416.45			

① 每股收益不反映股票所含的风险。例如，假设 A 公司原来经营日用品的产销，最近转向房地产投资，公司的经营风险增大了许多，但每股收益可能不变或提高，并没有反映风险增加的不利变化。

② 股票是一个"份额"概念，不同股票的每一股的经济上不等量，它们所含的净资产和市值不同即换取每股收益的投入量不相同，在进行每股收益的公司间比较时要注意这一点。

③ 每股收益多，不一定意味着分红多，还要看公司股利分配政策。

3.4　每 股 收 益

每股收益是反映企业普通股股东持有每一股份所能享有企业利润或承担企业亏损的业绩评价指标。该指标有助于投资者、债权人等信息使用者评价企业或企业之间的盈利能力、预测企业成长潜力，进而作出经济决策。每股收益越高，说明每股获利能力越强，投资者的回报越多；每股收益越低，说明每股获利能力越弱。影响该指标的因素有两个：一是企业的获利水平；二是企业的普通股股数。

根据新企业会计准则要求，每股收益已经被正式列示于利润表。每股收益通常被投资者看成是综合反映上市公司获利能力的最重要的财务指标，也是测定公司股票投资价值的重要标准之一。该比率反映了每股创造的税后利润，比率越高，表明公司为普通股东所创造的剩余收益就越多。一般的投资者在使用该指标时有以下几种方式：一是按照每股收益指标大小排序，以此作为辨别"绩优股"和"垃圾股"的依据；二是横向比较同行业的每股收益，以此作为选择龙头企业的主要依据；三是纵向比较个别公司多年的每股收益指标，以此判断该公司的成长性等。

3.4.1　基本每股收益

基本每股收益是指企业应当按照属于普通股股东的当期净利润，除以发行在外普通股加权平均数从而计算出的每股收益。如果企业有合并财务报表，企业应当以合并财务报表为基础计算和列报每股收益。

基本每股收益=属于普通股股东的当期净利润/发行在外普通股加权平均数

其中：

发行在外普通股加权平均数=期初发行在外普通股股数+当期新发行普通股股数×
已发行时间/报告期时间－当期回购普通股股数×
已回购时间/报告期时间

发行在外普通股加权平均数的已发行时间、报告期时间和已回购时间一般按天数计算；在不影响计算结果合理性的前提下，也可以采用简化的计算方法。简化的方法通常按月数计算。新发行普通股股数，应当根据发行合同的具体条款，从应收对价之日（一般为股票发行日）起计算确定。

3.4.2　稀释每股收益

稀释每股收益，是指企业存在具有稀释性潜在普通股的情况下，以基本每股收益的计算为基础，在分母中考虑稀释性潜在普通股的影响，同时对分子也作相应的调整。

计算稀释每股收益，应当根据下列事项对归属于普通股股东的当期净利润进行调整：

① 当期已确认为费用的稀释性潜在普通股的利息；

② 稀释性潜在普通股转换时将产生的收益或费用。

上述调整应当考虑相关的所得税影响。

同时，根据企业存在稀释性潜在普通股，调整分母上发行在外普通股的加权平均数。

稀释性潜在普通股，是指假设当期转换为普通股会减少每股收益的潜在普通股。目前常见的潜在普通股主要包括：可转换公司债券、认股权证和股份期权等。

1. 可转换公司债券

对于可转换公司债券，计算稀释的每股收益时，分子的调整项目为可转换债券当期已确认为费用的利息、溢价或折价摊销等的税后影响额；分母的调整项目为增加的潜在普通股，按照可转换公司债券合同规定，可以转换为普通股的加权平均数。当期已确认为费用的利息、溢价或折价的摊销金额，按照会计准则相关规定计算。

2. 认股权证、股份期权

按照认股权证合同和股份期权合约，认股权证、股份期权等的行权价格低于当期普通股平均市场价格时，应当考虑其稀释性。计算稀释的每股收益时，分子的净利润金额不变，分母应考虑可以转换的普通股股数的加权平均数与按照当期普通股平均市场价格能够发行的普通股股数的加权平均数的差额。

3. 多项潜在普通股

每次发行或一系列发行的潜在普通股应当视为不同的潜在普通股，分别判断其稀释性，而不能将其作为总体考虑。企业对外发行不同潜在普通股的，应当按照其稀释程度从大到小的顺序计入稀释每股收益，直至稀释每股收益达到最小值。稀释程度根据增量股的每股收益衡量，即假定稀释性潜在普通股转换为普通股时，将增加的归属于普通股股东的当期净利润除以增加的普通股股数的金额。期权和认股权通常排在前面计算，因为此类潜在普通股转换一般不影响净利润。

计算每股收益时应考虑的其他调整因素如下。

① 企业派发股票股利、公积金转增资本、拆股或并股等，会增加或减少其发行在外普通股或潜在普通股的数量，并不影响所有者权益金额，也不改变企业的盈利能力。但是，为了保持会计指标的前后期可比性，应当按调整后的股数重新计算各列报期间的每股收益。上述变化发生于资产负债表日至财务报告批准报出日之间的，应当以调整后的股数重新计算各列报期间的每股收益。这种调整应当以相关报批手续全部完成为前提。

② 配股在计算每股收益时比较特殊，因为配股是向全部现有股东以低于当前股票市价的价格发行普通股，实际上可以理解为按市价发行股票和无对价送股的混合体。也就是说，配股中包含的送股因素导致了发行在外普通股股数的增加，却没有相应的经济资源的流入。计算基本每股收益时，应当考虑这部分送股因素，据以调整各列报期间发行在外普通股的加权平均数。计算公式如下：

每股理论除权价格＝（行权前发行在外普通股的公允价值总额+配股收到的款项）/
　　　　　　　　行权后发行在外的普通股股数
调整系数＝行权前发行在外普通股的每股公允价值/每股理论除权价格
因配股重新计算的上年度基本每股收益＝上年度基本每股收益/调整系数
本年度基本每股收益＝归属于普通股股东的当期净利润/（配股前发行在外普通股股数×
　　　　　　　　调整系数×配股前普通股发行在外的时间权重+配股后发行在外
　　　　　　　　普通股加权平均数）

需要特别说明下列两种情况。

① 对于存在非流通股的企业，虽然非流通股与流通股在利润分配方面享有同样的权利，但由于非流通股不流通，没有明确的市场价格，难以计算除权价格和调整系数。因此，可以采用简化的计算方法，不考虑配股中内含的送股因素，而将配股视同发行新股处理。

② 企业向特定对象以低于当前市价的价格发行股票的，不考虑送股因素。虽然它与配股具有相似的特征，即发行价格低于市价。但是，后者属于向非特定对象增发股票；而前者往往是企业出于某种战略考虑或其他动机向特定对象以较低的价格发行股票，或者特定对象除认购股份以外还需要以其他形式予以补偿，因此，倘若综合这些因素，向特定对象发行股票的行为可以视为不存在送股因素，视同发行新股处理。

3.4.3　每股收益的列报

对于普通股或潜在普通股已公开交易的企业及正处于公开发行普通股或潜在普通股过程中的企业，如果不存在稀释性潜在普通股，则应当在利润表中单独列示基本每股收益；如果存在稀释性潜在普通股，则应当在利润表中单独列示基本每股收益和稀释每股收益。编制比较财务报表时,各列报期间中只要有一个期间列示了稀释每股收益,那么所有列报期间均应当列示稀释每股收益,即使其金额与基本每股收益相等。

企业对外提供合并财务报表的,仅要求其以合并财务报表为基础计算每股收益,并在合并财务报表中予以列报;与合并财务报表一同提供的母公司财务报表中不要求计算和列报每股收益,如果企业自行选择列报的,应以母公司个别财务报表为基础计算每股收益,并在其个别财务报表中予以列报。

企业应当在附注中披露与每股收益有关的下列信息:

① 基本每股收益和稀释每股收益分子、分母的计算过程;

② 列报期间不具有稀释性但以后期间很可能具有稀释性的潜在普通股;

③ 在资产负债表日至财务报告批准报出日之间,企业发行在外普通股或潜在普通股发生重大变化的情况。

表 3–19 为根据福田汽车财务报表附注中所披露的普通股股数计算的每股收益,福田汽车不存在稀释性潜在普通股。可以看出福田汽车 2014—2016 年连续三年每年的每股收益都在下降。

表 3–19 福田汽车 2014—2016 年度每股收益　　　　　　　　　单位:元

每股收益的计算	计算	2016 年	2015 年	2014 年
归属于母公司普通股股东的净利润	a	566 828 250.88	406 414 030.22	477 101 654.77
母公司发行在外普通股的加权平均数	b	6 670 131 290.00	3 335 065 645.00	2 809 671 600.00
基本每股收益	a/b	0.08	0.12	0.17

思考题

1. 什么是利润表?企业利润表的基本内容如何?利润表的作用如何?

2. 如何对利润表进行趋势分析和结构分析?

3. 如何对营业收入项目进行分析?

4. 成本与费用有什么区别?如何对成本费用项目进行分析?

5. 如何正确认识公允价值变动损益和投资损益?

6. 如何计算基本每股收益与稀释每股收益?

第4章

现金流量表解读与分析

学习目标

1. 了解现金流量表的作用、结构和内容；
2. 掌握现金流量表主表的分析方法；
3. 掌握现金流量表的趋势分析与结构分析方法；
4. 掌握现金流量表补充资料的分析方法。

4.1 现金流量表概述

4.1.1 现金流量表的概念

现金流量表是指反映企业在一定会计期间现金和现金等价物流入和流出的报表，是一张动态报表。其中，现金是指企业库存现金及可以随时用于支付的存款，包括库存现金、银行存款、其他货币资金；现金等价物是指企业持有的期限短（一般指从购买日起3个月内到期）、流动性强、易于转换为已知金额现金、价值变动风险很小的投资。权益性投资变现金额具有不确定性，因而不属于现金等价物。企业应当根据具体情况确定现金等价物的范围，一经确定不得随意变更。

现金流量，是指现金和现金等价物的流入和流出。企业从银行提取现金、用现金购买短期到期的国库券等现金和现金等价物之间的转换不产生现金流量。与此相关的是现金净流量，亦称现金及现金等价物流量净额、现金及现金等价物净增加额，其计算公式为：

$$现金净流量=现金流入量-现金流出量$$

资产负债表是反映企业期末资产和权益状况的会计报表。现金流量表是反映企业一定时期内现金流动情况的报表。现金的流动必然会导致企业资产和权益发生变化。因此，现金流量表和资产负债表的联系可以从下面的公式中看出：

$$资产负债表现金期末余额=资产负债表现金年初余额+现金流量表现金净增加额$$

4.1.2　现金流量表的作用

现金流量表与有形的、实实在在的现金流量息息相关，它是根据收付实现原则予以编制的，与基于权责发生制编制的资产负债表和利润表形成鲜明的对比关系，进而占据着财务报告体系中的"第三把交椅"。具体来讲，现金流量表主要发挥如下作用。

1. 揭示企业现金流入流出的来龙去脉

现金流量表能够告诉读者一定期间内企业宝贵的现金"从哪里来，到哪里去"的信息，即便于报表使用者了解公司一定会计期间内现金流入与流出的主要来源与去向，现金增减变动的原因和结果。

2. 有助于评价公司的支付能力、偿债能力和周转能力

现金流量表能够告诉读者企业手头的宽裕或紧张程度，使其基本的支付能力和应付眼下债务的能力得以体现，如果经营活动的现金流量充足，则意味着企业充满着活力，并在靠自身经营来赚钱。靠自身创造出现金流，在风险面前的免疫力就会增强，其支付能力和偿债能力也就有了坚实的基础和后盾。

3. 有助于预测企业未来现金流量和财务前景

评价过去是为了预测未来。通过现金流量表反映的企业过去一定期间内的现金流量及其他生产经营指标，可以掌握企业经营活动、投资活动和筹资活动所形成的现金流量，了解企业现金的来源和用途是否合理，了解经营活动产生的现金流量有多少，企业在多大程度上依赖外部资金，据以预测企业在未来产生现金的能力，并为分析和判断企业的财务前景提供信息。

4. 有助于评价企业收益质量及经营绩效

由于利润表按照权责发生制原则编制，不能反映企业经营活动产生了多少现金，更无法反映投资活动和筹资活动对企业财务状况的影响，借助现金流量表提供的信息，可以弥补这种缺陷，揭示企业净利润与相关现金流量产生差异的原因及差距的大小，进而对利润的质量予以透视，进一步深入考察企业的经营绩效。

4.1.3 现金流量表的基本结构

现金流量表由两大部分组成：现金流量表主表和按照间接法编制的现金流量表补充资料。这两个组成部分也展示了编制现金流量表的两种方法，即直接法和间接法。这两种方法都是相对于经营活动产生的现金流量净额的不同表现形式而言的，主要区别在于如何计算和反映经营活动的现金流量。其中，直接法是通过现金收入和现金支出的主要类别列示经营活动的现金流量，会计实务中通常以营业收入为起算点，调整与经营活动有关的各个项目的增减变动，计算经营活动的现金流量。而间接法则是以净利润为起算点，通过调整不涉及现金（但涉及利润）的收入、费用、资产减值损失等有关经营活动的项目和不涉及利润（但涉及经营活动现金流量）的应收、应付款项目，以及存货等有关项目的增减变动，并剔除与经营活动无关（但与净利润相关）的投融资项目金额，计算出经营活动的现金流量。

现行企业会计准则规定，现金流量表主表应当分别以经营活动、投资活动和筹资活动列报现金流量。具体到每一种活动类型，现金流量还应当分别按照现金流入和现金流出额列报。现金流量表主表及其补充资料的基本格式和结构如表4-1和表4-2所示。

表4-1 现金流量表

会企03表

编制单位：　　　　　　　　　　　年　月　　　　　　　　　　　单位：元

项　目	本期金额	上期金额
一、经营活动产生的现金流量：		
销售商品、提供劳务收到的现金		
收到的税费返还		
收到其他与经营活动有关的现金		
经营活动现金流入小计		
购买商品、接受劳务支付的现金		
支付给职工及为职工支付的现金		
支付的各项税费		
支付其他与经营活动有关的现金		
经营活动现金流出小计		
经营活动产生的现金流量净额		

续表

项　目	本期金额	上期金额
二、投资活动产生的现金流量：		
收回投资收到的现金		
取得投资收益收到的现金		
处置固定资产、无形资产和其他长期资产收回的现金净额		
处置子公司及其他营业单位收到的现金净额		
收到其他与投资活动有关的现金		
投资活动现金流入小计		
购建固定资产、无形资产和其他长期资产支付的现金		
投资支付的现金		
取得子公司及其他营业单位支付的现金净额		
支付其他与投资活动有关的现金		
投资活动现金流出小计		
投资活动产生的现金流量净额		
三、筹资活动产生的现金流量：		
吸收投资收到的现金		
取得借款收到的现金		
收到其他与筹资活动有关的现金		
筹资活动现金流入小计		
偿还债务支付的现金		
分配股利、利润或偿付利息支付的现金		
支付其他与筹资活动有关的现金		
筹资活动现金流出小计		
筹资活动产生的现金流量净额		
四、汇率变动对现金及现金等价物的影响		
五、现金及现金等价物净增加额		
加：期初现金及现金等价物余额		
六、期末现金及现金等价物余额		

　　现金流量表补充资料包括：① 将净利润调节为经营活动现金流量（即采用间接法在现金流量表附注中披露将净利润调节为经营活动现金流量的信息）；② 不涉及现金收支的重大投

资和筹资活动；③ 现金及现金等价物净变动情况。现金流量表补充资料的参考格式如表 4-2 所示。

表 4-2 现金流量表补充资料

单位：元

补 充 资 料	本期金额	上期金额
1. 将净利润调节为经营活动现金流量：		
净利润		
加：资产减值准备		
固定资产折旧、油气资产折耗、生产性生物资产折旧		
无形资产摊销		
长期待摊费用摊销		
处置固定资产、无形资产和其他长期资产的损失（收益以"－"号填列）		
固定资产报废损失（收益以"－"号填列）		
公允价值变动损失（收益以"－"号填列）		
财务费用（收益以"－"号填列）		
投资损失（收益以"－"号填列）		
递延所得税资产减少（增加以"－"号填列）		
递延所得税负债增加（减少以"－"号填列）		
存货的减少（增加以"－"号填列）		
经营性应收项目的减少（增加以"－"号填列）		
经营性应付项目的增加（减少以"－"号填列）		
其他		
经营活动产生的现金流量净额		
2. 不涉及现金收支的重大投资和筹资活动：		
债务转为资本		
一年内到期的可转换公司债券		
融资租入固定资产		
3. 现金及现金等价物净变动情况：		
现金的期末余额		
减：现金的期初余额		
加：现金等价物的期末余额		
减：现金等价物的期初余额		
现金及现金等价物净增加额		

4.1.4　现金流量表的列报要求

第一，现金流量表应当分别按照经营活动、投资活动和筹资活动列报现金流量。

第二，现金流量应当分别按照现金流入和现金流出总额列报。

但下列各项可以按照净额列报：

① 代客户收取或支付的现金；

② 周转快、金额大、期限短项目的现金流入和现金流出；

③ 金融企业的有关项目，包括短期贷款发放与收回的贷款本金、活期存款的吸收与支付、同业存款和存放同业款项的存取、向其他金融企业拆借资金，以及证券的买入与卖出等。

第三，自然灾害损失、保险索赔等特殊项目单独列报。

第四，汇率变动对现金的影响额应当作为调节项目，在现金流量表中单独列报。

4.2　现金流量表主表解读与分析

4.2.1　经营活动产生的现金流量

经营活动是指企业投资活动和筹资活动以外的所有交易和事项。经营活动产生的现金流量是指企业在某一段时间内由于投资活动和筹资活动以外的所有交易和事项产生的现金流入量和现金流出量。

1. 经营活动流入的现金

（1）销售商品、提供劳务收到的现金

该项目反映企业销售商品和提高劳务实际收到的现金，包括本期销售商品或提供劳务收到的现金、以前期销售本期才收回的现金和本期预收以后期间的商品款或劳务款。本期发生的销售退回支付的现金直接在本项目中扣除。企业代理供销业务收到的现金也在本项目中反映。

（2）收到的税费返还

该项目反映企业收到返还的各种税费，如收到的增值税、营业税、所得税、教育费附加返还等。

（3）收到的其他与经营活动有关的现金

该项目反映企业除了上述项目外，收到的其他与经营活动有关的现金流入，如罚款收入、企业出租出借包装物对方单位逾期未退还而没收的押金收入等。

表 4-3 为福田汽车收到的其他与经营活动有关的现金部分项目列示。

表 4-3　福田汽车收到的其他与经营活动有关的现金部分项目列示　　　　单位：元

项　　目	2016 年	2015 年	2014 年
与收益相关的政府补助	510 062 625.33	555 562 965.30	494 581 258.35
赔偿与罚款流入	16 304 696.19	10 710 850.68	7 474 987.34
受限资金等保证金净流入	177 030 006.89		166 323 511.72
其他流入	40 590 938.15	32 561 752.88	11 108 866.20
合　计	743 988 266.56	598 835 568.86	679 488 623.61

2. 经营活动流出的现金

（1）购买商品、接受劳务支付的现金

该项目反映企业购买材料、购买商品、接受劳务实际支付的现金，包括本期购买商品与接收劳务支付的现金、本期支付以前期间购买商品与接收劳务的未付款和本期为购买商品、接收劳务而预付的现金。

（2）支付给职工及为职工支付的现金

该项目反映企业实际支付给职工及为职工支付的现金。支付给职工的现金包括本期实际支付给职工的工资、奖金、各种津贴与补贴等。企业为职工支付的现金是企业为职工购买的各种社会保险、商业保险而发生的现金支出。

企业支付给离退休人员的各种费用，在"支付的其他与经营活动有关的现金"项目中反映；支付的在建工程人员的工资及其他奖金，在"购建固定资产、无形资产和长期资产所支付的现金"项目中反映。

（3）支付的各项税费

该项目反映企业本期实际上交税务部门的各种税费，如增值税、所得税、教育费附加、印花税、房产税、车船使用税、消费税、营业税等。本项目不包括本期实际支付的应计入固定资产价值的各种税费，如耕地占用税。退还的税费在流入项目中反映。

（4）支付的其他与经营活动有关的现金

该项目反映企业除上述各项流出外，支付的其他与经营活动有关的现金流出，如罚款支出、业务招待费、保险费、经营租赁支付的现金和捐赠支出等。

表 4-4 为福田汽车支付的其他与经营活动有关的现金部分项目列示。

表4-4　福田汽车支付的其他与经营活动有关的现金部分项目列示　　　　单位：元

项　　目	2016 年度	2015 年度	2014 年度
付现费用	2 547 603 349.24	2 112 576 171.83	1 796 344 417.27
备用金往来款净流出	83 032 204.62	79 623 460.39	
受限资金等保证金净流出		606 188 453.66	
其他流出	55 248 200.11	72 308 289.41	16 793 420.28
合计	2 685 883 753.97	2 870 696 375.29	1 813 137 837.55

3. 经营活动现金流量分析

经营活动产生的现金流量是现金流量的一项重要指标，它说明企业在不动用外部筹资的情况下，通过经营活动产生的现金流量是否足以偿还债务、支付对外投资。

（1）经营活动现金流量净额小于零

经营活动现金流量净额小于零，说明企业通过正常的商品购销活动所带来的现金流入量不足以支付因经营活动而引起的货币流出，需要采用筹资或拖延债务支付、收回投资等方式来解决经营所需的现金流出。

企业正常经营活动的现金支付，可通过以下4种方式解决。

① 消耗企业现存的货币积累。

② 挤占本来可以用于投资活动的现金，推迟投资活动的进行。

③ 在不能挤占本来可以用于投资活动的现金的条件下，进行额外贷款融资，以满足经营活动的现金需要。

④ 在没有贷款融资的条件下，只能采用拖延债务支付或加大经营活动引起的负债规模来解决。

在企业开始从事经营活动的初期，由于经营产生的各个环节处于"磨合"状态，设备与人力资源的利用率相对较低，材料消耗量相对较高，从而导致企业在这一时期的经营活动表现为现金流量"入不敷出"的状态，这是企业发展初期不可避免的。但是，如果企业进入正常生产经营期间后这种状态仍然存在，说明企业通过经营活动创造现金流量的能力不足，企业经营活动现金流量的质量不高。

（2）经营活动现金流量净额等于零

经营活动现金流量净额等于零，意味着企业通过正常的商品购销活动所带来的现金流入量，恰好能够支付上述经营活动而引起的货币流出，企业经营活动现金流量处于"收支平衡"的状态。因此，企业正常的经营活动不需要额外补充流动资金，也不需要通过投资活动及筹资活动来贡献现金。

必须注意的是，在企业账面反映的成本消耗中，有相当一部分属于按权责发生制原则的要求确认的成本，如固定资产的折旧费用。折旧费用是按权责发生制要求将固定资产的取得成本，在使用的收益期间合理分摊，并不需要付出现金。显然，当企业经营活动产生的现金流量等于零时，企业经营活动产生的现金流量不能为这些非付现成本的资源损耗将来更新提供货币补给。从长期来看，经营活动产生的现金流量等于零的状态，根本不可能维持企业经营活动的持续进行。

（3）经营活动现金流量净额大于零

经营活动现金流量净额大于零，说明企业通过正常的商品购销活动所带来的现金流入量不但能够支付因经营活动而引起的货币流出，而且还能为企业的投资等活动提供现金流量支持，表明企业生产的产品产销对路，销售回款能力较强，成本费用控制在较适宜的水平。企业经营活动产生的现金流量良好，表明企业经营活动健康稳定，对企业规模的扩大起到重要的支持作用。

福田汽车 2014—2016 年经营活动产生的现金流量净额都大于零，分别为 1 102 348 778.34 元、490 044 412.02 元、1 191 783 305.59 元，表明福田汽车这三年来的经营活动现金创造能力较强，虽然 2015 年有所下降，但是 2016 年不仅恢复了 2014 年的正常水平，还大幅上涨了不少。

4.2.2　投资活动产生的现金流量

投资活动是指企业长期资产的购建和不包括在现金等价物范围内的投资及其处置活动。长期资产是企业拥有的固定资产、在建工程、无形资产、其他资产等持有期限在一年以上的各种资产。而已经包括在现金等价物范围内的投资则被视为现金。现金流量表中的投资活动不仅包含对外的投资行为，还包括对内的各种长期资产的购建。

投资活动产生的现金流量是企业在某一段时间内由于投资活动而产生的现金流入量和流出量。

1. 投资活动流入的现金

（1）收回投资所收到的现金

该项目反映企业出售、转让或到期收回除现金等价物以外的交易性金融资产、长期股权投资而收到的现金，以及收回长期债权投资本金而收到的现金。本项目不包括长期债权投资收回的利息，以及收回的非现金资产。

（2）取得投资收益所收到的现金

该项目反映企业因股权性投资而分得的现金股利，从子公司、联营公司或合营企业分得利润而收到的现金，以及因债权性投资而取得的现金利息收入。本项目的投资收益与利润表中的投资收益金额不一定相等。因为利润表中的投资收益是以权责发生制为基础确定的，不论收益是否收到现金，均包含在内。而本项目中的投资收益只包括收到了现金的投资收益，不包括股票股利收益。

（3）处置固定资产、无形资产和其他长期资产收回的现金净额

该项目反映企业在出售固定资产、无形资产和其他长期资产所取得的现金，减去为处置这些资产而支付的有关税费后的净额。

（4）处置子公司及其他营业单位收到的现金净额

该项目反映企业处置子公司及其他营业单位所取得的现金减去子公司或其他营业单位持有的现金和现金等价物及相关处置费用后的净额。

（5）收到的其他与投资活动有关的现金

该项目反映除上述各项流入以外，收到的其他与投资活动有关的现金流入。如企业收到已宣告发放但尚未领取的现金股利或已到付息期但尚未领取的债券利息等。

表4-5为福田汽车收到的其他与投资活动有关的现金部分项目列示。

表4-5　福田汽车收到的其他与投资活动有关的现金部分项目列示　　单位：元

项　目	2016年	2015年	2014年
利息收入	101 942 801.91	102 437 482.70	125 499 992.93
政府公益性拆迁补偿款及其他补助			9 560 850.55
其他流入			
合计	101 942 801.91	102 437 482.70	135 060 843.48

2. 投资活动流出的现金

（1）购建固定资产、无形资产和其他长期资产所支付的现金

该项目反映企业购买、建造固定资产时所支付的现金及取得无形资产和其他长期资产时所支付的现金及增值税款。本项目不包括为购建固定资产而发生的借款利息资本化的部分，借款利息应在"筹资活动产生的现金流量"项目中反映。

（2）投资所支付的现金

该项目反映企业取得现金等价物以外的权益性投资和债权性投资所支付的现金及支付的佣金、手续费等附加费用。

（3）取得子公司及其他营业单位支付的现金净额

该项目反映企业取得子公司及其他营业单位购买出价中以现金支付的部分，减去子公司或其他营业单位持有的现金和现金等价物后的净额。

（4）支付的其他与投资活动有关的现金

该项目反映除上述各项流出以外，支付的其他与投资活动有关的现金流出。如企业购买股票、债券时，实际支付的价款中包含的已宣告发放但尚未领取的现金股利或已到付息期但尚未领取的债券利息等。

表 4-6 为福田汽车支付的其他与投资活动有关的现金部分项目列示。

表 4-6　福田汽车支付的其他与投资活动有关的现金部分项目列示

单位：元

项目	2016 年	2015 年	2014 年
委托贷款	199 300 000.00	88 000 000.00	
合计	199 300 000.00	88 000 000.00	0.00

3. 投资活动现金流量分析

投资活动是企业现金流动的主要形式之一。对投资活动现金流量的分析，主要应关注投资活动的现金流出与企业发展战略之间的吻合程度。

（1）投资活动产生的现金流量小于零

投资活动产生的现金流量小于零，意味着企业在购建固定资产、无形资产和其他长期资产、权益性投资及债权性投资等方面所支付的现金之和大于企业因收回投资，分得股利或利润，取得债券利息收入，处置固定资产、无形资产和其他长期资产而收到的现金净额之和。表明企业扩大再生产的能力较强，参与资本市场运作、实施股权及债权投资能力较强。一般情况下，企业投资活动所需要的现金支付，可以用下列 5 种方式解决。

① 消耗企业现存的货币积累。

② 挤占本来可以用于经营活动的现金，削减经营活动的现金消耗。

③ 利用经营活动积累的现金进行补充。

④ 在不能挤占本来可以用于经营活动的现金的条件下，进行额外贷款融资，以满足投资活动的现金需要。

⑤ 在没有贷款融资的条件下，只能采用拖延债务支付或加大投资活动引起的负债规模来解决。

（2）投资活动产生的现金流量大于零

投资活动产生的现金流量大于零，意味着企业在投资活动方面的现金流入量大于流出量。这种情况，或者是由于企业在本会计期间的投资回收活动的规模大于投资支出的规模而产生的，表明企业投资收效显著，投资回报及变现能力较强；或者是由于企业在经营活动与筹资活动方面急需资金而不得不处手中的长期资产以求变现等原因而引起。

福田汽车 2014—2016 年投资活动产生的现金流量净额都小于零，分别为 -2 292 117 826.22 元、-1 692 799 984.18 元、4 680 849 299.10 元，虽然在 2015 年投资规模有所缩小，但是这三年投资持续扩大，尤其是在 2016 年不仅加大了对固定资产等的投资，还加大了其他投资支出，这与福田汽车产业结构转型，开拓新市场有着不可分割的联系。

4.2.3 筹资活动产生的现金流量

筹资活动，是指导致企业资本及债务规模和构成发生变化的活动。筹资活动现金流量是指企业在某一段时间内由于企业权益性资本及借款规模和构成发生变化所产生的现金流入量和现金流出量。

1. 筹资活动流入的现金

（1）吸收投资所收到的现金

该项目反映通过发行股票等方式筹集资金时收到的现金净额。股份有限公司公开募集股份，须委托金融机构进行公开发行，由金融机构直接支付手续费、宣传费、咨询费、印刷费等费用，从发行股票取得的现金收入中直接扣除，以净额列示。以发行股票方式筹集资本而由企业直接支付的审计、咨询等费用，不在本项目中反映，而在"支付的其他与筹资活动有关的现金"项目中反映。

（2）取得借款所收到的现金

该项目反映企业借入的各种短期、长期借款所收到的现金。

（3）发行债券所收到的现金

该项目反映企业发行债券筹集资金时实际收到的现金。

（4）收到其他与筹资活动有关的现金

该项目反映除上述项目外收到的其他与筹资活动有关的现金。

表 4–7 是福田汽车收到的其他与筹资活动有关的现金部分项目列示。

表4–7　福田汽车收到的其他与筹资活动有关的现金部分项目列示　　　单位：元

项目	2016 年	2015 年	2014 年
与资产相关的政府补助	190 385 028.49	187 480 183.44	217 717 501.19
合计	190 385 028.49	187 480 183.44	217 717 501.19

2. 筹资活动的现金流出

（1）偿还债务所支付的现金

该项目反映企业以现金偿还债务的本金，包括偿还银行或其他金融机构等的借款本金、偿还债券本金等。企业偿还的借款利息、债券利息不包括在本项目中，企业应将其列入"偿还利息所支付的现金"项目中。另外，企业通过产品或劳务等非现金方式偿付的债务也不在本项目中，企业应将其在报表的附注中说明。

（2）分配股利、利润或偿还利息所支付的现金

该项目反映企业实际支付的现金股利、支付给其他投资单位的利润，以及用现金支付的借款利息、债券利息等。企业以股票或财产股利的方式支付的利润不在本项目中反映。

（3）支付的其他与筹资活动有关的现金

该项目反映企业除上述各项目外，支付的与筹资活动有关的现金，如以发行股票、债券等方式筹集资金而由企业直接支付的审计、咨询等费用，融资租赁所支付的现金，以分期付款方式购建固定资产以后各期支付的现金等。其他与筹资活动有关的现金，如果价值较大的，应单列项目反映。

表4-8是福田汽车支付的其他与筹资活动有关的现金部分项目列示。

表4-8　福田汽车支付的其他与筹资活动有关的现金部分项目列示　　　　单位：元

项　　目	2016 年	2015 年	2014 年
支付融资租赁利息及其他费用	232 396 044.98	294 524 417.32	76 424 392.18
合计	232 396 044.98	294 524 417.32	76 424 392.18

3. 筹资活动现金流量分析

对筹资活动现金流量分析，主要应关注筹资活动的现金流量与经营活动、投资活动现金流量之间的适应程度。在企业经营活动、投资活动需要现金支持时，企业应通过筹资活动及时、足额地筹到相应的资金；在企业经营活动、投资活动产生大量现金时，企业应及时清偿相应的贷款，避免不必要的利息支出。

（1）筹资活动产生的现金流量大于零

筹资活动产生的现金流量大于零，意味着企业在吸收权益性投资、发行债券及借款等方面所收到的现金之和大于企业在偿还债务、支付筹资费用、分配股利或利润、偿还利息等方面所支付的现金之和。表明企业通过银行及资本市场筹资的能力较强。同时，应密切关注资金的使用效果，防止企业未来无法支付到期的债务本息而陷入债务危机。

企业处于发展的起步阶段时需要大量资金，在企业经营活动的现金流量小于零的情况下，企业现金流量的需求主要通过企业的筹资活动来解决。因此，分析企业筹资活动产生的现金流量大于零是否正常时，关键要看企业的筹资活动是否已纳入企业的发展规划，要看它是企业管理层为扩大投资和经营活动而采取的主动筹资行为，还是企业因投资活动和经营活动的现金流出失控而采取的不得已的筹资行为。

（2）筹资活动产生的现金流量小于零

筹资活动产生的现金流量小于零，意味着企业在吸收权益性投资、发行债券及借款

等方面所收到的现金之和小于企业在偿还债务、支付筹资费用、分配股利或利润、偿付利息等方面所支付的现金之和。这种情况或者是由于企业在本会计期间集中发生偿还债务、支付筹资费用、分配股利或利润、偿付利息等业务而产生的，或者是因为企业经营活动与投资活动在现金流量方面运转较好，有能力完成各项支付而产生的。但是，企业筹资活动产生的现金流量小于零，也可能是企业在投资和企业扩张方面没有更多作为的一种表现。

福田汽车 2014—2016 年度筹资活动产生的现金流量净额都大于零，分别为 715 948 019.51 元、2 758 982 097.45 和 3 030 966 646.08 元，且这三年都呈现增长的趋势，2015 年投资活动规模与 2014 年相比相对持平，而经营活动现金流减小，所以筹资活动现金流入大幅增加。这也与企业近三年扩大规模进行产业结构转型的战略相吻合。

上述各项活动对现金流量的影响分析还应结合各个企业收入的实现情况进行，分析评价企业收入质量的高低。

4.2.4 现金流量表的趋势分析

现金流量表的趋势分析，即通过对现金流量表的每个项目前后期的增减变动来观察企业现金流的变动情况，对异常变动的原因和后果进行分析。

表 4-9 为福田汽车 2014—2016 年现金流量表趋势分析。

表 4-9 福田汽车 2014—2016 年现金流量表趋势分析 单位：元

项目	2016 年	2015 年	2014 年	2016 年增减额	2015 年增减额	2016 年增减百分比/%	2015 年增减百分比/%
一、经营活动产生的现金流量：							
销售商品、提供劳务收到的现金	28 331 243 738.73	17 594 293 171.22	19 633 695 246.06	10 736 950 567.51	−2 039 402 074.84	61.03	−10.39
收到的税费返还	1 058 710 581.09	631 256 962.10	618 316 595.19	427 453 618.99	12 940 366.91	67.71	2.09
收到其他与经营活动有关的现金	743 988 266.56	598 835 568.86	679 488 623.61	145 152 697.70	−80 653 054.75	24.24	−11.87
经营活动现金流入小计	30 133 942 586.38	18 824 385 702.18	20 931 500 464.86	11 309 556 884.20	−2 107 114 762.68	60.08	−10.07
购买商品、接受劳务支付的现金	21 624 276 660.73	10 819 124 361.35	13 369 516 346.61	10 805 152 299.38	−2 550 391 985.26	99.87	−19.08

项目	2016 年	2015 年	2014 年	2016 年增减额	2015 年增减额	2016 年增减百分比/%	2015 年增减百分比/%
支付给职工及为职工支付的现金	3 241 365 153.85	3 408 441 995.91	3 460 137 241.88	−167 076 842.06	−51 695 245.97	−4.90	−1.49
支付的各项税费	1 390 633 712.24	1 236 078 557.61	1 186 360 260.48	154 555 154.63	49 718 297.13	12.50	4.19
支付其他与经营活动有关的现金	2 685 883 753.97	2 870 696 375.29	1 813 137 837.55	−184 812 621.32	1 057 558 537.74	−6.44	58.33
经营活动现金流出小计	28 942 159 280.79	18 334 341 290.16	19 829 151 686.52	10 607 817 990.63	−1 494 810 396.36	57.86	−7.54
经营活动产生的现金流量净额	1 191 783 305.59	490 044 412.02	1 102 348 778.34	701 738 893.57	−612 304 366.32	143.20	−55.55
二、投资活动产生的现金流量:	—	—	—	—	—	—	—
收回投资收到的现金	11 046 864.28	2 000 000.00	117 813 365.00	9 046 864.28	−115 813 365.00	452.34	−98.30
取得投资收益收到的现金	312 707 203.72	12 853 645.78	13 148 947.74	299 853 557.94	−295 301.96	2332.83	−2.25
处置固定资产、无形资产和其他长期资产收回的现金净额	2 184 161 541.82	1 451 675 978.37	1 836 061 718.36	732 485 563.45	−384 385 739.99	50.46	−20.94
处置子公司及其他营业单位收到的现金净额	—	—	—	—	—	—	—
收到其他与投资活动有关的现金	101 942 801.91	102 437 482.70	135 060 843.48	−494 680.79	−32 623 360.78	−0.48	−24.15
投资活动现金流入小计	2 609 858 411.73	1 568 967 106.85	2 102 084 874.58	1 040 891 304.88	−533 117 767.73	66.34	−25.36
购建固定资产、无形资产和其他长期资产支付的现金	6 949 898 258.22	3 173 767 091.03	3 950 202 700.80	3 776 131 167.19	−776 435 609.77	118.98	−19.66
投资支付的现金	29 350 000.00		444 000 000.00	29 350 000.00	−444 000 000.00	—	—
质押贷款净增加额	—	—	—	—	—	—	—
取得子公司及其他营业单位支付的现金净额	112 159 452.61	—	—	—	—	—	—
支付其他与投资活动有关的现金	199 300 000.00	88 000 000.00		111 300 000.00	—	126.48	—
投资活动现金流出小计	7 290 707 710.83	3 261 767 091.03	4 394 202 700.80	4 028 940 619.80	−1 132 435 609.77	123.52	−25.77

续表

项目	2016 年	2015 年	2014 年	2016 年增减额	2015 年增减额	2016 年增减百分比/%	2015 年增减百分比/%
投资活动产生的现金流量净额	−4 680 849 299.10	−1 692 799 984.18	−2 292 117 826.22	−2 988 049 314.92	599 317 842.04	176.52	26.15
三、筹资活动产生的现金流量：	—	—	—	—	—	—	—
吸收投资收到的现金	—	2 941 107 457.55	—	—	—	—	—
其中：子公司吸收少数股东投资收到的现金	—	—	—	—	—	—	—
取得借款收到的现金	6 687 083 031.45	2 027 101 888.70	5 477 991 224.33	4 659 981 142.75	−3 450 889 335.63	229.88	−63.00
发行债券收到的现金	—	996 898 920.71	—	—	—	—	—
收到其他与筹资活动有关的现金	190 385 028.49	187 480 183.44	217 717 501.19	2 904 845.05	−30 237 317.75	1.55	−13.89
筹资活动现金流入小计	6 877 468 059.94	6 152 588 450.40	5 695 708 725.52	724 879 609.54	456 879 724.88	11.78	8.02
偿还债务支付的现金	3 169 279 909.05	2 744 150 656.82	4 333 114 275.88	425 129 252.23	−1 588 963 619.06	15.49	−36.67
分配股利、利润或偿付利息支付的现金	444 825 459.83	354 931 278.81	570 222 037.95	89 894 181.02	−215 290 759.14	25.33	−37.76
其中：子公司支付给少数股东的股利、利润	—	—	—	—	—	—	—
支付其他与筹资活动有关的现金	232 396 044.98	294 524 417.32	76 424 392.18	−62 128 372.34	218 100 025.14	−21.09	285.38
筹资活动现金流出小计	3 846 501 413.86	3 393 606 352.95	4 979 760 706.01	452 895 060.91	−1 586 154 353.06	13.35	−31.85
筹资活动产生的现金流量净额	3 030 966 646.08	2 758 982 097.45	715 948 019.51	271 984 548.63	2 043 034 077.94	9.86	285.36
四、汇率变动对现金及现金等价物的影响	68 368 307.21	67 260 107.05	−30 558 833.30	1 108 200.16	97 818 940.35	1.65	−320.10
五、现金及现金等价物净增加额	−389 731 040.22	1 623 486 632.34	−504 379 861.67	−2 013 217 672.56	2 127 866 494.01	−124.01	−421.88

续表

项目	2016 年	2015 年	2014 年	2016 年增减额	2015 年增减额	2016 年增减百分比/%	2015 年增减百分比/%
加：期初现金及现金等价物余额	3 386 868 521.62	1 763 381 889.28	2 267 761 750.95	1 623 486 632.34	−504 379 861.67	92.07	−22.24
六、期末现金及现金等价物余额	2 997 137 481.40	3 386 868 521.62	1 763 381 889.28	−389 731 040.22	1 623 486 632.34	−11.51	92.07

图 4-1～图 4-3 分别是福田汽车 2014—2016 年经营活动、投资活动、筹资活动现金流量变动趋势。

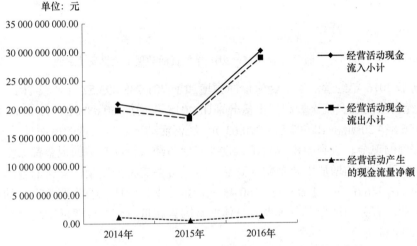

图 4-1　福田汽车 2014—2016 年经营活动现金流量变动趋势

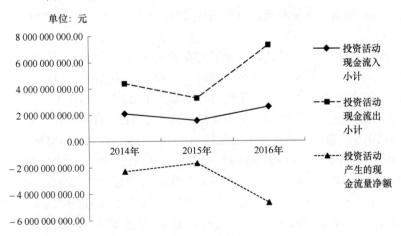

图 4-2　福田汽车 2014—2016 年投资活动现金流量变动趋势

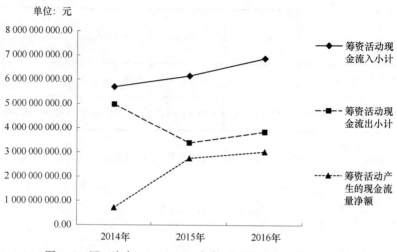

单位：元

图 4-3 福田汽车 2014—2016 年筹资活动现金流量变动趋势

福田汽车 2016 年经营活动现金流量净额增加了 701 738 893.57 元，较 2015 年增长率为 143.20%。经营活动现金流入量和流出量分别比 2015 年增加 60.08%和 57.86%，增加额分别为 11 309 556 884.20 元和 10 607 817 990.63 元。经营活动现金流入量的增加是因为销售商品、提供劳务收到的现金、收到的税费返还、收到其他与经营活动有关的现金都大幅增加；同时经营活动现金流出量的增加主要是购买商品、接受劳务支付的现金、支付的各项税费，分别增加 13 369 516 346.61 元、1 186 360 260.48 元。虽然支付给职工及为职工支付的现金和支付其他与经营活动有关的现金有所减少，总体增减因素相抵，使得经营活动现金流量净额增加了 701 738 893.57 元。

福田汽车 2015 年经营活动现金流量净额减少了 612 304 366.32 元，较 2014 年降低 55.55%。经营活动现金流入量和流出量分别比 2014 年减少 10.07%和 7.54%，减少额分别为 2 107 114 762.68 元和 1 494 810 396.36 元。经营活动现金流入量的减少主要是因为销售商品、提供劳务收到的现金和收到的其他与经营活动有关的现金都在减少，虽然收到的税费返还有所增加，但还是抵消不了前两项的减少；同时，影响经营活动现金流出量的因素中的支付其他与经营活动有关的现金、支付的各项税费分别增加 1 057 558 537.74 元、49 718 297.13 元。总体增减因素相抵，使得经营活动现金流量净额减少了 612 304 366.32 元。

福田汽车 2016 年投资活动净现金流量较 2015 年增加 2 988 049 314.92 元，投资活动现金流入量较 2015 年增加 1 040 891 304.88 元，同时投资活动现金流出量较 2015 年增长 4 028 940 619.80 元，因此使得 2016 年投资活动产生的现金流量净额增加 2 988 049 314.92 元。

福田汽车 2015 年投资活动净现金流量较 2014 年减少 599 317 842.04 元，投资活动现金流入量较 2014 年减少 533 117 767.73 元，且投资活动现金流出量较 2014 年减少 1 132 435 609.77 元，使得 2015 年投资活动净现金流量较 2014 年减少 599 317 842.04 元。

福田汽车 2016 年筹资活动净现金流量比 2015 年增加 271 984 548.63 元，主要是收到其他与筹资活动有关的现金 2 904 845.05 元，取得借款所收到的现金增加 4 659 981 142.75 元。虽然筹资活动的现金流出也有所增加，但是筹资活动现金流入量大于现金流出量，使得 2016 年筹资活动净现金流量比 2015 年增加 271 984 548.63 元。

福田汽车 2015 年筹资活动净现金流量比 2014 年增加 2 043 034 077.94 元，虽然大部分影响筹资活动净现金流量的项目金额都有所减少，但是支付其他与筹资活动有关的现金增加 218 100 025.14 元。而 2015 年，福田汽车接到了一笔投资入账并发行债券募集资金，这使得筹资活动净现金流量比 2014 年增加 2 043 034 077.94 元。

4.2.5　现金流量表的结构分析

现金流量表的结构分析是指对现金流量的各个组成部分及其相互关系的分析。现金流量表的结构分析包括流入结构、流出结构和流入流出对比分析。流入结构分析分为总流入结构和三项（经营、投资和筹资）活动流入的内部结构分析；流出结构分析分为总流出结构和三项活动流出的内部结构分析；流入流出对比分析分为经营活动流入流出比、投资活动流入流出比和筹资活动流入流出比。通过流入和流出结构的历史比较及同业比较，可以得到更有意义的信息。对于一个健康的正在成长的公司来说，经营活动现金净额应是正数，投资活动的现金流量应是负数，筹资活动的现金流量应是正负相间的。

1. 现金流入流出比分析

表 4–10 为福田汽车现金流入流出比分析。

表 4–10　福田汽车现金流入流出比分析

项目	2016 年	2015 年	2014 年
经营活动流入流出比	1.04	1.03	1.06
投资活动流入流出比	0.36	0.48	0.48
筹资活动流入流出比	1.79	1.81	1.14

福田汽车经营活动现金流入与流出基本能达到平衡，投资活动流入小于流出，比率较低，筹资活动流入流出比较高，流入大于流出。

2. 现金流入结构分析

通过对现金流量表中现金流入的结构分析，可以了解企业现金流入的构成比例及其来源。表 4–11 为福田汽车现金流入结构分析表。

表 4–11　福田汽车现金流入结构分析表
单位：%

项　　目	2016 年结构百分比		2015 年结构百分比		2014 年结构百分比	
	以现金流入小计为合计数	以现金总流入为合计数	以现金流入小计为合计数	以现金总流入为合计数	以现金流入小计为合计数	以现金总流入为合计数
一、经营活动产生的现金流入：						
销售商品、提供劳务收到的现金	94.02	71.51	93.47	66.28	93.80	68.34
收到的税费返还	3.51	2.67	3.35	2.38	2.95	2.15
收到的其他与经营活动有关的现金	2.47	1.88	3.18	2.26	3.25	2.37
经营活动现金流入小计	100.00	76.05	100.00	70.91	100.00	72.86
二、投资活动产生的现金流入：						
收回投资所收到的现金	0.42	0.03	0.13	0.01	5.60	0.41
取得投资收益所收到的现金	11.98	0.79	0.82	0.05	0.63	0.05
处置固定资产、无形资产和其他长期资产所收回的现金净额	83.69	5.51	92.52	5.47	87.34	6.39
处置子公司及其他营业单位收到的现金净额						
收到的其他与投资活动有关的现金	3.91	0.26	6.53	0.39	6.43	0.47
投资活动现金流入小计	100.00	6.59	100.00	5.91	100.00	7.32
三、筹资活动产生的现金流入：						
吸收投资所收到的现金	0.00	0.00	47.80	11.08	0.00	0.00
取得借款所收到的现金	97.23	16.88	32.95	7.64	96.18	19.07
发行债券收到的现金	0.00	0.00	16.20	3.76	0.00	0.00
收到的其他与筹资活动有关的现金	2.77	0.48	3.05	0.71	3.82	0.76
筹资活动现金流入小计	100.00	17.36	100.00	23.18	100.00	19.83
现金流入合计		100.00		100.00		100.00

　　现金流入结构分为总流入结构和内部流入结构。总流入结构反映企业经营活动的现金流入量、投资活动的现金流入量和筹资活动的现金流入量分别占现金总流入量的比重。内部流入结构反映的是经营活动、投资活动和筹资活动等各项业务活动现金流入中具体项目构成情况。现金流入结构分析可以明确企业的现金究竟来自何方，增加现金流入应在哪些方面采取措施等。

图 4–4～图 4–6 分别是福田汽车 2014—2016 年经营活动、投资活动、筹资活动现金流入结构分析，图 4–7 为福田汽车 2014—2016 年现金流入总结构分析。

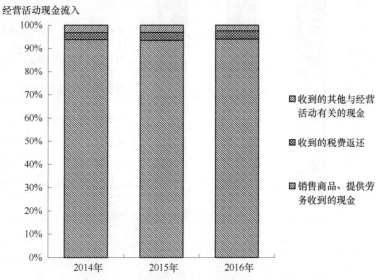

图 4–4　福田汽车 2014—2016 年经营活动现金流入结构分析

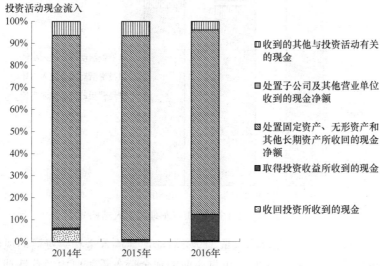

图 4–5　2014—2016 年福田汽车投资活动现金流入结构分析

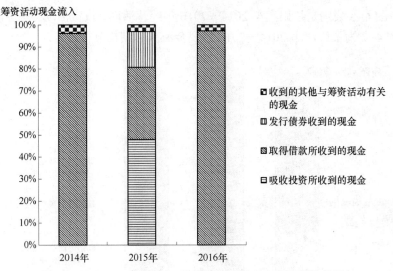

图4-6 2014—2016年福田汽车筹资活动现金流入结构分析

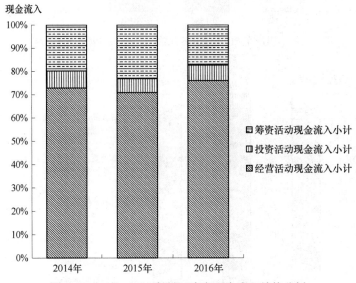

图4-7 2014—2016年福田汽车现金流入结构分析

2014年福田汽车经营活动现金流入量、投资活动现金流入量和筹资活动现金流入量所占比重分别为72.86%、7.32%和19.83%。可见企业的现金流入量主要由经营活动产生。经营活动的现金流入量中销售商品、提供劳务收到的现金，投资活动的现金流入量中处置固定资产、无形资产和其他长期资产所收回的现金净额，筹资活动的现金流入量中取得借款收到的现金分别占各类现金流入量的绝大部分比重。

2015 年经营活动现金流入量、投资活动现金流入量和筹资活动现金流入量所占比重较 2014 年未有太大改变，分别为 70.91%、5.91%、23.18%。其中，经营活动的现金流入量中销售商品、提供劳务收到的现金，投资活动的现金流入量中处置固定资产、无形资产和其他长期资产所收回的现金净额分别占前两项现金流入量的几乎全部比重，筹资活动的现金流入量中吸收投资所收到的现金、取得借款所收到的现金所占比重几乎持平，分别为 47.80% 和 32.95%。发行债券收到的现金，占比为 16.20%。

2016 年福田汽车经营活动现金流入量、投资活动现金流入量和筹资活动现金流入量所占比重分别为 76.05%、6.59% 和 17.36%。与 2015 年和 2014 年相比经营活动现金流入量比重都有所上涨。经营活动现金流入中主导部分没有变化，投资活动现金流入中取得投资收益所收到的现金与 2015 年和 2014 年相比有了显著增加，但是主要占比部分依旧没有变化。筹资活动现金流入中吸收投资所收到的现金、发行债券收到的现金在 2016 年都没有了，借款现金收入重新占据主导地位。

3. 现金流出结构分析

现金流出结构分为总流出结构和内部流出结构。现金总流出结构是反映企业经营活动的现金流出量、投资活动的现金流出量和筹资活动的现金流出量分别在全部现金流出量中所占的比重。现金内部流出结构反映的是经营活动、投资活动和筹资活动等各项业务活动现金流出中具体项目的构成情况。现金流出结构可以表明企业的现金究竟流向何方，要节约开支应从哪些方面入手等。

表 4-12 为福田汽车 2014—2016 年现金流出结构分析表，图 4-8～图 4-11 分别是福田汽车 2014—2016 年经营活动、投资活动、筹资活动现金内部流出结构分析，以及现金总流出结构分析。

表 4-12　福田汽车现金流出结构分析表　　　　　单位：%

项　　　目	2016 年结构百分比		2015 年结构百分比		2014 年结构百分比	
	以现金流出小计为合计数	以现金总流出为合计数	以现金流出小计为合计数	以现金总流出为合计数	以现金流出小计为合计数	以现金总流出为合计数
一、经营活动产生的现金流出：						
购买商品、接受劳务支付的现金	74.72	53.95	59.01	43.29	67.42	45.78
支付给职工及为职工支付的现金	11.20	8.09	18.59	13.64	17.45	11.85
支付的各项税费	4.80	3.47	6.74	4.95	5.98	4.06
支付的其他与经营活动有关的现金	9.28	6.70	15.66	11.49	9.14	6.21
经营活动现金流出小计	100.00	72.21	100.00	73.37	100.00	67.90

续表

项　目	2016 年结构百分比		2015 年结构百分比		2014 年结构百分比	
	以现金流出小计为合计数	以现金总流出为合计数	以现金流出小计为合计数	以现金总流出为合计数	以现金流出小计为合计数	以现金总流出为合计数
二、投资活动产生的现金流出：						
购建固定资产、无形资产和其他长期资产所支付的现金	95.33	17.34	97.30	12.70	89.90	13.53
投资所支付的现金	0.40	0.07	0.00	0.00	10.10	1.52
质押贷款净增加额	0.00	0.00	0.00	0.00	0.00	0.00
取得子公司及其他营业单位支付的现金净额	1.54	0.28	0.00	0.00	0.00	0.00
支付的其他与投资活动有关的现金	2.73	0.50	2.70	0.35	0.00	0.00
投资活动现金流出小计	100.00	18.19	100.00	13.05	100.00	15.05
三、筹资活动产生的现金流出：						
偿还债务所支付的现金	82.39	7.91	80.86	10.98	87.01	14.84
分配股利、利润或偿付利息所支付的现金	11.56	1.11	10.46	1.42	11.45	1.95
支付的其他与筹资活动有关的现金	6.04	0.58	8.68	1.18	1.53	0.26
筹资活动现金流出小计	100.00	9.60	100.00	13.58	100.00	17.05
现金流出合计		100.00		100.00		100.00

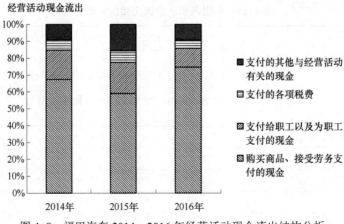

图 4-8　福田汽车 2014—2016 年经营活动现金流出结构分析

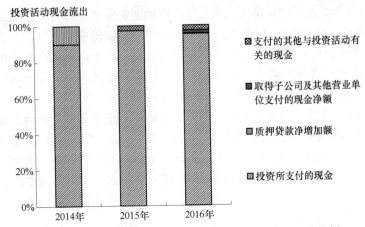

图 4-9 福田汽车 2014—2016 年投资活动现金流出结构分析

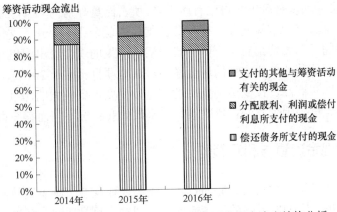

图 4-10 福田汽车 2014—2016 年筹资活动现金流出结构分析

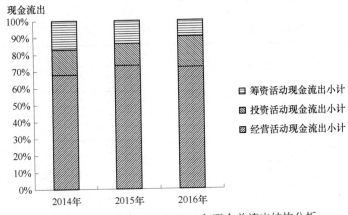

图 4-11 福田汽车 2014—2016 年现金总流出结构分析

　　2014 年福田汽车经营活动现金流出量、投资活动现金流出量和筹资活动现金流出量所占比重分别为 67.90%、15.05% 和 17.05%。可见企业的现金流出量主要是经营活动产生的。经营活动产生的现金流出中购买商品、接受劳务支付的现金，投资活动产生的现金流出中购建固定资产、无形资产和其他长期资产所支付的现金，筹资活动产生的现金流出中偿还债务所支付的现金分别占各类现金流出量的绝大部分比重。

　　2015 年福田汽车经营活动现金流出量、投资活动现金流出量和筹资活动现金流出量所占比重较 2014 年有轻微改变，分别为 73.37%、13.05%、7.84%。经营活动现金流出中购买商品、接受劳务支付的现金和支付给职工及为职工支付的现金占比有所下降，支付的各项税费和支付的其他与经营活动有关的现金占比有所上升，投资活动现金流出中投资所支付的现金这一年为 0，筹资活动现金流出中偿还债务所支付的现金和分配股利、利润或偿付利息支付的现金有所下降，支付的其他与筹资活动有关的现金有所上升。

　　2016 年福田汽车经营活动现金流出量较 2015 年基本持平，而投资活动现金流出量所占比重有所上升，筹资活动现金流出量占比有所下降，所占比重分别为 72.21%、18.19% 和 9.60%。其中，经营活动现金流出中购买商品、接受劳务支付的现金比重上升，支付给职工及为职工支付的现金和支付的各项税费都有所下降；投资活动产生的现金流出中出现投资所支付的现金和取得子公司及其他营业单位支付的现金净额，其他项目相比于 2015 年都有大幅增加。

　　一般情况下，购买商品、接受劳务支付的现金往往要占到较大的比重，投资活动和筹资活动的现金流出量比重则因企业的投资政策、筹资政策和状况不同而存在很大的差异。

4.2.6　经营活动现金流量与利润趋势分析

　　利润表按照权责发生制来归集企业的收入和支出，而现金流量表则按照收付实现制来归集企业的收入和支出。它们所反映的经济活动是相同的，只是反映的角度不同。利润表和现金流量表在项目上的对应关系如表 4-13 所示。

表 4-13　经营活动现金流量与经营活动利润对应分析表

项　目	利　润　项　目
经营活动现金流入量	经营活动收入
销售商品、提供劳务收到的现金	营业收入
收到的税费返还	利息与汇兑收入
收到其他与经营活动有关的现金	营业外收入
经营活动现金流入小计	经营活动收入小计
经营活动现金流出量	经营活动成本费用
购买商品、接受劳务支付的现金	营业成本

续表

项 目	利 润 项 目
支付给职工及为职工支付的现金	营业税费
支付的各项税费	销售费用
支付其他与经营活动有关的现金	财务费用中的手续费等支出、管理费用、资产减值损失、营业外支出、所得税
经营活动现金流出小计	经营活动成本费用小计
经营活动产生的现金流量净额	经营活动产生的利润

通过对经营活动净现金流量与利润关系的分析，揭示了经营活动现金流量与经营活动利润之间的区别与联系。而要分析企业的财务变动状况和盈利质量变动情况，对二者进行趋势分析是十分有益的。

图 4-12 为福田汽车 2014—2016 年度销售商品、提供劳务收到的现金与营业收入趋势分析，图 4-13 为福田汽车 2014—2016 年度购买商品、接受劳务支付的现金与营业成本趋势分析。

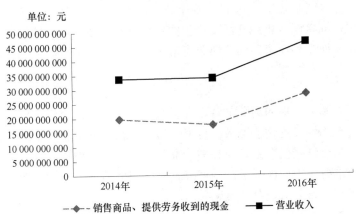

图 4-12　福田汽车 2014—2016 年度销售商品、提供劳务收到的
现金与营业收入趋势分析

从图 4-12 中可以观察到，福田汽车 2014—2016 年销售商品、提供劳务收到的现金与主营业务收入变化趋势相同，这说明 2014—2016 年的主营业务收入中采用非现金支付的部分相对稳定，公司的信用政策未有较大变动。

从图 4-13 中可以看到，福田汽车 2014—2016 年购买商品、接受劳务支付的现金与营业成本变化趋势相同，这说明企业购买商品、接受劳务支付的现金中以赊购方式实现的部分占比相对稳定，供应商的信用政策未发生重大改变。

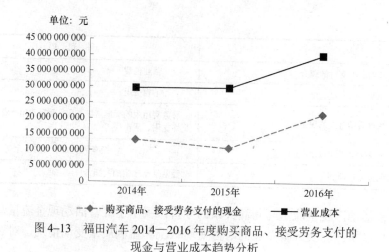

单位：元

图4-13　福田汽车2014—2016年度购买商品、接受劳务支付的
现金与营业成本趋势分析

4.3　现金流量表补充资料解读

补充资料是采用间接法报告经营活动产生的现金流量，在企业当期净利润的基础上进行某些项目的调整，从而得到经营活动的现金流量净额。

1. 资产减值准备

该项目反映企业本期计提的坏账准备、存货跌价准备、短期投资跌价准备、长期股权投资减值准备、持有至到期投资减值准备、投资性房地产减值准备、固定资产减值准备、在建工程减值准备、无形资产减值准备、商誉减值准备、生产性生物资产减值准备、油气资产减值准备等资产减值准备。本期计提资产减值准备时，减值损失已计入本期利润表中的相关损益项目，但实际上与经营活动现金流量无关。因此，在净利润的基础上进行调整计算时，应将其加回到净利润中。

2. 固定资产折旧、油气资产折耗、生产性生物资产折旧

这三个项目分别反映企业本期计提的固定资产折旧、油气资产折耗、生产性生物资产折旧。由于资产折旧、折耗并不影响经营活动现金流量，因此，在净利润基础上调整计算时，应将其全部加回到净利润中。

3. 无形资产摊销、长期待摊费用摊销

这两个项目分别反映企业本期计提的无形资产摊销、长期待摊费用。无形资产、长期待摊费用的摊销，增加了成本费用，并在计算净利润时从中扣除，由于没有发生现金流出，所以在将净利润调节为经营活动现金流量时应加回。

以上项目都是未涉及现金的成本费用项目，在计算过程中需要运用会计职业判断比较多，会计灵活性也比较大。所以对于金额较大、变化显著的项目应结合会计报表附注中的相关项目及相关会计政策进行详细分析，以发现操纵会计利润的行为。

4. 处置固定资产、无形资产、其他长期资产的损失和固定资产报废损失

这两个项目属于投资活动产生的损益，所以在将净利润调节为经营活动现金流量时需要予以调节。

5. 公允价值变动损益

该项目反映持有的金融资产、金融负债及采用公允价值计量模式的投资性房地产的公允价值变动损益，属于投资获得损益，应予以调整。

6. 财务费用

企业发生的财务费用可以分别归属于经营活动、投资活动和筹资活动。对属于经营活动产生的财务费用，若既影响净利润又影响经营活动现金流量，如到期支付应付票据的利息，则不需要调整；对属于投资活动和筹资活动产生的财务费用，如长期借款利息，则只影响净利润，不影响经营活动现金流量，应在净利润的基础上进行调整。

7. 投资损失

该项目是因为投资活动所引起的，与经营活动无关。因此，无论是否有现金流量，该项目应全额调节净利润，但不包括计提的减值准备。

8. 递延所得税资产减少和递延所得税负债增加

这两个项目分别反映企业资产负债表"递延所得税资产"和"递延所得税负债"项目的期初余额与期末余额的差额。递延所得税在计提和缴纳时间上的不一致性导致了其对利润和现金流量影响时间上的不一致性，因此应在净利润的基础上进行调整。

9. 存货的减少、经营性应收项目的减少和经营性应付项目的增加

这三个项目分别反映了企业资产负债表"存货"项目、企业本期经营性应收项目（包括应收票据、应收账款、预付账款、长期应收款和其他应收款中与经营活动有关的部分及应收的增值税销项税额等）和企业本期经营性应付项目（包括应付票据、应付账款、预收账款、应付职工薪酬、应交税费、应付利息、应付股利、长期应付款、其他应付款中与经营活动有关的部分及应付的增值税进项税额等）的期初余额与期末余额的差额。

经营活动存货的增加，说明现金减少或经营性应付项目增加；存货减少，说明非应付项

目销售成本增加。所以在调节净利润时，应减去存货的净增加数，或加上存货的净减少数。至于赊购增加的存货，通过同时调整经营性应付项目的增减变动而自动抵消。若存货的增减变动不属于经营活动，则不做调整，如接受投资者投入的存货应作扣除。

经营性应收项目增加，说明企业未收到现金的收入增加，即利润增加但现金流量未增加。经营性应收项目减少，说明应收款项收回，现金增加，但不影响利润。所以要对由此引起的净利润与现金流量的差异进行调整。经营性应付项目的情况与此相反。

表4–14 为福田汽车 2014—2016 年现金流量表附注资料水平分析。

表4–14　福田汽车 2014—2016 年现金流量表附注资料水平分析　　　　单位：元

项　　目	2016 年	2015 年	2014 年	2016 年		2015 年	
				增减额	增减率/%	增减额	增减率/%
1.将净利润调节为经营活动现金流量：							
净利润	512 127 860.24	356 531 363.93	458 633 394.45	155 596 496.31	43.64	−102 102 030.52	−22.26
加：资产减值准备	551 995 587.56	314 981 523.81	305 411 266.86	237 014 063.75	75.25	9 570 256.95	3.13
固定资产折旧、油气资产折耗、生产性生物资产折旧	819 620 989.96	712 615 656.53	648 653 978.52	107 005 333.43	15.02	63 961 678.01	9.86
无形资产摊销	755 915 948.81	494 948 635.36	353 175 620.98	260 967 313.45	52.73	141 773 014.38	40.14
长期待摊费用摊销	4 392 002.75	2 055 873.66	9 829 426.88	2 336 129.09	113.63	−7 773 553.22	−79.08
处置固定资产、无形资产和其他长期资产的损失（收益以"−"号填列）	−116 273 856.42	−248 696 179.62	−276 309 139.83	132 422 323.20	−53.25	27 612 960.21	−9.99
固定资产报废损失（收益以"−"号填列）	—	—	—	—	—	—	—
公允价值变动损失（收益以"−"号填列）	—	—	—	—	—	—	—
财务费用（收益以"−"号填列）	−57 542 422.39	−2 544 657.45	−16 221 969.95	−54 997 764.94	2161.30	13 677 312.50	−84.31
投资损失（收益以"−"号填列）	−283 183 243.13	−73 808 383.05	−197 537 916.76	−209 374 860.08	283.67	123 729 533.71	−62.64
递延所得税资产减少（增加以"−"号填列）	−360 736 245.70	−51 198 647.17	−111 052 734.65	−309 537 598.53	604.58	59 854 087.48	−53.90
递延所得税负债增加（减少以"−"号填列）		694 977.48					
存货的减少（增加以"−"号填列）	−1 243 881 462.60	−123 004 207.91	1 178 318 983.24	−1 120 877 254.69	911.25	−1 301 323 191.15	110.44

项　　目	2016年	2015年	2014年	2016年		2015年	
				增减额	增减率/%	增减额	增减率/%
经营性应收项目的减少（增加以"－"号填列）	−6 118 492 856.96	−4 014 689 381.07	−1 576 286 074.48	−2 103 803 475.89	52.40	−2 438 403 306.59	154.69
经营性应付项目的增加（减少以"－"号填列）	6 639 671 160.44	3 865 545 064.48	104 928 703.19	2 774 126 095.96	71.77	3 760 616 361.29	3583.97
其他	88 169 843.03	−743 387 226.96	220 805 239.89	831 557 069.99	111.86	−964 192 466.85	436.67
经营活动产生的现金流量净额	1 191 783 305.59	490 044 412.02	1 102 348 778.34	701 738 893.57	143.20	−612 304 366.32	−55.55
2.不涉及现金收支的重大投资和筹资活动：							
债务转为资本	—	—	—	—		—	
一年内到期的可转换公司债券	—	—	—	—		—	
融资租入固定资产	—	—	—	—		—	
3.现金及现金等价物净变动情况：							
现金的期末余额	2 997 137 481.40	3 386 868 521.62	1 763 381 889.28	−389 731 040.22	−11.51	1 623 486 632.34	92.07
减：现金的期初余额	3 386 868 521.62	1 763 381 889.28	2 267 761 750.95	1 623 486 632.34	92.07	−504 379 861.67	−22.24
加：现金等价物的期末余额	—	—	—	—		—	
减：现金等价物的期初余额	—	—	—	—		—	
现金及现金等价物净增加额	−389 731 040.22	1 623 486 632.34	−504 379 861.67	−2 013 217 672.56	−124.01	2 127 866 494.01	421.88

从表4-14可进一步分析福田汽车2014—2016年经营活动净现金流量变动的具体原因。

福田汽车2016年与2015年相比，经营活动净现金流量大幅增加，主要是由于净利润、资产减值损失、无形资产摊销、长期待摊费用摊销、经营性应付项目及处置固定资产、无形资产和其他长期资产的收益增加所致。

福田汽车2015年与2014年相比，经营活动净现金流量减少，这主要是由于净利润减少，存货相比于2014年有积压的现象，且经营性应收项目大幅增加而经营性应付项目减少所致。其他项目如处置固定资产、无形资产和其他长期资产的损失，财务费用收入，投资收益较2014年也有所减少，也使得2015年较2014年经营活动净现金流量有较大幅度的下降。

思考题

1. 什么是现金流量表？企业现金流量表的基本内容如何？现金流量表的作用如何？
2. 现金流量表和资产负债表、利润表存在怎样的联系？
3. 如何正确评价经营活动、投资活动及筹资活动产生的现金流量？
4. 你认为现金流量表中哪些项目是分析的重点？重点项目分析的内容是什么？
5. 什么是现金流量表的趋势分析？如何对现金流量表进行趋势分析？
6. 什么是现金流量表的结构分析？如何对现金流量表进行结构分析？
7. 进行现金流量表补充资料的分析应把握哪些问题？

第 5 章

所有者权益变动表
解读与分析

 学习目标

1. 了解所有者权益变动表反映的信息；
2. 掌握所有者权益变动表的结构和内容；
3. 掌握所有者权益变动表主要项目的分析方法。

5.1 所有者权益变动表概述

所有者权益是指企业资产扣除负债后，由所有者享有的剩余权益。公司的所有者权益又称为股东权益。所有者权益是所有者对企业资产的剩余索取权，它是企业资产中扣除债权人权益后应由所有者享有的部分，既可反映所有者投入资本的保值增值情况，又体现了保护债权人权益的理念。

所有者权益的来源包括所有者投入的资产、直接计入所有者权益的利得和损失、留存收益等。通常由实收资本（或股本）、其他权益工具、资本公积、其他综合收益、盈余公积和未分配利润构成，其中盈余公积和未分配利润统称为留存收益。

《企业会计准则第 30 号——财务报表列报》中明确提出，财务报表中除了资产负债表、利润表、现金流量表和附注之外，还必须包括所有者权益变动表，该表主要反映当期构成所有者权益的各组成部分的增减变动情况。

5.1.1 所有者权益变动表的概念

随着资本市场的不断完善和日趋成熟、高新科技的迅猛发展和广泛应用，企业的生产经营活动日趋复杂，新的获利点不断涌现。而在传统会计制度框架体系下编制的利润表，对于这些新的、非传统收益来源的反映似乎是捉襟见肘、无能为力。面临广大信息使用者对于利润表提供企业全面业绩的能力的质疑，发达国家近年来开始采取一些补救措施，一种新型的财务业绩报告应运而生，即所谓的"全面收益"的报告。

收益作为反映企业业绩的综合计量指标，构成企业会计的重心，利润表作为企业业绩的综合报告工具，是企业会计最重要的产品。然而，植根于传统会计制度框架的利润表已不能完全反映现代企业的多种收益表现形式。对于当前上市公司盈余操纵行为也显得无所作为，这在复杂多变的社会经济形式下暴露出很大的局限性。于是经过多方面反复的考虑、设计和论证，国际社会出现了一个新型的财务业绩报告形式——全面收益观或权益变动表，其革命性的演进思路引起了理论和实务界的广泛关注。然而由于传统收益观念的束缚，会计准则制定机构基于社会各层面利益的考虑，并妥协于企业"收益平滑化"的需要，允许一些财富变动项目绕过收益表而仅仅体现为资产负债表中的权益变化，以至于体现企业财富增加的净资产变动和净利润之间缺乏明朗化的联系，彻底的全面收益观还没有实现。此类调和与折中的结果，就导致了我国企业会计上第四张报表——所有者权益变动表的出现，它所体现的就是一种近似的全面收益观。

全面收益观概念源于经济学的收益观。所谓全面收益观，或称综合收益，可以理解为某一报告期内，除与业主之间的交易外，由于一切原因导致的权益增减变动。根据新企业会计准则，全面收益不仅包括净利润，还包括直接计入所有者权益的利得和损失。全面收益观念不但提出对传统会计原则与惯例的质疑和挑战，同时还对作为会计计量基础的权责发生制和配比原则提供了更充分、更有益的诠释，代表着会计理论和实务的一个发展方向。

所有者权益变动表是反映企业构成所有者权益各组成部分当期增减变动情况的报表。它不仅反映所有者权益总量的增减变动，而且还反映所有者权益增减变动的重要结构性信息，特别是要列示无法在利润表中反映的直接计入所有者权益的利得或损失，让报表使用者准确了解企业的全面收益，明确所有者权益变动的根源。

5.1.2 所有者权益变动表的作用

所有者权益变动表的作用主要体现在以下几个方面。

（1）反映企业抵御财务风险的能力，为报表使用者提供企业盈利能力方面的信息

所有者权益是企业的自有资本，也是企业生产经营、承担债务责任、抵御财务风险的物

质基础。所有者权益的增减变动直接反映着企业经济实力的强弱变化，即企业承担债务责任、抵御财务风险的能力变化。而所有者权益的增减主要来源于企业利润的增长，所以所有者权益变动表也间接地反映出企业的盈利能力，从而为报表使用者提供企业盈利能力方面的信息。

（2）反映企业自有资本的质量，揭示所有者权益变动的原因，为报表使用者正确评价企业经营管理工作提供信息

所有者权益的增减变动有多种原因，该表全面地记录了影响所有者权益变动的各个因素的年初和年末余额。通过每个项目年末和年初的对比，以及各项目构成比例的变化，揭示所有者权益变动的原因及过程，从而为报表使用者判断企业自由资本的质量、正确评价企业的经营管理工作提供信息。

（3）反映企业股利分配政策以及现金支付能力，为投资者投资决策提供全面信息

所有者权益变动表既有资产负债表的内容（所有者权益），又有利润表中的内容（净利润），还包括利润分配的内容。同时，企业向股东支付股利取决于公司的股利分配政策和现金支付能力。现金支付能力的信息又来源于现金流量表。因此该表通过反映利润分配情况，不仅向投资者或潜在投资者提供了有关股利分配政策和现金支付能力方面的信息，而且通过这一过程将"四大"会计报表有机地联系在一起，为报表使用者全面评价企业的财务状况、经营成果和企业发展能力提供了全面的信息。

（4）为公允价值的广泛运用创造条件

公允价值的引入是新准则最大的亮点，这表明公允价值将得到更加广泛的运用。公允价值的运用能反映在物价、利率、汇率波动情况下的企业资产、负债和所有者权益的真实价值，突出体现以公允价值为基础的"资产负债观"的新会计理念，从而也不可避免地产生未实现的利得或损失。所有者权益变动表的出现使得企业未实现的利得或损失得到充分体现，也为公允价值的广泛运用创造条件。

（5）有利于全方面反映企业的经营业绩

所有者权益变动表既能反映企业以历史成本计价已确认实现的收入、费用、利得和损失，又能反映以多种计量属性计价的已确认但未实现的利得和损失，解决了衍生金融工具、外币换算、资产重估等产生的收益却无法在表内披露、确认的难题，也真实准确地反映由于会计政策变更和前期差错更正对所有者权益的影响数额，另外也反映股权分置、股东分配政策等财务政策对所有者权益的影响。

所有者权益变动表使会计报告的内容更丰富，反映企业经营业绩的信息更加广泛和真实，进而满足报表使用者对企业会计信息披露多样化的需求。

5.1.3　所有者权益变动表的结构和内容

根据企业会计准则的规定，所有者权益变动表不仅包含了以往会计报表中反映的、有关

所有者权益总量的增减变动信息，还包含了导致所有者权益总量变动的、各构成要素发生金额变动的一些主要的结构性信息，便于报表使用者了解企业的所有者权益增减变化，分析变动是源于持续性的日常经营活动盈亏，还是源于偶然性或非获利性的利得和损失，以便他们对企业的现状和所有者权益的未来走向做出恰当的评价和预期。

我国目前所有者权益变动表采用的是矩阵式结构，针对所有者权益的各个组成部分（包括股本或实收资本、其他权益工具、资本公积、其他综合收益、盈余公积、未分配利润和库存股等），区别不同的影响要素，以及对当期的影响金额进行披露，包括当期综合收益和进行的利润分配、所有者投入和减少资本、所有者权益内部转结，以及会计差错更正或会计政策变更导致的累积影响等项目。

按照企业会计准则的要求，所有者权益变动表至少应单独列示反映下列信息的项目：

① 综合收益总额，在合并所有者权益变动表中应单独列示归属于母公司所有者的综合收益总额和归属于少数股东的综合收益总额；

② 会计政策变更和差错更正的累积影响金额；

③ 所有者投入资本和向所有者分配利润等；

④ 按照规定提取的盈余公积；

⑤ 所有者权益各组成部分的期初和期末余额及其调节情况。

表 5–1 是所有者权益变动表。

表 5–1 所有者权益变动表

会企 04 表

编制单位：　　　　　　　　　　年度　　　　　　　　　　　　单位：元

项　目	本年金额							上年金额						
	实收资本（或股本）	资本公积	减：库存股	其他综合收益	盈余公积	未分配利润	所有者权益合计	实收资本（或股本）	资本公积	减：库存股	其他综合收益	盈余公积	未分配利润	所有者权益合计
一、上年年末余额														
加：会计政策变更														
前期差错更正														
二、本年年初余额														
三、本期增减变动金额（减少以"、本号填列）														

续表

项　目	本年金额							上年金额						
	实收资本（或股本）	资本公积	减：库存股	其他综合收益	盈余公积	未分配利润	所有者权益合计	实收资本（或股本）	资本公积	减：库存股	其他综合收益	盈余公积	未分配利润	所有者权益合计
（一）综合收益总额														
（二）所有者投入和减少资本														
1. 股东投入的普通股														
2. 股份支付记入所有者权益的金额														
3. 其他														
（三）利润分配														
1. 提取盈余公积														
2. 对所有者（或股东）的分配														
3. 其他														
（四）所有者权益内部结转														
1. 资本公积转增资本（或股本）														
2. 盈余公积转增资本（或股本）														
3. 盈余公积弥补亏损														
4. 其他														
四、本年年末余额														

从表 5-1 可以看出，所有者权益变动表属于动态报表，从左到右列示了所有者权益的组成项目，自下而上反映了各项目年初至年末的增减变动过程。

从反映的时间来看，所有者权益变动表列示两个会计年度所有者权益各项目的变动情况，便于对前后两个会计年度的所有者权益总额和各组成项目进行动态分析；从反映的项目来看，所有者权益变动表反映的内容包括所有者权益各项目本年期初余额的确定、本年度取得的影响所有者权益增减变动的收益和利得或损失、所有者投入或减少资本引起的所有者权益的增减变化、利润分配引起的所有者权益各项目的增减变化、所有者权益内部项目之间的相互转化。

所有者权益变动表各个项目之间的关系为：

本年年末余额=本年年初余额+本年增减变动金额

其中：

本年年初余额=上年年末余额+会计政策变更+前期差错更正

本年增减变动金额=综合收益+所有者投入和减少资本+利润分配+
所有者权益内部结转

5.1.4 所有者权益变动表的列报要求

根据企业会计准则的规定，所有者权益变动表应当反映构成所有者权益的各组成部分当期的增减变动情况。综合收益和与所有者（或股东）的资本交易导致的所有者权益的变动，应当分别列示。与所有者的资本交易，是指与所有者以其所有者身份进行的、导致企业所有者权益变动的交易。

5.2 所有者权益变动表总体分析

对所有者权益变动表的分析可以从水平分析和垂直分析两方面入手。

所有者权益变动表的水平分析是将所有者权益各个项目的本年数与基准数（可以是上年数）进行对比分析，从静态角度揭示公司当期所有者权益各个项目绝对数变动情况，从而反映所有者权益各个项目增减变动的具体原因和存在问题的一种分析方法。一般用变动额和变动率两个指标来反映所有者权益各个项目的本年数（报告期）与上年数（基期）的变动情况。

所有者权益变动表的垂直分析是将所有者权益变动表各个项目的本期发生数与所有者权益变动表本年期末余额进行比较（即各个项目金额占本年期末余额的比重），从而揭示公司当年所有者权益内部结构的情况。从静态角度判断所有者权益变动表各个项目构成的合理性，同时将报告期各个项目所占的比重与基期各个项目所占的比重进行对比分析，从动态角度反映所有者权益表的各个项目变动情况，找出影响所有者权益变动的主要项目，为报表使用者进行经济决策提供新的思路。

福田汽车 2014—2016 年度所有者权益变动情况分析如表 5–2 所示。

从影响的主要项目来看，主要表现在四个项目的变动上。

通过水平分析可以看出，2015 年、2016 年福田汽车所有者权益增幅分别为 20.61% 和 1.68%。增长原因不尽相同。

2015 年所有者权益增长主要表现在两个项目的变动上。其一是所有者投入和减少资本中的股东投入的普通股增加，这在 2014 年和 2016 年都未出现过，与报表前述相符。其二是利润分配中提取一般风险准备比 2014 年提取的减少了 47.92%，这对于 2015 年所有者权益的增长是反向促进的作用。其他项目虽然有小幅变动，但是作为主要影响的股东投入的普通股增加使得其他项目的减少增减相抵，最后使 2015 年所有者权益增长 20.61%。

2016 年所有者权益与 2015 年基本持平，有小幅增长为 1.68%。首先综合收益有小幅上涨为 7.69%，主要是由于净利润的增长，其次利润分配比 2015 年减少了 13.95%，主要是对所有者（或股东）进行了利润分配，所以总体增减相抵，使得 2016 年所有者权益与 2015 年基本持平。

通过垂直分析可以看出，福田汽车 2014、2016 年期末余额都是主要来自于上年余额。虽然在 2015 年有所改善，但是这种改善并不是靠利润的增长，而是靠股东投入的资本，这种方式只是暂时的，不能长久。2016 年综合收益总额有所上升且福田汽车还进行了利润分配，所以相信这种情况会在其完成产业结构转型的以后年度得到改善。

表 5–2　福田汽车 2014—2016 年所有者权益变动情况分析　　　　　单位：元

项目	2016 年				2015 年				2014 年	
	实际数	变动额	变动率	比重	实际数	变动额	变动率	比重	实际数	比重
一、上年期末余额	18 751 717 357.00	3 204 608 481.54	20.61%	98.35%	15 547 108 875.46	175 521 362.71	1.14%	82.91%	15 371 587 512.75	98.87%
加：会计政策变更										
前期差错更正										
同一控制下企业合并										
其他										

续表

项目	2016年				2015年				2014年	
	实际数	变动额	变动率	比重	实际数	变动额	变动率	比重	实际数	比重
二、本年期初余额	18 751 717 357.00	3 204 608 481.54	20.61%	98.35%	15 547 108 875.46	175 521 362.71	1.14%	82.91%	15 371 587 512.75	98.87%
三、本期增减变动金额（减少以"-"、本号填列）	315 008 567.43	-2 889 599 914.11	-90.17%	1.65%	3 204 608 481.54	3 029 087 118.83	1 725.77%	17.09%	175 521 362.71	1.13%
（一）综合收益总额	438 405 996.30	31 324 013.92	7.69%	2.30%	407 081 982.38	-27 668 434.07	-6.36%	2.17%	434 750 416.45	2.80%
（二）所有者投入和减少资本					2 940 880 478.59	2 940 880 478.59		15.68%		
1. 股东投入的普通股					2 940 880 478.59	2 940 880 478.59		15.68%		
2. 其他权益工具持有者投入资本										
3. 股份支付记入所有者权益的金额										
4. 其他										
（三）利润分配	-123 397 428.87	20 010 393.91	-13.95%	-0.65%	-143 407 822.78	131 939 994.08	-47.92%	-0.76%	-275 347 816.86	-1.77%
1. 提取盈余公积										
2. 提取一般风险准备					-143 407 822.78	131 939 994.08	-47.92%	-0.76%	-275 347 816.86	-1.77%
3. 对所有者（或股东）的分配	-123 397 428.87	-123 397 428.87		-0.65%						
4. 其他										
（四）所有者权益内部结转										
1. 资本公积转增资本（或股本）										
2. 盈余公积转增资本（或股本）										

项目	2016 年				2015 年				2014 年	
	实际数	变动额	变动率	比重	实际数	变动额	变动率	比重	实际数	比重
3. 盈余公积弥补亏损										
4. 其他										
（五）专项储备										
1. 本期提取										
2. 本期使用										
（六）其他					53 843.35	−16 064 919.77	−99.67%	0.00%	16 118 763.12	0.10%
四、本期期末余额	19 066 725 924.43	315 008 567.43	1.68%	100.00%	18 751 717 357.00	3 204 608 481.54	20.61%	100.00%	15 547 108 875.46	100.00%

5.3　所有者权益变动表项目解读与分析

1. 会计政策变更

会计政策，是指企业在会计实务工作中，进行会计确认、会计计量和会计报告时所采用的相关会计原则和会计处理方法。如发出或使用存货的计价方法、收入与费用的确认原则、借款费用的处理方式，非货币性交易的计量与确认，以及投资性房地产的后续计量、长期股权投资的计量与核算方法等。

通常，为了保证财务信息的可比性，企业会计制度要求企业原则上应该保持所采用的会计政策在各期的一致性，不得随意变更，然而，随着经济环境的变化，一些原有的会计方法已经不能适应新形势下报表使用者对财务信息可靠性和相关性的要求，因此，企业为更好地提供更相关、更可靠的会计信息，遵循相关法律法规或国家统一的会计制度对会计政策变更的规定，有可能改变其会计政策与会计处理方法，一般常采用追溯调整法进行账务处理。即对涉及会计政策变更的相关交易和事项，视同其初次发生时即采用新的会计政策进行处理，并调整报表期初数据。因此，所有者权益变动表中"会计政策变更"一项，指的是企业当期由于所采用的会计政策或会计处理方法的变动，而对账面上所有者权益数值产生的累积影响。该项目不涉及企业当期的盈亏，不属于企业当期实质性的权益变动，而只是因处理方式的变化而导致对账面数据的相应调整。

2. 前期差错更正

前期差错，是指企业当期发现的，属于以前各期由于会计政策运用错误、计量错误、曲解或忽视了当时的客观事实等行为而导致的报表信息的错报或漏报。根据企业会计制度的规定，企业对于不重要的前期会计差错，可以采用未来适用法进行简化处理（即直接调整发现当期的相关项目），而对于重大会计差错，则应当同会计政策的变更一致，采用追溯调整法进行相应的账务处理，并调整报表中相关项目的期初金额。对以前各期由于差错更正产生的留存收益的累计影响金额，也直接调整报表的期初数据。因此，所有者权益变动表中"前期差错更正"一项，是指企业当期由于发现了以前会计期间出现的上述会计差错，而对账面上所有者权益数值产生的累积影响。该项目也不涉及企业当期的经营活动，不属于当期实质性的权益变动，而仅仅是对前期存在的重大差错导致的账面数据错误的相应调整。

3. 综合收益总额

综合收益总额，反映企业当年的综合收益总额，应根据当年利润表中"其他综合收益税后净额"和"净利润"项目填列。

净利润是直接来自于年度利润表中的数据。理论上常指企业实现所有者权益保值增值的基础和根本途径。

其他综合收益是指企业根据其他会计准则规定未在当期损益中确认的各项利得和损失。

4. 所有者投入和减少的资本

无论是投资者追加投资（包括发行股票、配股或以现金及其他非货币性资产投资），以及企业因债务重组等原因将债务转为股权，或是企业以股份支付的结算方式换取职工提供的劳务等，本质上都属于投资者对企业的权益性投资，因此，会造成企业股本（或实收资本）及资本公积等所有者权益项目的相应增加。而当企业出于各种原因减资或进行股份回购时，便会造成企业股本（或实收资本）、资本公积和未分配利润等项目的相应减少。

5. 利润分配

利润分配是企业对当期及以往实现利润的使用，包括按规定提取盈余公积、向股东分配股息等。其中，提取盈余公积或向股东分配股票股利，并不会引起所有者权益总额的变化，而只是使所有者权益内部各组成要素之间的结构发生相应的改变。如果向股东分派现金股利，则在减少所有者权益总额的同时，也等额减少了企业的货币资金。

6. 所有者权益内部结转

所有者权益内部结转主要反映所有者权益内部各组成要素之间的项目结转，包括资本公积或盈余公积转增资本，以盈余公积弥补亏损等，所有者权益总额并未因此发生改变，也丝毫不影响企业的现金流。

思考题

1. 资产负债表和所有者权益变动表有何内在关系?
2. 何为全面收益观?
3. 编制所有者权益变动表的目的是什么?
4. 库存股的概念和特点是什么?
5. 导致所有者权益变动的原因有哪些?
6. 公司派现和送股对所有者权益有怎样的影响?

第6章

财务报告附注信息披露解读

 学习目标

1. 了解财务报告附注的内容、作用；
2. 掌握财务报告附注主要内容的解读；
3. 了解分部报告的作用、内容及报告分部的确定；
4. 掌握分部报告的分析方法。

6.1 附注的概念及作用

附注是对资产负债表、利润表、现金流量表及所有者权益变动表等财务报表中列示项目的明细描述，以及对未能在这些报表中列示项目的说明。附注相对于报表而言，同样具有重要性。就财务报表本身而言，它是会计确认和计量的产物，其格式的固定性以及数字和货币计量单位为主要表述手段的特征，注定其揭示的信息具有一定的局限性。而且在新经济时代，以历史成本为计量基础的财务报告模式正面临着很大的挑战，人们对于那些定性的、不确定的以及非价值的信息的披露要求越来越高，不拘一格的财务报告附注将会起到越来越重要的作用。迎合用户信息需求，会计附注变得越来越充实，也越来越庞大，并成为财务报表不可或缺的重要组成部分。

财务报告附注的内容主要起着两大方面的作用：一是为便于财务报告使用者理解财务报表的内容，而对财务报表的编制基础、编制依据、编制原则和方法及主要项目等所进行的解释；二是对财务报表未能揭示的重要信息予以披露，以进一步扩大财务报告的信息含量，增强其有用性。举例而言，对于一种经济业务，可能存在不同的会计原则和会计处理方法，也就是说，有不同的会计政策可供选择。如果不交代财务报表中的这些项目是采用什么原则和方法确定的，就会给财务报告使用者理解财务报表带来一定的困难，这就需要在财务报告附注中加以说明。另外，财务报表由于形式的限制，只能按大类设置项目，至于各项目内部的情况以及项目背后的情况往往难以在表内反映。比如，资产负债表中的应收账款只是一个年末余额，至于各项应收账款的账龄情况就无从得知，而这方面信息对于财务报告使用者了解企业信用资产质量却是必要的，所以往往需要在财务报告附注中提供应收账款账龄方面的信息。

6.2　附注内容解读

一般说来，报表附注应披露以下内容。

1. 企业的基本情况

企业的基本情况包括 5 个方面的内容：一是企业注册地、组织形式和总部地址；二是企业的业务性质和主要经营活动；三是母公司以及集团最终母公司名称；四是财务报告的批准报出日和财务报告报出日；五是营业期限有限的企业，应披露有关其营业期限的信息。

2. 财务报表的编制基础

企业应当根据企业会计准则判断企业是否持续经营，披露财务报表是否以持续经营为基础编制。

3. 遵循企业会计准则的声明

企业应当声明编制的财务报表符合企业会计准则的要求，真实、完整地反映了企业的财务状况、经营成果和现金流量等有关信息。

4. 重要会计政策和会计估计的说明

会计政策，是指企业在会计实务工作中，进行会计确认、会计计量和会计报告时所采用的相关会计原则和会计处理方法。企业应根据自身的特点选择最恰当的会计政策反映其经营成果和财务状况。例如，存货取得时和发出时分别采用什么方法进行核算，企业在什么条件下确认营业收入的实现，等等。

会计估计，是指企业对其结果不确定的交易或事项以最新可利用的信息为基础所做的判断。例如，各个公司对应收账款可能产生的坏账风险进行估计，并计提一定比例的坏账准备金，这种处理就属于会计估计。

企业应当披露采用的重要会计政策和会计估计,不重要的会计政策和会计估计可以不披露。在披露重要的会计政策和会计估计时,应当披露重要会计政策的确定依据以及会计估计中所采用的关键假设和不确定因素。

5. 会计政策和会计估计变更及差错更正的说明

企业在会计核算时所运用的会计原则和所采用的会计处理方法并非一成不变。在经营环境变化以后,企业可以变更会计原则或科技估计方法。企业应当按照《企业会计准则第28号——会计政策、会计估计变更和差错更正》的规定,披露相关情况。

6. 报表重要项目说明

企业应当按照资产负债表、利润表、现金流量表、所有者权益变动表及其项目列示的顺序,根据重要性原则,用文字和数字描述相结合的方式补充披露报表重要项目的说明。

7. 其他重要项目说明

由于财务报表本身具有局限性,一些对报表使用者的决策有重大影响的事项无法在表内进行反映,如果忽略这些事项,就不能全面了解企业的财务状况和财务风险,这将可能使报表阅读者或使用者产生误解或使决策发生重大偏差。这些事项主要包括以下几点。

1)关联方关系及其交易

关联方企业之间发生业务的交易价格不一定按市场价格来确定,这必然会影响到交易的公允性,从而可能使报表披露的财务状况和经营成果不真实。为准确把握企业的财务状况与经营业绩,企业会计准则规定,在企业与关联方发生交易的情况下,企业在财务报表附注中应说明关联方交易的性质、交易类型及其交易要素。交易要素一般包括交易的金额或相应比例、未结算项目的金额或相应比例及定价政策。

企业关联方及其交易的披露之所以越来越引人注目,主要原因在于:关联方之间由于存在着密切的关联关系,完全可以在不依赖于正常市场的条件下,通过"内部操纵"而完成关联交易,以达到某种目的。例如,当某个关联方在一定时期需要表现较多利润时,其他关联方就有可能通过向需要表现较多利润的关联方以低于市场正常水平的价格提供产品和劳务,或以高于市场正常水平的价格从需要表现较多利润的关联方购买产品和劳务,从而将其"包装"为外在盈利能力远远超过其实际盈利能力的企业。显然,此种交易并不是企业正常交易的结果。因此,财务信息的使用者,必须对企业关联方关系及其交易给予足够的重视。

当然,在关联方的交易中,也有相当一部分属于正常交易。关联方交易是否正常,应当通过企业在报表附注中披露的交易内容,特别是定价政策等信息来判断。

表 6-1 是福田汽车关联方交易披露情况。

表 6-1　福田汽车 2014—2016 年关联方交易披露情况　　　单位：万元

	2016 年	2015 年	2014 年
（1）购销商品、提供和接受劳务的关联交易			
采购商品/接受劳务情况	1 085 519.77	869 953.72	746 005.80
出售商品/提供劳务情况	569 276.12	321 093.20	154 656.32
（2）关联受托管理/承包及委托管理/出包情况	不适用	不适用	不适用
本公司受托管理/承包情况	不适用	不适用	不适用
关联托管/承包情况	不适用	不适用	不适用
本公司委托管理/出包情况	不适用	不适用	不适用
关联管理/出包情况	不适用	不适用	不适用
（3）关联租赁情况			
本公司作为出租方	8 896.20	7 310.88	6 880.60
本公司作为承租方	不适用	不适用	不适用
（4）关联担保情况			
本公司作为担保方	131 909 万元+1 300 万欧元	不适用	不适用
本公司作为被担保方	不适用	不适用	不适用
（5）关联方资金拆借	不适用	不适用	不适用
（6）关联方资产转让、债务重组情况	不适用	不适用	不适用
（7）关键管理人员报酬	1 638.00	1 323.20	1 390.77
（8）其他关联交易	27 938.90	30 643.58	38 338.30

2）或有事项

或有事项是指由过去的交易或事项形成的一种状况，这种状况的发生是由未来不确定事件的发生或不发生来加以证实的，而不是由企业所控制。如未决诉讼和仲裁、对外提供担保等形成的或有负债，这些事项的发生会导致企业将来经济利益的流出，并对企业财务产生不利影响。

2016 年福田汽车存在以下或有事项。

（1）商贷通业务

福田汽车与合作银行签订《金融服务合作协议》，约定合作银行对福田汽车授予一定的综合授信额度，专项用于福田汽车经销商开立银行承兑汇票，由经销商利用协议项下的银行承兑汇票购买福田汽车的各类汽车，在银行承兑汇票到期后经销商无法交存足额票款时，其仍未销售的库存车辆，由福田汽车按照协议规定承担相应的回购责任，并及时将购买款项划入指定账户。截至 2016 年 12 月 31 日，各经销商按协议开出的未到期银行承兑汇票余额为 184 585.99 万元。其中，广发银行 16 341.17 万元，中信银行 168 244.82 万元。截至 2016 年 12 月 31 日，未发生回购事项。

（2）银行按揭业务

根据福田汽车与银行签署的《金融服务合作协议》及相关从属协议，银行与福田汽车经销商或客户签订按揭合同专项用于购买公司各类汽车，当经销商或客户在贷款期限内连续 3 个月未能按时、足额归还银行贷款本息、贷款最后到期仍未能足额归还本息或放款 90 天内未将抵押资料手续办理完毕并送达银行时，福田汽车将承担回购义务。截至 2016 年 12 月 31 日，协议项下贷款余额 3 737.77 万元，其中：渤海银行 195.46 万元，光大银行 625.13 万元，交通银行 976.61 万元，邮政储蓄银行 1 940.57 万元。截至 2016 年 12 月 31 日，该协议项下本金逾期 90.00 万元。

（3）融资租赁服务

根据福田汽车与租赁公司（作为出租人）签署的合作协议及相关《融资租赁》《售后回租》合同，租赁公司如对福田汽车经销商或客户（作为车辆购买人和承租人）按协议提供了相关金融服务（即经销商或客户将从福田汽车购买的车辆出售给租赁公司，再融资租赁），福田汽车同意向出租人缴存保证金，以对承租人欠付租金等违约事项承担担保责任。如承租人违约，福田汽车将承担承租人违约未付租金的垫付义务，需将违约金、转入租赁物所有权名义价款及承租人在该合同项下应付的其他款项一并垫付（垫付后福田汽车有权向承租人追索）。截至 2016 年 12 月 31 日，该协议项下融资余额 103 640.44 万元，其中本金逾期 99 654.24 万元。

（4）中车信融业务

根据北京中车信融汽车租赁有限公司（作为出租人）与承租人签订的《融资租赁合同》，承租人可将从福田汽车或经销商处购买的车辆出售给北京中车信融汽车租赁有限公司，再融资租回。截至 2016 年 12 月 31 日，北京中车信融汽车租赁有限公司通过融资租赁业务，向承租人提供金融服务的融资余额为 339 212.63 万元，其中逾期 20 160.32 万元。

（5）分期通业务

根据北京银达信担保有限责任公司（作为担保人）与客户签订的《委托担保协议》，北京银达信担保有限责任公司对客户通过经销商以分期付款方式购买的北京福田戴姆勒汽车有限公司产品提供担保服务。截至 2016 年 12 月 31 日，分期通业务未到期余额 512.62 万元，其中逾期 512.62 万元。

除上述事项外，截至 2016 年 12 月 31 日，福田汽车不存在其他应披露的未决诉讼、对外担保等或有事项。

3）非调整事项

非调整事项是资产负债表日以后才发生或存在的事项，不影响资产负债表日的存在状况，不需要对资产负债表日编制的财务报表进行调整。但由于事项重大，如不加以说明，将会影响财务报告使用者做出正确估计和决策。如在资产负债日以后发行的股票、债券以及对其他企业的巨额投资和自然灾害导致的资产损失等。

2016 年福田汽车存在以下日后非调整事项。

① 福田汽车 2017 年利润分配预案为：提取本期公积金后（各按 10% 分别提取法定盈余公积金和任意盈余公积金），以总股本 667 013.129 万股为基数，每 10 股派送现金（净利润）30 元（含税）。利润分配议案尚须报经股东大会审议批准。

② 福田汽车董事会于 2017 年 1 月 23 日通过了《关于以部分募集资金暂时补充流动资金的议案》，同意公司将印度制造有限公司增资建设商用车生产基地项目中闲置募集资金不超过5 亿元的资金暂时借出，用于补充流动资金，到期前足额归还至原募集资金专户。

③ 福田汽车于 2016 年 6 月 30 日与广东东方精工科技股份有限公司在北京市昌平区签署《发行股份及支付现金购买资产之意向书》。东方精工意向收购本公司持有的北京普莱德新能源电池科技有限公司 10% 股权（账面价值 1 000 万元），转让价款 4.75 亿，分别通过现金及股份支付，目前相关交易在进行中，尚未完成。

④ 福田汽车董事会于 2017 年 3 月 10 日通过了《北汽福田汽车股份有限公司关于与采埃孚合资开展变速箱项目的议案》，同意公司全资设立福田（嘉兴）汽车投资有限公司；公司注册资本金 10 000 万元，资金来源为企业自有资金。同意福田汽车与采埃孚合资设立采埃孚福田自动变速箱（嘉兴）有限公司；公司注册资本金 26 700 万元，北汽福田占比 49%，需投资13 083 万元，资金来源为企业自有资金。同意福田汽车与采埃孚合资设立福田采埃孚轻型自动变速箱（嘉兴）有限公司；公司注册资本金 7 000 万元，北汽福田占比 60%，需出资 4 200万元，资金来源为企业自有资金。同意项目实施单位履行内部决策程序并报政府相关部门审批。同意授权经理部门办理公司其他相关事宜。

⑤ 福田汽车与上海松芝投资有限公司、江苏罗思韦尔投资控股有限公司、姚帅三方于2017 年 3 月 24 日签订了《产权交易合同》，拟将持有北京福田产业投资控股集团股份有限公司总计 13.78% 的股权以 17 259.09 万元的价格分别转让给上海松芝投资有限公司 2.39% 的股权、江苏罗思韦尔投资控股有限公司 2.39% 的股权、姚帅 9% 的股权。

⑥ 2016 年 9 月 26 日福田汽车董事会审议通过了《关于诸城奥铃汽车厂工艺优化升级技术改造项目的议案》：同意本公司投资 18 364 万元实施诸城奥铃汽车厂工艺改造，目前项目进展正常。

⑦ 2016 年 6 月 23 日，福田汽车董事会通过《关于六阶段排放实验室建设项目的议案》，同意本公司投资 12 180.10 万元实施六阶段排放实验室建设技术改造项目，目前项目进展正常。

6.3　分部报告

6.3.1　附注披露分部报告的意义

随着现代经济的飞速发展，企业面临的市场竞争越来越激烈，市场风险不断增大，在这种环境中，企业越来越清醒地意识到只有做大做强才能在市场竞争中站稳脚跟。因此，各企业纷纷通过兼并等手段拓展经营领域，实行多种经营的战略，从而成为跨行业经营企业。同时，随着世界经济的一体化，企业的活动范围也不再受到国家或地区的限制，而成为跨地区企业甚至跨国企业。而各行业、各地区的情况千差万别，存在着不同的风险和收益，如果企业仍作为一个整体对外披露其合并财务报表，必然掩盖了企业内部不同的风险和收益，不能满足信息使用者的要求。因此，分部报告应运而生。企业提供分部信息，能够帮助会计信息使用者更好地理解企业的经营业绩，有助于正确评估企业的风险和报酬，以便更好地把握企业整体的经营情况，对未来的发展趋势做出合理的预期。试想一家跨 A 和 B 两个产业的企业，某年度 A 产业的盈利是 6 000 万元，而在 B 产业上该企业亏损了 4 000 万元。仅从企业的合并报表来看，企业的情况是好的，但是管理者无法从合并报表中了解这 2 000 万元的利润中究竟 A 和 B 的贡献是多少。如果管理者单凭这 2 000 万元就沾沾自喜，再给 B 产业追加投资，其结果必然是灾难性的。如果有分部报告就可以避免这样的问题，因为它将不同风险和报酬的产业或地区分开，所披露的信息可以帮助企业管理者了解各产业或地区的经营成果和财务状况，及时发现经营中存在的问题，着眼于核心竞争能力的培育，在经营产业或地区上有所取舍，从而促使经营策略更加科学合理。

6.3.2　报告分部的确定

对于存在多种经或跨地区经营的企业，在披露分部报告信息时，应以对外提供的财务报告为基础，将报告分部区分为地区分部和业务分部两种类型。分部的划分是分部报告的基础，也是直接影响分部信息质量的因素。从理论上讲，影响分部划分的中心问题是风险和收益，即将风险和收益相同或相似的组成部分作为一个分部，而这一点成为近年来争论的焦点。新企业会计准则充分考虑了这一原则，对于业务分部和地区分部的划分给出了一些具有可行性的操作指南。

根据新企业会计准则的规定，业务分部是指企业内可区分的、能够提供单项或一组相关产品或劳务的组成部分。该组成部分承担了不同于其他组成部分的风险和报酬。对于某些企业而言，某一业务部门可能是一个业务分部，也可能由若干个业务部门组成一个业务分部；

企业可能将生产某一种产品或提供某种劳务的部门作为一个业务分部，也可能将生产若干种（一组）相关产品或提供一组劳务的部门作为一个业务分部。通常情况下，一个企业的内部组织和管理结构，以及向董事会或者类似机构的内部报告制度，是企业确定分部的基础。

与业务分部的划分相类似，地区分部是指企业内可区分的、能够在一个特定的经济环境内提供产品或劳务的组成部分。该组成部分承担了不同于在其他经济环境内提供产品或劳务的组成部分的风险和报酬。作为某个地区分部的生产或经营区域，应当具有相同或相似的风险和报酬率。这一区域可以是单一国家（或地区），也可以是两个或两个以上具有相同或相似经营风险和报酬的国家（或地区）的组合；可以是一个国家内的一个行政区域，也可以是一个国家两个或两个以上行政区域的组合。对于在具有重大不同风险和报酬环境中经营的区域，则不能将其作为同一个地区分部处理。

6.3.3　分部报告的信息内容

企业本着重要性标准确定报告分部，并在披露分部信息时，将报告分部区分为主要报告形式和次要报告形式进行相应的信息披露。作为主要报告形式，按规定应当披露较为详细的分部信息；而作为次要报告形式，则可以披露较为简化的分部信息。企业确定分部信息披露的主要报告形式和次要报告形式的原则在于两点。一是以风险和报酬的主要来源和性质为基础确定主要报告形式和次要报告形式。如果企业的风险和报酬主要是受其提供的产品和劳务的差异影响的话，披露分部信息的主要形式应当是业务分部，次要形式是地区分部；反之亦然。二是内部管理结构及内部财务报告制度是确定主要报告形式和次要报告形式应考虑的主要因素。企业的内部组织和管理结构以及企业向董事会或类似机构报告所采用的内部财务报告制度，通常表明了该企业面临的经营风险和报酬的主要来源，当然也有存在例外的情形，可以根据具体情况予以具体分析。

6.3.4　主要报告形式下分部信息的披露

在主要报告形式情况下，不论是业务分部还是地区分部，都应当按规定披露下列分部信息。

1. 分部收入

分部收入包括归属于分部的对外交易收入和对其他分部的交易收入。分部收入主要由可归属于分部的对外交易收入构成，通常为营业收入。企业在披露分部收入时，对外交易收入和对其他分部交易收入应当分别披露。可以归属分部的收入来源于两个渠道：一是可以直接归属于分部的收入，即直接由分部的业务交易而产生；二是可以间接归属于分部的收入，即将企业交易产生的收入在相关分部之间进行分配，按属于某分部的收入金额确认为分部收入。

分部收入通常不包括利息收入和股利收入（日常活动具有金融性质的除外）、营业外收入、处置投资产生的净收益（日常活动具有金融性质的除外）、采用权益法核算的长期股权投资在被投资单位发生的净利润中应承担的份额等项目。首先，在一般情况下，企业是以企业整体为基础来计划和管理投资、融资行为的，与某个分部的经营无直接关联。因此，利息和股利收入通常不是其个别分部的日常经营活动的一部分，因预付或借给其他分部款项而确认的利息收入也是如此。但是，如果分部经营主要是金融性质的活动，分部收入就将包括利息收入、股利收入以及出售投资和清偿债务实现的利得等。其次，由于分部利润（亏损）采用的是日常经营收入的概念，与日常经营收入无关的营业外收入就不应包括在内。最后，企业处置投资产生净收益，包括出售投资获得的收益以及债务清偿所获得的收益两部分，同样不属于企业的营业收入范畴，因此也不应包括在分部收入中，但分部日常活动具有金融性质的除外。

2. 分部费用

分部费用包括可以归属于分部的对外交易费用和对其他分部的交易费用。主要由可归属于分部的对外交易费用构成，通常包括营业成本、税金及附加、销售费用等。企业在披露分部费用时，折旧费、摊销费以及其他重大的非现金费用应当单独披露。与分部收入的确认相同，这里可以归属分部的费用也来源于两个渠道：一是可以直接归属于分部的费用，即直接由分部的业务交易而发生；二是可以间接归属于分部的费用，即将企业交易发生的费用在相关分部之间进行分配，按属于某分部的费用金额确认为分部费用。与分部收入的确定相对应，分部费用通常也不包括利息费用（分部日常活动具有金融性质的除外）、营业外支出、处置投资发生的净损失（分部日常活动具有金融性质的除外）、采用权益法核算的长期股权投资在被投资单位发生的净损失中应承担的份额、所得税费用以及企业整体相关的管理费用和其他费用等。这里需要特别说明的是，企业所得税通常是企业整体税收政策所考虑的内容而非某一分部活动所考虑的，因此，分部费用通常不包括所得税费用。至于那些与企业整体相关的管理费用和其他费用，由于这些费用通常与整个企业相关，而非与某个特定分部相关，因此不应当包括在分部费用中。当然也有例外情形，比如，企业代某个所属分部所支付的费用，当这些费用与分部的经营活动相关且能直接归属于或能按合理的基础分配给该分部时，则属于分部费用。

3. 分部利润（亏损）

分部利润（亏损）与企业的利润（亏损）总额或净利润（净亏损）包含的内容不同。分部利润（亏损）特指分部收入减去分部费用后的余额。至于那些不属于分部收入的总部的收入和营业外收入等，以及不属于分部费用的所得税、营业外支出等，在计算分部利润（亏损）时不在考虑范围之内。企业在披露分部信息时，分部利润（亏损）应当单独进行披露。如果企业需要提供合并财务报表的，分部利润（亏损）应当在调整少数股东损益前确定。

4. 分部资产

分部资产包括企业在分部的经营中使用的、可直接归属于该分部的资产，以及能够以合理的基础分配给该分部的资产。分部资产的披露金额应当按照扣除相关累计折旧或摊销额以及累计减值准备后的金额确定，即按照分部资产的账面价值来确定。具体披露分部资产总额时，当期发生的在建工程成本总额、购置的固定资产和无形资产的成本总额应当单独披露。对于不属于任何一个分部的资产应当作为其他项目单独披露。

5. 分部负债

分部负债是指分部经营活动形成的可归属于该分部的负债，不包括递延所得税负债。与分部资产的确认条件相同，分部负债的确认也应当符合下列两个条件：一是可直接归属于该分部；二是能够以合理的基础分配给该分部。分部负债应当包括但不限于以下项目：应付账款、其他应付款、预收账款、预计负债等。分部负债通常不包括下列项目：借款、应付债券、融资租入固定资产所发生的相关债务、在经营活动之外为融资目的而承担的负债、递延所得税负债等。一般情况下，企业发生的借款或发行的债券通常是以整个企业为基础而发生或发行的，不可能直接归属于某个分部。但是，如果某个分部的分部费用包括利息支出，那么其分部负债中就应包含该项借款或应付债券。对于不属于任何一个分部的负债，应当作为其他项目单独披露。

6.3.5　次要报告形式下分部信息的披露

1. 业务分部为主要报告形式下次要信息的披露

根据新企业会计准则的规定，分部信息的主要报告形式是业务分部的，企业应当就次要报告形式披露下列信息：

① 对外交易收入占企业对外交易收入总额 10%或者以上的地区分部，以外部客户所在地为基础披露对外交易收入；

② 分部资产占所有地区分部资产总额 10%或者以上的地区分部，以资产所在地为基础披露分部资产总额。

2. 地区分部为主要报告形式下次要信息披露

分部信息的主要报告形式是地区分部的，企业应当就次要报告形式披露下列信息：

① 对外交易收入占企业对外交易收入总额 10%或者以上的地区分部，应当披露对外交易收入；

② 分部资产占所有业务分部资产总额 10%或者以上的地区分部，应当披露分部资产

总额。

6.3.6　其他披露要求

企业在编制分部报告时，除对上述信息进行披露以外，还应当对下列内容进行披露。

1. 分部间转移价格的确定及其变更

企业在计量分部之间发生的交易收入时，需要确定分部间转移交易价格。一般情况下，分部之间的交易定价不同于市场公允交易价格，为准确计量分部间转移交易，企业在确定分部间交易收入时，应当以实际交易价格为基础计量。转移价格的确定基础应当在附注中予以披露。同时，因企业不同期间生产的产品的成本等因素不同，可能会导致不同期间分部间转移价格的确定产生差异，对于转移交易价格的变更情况，也应当在附注中进行披露。

2. 分部会计政策的披露

分部会计政策是指编制合并财务报表或企业财务报表时采用的会计政策，以及与分部报告特别相关的会计政策。由于分部信息是企业整体财务信息的一个分解，企业提供分部信息所采用的会计政策应当与编制企业集团合并财务报表或企业财务报表时所采用的会计政策一致。同时，由于分部信息不同于企业整体财务信息，而某些分部信息对于外部会计信息使用者来说是有用的或相关的，因此，企业提供分部信息时除采用与编制企业集团合并财务报表或企业财务报表时相一致的会计政策以外，还会采用一些与分部特别相关的会计政策，即使这些与分部特别相关的会计政策不同于企业编制集团合并财务报表或企业财务报表所采用的会计政策。与分部报告特别相关的会计政策包括分部的确定、分部间转移价格的确定方法，以及将收入和费用分配给分部的基础等。此外，企业改变分部的分类且提供比较数据不切实可行的，应当改变分部分类的年度，分别披露改变前和改变后的报告分部信息。

6.3.7　业务分部报告分析

业务分部是指企业可区分的、能够提供单项或一组相关产品或劳务的组成部分。该组成部分承担了不同于其他组成部分的风险和报酬。如果企业以业务分部为基础确定报告分部，则风险和报酬主要受企业产品和劳务差异的影响，披露分部信息的主要形式是业务分部。

通常情况下，一个企业的内部组织和管理机构，以及向董事会或者类似机构的内部报告制度，是企业确定分部的基础。企业在确定业务分部时，应当结合企业内部管理要求，并考虑下列因素。

① 各单项产品或劳务的性质，包括产品或劳务的规格、型号、最终用途等。

② 生产过程的性质，包括采用劳动密集或资本密集方式组织生产、使用相同或相似设备

和原材料、采用委托生产或加工方式等。

③ 产品或劳务的客户类型，包括大宗客户、零散客户等。

④ 销售产品或提供劳务的方式，包括批发、零售、自产自销、委托销售、承包等。

⑤ 生产产品或提供劳务受法律、行政法规的影响，包括经营范围或交易定价限制等。

图 6-1 为福田汽车 2014—2016 年业务分部变动趋势图。

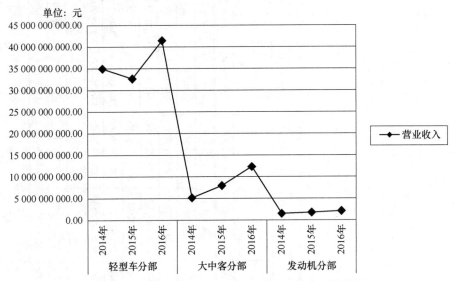

图 6-1 福田汽车 2014—2016 年业务分部变动趋势图

从图 6-1 可以看出，福田汽车轻型车业务占据着最大的收入份额，而大中客业务次之，发动机业务相对于前两个业务占据的收入份额较少。而且 2014—2016 年除了轻型车业务在 2015—2016 年的收入先降后升外，各项业务的收入都是逐年上升的。

福田汽车 2014—2016 年业务分部报告，见表 6-2。

福田汽车轻型车业务分部报告趋势分析表，见表 6-3。

表6-2 福田汽车2014—2016年业务分部报告

单位：元

项目	轻型车分部			大中客分部			发动机分部		
	2016年	2015年	2014年	2016年	2015年	2014年	2016年	2015年	2014年
营业收入	41 433 711 257.25	32 637 547 037.53	34 926 590 520.73	12 316 028 979.58	7 955 539 207.13	5 156 346 005.42	2 120 513 111.98	1 775 233 698.41	1 515 150 829.71
营业费用	41 379 796 333.09	32 402 640 859.73	34 603 716 700.30	11 831 046 821.07	7 841 342 877.83	5 296 791 854.72	2 466 856 582.48	2 077 960 425.99	1 601 128 292.01
营业利润(亏损)	53 914 924.16	7 061 630 837.76	322 873 820.43	484 982 158.51	2 069 973 365.75	−140 445 849.30	−346 343 470.50	173 935 647.30	−85 977 462.30
资产总额	20 852 808 530.14	15 348 121 467.64	14 748 461 652.38	10 735 867 250.51	5 819 087 744.51	3 663 059 942.12	4 254 671 495.09	3 974 565 415.47	2 953 255 986.97
负债总额	18 161 756 722.14	13 001 128 022.48	12 443 391 178.25	10 258 051 994.22	5 582 594 665.97	3 681 860 156.94	4 076 231 026.89	3 756 410 557.45	2 367 626 030.07
补充信息：									
1.资本性支出	3 703 259 906.04	1 853 722 311.27	1 520 340 683.63	1 595 840 270.43	40 690 536.44	43 268 615.80	283 816 435.62	701 029 451.37	638 842 579.57
2.折旧和摊销费用	1 110 579 927.37	601 447 469.56	507 150 725.45	80 625 387.90	81 274 198.30	79 468 080.97	204 788 558.14	181 868 867.20	94 592 948.15
3.折旧和摊销以外的非现金费用	—	—	—	—	—	—	—	—	—
4.资产减值损失	6 272 207.45	13 615 504.71	16 077 763.44	1 370 080 990.88	58 718 531.71	18 696 153.52	2 550 118.90	4 797 170.06	9 188 270.19

项目	管理及研发分部			重型机械			其他		
	2016年	2015年	2014年	2016年	2015年	2014年	2016年	2015年	2014年
营业收入	9 147 367 713.56	6 946 456 180.26	4 804 773 964.48	1 879 036 611.34	1 410 936 323.99	2 995 579 105.83	280 841 077.12	157 909 335.67	133 641 488.83
营业费用	9 715 608 609.13	7 061 630 837.76	4 421 415 625.72	2 434 429 670.76	2 069 973 365.75	3 783 647 610.18	164 329 298.75	173 935 647.30	212 603 344.39
营业利润(亏损)	−103 712 715.17	129 044 132.34	677 801 188.21	−555 393 059.42	−659 037 042	−788 068 504.35	116 511 778.37	−16 026 311.63	−78 961 855.56
资产总额	61 966 112 863.97	50 823 915 038.308	40 179 328 952.10	5 602 448 800.60	5 481 493 619.93	5 209 157 216.40	5 862 937 309.45	3 936 513 953.49	3 479 848 442.41
负债总额	4 253 383 691.33	32 811 766 660.707	25 180 691 970.56	6 017 992 603.45	6 045 666 355.59	6 033 414 246.42	4 519 356 485.80	2 848 960 401.45	2 371 931 221.43
补充信息：									
1.资本性支出	1 821 023 719.30	296 641 528.15	1 584 015 796.52	242 343 433.76	20 128 835.68	594 242 243.64	1 811 409.88	1 460 270 787.59	1 336 146.97
2.折旧和摊销费用	396 627 750.51	287 213 121.41	227 788 875.16	194 352 590.80	150 994 74.67	93 033 842.33	1 273 311.78	798 796.61	400 482.85
3.折旧和摊销以外的非现金费用	—	—	—	—	—	—	—	—	—
4.资产减值损失	41 011 067.08	12 598 356.13	6 299 455.55	179 010 479.22	99 972 369.94	141 792 078.05	48 828 053.49	64 152 136.67	99 868 365.33

表 6-3 福田汽车 2014—2016 年轻型车业务分部趋势分析表

单位：元

项目	2016 年	2015 年	2014 年	2016 年增减额	2015 年增减额
营业收入	41 433 711 257.25	32 637 547 037.53	34 926 590 520.73	8 796 164 219.72	-2 289 043 483.20
营业费用	41 379 796 333.09	32 402 640 859.73	34 603 716 700.30	8 977 155 473.36	-2 201 075 840.57
营业利润/（亏损）	53 914 924.16	7 061 630 837.76	322 873 820.43	-7 007 715 913.60	6 738 757 017.33
资产总额	20 852 808 530.14	15 348 121 467.64	14 748 461 652.38	5 504 687 062.50	599 659 815.26
负债总额	18 161 756 722.14	13 001 128 022.48	12 443 391 178.25	5 160 628 699.66	557 736 844.23
补充信息：					
1. 资本性支出	3 703 259 906.04	1 853 722 311.27	1 520 340 683.63	1 849 537 594.77	333 381 627.64
2. 折旧和摊销费用	1 110 579 927.37	601 447 469.56	507 150 725.45	509 132 457.81	94 296 744.11
3. 折旧和摊销以外的非现金费用	—		—		
4. 资产减值损失	6 272 207.45	13 615 504.71	16 077 763.44	-7 343 297.26	-2 462 258.73

福田汽车轻型车业务 2016 年营业利润是 53 914 924.16 元，比 2015 年减少 7 007 715 913.60 元，从表 6-3 中可以发现，2016 年营业收入比 2015 年增长 8 796 164 219.72 元，而营业费用增长 8 977 155 473.36 元。2015 年营业利润比 2014 年增长 6 738 757 017.33 元，其中营业收入减少 2 289 043 483.20 元，营业费用减少 2 201 075 840.57 元。

6.3.8 地区分部报告分析

地区分部，是指企业内可区分的、能够在一个特定的经济环境内提供产品或劳务的组成部分。该组成部分承担了不同于在其他经济环境内提供产品或劳务的组成部分的风险和报酬。

在确定地区分部时，应当结合企业内部管理要求，并考虑下列因素。

① 所处经济、政治环境的相似性，包括境外经营所在地的经济和政治的稳定程度等。

② 不同地区经营活动之间的关系，包括在某地区进行产品生产，而在其他地区进行销售等。

③ 经营的接近程度，包括在某地区生产的产品是否需要在其他地区进一步加工生产等。

④ 与在某一特定地区经营而承担的风险，包括气候异常变化等。

⑤ 外汇管理规定，即境外经营所在地是否实行外汇管理。

⑥ 外汇风险，即外汇汇率变动的风险。

福田公司 2014—2016 年报表未给出地区分部数据，但是有分地区的收入和成本情况。如表 6-4 和图 6-2 所示。

表 6-4　为福田汽车 2014-2016 年地区分部趋势分析表　　　　　　　单位：元

项目	国　内			国　外		
	2016 年	2015 年	2014 年	2016 年	2015 年	2014 年
营业收入	67 177 498 750.83	50 883 621 782.99	49 532 081 915.00	8 273 138 613.70	4 835 846 808.02	4 405 648 259.89
资产总额	109 274 846 249.76	85 383 697 239.17	70 233 112 192.38	5 640 505 13.64	4 757 911 285.53	4 020 966 144.50

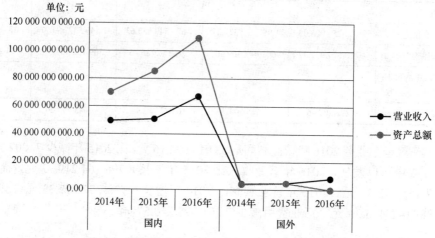

图 6-2　福田汽车 2014-2016 年地区分部变动趋势图

从图 6-2 中可以发现，福田汽车在国内 2014-2016 年销售额均呈现增长趋势，2016 年增幅较 2015 年更大，国外销售额也呈逐年增长的趋势，但销售额远远小于国内的销售额。

　思考题

1. 什么是财务报告附注？财务报告附注有何作用？
2. 我国会计准则规定，企业在会计报告附注中应当提供哪些信息？
3. 什么是或有事项？或有事项对企业有何影响？
4. 分部报告如何进行信息披露？
5. 如何对关联方交易进行分析？
6. 对业务分部报告应如何进行分析评价？

第7章

财务指标分析

 学习目标

1. 掌握财务报表结构分析的一般方法；
2. 了解财务报表趋势分析的基本内容；
3. 掌握并熟练运用各项财务指标。

7.1 财务指标概述

7.1.1 财务指标的含义

财务指标通常指的是企业总结、评价财务和经营情况的相对指标。财务指标分析也称为是对公司财务报告有关数据进行分析的最主要也是最常用的分析方法。财务指标在整个现代企业财务报告体系中处于核心地位，而所谓的财务分析主要是利用资产负债表和利润表等财务报告对其财务状况、经营成果以及现金流量进行评价和剖析，不同的报表使用者分析财务报表有着不同的目的，但均希望从财务报表中获得对其经济决策有用的信息。财务报表分析的内容应用十分广泛，既要帮助报表使用者总结、评价企业财务状况和经营成果，又要为报表使用者进行经济预测和作出决策提供可靠的依据。利用财务指标分析上市公司的财务报告，就如同"庖丁解牛"一样，我们看到的不应当仅仅是数字，而是找到数字背后的关键之所在。

总结和评价企业财务状况与经营成果的分析指标包括偿债能力指标、营运能力指标、盈利能力指标和发展能力指标。

7.1.2 财务指标分析体系的利弊

1. 财务指标分析的优势

财务分析评价的重要手段是各种指标，而较多采用的是财务指标。财务指标分析的优势包括以下几点。

① 数据来源可靠，计算准确。它以具体的财务数据与财务资料为分析基础，有明确的计算各类指标的公式。

② 使用广泛，具有较强的横向和纵向可比性。结合财务指标分析经营状况是财务分析的基础，不论是企业管理者，还是报表的外部使用者，都以计算出的财务指标为参考和投筹资的基础。

③ 针对性强。分析每个财务指标都是针对企业财务上的某个部分，指标的高低在量的方面表明企业某个部分财务状况的好坏，与利润和成本等同起来，对短期的预测有一定的效果。

2. 财务指标分析系统的局限性

（1）假设前提存在的缺陷

流动比率、速动比率和资产负债率是反映企业偿债能力的主要指标，但这些指标是以企业清算为前提的，主要着眼于企业资产的账面价值，而忽视了企业的融资能力及企业因经营而增加的偿债能力。此外，在速动比率指标的计算中假设企业的应收账款的偿债能力比存货的偿债能力强，但有时实际情况并非如此，因为有些应收账款需要几年的时间才能收回，有些甚至根本不能收回。

（2）指标的定义缺乏统一性

财务指标必须具有很强的可比性，而可比性的前提是指标的定义必须统一。例如，主营业务利润率是用利润除以主营业务收入净额得到的，而企业的利润至少有主营业务利润、营业利润、利润总额和净利润等形式，到底应该采用哪种利润却并未有统一的界定，这使得指标缺乏统一性。

（3）绝对指标与相对指标被割裂

绝对指标和相对指标各有优劣，在实践中，财务分析往往将绝对指标与相对指标割裂开来，并过分重视相对指标而忽视绝对指标。实际上，有些绝对指标是非常重要的。例如，主营业务收入净额、净资产、净利润等指标是非常重要的，其中主营业务收入净额可以分析一个企业的销售规模，净资产可以反映该企业的资产规模，净利润可以反映该企业的获利能力，所以在进行财务分析时，最好将绝对指标和相对指标结合起来，更加全面地反映企业的财务状况。

（4）财务指标没有反映其内容结构

财务指标是由各种数字表达的，但这些数字往往只反映了该企业有关项目的表面现象，而数字背后的真实情况很难知道。

（5）财务指标容易被内部人控制

由于目前企业会计制度采取权责发生制的基本原则，内部人员可以利用这一制度虚构某些交易与事项，从而能达到内部人员所希望的财务数据，于是，各种操纵财务指标的现象便应运而生。

财务指标分析是对公司财务报告有关数据进行分析的最主要也是最常用的分析方法。财务指标在整个现代企业财务报告体系中处于核心地位，而所谓的财务分析主要是利用资产负债表和利润表等财务报告对其财务状况、经营成果和现金流量进行评价和剖析。

7.2　盈利能力与财务效益状况分析

为衡量企业的盈利能力，本书分别从总体盈利、成本费用、盈利产生现金的能力等角度进行考量。

7.2.1　关于盈利和盈利能力

盈利是企业全部收入和利润扣除全部成本费用和损失后的盈余，是企业生产经营活动取得的财务成果。实现盈利是企业从事生产经营活动的根本目的，是企业赖以生存和发展的物资基础，是企业投资者、债权人、经营者和员工关心的焦点。企业盈利的多少与他们的利益直接相关，因此备受瞩目。

盈利能力是指企业在一定时期内获取利润的能力，也称为企业的资金或资本增值能力，通常表现为一定时期内企业收益数额的多少及其水平的高低。保持最大的盈利能力是企业财务工作的目标，同时也是企业实现持续健康发展的根本保证。由于盈利能力是企业组织生产经营活动、销售活动和财务管理水平高低的综合体现，因此企业盈利能力是企业所有利益相关集团和投资者共同关注的问题。

企业投资者和潜在投资者关注盈利能力，是因为他们的股息收入来源于利润，而且企业盈利能力增加还能使股票价格上升，从而使股东获得资本增值。企业债权人关注盈利能力，是因为企业利润是其债权安全性保障，是企业偿债的主要来源。由于企业盈利能力的大小是企业资产结构是否合理、营销策略是否成功、经营管理水平高低的主要表现，因此，企业管理者为了衡量业绩、发现问题、履行和承担受托经营责任，同样非常关心企业自身的盈利能力。对于政府机构，企业盈利水平是其税收收入的直接来源，企业获利的多寡直接影响财政收入的实现。因此，盈利能力对所有报表使用者都有着十分重要的影响。

企业作为自主经营、自负盈亏的独立商品生产者和经营者必须维护其资本的完整并最大可能地获取利润，这样才能向股东们发放股利，增加雇员薪金，保证可靠的偿债能力，才能使企业健康、顺利地发展。也只有净资产得到保全和维护并取得盈余，才能保持企业经济实力，保证国家财政收入稳定，才有利于整个国民经济的健康发展。因此，盈利能力在财务报表分析中处于非常重要的地位。

衡量盈利能力的指标包括销售净利率、销售利润率、成本费用利润率、净资产收益率、总资产报酬率、盈余现金保障倍数、销售现金比率、每股营业现金净流量和全部资产现金回报率等。

7.2.2 销售净利率

销售净利率，是指企业实现净利润与销售收入的对比关系，用以衡量企业在一定时期的销售收入获取的能力。该指标反映每一元销售收入带来的净利润的多少，表示销售收入的收益水平。它与净利润呈正比关系，与销售收入呈反比关系，企业在增加销售收入额的同时，必须相应地获得更多的净利润，才能使销售净利率保持不变或有所提高。通过分析销售净利率的升降变动，可以促进企业在扩大销售的同时，注意改进经营管理，提高盈利水平。其计算公式如下：

$$销售净利率 = （净利润/销售收入）\times 100\%$$

表 7-1 为福田汽车 2014—2016 年销售净利率计算表，图 7-1 为福田汽车 2014—2016 年销售净利率变动趋势图。

表 7-1　福田汽车 2014—2016 销售净利率计算表　　　　单位：元

项　　目	2016 年	2015 年	2014 年
销售收入	46 532 069 535.53	33 997 492 420.07	33 691 283 636.83
净利润	512 127 860.24	356 531 363.93	458 633 394.45
销售净利率/%	1.10	1.05	1.36

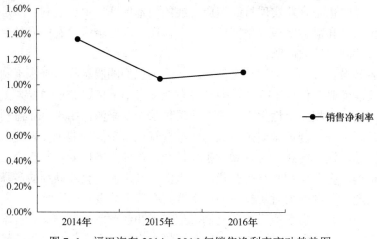

图 7-1　福田汽车 2014—2016 年销售净利率变动趋势图

由图 7–1 可以看出，福田汽车 2015 年销售净利率出现较大幅度下滑，2016 年有所上升，但仍低于 2014 年的销售净利率。福田汽车的销售净利率低于行业的平均水平，在行业中处于较靠后的位置。

7.2.3　销售利润率

销售利润率是用来衡量上市公司一定时期销售（营业）收入获取利润的能力，是盈利能力的代表指标之一。其计算公式如下：

$$销售利润率 = （营业利润 / 销售（营业）收入净额）\times 100\%$$

销售利润率指标对于经营管理人员而言特别重要，因为它反映了公司的定价能力、价格策略以及控制日常经营管理费用的能力。这个指标在公司间的差异也许会很大，毕竟不同公司的产品和劳务具有不同的属性，他们在竞争中所处的地位和竞争战略也会有所差别。

销售利润率指标是以销售收入为基础的盈利水平分析指标，只是在产出与产出之间进行比较，没有考虑投入与产出的对比关系，尚不能全面反映企业的盈利能力，因为高利润指标可能是靠高资本投入实现的。此外，公司营业利润率往往与资产周转呈反方向变动，高利润率的公司往往呈现出低周转率，反之亦然，例如采取薄利多销政策的公司。因此，在分析销售利润率时，应与资产运用效率和资本投入报酬的分析相结合，以全面评价企业的盈利能力。

表 7–2 为福田汽车 2014—2016 年销售利润率计算表，图 7–2 为福田汽车 2014—2016 年销售利润率变动趋势图。

表 7–2　福田汽车 2014—2016 年销售利润率计算表　　　　单位：元

项　　目	2016 年	2015 年	2014 年
销售收入	46 532 069 535.53	33 997 492 420.07	33 691 283 636.83
营业利润	−581 636 849.24	−850 959 463.79	−631 632 468.77
销售利润率/%	−1.25	−2.50	−1.87

由图 7–2 可以看出，2014—2016 年福田汽车的营业利润均为负，尤其 2015 年销售利润率出现大幅下滑，2016 年营业利润虽然仍处于亏损状态，但已有所好转的迹象。福田汽车的营业利润处于行业的平均水平之下，说明福田汽车获取利润的能力有待提高。

7.2.4　成本费用利润率

与销售（或营业）利润率相似，成本费用利润率指标反映的也是企业的商业经营盈利能力和财务效益空间的大小。但销售（营业）收入和利润之间是包含和被包含的关系，就像海绵里面挤出水一样，而成本费用和利润之间基本上属于投入和产出的关系。其计算公式为：

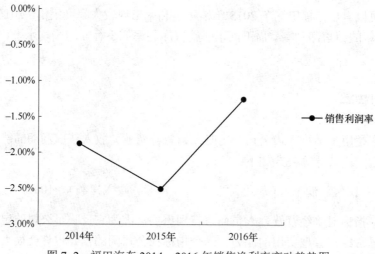

图 7-2　福田汽车 2014—2016 年销售净利率变动趋势图

成本费用利润率=（利润总额/成本费用总额）×100%

　　成本费用总额是指产品销售成本、营业费用、销售费用和财务费用的合计数。成本费用利润率从耗费角度补充评价企业的收益状况和盈利水平，有利于促进企业加强内部管理，节约支出，提高经营效益。每一个企业都力求以最少的耗费获取最大的利润，因此该比率越高，表明企业为取得收益所付出的代价越小，企业成本费用控制的越好，企业的获利能力越强。

　　值得注意的是，成本费用利润率指标的对比双方，利润总额同成本费用总额计算的口径并不十分匹配。成本费用总额反映企业生产经营业务活动的支出或耗费，而利润总额反映的是企业营业的和非营业的以及特殊的收支活动的最终结果。但是，它是反映企业成本费用和利润的总额指标，所以主要用于对企业整体的获利能力的评价。

　　表 7-3 为福田汽车 2014—2016 年成本费用利润率计算表，图 7-3 为福田汽车 2014—2016 年成本费用利润率变动趋势图。

表 7-3　福田汽车 2014—2016 年成本费用利润率计算表　　　　单位：元

项　　目	2016 年	2015 年	2014 年
利润总额	517 871 658.33	401 481 993.91	459 555 488.39
营业成本	40 185 176 314.17	29 754 699 977.51	29 679 522 975.31
销售费用	2 841 987 035.93	2 028 307 747.81	1 760 340 263.67
管理费用	3 255 518 433.84	2 562 317 590.26	2 366 235 863.58
财务费用	-38 460 801.48	11 749 170.06	183 991 498.24
成本费用总额	46 244 220 982.46	34 357 074 485.64	33 990 090 600.80
成本费用利润率/%	1.12	1.17	1.35

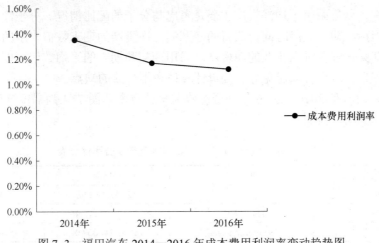

图 7–3　福田汽车 2014—2016 年成本费用利润率变动趋势图

由图 7–3 可以看出 2014—2016 年福田汽车的成本费用利润率呈现下降的趋势,表明福田汽车控制成本费用的能力和获利能力正在减弱。福田汽车的成本费用利润率远低于行业平均值,在同行业中处于较低水平。

7.2.5　净资产收益率

净资产收益率,或称权益净利率,是指公司一定时期的净利润同平均净资产的比率,是反映上市公司盈利能力的最主要指标。净资产收益率是比较核心的盈利能力比率。它有很好的可比性,可以用于不同企业之间的比较。由于资本是追逐利润的,所以资本总是流向投资报酬率比较高的行业和企业。如果一个企业的净资产收益率经常低于其他企业,就得不到资金,导致最后退出市场。净资产收益率的计算公式为:

净资产收益率=(净利润/平均净资产)×100%

为了增强不同年度数据的可比性,公式中的分子最好使用扣除非经常性损益后的净利润:

平均净资产=(年初所有者权益+年末所有者权益)/2

净资产收益率的经济含义在于反映企业自有资金的投入产出能力。它作为投资与报酬之间的关系的体现,被人们认为是评价上市公司财务效益状况的核心指标。该指标通用性强,不受行业局限,通过对该指标的综合对比分析,可以看出上市公司的盈利能力在同行业中所处的地位以及与同类公司的差异水平。一般认为,净资产收益率越高,上市公司自由资本获取净收益的能力越强,股东获得的投资回报也就越多。所以投资者在考虑企业盈利能力的时候必须考虑净资产收益率。

计算公式中，分母采用平均净资产主要是考虑与分子的配比情况。分子净利润来自于利润表，是期间指标，即：一段时间内获得的净利润；净资产的期末数值表示的是时点数值，是时点指标，即某一固定时点企业的净资产。采用期初和期末的平均数值可以近似地看成期间数值或期间指标。这样可以避免分子分母计算口径不一致的缺点。

表 7-4 为福田汽车 2014—2016 年净资产收益率计算表。图 7-4 为福田汽车 2014—2016 年净资产收益率变动趋势图。

表 7-4　福田汽车 2014—2016 年净资产收益率计算表 单位：元

项　　目	2016 年	2015 年	2014 年
净利润	512 127 860.24	356 531 363.93	458 633 394.45
年初股东权益	18 751 717 357.00	15 547 108 875.46	15 371 587 512.75
年末股东权益	19 066 725 924.43	18 751 717 357.00	15 547 108 875.46
平均净资产	18 909 221 640.72	17 149 413 116.23	15 459 348 194.11
净资产收益率/%	2.71	2.08	2.97

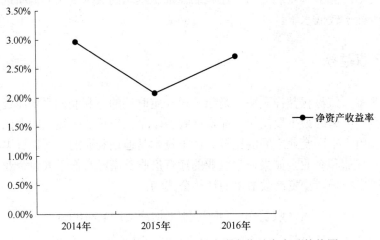

图 7-4　福田汽车 2014—2016 年净资产收益率变动趋势图

由图 7-4 可以看出，福田汽车 2015 年净资产收益率大幅下降，虽然 2016 年有所上升，但仍低于 2014 年的净资产收益率。2014—2016 年，福田汽车的净资产收益率一直低于行业平均值，说明福田汽车通过自有资本获取净收益的能力较弱，股东获得的回报较少。

净资产收益率指标分析时应注意下列问题：

① 净资产收益率反映的是投资者投资的回报率，因此，要将该指标与银行存款利率相比较；

② 净资产收益率的高低还要与利润分配率相比较；

③ 净资产收益率的高低要结合净利润的构成进行分析。

7.2.6 总资产报酬率

总资产报酬率则是将利润总额与资产总额相比较，反映了公司管理者营运资产获取利润的能力和效率，也同时反映了所有资本的回报情况，而不受资本构成的影响。所以这个指标在投资管理当中应用得相当广泛。总资产报酬率公式如下：

总资产报酬率=［（利润总额+利息支出）/平均资产总额］×100%
平均资产总额=（年初资产总额+年末资产总额）/2

总资产报酬率指标越高，表明资产利用的效率越高，投资的盈利能力越强。通过对该指标的深入分析，可以了解公司获利能力与投入产出状况的关系，增强各方面对企业资产经营的关注，促进提高单位资产的收益水平。一般情况下，财务分析主体可根据该指标与同期权益净利率进行比较，判断财务杠杆作用的情况。

表 7–5 为福田汽车 2014—2016 年总资产报酬率计算表，图 7–5 为其变动趋势图。

表 7–5　福田汽车 2014—2016 年总资产报酬率计算表　　　　单位：元

项　　目	2016 年	2015 年	2014 年
利润总额	517 871 658.33	401 481 993.91	459 555 488.39
利息支出	270 428 030.96	251 175 434.23	284 764 716.78
资产总额（期初）	42 752 961 319.03	34 697 470 410.81	32 558 179 741.98
资产总额（期末）	53 913 464 928.89	42 752 961 319.03	34 697 470 410.81
平均资产总额	48 333 213 123.96	38 725 215 864.92	33 627 825 076.40
总资产报酬率/%	1.63	1.69	2.21

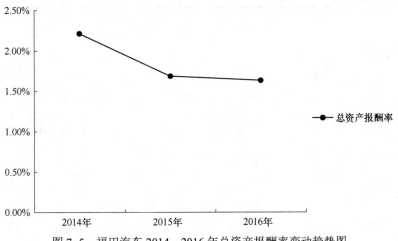

图 7–5　福田汽车 2014—2016 年总资产报酬率变动趋势图

从图 7-5 中可以看出，福田汽车 2014—2016 年，总资产报酬率呈下降趋势，其中 2015 年总资产报酬率下降幅度较大。2014—2016 年，福田汽车的总资产报酬率一直低于行业平均值，说明企业的资产利用效率和投资盈利能力较差。

7.2.7 盈余现金保障倍数

盈余现金保障倍数是指企业一定时期经营现金净利率同净利润的比值，反映了企业当期净利润中现金收益的保障程度，从而较为真实地反映了企业盈余的质量。盈余现金保障倍数从现金流入和流出的动态角度，依据利润的"含金量"对企业收益质量进行评价，是对企业的实际收益能力的进一步修正。其计算公式如下：

盈余现金保障倍数=经营现金流量/净利润

在合并报表中，净利润用净利润与少数股东损益的和替代。

盈余现金保证倍数在收付实现制基础上。充分反映出企业当期净收益中有多少是现金保障的，挤掉了收益中的水分，体现出企业当期收益的质量状况，同时，减少了权责发生制框架下会计对收益的操纵。一般当企业当期净利润大于零时，盈余现金保障倍数应当大于 1。该指标越大，表明企业经营活动产生的净利润对现金的贡献越大。

表 7-6 为福田汽车 2014—2016 年盈余现金保障倍数计算表，图 7-6 为其变动趋势图。

表 7-6　福田汽车 2014—2016 年盈余现金保障倍数计算表　　　　单位：元

项　　目	2016 年	2015 年	2014 年
经营现金净流量	1 191 783 305.59	490 044 412.02	1 102 348 778.34
净利润	512 127 860.24	356 531 363.93	458 633 394.45
盈余现金保障倍数	2.33	1.37	2.40

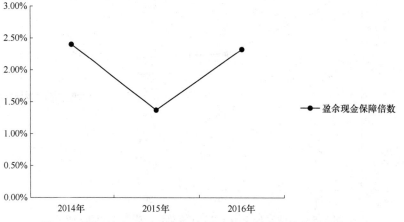

图 7-6　福田汽车 2014—2016 年盈余现金保障倍数变动趋势图

从图 7-6 中可以看出福田汽车 2015 年盈余现金保障倍数出现大幅下降，2016 年重又有所上升，但仍低于 2014 年的盈余现金保障倍数。2014—2016 年，福田汽车的盈余现金保障倍数均大于 1，说明其净利润能够保证一定的现金收益。

7.2.8 销售现金比率

销售现金比率是经营现金净流量除以营业收入的比值。该比率反映每元销售得到的净现金，其数值越大越好。其计算公式如下：

$$销售现金比率=经营现金净流量/营业收入$$

表 7-7 为福田汽车 2014—2016 年销售现金比率计算表，图 7-7 为其变动趋势图。

表 7-7　福田汽车 2014—2016 年销售现金比率计算表　　　　　　单位：元

项　　目	2016 年	2015 年	2014 年
经营现金净流量	1 191 783 305.59	490 044 412.02	1 102 348 778.34
营业收入	46 532 069 535.53	33 997 492 420.07	33 691 283 636.83
销售现金比率/%	0.03	0.01	0.03

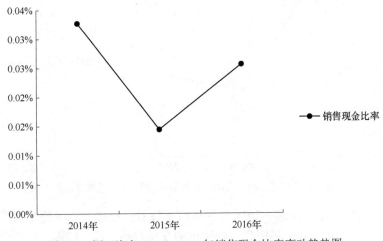

图 7-7　福田汽车 2014—2016 年销售现金比率变动趋势图

从图 7-7 中可以看出，2015 年福田汽车的销售现金比率出现大幅下滑，2016 年福田汽车的销售现金比率有所上升，但仍未达到 2014 年的水平。与同行业的其他企业相比，福田汽车的销售现金比率一直处于较低的水平，这表明福田汽车每元销售收到的净现金数值较低，公司应当进一步分析产生原因的合理性。

7.2.9 每股营业现金净流量

每股营业现金净流量是指经营现金净流量除以普通股股数的比值，反映企业最大的分派现金股利能力，超过此限度，就要借款分红。其计算公式如下：

每股营业现金净流量=经营现金净流量/普通股股数

表 7-8 为福田汽车 2014—2016 年每股营业现金净流量计算表，图 7-8 为其变动趋势图。

表 7-8　福田汽车 2014—2016 年每股营业现金净流量计算表　　　　单位：元

项　　目	2016 年	2015 年	2014 年
经营现金净流量	1 191 783 305.59	490 044 412.02	1 102 348 778.34
普通股股数	6 670 131 290.00	3 335 065 645.00	2 809 671 600.00
每股营业现金流量	0.18	0.15	0.39

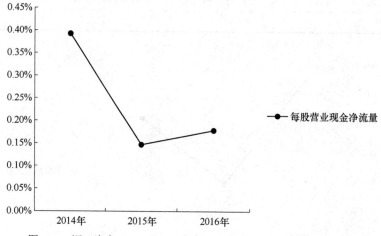

图 7-8　福田汽车 2014—2016 年每股营业现金净流量变动趋势图

从图 7-8 中可以看出，2014—2016 年福田汽车每股营业现金流量的变动趋势图同图 7-7 中所示的福田汽车 2014—2016 年销售现金比例的变动趋势一致，都是经历先大幅下降，再小幅上升。

7.2.10 全部资产现金回报率

全部资产现金回报率是经营现金流量与全部资产的比值，说明企业资产产生现金的能力。

其计算公式如下：

$$全部资产现金回报率=（经营现金净流量/全部资产）×100\%$$

表 7-9 为福田汽车 2014—2016 年全部资产现金回报率计算表，图 7-9 为其变动趋势图。

表 7-9　福田汽车 2014—2016 年全部资产现金回报率计算表　　　　单位：元

项　　目	2016 年	2015 年	2014 年
经营现金净流量	1 191 783 305.59	490 044 412.02	1 102 348 778.34
全部资产	53 913 464 928.89	42 752 961 319.03	34 697 470 410.81
全部资产现金回报率/%	2.21	1.15	3.18

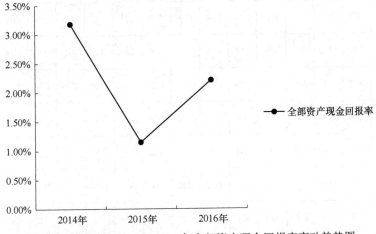

图 7-9　福田汽车 2014—2016 年全部资产现金回报率变动趋势图

从图 7-9 中可以看出，2014—2016 年福田汽车的全部资产现金回报率的变动趋势同销售现金比率和每股营业现金净流量的变动趋势一致。这三个指标都说明了福田汽车产生现金的能力的变化趋势经历了先降后升的过程。

7.2.11　福田汽车盈利能力行业分析

盈利能力是指企业在一定时期内获取利润的能力。通过行业分析，可以了解到福田汽车的盈利能力无论是对企业的投资者、债权人而言，还是对衡量企业经理人员的经营业绩和企业职工的工作效率而言都是至关重要的。因此，行业分析是企业利益相关者了解企业、认识企业、改进企业经营管理的主要手段之一。

表 7-10 2014—2016 年行业盈利能力分析   单位：%

公司名称	2016 年						2015 年						2014 年					
	销售净利率	销售利润率	总资产报酬率	净资产收益率	销售现金比率	成本费用利润率	销售净利率	销售利润率	总资产报酬率	净资产收益率	销售现金比率	成本费用利润率	销售净利率	销售利润率	总资产报酬率	净资产收益率	销售现金比率	成本费用利润率
上汽集团	5.89	6.49	8.55	18.70	1.50	6.20	6.06	6.59	8.95	19.00	3.88	6.40	6.10	6.44	10.29	20.68	3.70	6.31
比亚迪	5.30	5.79	4.53	9.89	-1.78	6.03	3.92	3.97	3.29	8.71	4.80	4.32	1.27	-0.31	0.93	2.56	0.07	1.31
广汽集团	12.74	13.83	8.59	14.04	11.13	12.84	13.62	13.82	6.56	10.16	17.27	12.82	13.08	12.05	4.90	8.11	4.94	10.94
长城汽车	10.72	12.47	13.52	22.29	8.96	13.26	10.61	12.22	13.47	21.00	13.20	13.12	12.85	14.77	15.71	23.99	9.74	16.29
长安汽车	13.08	12.04	9.72	23.70	2.91	11.65	14.86	14.36	11.20	29.04	8.11	13.11	14.21	13.56	10.82	29.53	7.14	12.16
华域汽车	6.90	7.57	9.16	18.72	9.15	7.59	7.60	8.08	9.83	20.60	6.43	8.14	8.38	9.17	11.04	21.73	8.24	9.05
世纪华通	14.68	17.03	10.79	11.53	20.65	17.42	13.56	14.95	9.18	10.27	15.76	15.50	12.33	13.89	5.65	5.81	14.34	13.73
宇通客车	11.44	12.25	13.60	29.99	9.85	13.09	11.49	12.27	13.62	27.73	19.26	13.19	10.31	11.28	12.81	24.42	12.46	11.79
潍柴动力	3.86	4.42	2.83	8.07	8.85	4.44	2.93	3.50	2.68	5.18	9.19	3.62	7.26	8.28	5.78	14.16	14.03	8.09
万丰奥威	11.41	13.40	14.36	18.81	14.16	14.60	10.76	12.62	12.83	19.37	14.39	13.60	9.57	10.39	12.12	21.99	15.22	11.12
万向钱潮	8.26	9.01	8.71	18.85	11.57	8.84	8.19	8.50	7.25	18.31	11.89	8.52	7.96	8.26	7.46	17.95	13.82	8.40
小康股份	3.92	4.13	3.92	13.89	7.08	4.46	3.68	3.40	3.66	12.16	3.71	3.91	3.57	3.73	3.80	12.32	4.21	3.99
均胜电子	3.64	4.09	2.17	4.88	3.63	3.94	5.16	6.38	4.90	10.49	7.24	6.27	4.94	6.00	7.33	14.15	10.42	6.04
江淮汽车	2.31	-5.06	2.73	7.85	-0.67	2.17	1.84	-3.31	2.59	8.47	7.63	1.87	1.58	0.52	2.13	7.33	4.83	1.50
威孚高科	26.87	27.69	10.53	12.88	8.21	25.89	27.04	27.92	10.59	12.71	9.44	25.90	25.01	27.03	11.82	14.11	14.00	26.43
万里扬	8.24	9.43	3.80	5.45	5.94	9.37	10.74	11.93	4.20	8.76	17.96	12.77	14.39	16.35	5.77	8.80	15.10	17.92
福田汽车	1.10	-1.25	0.96	2.69	2.56	0.97	1.05	-2.50	0.94	1.90	1.44	1.02	1.36	-1.87	1.32	2.95	3.27	1.18
江铃汽车	4.95	3.59	6.05	10.62	17.25	4.95	9.06	7.35	11.92	18.55	7.85	9.46	8.25	7.25	12.46	19.89	16.41	8.89

公司名称	2016 年						2015 年						2014 年					
	销售净利率	销售利润率	总资产报酬率	净资产收益率	销售现金比率	成本费用利润率	销售净利率	销售利润率	总资产报酬率	净资产收益率	销售现金比率	成本费用利润率	销售净利率	销售利润率	总资产报酬率	净资产收益率	销售现金比率	成本费用利润率
拓普集团	15.64	17.74	14.46	18.13	7.02	18.89	13.62	15.41	11.53	12.88	7.92	15.85	14.61	15.99	18.30	26.65	16.76	17.29
一汽轿车	−4.42	−5.12	−5.21	−13.07	2.50	−3.50	0.23	0.28	0.48	0.69	3.15	0.28	0.35	0.21	0.33	1.37	0.86	0.17
奥特佳	8.61	9.51	6.27	9.20	9.71	9.52	8.99	8.87	3.82	5.81	5.88	9.61	1.29	3.83	2.27	0.92	11.64	3.25
东风汽车	0.44	0.78	0.48	0.95	4.64	0.57	1.70	1.14	1.37	3.51	2.18	1.42	1.01	0.97	1.01	2.23	−1.88	0.98
双林股份	10.73	11.76	7.40	13.63	10.38	12.02	9.95	11.09	7.11	11.51	14.62	11.28	9.00	9.76	4.22	7.05	5.90	9.61
富临精工	19.53	22.54	5.96	6.57	15.73	25.79	20.21	23.02	15.17	19.11	8.69	26.63	19.55	21.90	20.90	34.15	16.17	25.55
京威股份	13.44	12.07	9.62	13.35	16.23	17.60	12.81	16.21	8.59	10.48	15.23	16.66	17.50	23.26	11.58	10.24	10.22	26.35
力帆股份	0.83	0.11	0.36	1.35	−8.09	0.78	2.76	2.69	1.45	4.97	−11.75	2.54	3.31	2.88	1.97	6.91	−3.22	3.08
宁波华翔	8.77	10.03	9.86	17.95	11.46	10.41	4.25	6.00	6.01	7.33	6.12	5.96	8.29	9.59	10.01	14.87	5.34	9.46
光启技术	15.64	17.69	10.43	10.94	19.94	18.41	9.97	10.47	6.60	7.62	26.95	10.68	9.73	10.57	7.09	8.26	16.99	10.68
富奥股份	11.55	11.09	7.78	11.72	10.26	10.93	12.12	12.07	6.63	9.90	7.70	10.90	13.42	13.16	9.66	14.12	7.18	12.71
星宇股份	10.44	11.40	7.43	9.31	10.15	11.92	11.90	13.02	9.94	13.95	8.09	13.68	13.51	15.39	9.99	13.65	19.14	16.05
云意电气	20.45	21.04	6.06	6.54	17.24	25.24	16.17	16.60	6.30	6.51	23.88	18.70	18.85	20.38	7.74	7.79	15.36	23.16
亚太股份	4.43	4.35	3.58	5.60	6.41	4.79	4.86	5.15	4.00	5.66	8.65	5.17	5.52	5.70	5.00	7.20	7.02	6.14
中国汽研	20.59	22.01	8.40	8.43	27.53	26.54	25.37	29.08	8.24	7.97	30.21	35.79	26.31	19.03	11.90	11.51	5.49	34.49
信质电机	12.72	14.87	10.18	13.04	17.27	15.87	13.53	15.61	8.66	13.33	16.70	16.79	11.84	13.66	11.51	13.75	10.64	14.30
万安科技	5.95	6.92	5.06	7.50	5.88	6.79	5.74	6.28	5.39	11.48	10.70	6.11	5.67	6.69	5.00	9.78	6.38	6.23
一汽夏利	8.04	5.11	3.52	9.43	−107.65	3.16	0.56	−45.42	0.52	1.21	−52.96	0.45	−51.30	−53.49	−24.26	−106.99	−45.91	−24.00

续表

公司名称	2016 年						2015 年						2014 年					
	销售净利率	销售利润率	总资产报酬率	净资产收益率	销售现金比率	成本费用利润率	销售净利率	销售利润率	总资产报酬率	净资产收益率	销售现金比率	成本费用利润率	销售净利率	销售利润率	总资产报酬率	净资产收益率	销售现金比率	成本费用利润率
福达股份	9.87	7.70	3.19	4.84	24.10	9.86	5.39	1.57	1.46	2.48	17.57	4.65	9.10	8.13	4.25	10.70	12.40	9.25
中通客车	6.32	9.20	8.61	22.65	−0.18	7.41	5.58	6.78	6.89	18.53	−8.50	6.58	7.99	8.77	8.15	26.93	6.53	8.77
中国重汽	2.55	3.32	3.51	9.88	−1.46	3.26	1.80	2.12	2.59	6.77	1.24	2.16	2.41	3.04	4.73	11.68	0.20	3.21
海马汽车	0.09	−0.22	0.34	0.13	2.49	0.40	0.84	0.48	0.72	1.05	5.81	0.94	2.18	2.27	2.03	2.76	5.45	2.48
天润曲轴	11.01	10.73	4.53	5.53	20.94	12.09	9.07	9.31	3.68	4.48	28.79	9.86	8.54	8.32	3.24	4.26	25.31	9.26
金杯汽车	0.01	−3.26	0.66	0.11	10.00	1.34	4.25	2.50	2.57	28.01	−10.62	4.95	−0.21	0.28	0.43	−1.60	9.57	0.67
金龙汽车	−8.68	−7.20	−6.99	−42.60	−7.86	−6.75	3.53	4.32	4.36	15.84	3.33	3.90	2.27	2.16	3.18	10.99	0.53	2.54
八菱科技	14.63	15.69	5.83	6.20	15.09	16.80	19.29	19.80	5.31	6.22	12.60	21.59	14.81	15.69	6.40	7.16	22.96	16.20
斯太尔	12.27	11.43	2.57	2.09	12.94	15.33	−56.25	−60.82	−10.51	−12.18	−45.48	−27.15	1.33	2.67	0.93	0.62	−10.42	2.47
金固股份	−6.16	−9.06	−4.39	−9.75	−3.45	−6.25	2.86	1.54	1.16	2.69	−1.55	2.37	4.74	4.82	2.05	3.85	25.11	4.82
渤海活塞	8.06	12.81	2.31	3.28	11.29	8.15	1.49	0.56	0.45	0.73	18.90	1.09	8.32	4.14	3.71	4.71	14.00	7.95
继峰股份	17.12	20.13	15.67	16.24	2.93	21.98	16.91	18.38	13.42	13.26	14.69	20.05	20.04	22.89	22.61	26.00	13.81	25.99
华懋科技	29.51	34.50	19.51	20.19	24.87	44.69	25.83	29.57	16.03	16.20	18.77	37.21	22.31	25.56	12.35	12.85	28.26	30.52
浙江世宝	5.81	6.13	3.88	4.42	8.10	6.41	6.20	6.55	3.17	3.55	9.04	6.24	4.50	4.86	2.01	2.53	10.94	4.47
航天晨光	1.24	0.59	0.96	1.65	2.79	1.18	1.14	1.13	0.92	1.54	6.72	1.16	2.78	2.66	2.70	6.93	3.27	2.66
众泰汽车	5.15	5.90	2.55	4.03	−0.32	5.74	3.72	4.55	2.18	2.90	8.91	4.24	3.79	2.96	1.71	2.08	−30.31	4.11
西部资源	−16.82	38.17	−1.93	−9.06	−19.32	−6.96	−18.31	−10.65	−3.22	−14.09	20.38	−11.84	2.74	2.16	0.48	0.58	15.18	4.50
苏奥传感	17.55	19.76	12.45	12.55	8.76	22.54	17.47	19.13	22.13	23.50	15.89	22.72	15.76	18.14	23.27	26.64	11.27	20.37

公司名称	2016 年						2015 年						2014 年					
	销售净利率	销售利润率	总资产报酬率	净资产收益率	销售现金比率	成本费用利润率	销售净利率	销售利润率	总资产报酬率	净资产收益率	销售现金比率	成本费用利润率	销售净利率	销售利润率	总资产报酬率	净资产收益率	销售现金比率	成本费用利润率
银轮股份	8.66	10.10	6.77	10.56	15.24	9.68	7.82	9.05	6.61	9.62	8.27	8.86	6.76	7.84	5.69	9.98	7.51	7.53
兴民智通	6.38	6.09	2.48	3.91	13.31	7.11	2.95	3.19	1.29	1.60	10.10	3.49	3.77	4.30	2.28	2.53	5.68	4.80
一汽富维	4.38	4.63	6.77	10.72	7.35	4.59	4.63	4.91	6.79	10.13	4.15	4.72	5.38	5.66	9.76	14.33	2.68	5.46
凌云股份	4.29	5.26	4.88	7.93	6.28	5.01	4.18	5.18	4.37	6.95	7.67	4.86	4.21	5.17	4.77	9.41	11.33	5.00
中航黑豹	1.69	−5.16	1.19	3.40	11.48	1.40	−19.99	−21.85	−13.18	−66.43	5.94	−14.00	−6.85	−6.84	−5.45	−22.10	2.63	−5.57
贵航股份	5.68	5.78	5.73	8.21	13.43	5.75	5.51	5.76	5.15	8.05	6.19	5.43	4.94	5.16	4.67	7.33	2.90	5.02
中原内配	18.20	19.81	8.90	9.64	20.43	20.38	17.48	18.98	8.48	9.39	11.59	19.26	16.70	18.51	8.39	9.43	15.61	18.41
北特科技	7.12	8.14	3.73	4.44	3.60	7.64	6.80	7.93	5.34	9.08	9.61	7.85	7.16	8.09	5.87	10.01	24.90	8.07
腾龙股份	15.97	19.16	12.28	13.61	6.36	20.36	15.17	18.26	12.16	11.99	14.41	19.43	16.57	20.26	19.44	25.65	20.62	21.81
曙光股份	1.83	1.40	0.67	2.31	−15.97	1.35	2.44	−0.94	1.49	4.28	−16.68	2.91	0.59	−4.62	0.88	0.94	4.93	1.46
宁波高发	18.30	19.85	15.44	18.49	9.15	22.80	16.82	19.21	12.93	15.38	3.37	21.02	16.56	19.00	20.13	28.37	8.95	21.00
光洋股份	5.79	5.74	3.30	4.25	3.06	6.25	6.71	6.45	3.82	4.01	18.31	6.88	10.12	10.73	6.50	6.98	11.75	10.69
模塑科技	5.83	7.37	3.93	6.00	9.78	6.29	9.45	10.65	7.54	12.29	8.31	9.93	7.33	8.44	7.46	17.90	11.34	7.94
蓝黛传动	10.88	11.85	6.66	11.78	−6.43	12.77	9.33	8.18	5.45	7.16	−0.74	10.61	10.72	10.75	8.41	14.05	−1.53	12.53
精锻科技	21.22	24.23	11.43	13.11	34.60	28.89	20.03	23.01	9.58	10.84	29.24	26.95	20.01	22.29	9.44	10.65	20.74	25.61
湖南天雁	1.78	0.42	0.74	1.51	0.59	1.50	−10.55	−12.27	−4.16	−7.20	−0.71	−7.57	2.49	1.03	1.82	2.06	11.28	2.89
联明股份	14.00	18.18	15.27	15.55	20.60	20.61	14.30	18.50	13.61	13.56	11.45	20.38	12.56	16.56	12.00	11.63	10.06	18.29
广东鸿图	6.26	6.76	4.95	7.74	11.69	6.40	5.70	6.40	5.27	8.84	7.23	5.92	5.33	6.03	5.39	8.74	7.63	5.65

续表

公司名称	2016 年						2015 年						2014 年					
	销售净利率	销售利润率	总资产报酬率	净资产收益率	销售现金比率	成本费用利润率	销售净利率	销售利润率	总资产报酬率	净资产收益率	销售现金比率	成本费用利润率	销售净利率	销售利润率	总资产报酬率	净资产收益率	销售现金比率	成本费用利润率
松芝股份	7.93	8.42	6.20	8.78	6.73	8.48	11.49	12.78	9.27	12.88	11.96	12.99	11.92	13.78	9.56	12.27	8.91	13.65
天汽模	7.53	8.21	3.98	7.24	4.95	7.95	9.22	10.21	5.15	9.23	4.07	10.16	11.13	13.09	5.75	9.86	−0.13	13.39
西仪股份	1.34	−0.06	0.88	1.43	4.97	1.18	−7.14	−9.02	−4.43	−6.72	3.95	−6.08	1.76	0.48	1.08	1.57	1.51	1.64
特尔佳	5.30	5.28	2.33	2.23	24.35	5.45	5.81	6.61	2.81	3.12	25.63	5.10	5.43	5.37	3.66	4.15	5.52	5.27
日上集团	4.84	4.65	2.44	3.77	11.55	5.66	2.73	3.23	1.49	2.00	4.65	3.16	2.94	3.19	1.80	3.25	0.91	3.46
东安动力	3.09	2.73	1.80	4.29	−4.20	2.78	1.86	1.43	0.68	1.34	6.28	1.51	4.36	2.81	1.13	1.88	−11.77	3.17
隆基机械	4.00	4.79	2.62	3.04	12.33	4.51	3.82	3.59	2.88	3.71	21.20	4.22	3.59	3.73	2.34	3.20	13.85	3.96
新朋股份	4.68	5.18	5.59	6.81	14.71	5.55	3.84	4.34	4.68	5.56	2.19	4.49	4.28	4.74	4.85	5.90	13.58	4.92
远东传动	11.43	11.12	5.46	5.21	16.22	12.48	9.99	10.54	4.45	4.24	19.69	11.06	10.89	12.44	6.23	6.02	19.58	12.04
东风科技	4.47	5.15	5.81	14.07	7.43	4.82	5.82	6.20	7.30	18.34	11.66	5.99	7.78	6.25	10.73	26.39	7.39	8.44
西泵股份	5.22	4.63	4.00	5.88	3.34	4.84	3.03	2.80	2.19	3.28	4.39	2.96	2.55	1.95	1.81	3.42	5.20	2.42
安凯客车	0.98	−39.96	0.87	3.18	−26.41	1.05	0.27	−32.95	0.03	0.76	−7.19	0.03	0.97	−4.88	1.34	3.29	2.62	1.17
湘油泵	10.10	11.31	6.72	9.42	14.97	10.86	8.37	9.28	5.81	10.76	16.90	9.01	9.52	10.46	7.18	13.54	13.13	10.31
长春一东	3.87	5.03	3.20	5.35	7.08	4.18	1.56	1.45	1.22	1.90	6.11	1.63	8.25	8.78	7.23	12.81	8.61	8.64
华菱星马	1.92	−6.50	0.90	2.81	17.03	1.78	−26.76	−23.19	−9.20	−35.14	14.61	−15.67	−7.67	−9.37	−4.89	−10.51	−4.82	−6.97
跃岭股份	7.04	7.80	5.02	4.98	5.96	7.94	8.64	9.67	6.29	6.26	20.49	10.00	11.28	12.78	10.32	10.79	−0.30	13.28
亚星客车	1.92	3.62	2.71	31.95	−19.65	3.46	0.78	0.73	0.69	11.47	−9.27	0.84	−9.83	−10.88	−6.68	−119.63	−20.60	−7.82
登云股份	2.87	1.46	1.35	1.78	23.81	2.71	−20.17	−19.53	−6.45	−10.83	−3.12	−12.75	6.29	6.11	3.15	3.72	1.63	6.52

公司名称	2016 年						2015 年						2014 年					
	销售净利率	销售利润率	总资产报酬率	净资产收益率	销售现金比率	成本费用利润率	销售净利率	销售利润率	总资产报酬率	净资产收益率	销售现金比率	成本费用利润率	销售净利率	销售利润率	总资产报酬率	净资产收益率	销售现金比率	成本费用利润率
鸿特精密	3.50	3.38	3.11	7.86	17.67	3.42	2.67	2.47	2.07	6.40	18.70	2.53	1.29	0.89	0.74	2.82	4.68	0.92
浙江仙通	25.62	28.89	16.19	17.11	18.12	35.09	20.69	23.04	19.06	27.48	16.77	26.12	17.66	19.03	15.08	20.55	37.95	20.78
奥联电子	15.41	16.69	10.04	11.86	6.45	16.61	14.76	15.76	14.13	20.28	22.75	15.64	13.65	15.20	12.09	18.96	28.62	14.65
今飞凯达	3.31	2.69	3.00	12.69	7.15	3.43	2.78	2.49	2.59	11.33	12.13	3.00	2.67	2.91	2.52	12.19	5.19	3.00
钧达股份	5.81	6.41	4.66	9.58	18.74	6.43	6.02	5.85	4.53	9.15	15.43	5.98	6.96	7.58	6.20	12.52	16.93	7.98
贝斯特	21.37	22.36	12.75	16.78	20.23	25.82	19.74	20.36	12.12	15.73	26.71	23.11	17.13	18.30	11.11	14.63	16.59	19.44
万通智控	12.25	16.62	14.64	17.55	13.66	15.09	12.08	13.88	15.39	18.33	19.23	14.48	12.90	14.71	23.65	38.91	11.50	15.58
雷迪克	17.26	18.83	15.65	24.84	22.62	20.96	17.30	19.31	18.28	28.01	15.72	21.13	15.12	16.45	16.48	34.61	15.78	17.61
隆盛科技	16.62	15.77	10.65	16.17	25.15	19.27	16.21	14.43	10.22	15.50	0.67	18.07	12.00	9.69	6.10	8.89	–9.16	12.75
兆丰股份	38.85	43.33	30.31	42.68	38.19	65.26	33.57	38.53	21.20	26.98	42.04	50.47	27.99	31.08	16.67	20.87	26.27	39.04
爱柯迪	26.85	33.34	24.56	25.58	30.46	47.08	24.38	31.02	26.44	27.70	28.57	40.19	23.95	30.14	25.46	29.86	27.02	39.06
常熟汽饰	15.75	16.69	8.03	10.87	12.75	16.32	21.88	22.16	12.19	17.83	17.62	22.08	18.56	20.13	11.69	17.88	11.77	18.67
凯众股份	27.50	28.92	21.05	21.51	12.04	36.19	25.80	25.70	18.14	16.94	25.68	32.94	25.07	25.56	19.28	17.88	17.83	31.92
正裕工业	12.75	14.91	14.97	21.75	10.02	15.64	11.75	13.02	13.73	19.02	15.87	13.93	9.46	11.56	12.51	18.79	11.87	11.40
圣龙股份	7.11	7.03	6.37	20.34	11.64	7.05	6.99	7.03	6.91	21.60	8.32	6.87	7.01	7.89	7.75	23.06	11.90	7.31
新泉股份	6.64	8.07	6.48	19.13	6.37	7.06	5.83	7.82	4.95	10.81	9.30	6.46	6.02	7.28	4.90	10.80	7.35	6.50
保隆科技	10.47	13.55	14.72	24.26	10.32	13.28	6.98	10.65	11.38	16.19	7.34	10.37	5.47	8.54	10.10	13.06	4.15	8.32
日盈电子	11.28	12.36	8.67	12.54	7.34	11.55	12.56	12.05	9.93	13.72	16.73	12.68	17.65	20.79	15.04	20.02	26.65	20.76

公司名称	2016 年						2015 年						2014 年					
	销售净利率	销售利润率	总资产报酬率	净资产收益率	销售现金比率	成本费用利润率	销售净利率	销售利润率	总资产报酬率	净资产收益率	销售现金比率	成本费用利润率	销售净利率	销售利润率	总资产报酬率	净资产收益率	销售现金比率	成本费用利润率
迪生力	7.30	7.77	8.39	13.60	2.72	7.08	5.43	6.33	8.59	12.29	8.31	6.26	4.72	5.56	5.93	12.42	10.49	4.94
华达科技	10.68	12.39	13.70	23.09	11.42	12.81	10.86	12.32	14.16	25.00	10.40	12.89	9.94	11.53	13.86	26.60	5.48	11.86
金麒麟	16.04	18.23	13.95	20.87	20.32	20.08	14.38	15.85	11.49	19.38	30.39	17.55	13.43	13.58	9.64	20.23	18.98	15.43
岱美股份	16.20	19.24	21.71	29.48	11.76	21.40	13.66	16.62	17.90	25.99	15.02	17.42	11.40	13.94	15.93	23.69	10.94	14.50
秦安股份	18.13	21.16	10.79	13.14	27.85	24.50	21.02	24.46	12.78	17.17	18.88	29.28	20.32	23.57	13.31	21.32	15.80	27.71
中马传动	12.75	14.72	10.18	12.57	20.59	15.17	10.98	12.58	9.77	12.81	19.87	12.46	15.17	18.53	19.41	29.42	16.51	19.50
常青股份	9.94	11.63	11.56	19.89	3.65	11.72	6.79	7.88	7.88	12.91	9.00	7.84	6.37	7.54	9.55	16.97	13.44	7.39
金鸿顺	11.81	12.65	11.18	20.98	11.95	13.41	9.53	10.19	10.55	20.32	20.69	10.98	12.11	13.86	14.54	29.29	14.50	14.78
铁流股份	15.46	17.85	17.73	22.21	12.41	19.11	13.86	15.77	18.07	22.75	24.18	16.44	14.94	17.07	24.66	31.67	19.18	18.06
行业平均值	9.33	10.13	7.19	10.60	8.81	11.42	7.68	7.72	6.71	9.75	10.22	9.88	8.57	9.21	7.68	10.44	9.25	10.55
福田汽车在行业中的排名	108	109	103	102	98	110	105	107	102	101	103	105	104	111	103	97	94	108

注：福田汽车总资产报酬率与前面计算的不同是因为前面所计算的指标所用数据取自利润表附注中的利息支出，而此张分析表为了与其他企业相比计算口径一致，直接用财务费用替代利息支出。

从表 7-10 中可以看出，相比于行业平均水平，福田汽车的盈利能力较弱。企业的各项盈利能力指标在 2014—2016 年的变换幅度很小，且在同行业中的排名普遍靠后。可见，虽然企业在这三年中保持了一定的增长速度，但却未能带来盈利的改观，这一点需要引起企业的关注。

7.3 资产质量与资产营运状况分析

为衡量企业的资产质量和营运状况，本书采用了各类资产周转率、资产现金回收率和不良资产比率进行综合考量。选取的用于衡量营运能力的资产周转率包括：总资产周转率、流动资产周转率、应收账款周转率和存货周转率等。

7.3.1 资产质量与资产营运的内涵

资产质量，是指资产的变现能力或被企业在未来进一步利用的质量。资产质量的好坏，主要表现在资产质量的账面价值量与其变现价值量或被进一步利用潜在的价值量（可以用资产的可变现净值或公允价值来计量）之间的差异上。

资产营运是指企业生产经营管理者出于资产保值增值的需要，对企业所拥有或控制的流动资产、固定资产、无形资产等各类具体资产的投放、使用、耗费与回收的全过程。资产经营要求企业尽可能保证各类资产相互之间的匹配协调及有效利用，追求的是资产经营的专业化、技术化和产品功效与服务的特色化，目的是如何以尽可能低的资产耗费创造出尽可能高的资产增值，以期获得尽可能多的经营利润。

企业对其固定资产和流动资产的运作能力基本反映了企业的营运能力。企业营运能力简而言之就是除去财务杠杆以外的企业运作能力。它反映了一个企业在没有做新的股权或者债权筹资的前提下，对现有资产的使用效率。在数值计算上，一般表示为：

$$使用效率=流量指标/存量指标$$

资产周转率是企业营业收入与平均资产占用额的比率，表示企业资产的总体使用效率，周转速度越快，企业资产的利用效率就越好，盈利能力越强。同时，较高的资产周转率也意味着同等经营规模下较少的资金占用。

7.3.2 总资产周转率

资产可以从不同角度或层次进行考核分析，因此也就存在着总资产周转率、流动资产周转率和固定资产周转率等不同层面或侧面的比率。在这些周转比率的计算过程中，设计的相关资产占用资金的平均数，也都是用期初与期末数值之和除以 2 得到的。这些周转率的计算公式为：

$$总资产周转率=营业收入/平均总资产占用资金额$$

$$流动资产周转率=营业收入/平均流动资产占用资金额$$
$$固定资产周转率=营业收入/平均固定资产净值占用资金金额$$

总资产是企业拥有或控制的，能给企业带来经济利益的经济资源总和，利用总资产周转率能够更加全面和集中地反映企业的资产利用效率。总资产周转速度越快，周转天数越短，表明企业的总体经营利用效率越好，用相同的资产占用所实现的经营收入越多，反之，总资产周转速度越低，表示资产经营的效率越低，实现销售收入的能力也较低。

表 7-11 为福田汽车 2014—2016 年总资产周转率计算表，图 7-10 为其变动趋势图。

表 7-11　福田汽车 2014—2016 年总资产周转率计算表　　　　单位：元

项目	2016 年	2015 年	2014 年
营业收入	46 532 069 535.53	33 997 492 420.07	33 691 283 636.83
总资产（年初）	42 752 961 319.03	34 697 470 410.81	32 558 179 741.98
总资产（年末）	53 913 464 928.89	42 752 961 319.03	34 697 470 410.81
平均总资产占用	48 333 213 123.96	38 725 215 864.92	33 627 825 076.40
总资产周转率/%	0.96	0.88	1.00

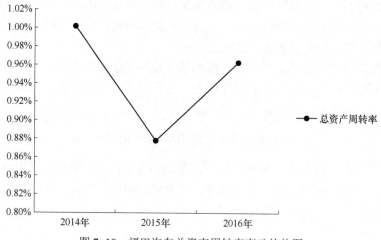

图 7-10　福田汽车总资产周转率变动趋势图

2014—2016 年，福田汽车的总资产周转率呈现先下降后上升的趋势，2015 年下降幅度较大，2016 年有所回升但仍低于 2014 年的水平。相比于行业平均水平，福田汽车处于领先的位置，企业的总资产利用效率较高。

7.3.3　流动资产周转率

流动资产周转率反映的是企业流动资产的营运效率。流动资产周转率越高，其周转天数越少，表明企业以相同的流动资产占用所推动的营业额越高，说明企业流动资产的经营效果越好，反之，则说明企业利用资产进行经营活动的能力较差，效率低下，其公式为：

$$流动资产周转率=营业收入/平均流动资产占用资金额$$

表 7–12 为福田汽车 2014—2016 年流动资产周转率计算表，图 7–11 为其变动趋势图。

表 7–12　福田汽车 2014—2016 年流动资产周转率计算表

单位：元

项　目	2016 年	2015 年	2014 年
营业收入	46 532 069 535.53	33 997 492 420.07	33 691 283 636.83
流动资产（年初）	16 649 629 215.14	11 271 621 885.14	12 457 927 701.47
流动资产（年末）	25 110 477 737.81	16 649 629 215.14	11 271 621 885.14
平均流动资产占用	20 880 053 476.48	13 960 625 550.14	11 864 774 793.31
流动资产周转率/%	2.23	2.44	2.84

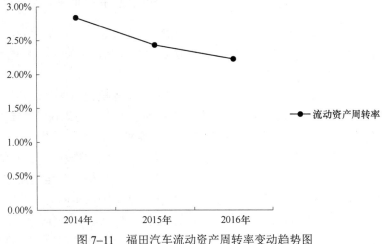

图 7–11　福田汽车流动资产周转率变动趋势图

2014—2016 年，福田汽车的流动资产周转率呈现下降的趋势。虽然流动资产周转率下降，但在同行业中，福田汽车的流动资产周转率一直处于前十的位置,说明企业的流动资产利用效率较高。

利用流动资产周转率虽然可以比较全面地把握企业的资产营运能力，但是，需要强调的是，绝不能单纯依靠指标的高低来判断企业营运能力的好坏。在具体分析中，始终要习惯于结合企业其他具体的影响因素来判断，如企业所处的行业与生产周期、企业的管理体制与组织架构、信用政策等，以便相对客观地判断目标企业的实际经营状况。

7.3.4　应收账款周转率

应收账款是指企业因赊销产品、材料、物资和提供劳务而应向购买方收取的各种款项。

应收账款周转率（次数）是反映单位赊销额所能产生的现金流入的能力，公式如下：

$$应收账款周转率（次数）=赊销收入净额/应收账款平均余额 \quad （7-1（a））$$

用时间表示应收账款周转率就是应收账款的周转天数，如下式：

$$应收账款周转天数=应收账款平均余额×计算期天数/赊销收入净额 \quad （7-1（b））$$

在这里，应收账款是指由于提供商品和劳务所产生的债权，包括"应收账款"和"应收票据"两个会计科目，而不仅仅指会计科目"应收账款"。

同时，由于赊销收入净额并不是一个企业对外公布的数据，一般外部人员进行财务分析的时候并不能取得该数据，因此，一般用主营业务收入净额代替，即：

$$应收账款周转率（次数）=主营业务收入净额/应收账款平均余额 \quad （7-2（a））$$

$$应收账款周转天数=应收账款平均余额×计算期天数/主营业务收入净额 \quad （7-2（b））$$

从应收账款本身而言，一个企业的应收账款周转率越大越好。这是因为，较大的应收账款周转率反映该企业应收账款的质量较好、收款效率高，从而，发生坏账的可能性也相对较低。

然而，应收账款在本质上依然是现金，只不过是还没有收到的现金，其本身在营运上的意义并无增值性。企业之所以实行赊销的政策主要是为了扩大销售规模，增强销售的竞争力，但赊销额作为一项资产（应收账款和应收票据）低于企业的营运并无帮助。因此，式（7-1（a））与式（7-1（b））只是表明，在应收账款已经发生后，应收账款本身的回收效率，而不能认为从整个营运的角度上看应收账款的周转率越高越好。从整个营运的角度看，要提高应收账款的周转率最好的办法并不是加紧催讨，而是在订立赊销政策的时候就缩短赊销期限，这样就能大幅提高应收账款周转率了，但是，这样也会损害企业销售的竞争力，影响销售额。因此，从整个营运的角度看，应收账款周转率的设定也是一个两难选择，而这是由应收账款的现金本质所决定的。

表7-13为福田汽车2014—2016年应收账款周转率计算表，图7-12为其变动趋势图

表7-13　福田汽车2014—2016年应收账款周转率计算表　　　　单位：元

项　　目	2016 年	2015 年	2014 年
主营业务收入	46 532 069 535.53	33 997 492 420.07	33 691 283 636.83
应收账款（年初）	6 565 600 384.76	3 874 058 428.09	3 065 667 763.30
应收账款（年末）	12 600 913 522.02	6 565 600 384.76	3 874 058 428.09
应收账款平均余额	9 583 256 953.39	5 219 829 406.43	3 469 863 095.70
应收账款周转率/%	4.86	6.51	9.71

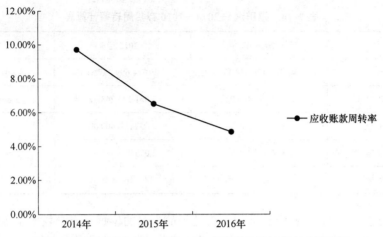

图 7-12　福田汽车 2014—2016 年应收账款周转率变动趋势图

由图 7-12 可以看出福田汽车三年的应收账款周转率一直在下降，说明企业的赊销政策以及赊销期限面临一定的风险。

相比同行业水平，福田汽车的应收账款周转率处于业内中等偏高的位置，这一方面有利于企业应收账款的及时收回，防止发生坏账损失，另一方面不会对企业的销售竞争力产生影响，有利于企业发展壮大。

7.3.5　存货周转率

存货主要由材料存货、在产品存货和产成品存货构成，这是流动资产重要的组成部分，通常能够达到流动资产总额的一半甚至更多，因此，对存货周转率的分析是整个营运能力分析不可缺少的一部分。

存货周转率（次数）通常以产品营业成本和存货平均余额的比率来表示，如式（7-3（a））所示，用时间表示的存货周转率就是存货周转天数，如式（7-3（b））所示。

$$存货周转率（次数）=营业成本/存货平均余额 \qquad （7-3（a））$$

$$存货周转天数=存货平均余额×计算期天数/营业成本 \qquad （7-3（b））$$

式（7-3（a））从价值流的角度看，是企业的存货由于卖出而得到资本补偿的速率。从营运的效果上看，它反映的是销售部门在给定的销售策略下（包括定价和赊销等具体策略）的销售业绩。存货周转率越高，则销售部门把存货卖出去的速率越快，因此，在给定销售策略的前提下，存货周转率越高，则说明企业销售部门的业绩越好。

表 7-14 为福田汽车 2014—2016 年存货周转率计算表。

表 7-14　福田汽车 2014—2016 存货周转率计算表　　　　单位：元

项　　目	2016 年	2015 年	2014 年
营业成本	40 185 176 314.17	29 754 699 977.51	29 679 522 975.31
存货（年初）	2 059 386 400.00	2 051 103 243.87	3 271 788 608.18
存货（年末）	3 256 008 269.98	2 059 386 400.00	2 051 103 243.87
存货平均余额	2 657 697 334.99	2 055 244 821.94	2 661 445 926.03
存货周转率/%	15.12	14.48	11.15

　　福田汽车的存货周转率在全行业内一直处于前十名的位置，充分表明了福田汽车的产品定价合理、符合市场要求，企业的销售部门业绩良好，能够及时卖出存货，使成本得到补偿。另外，比较企业三年的存货周转情况，可以看到企业的存货周转率稳步上升，这也从一个方面反映了企业的稳定持续发展。

　　对于用式（7-3（a））和（7-3（b））来评价销售部门的业绩之所以必须以"给定的销售策略"为前提，是因为，由于销售策略的变动必然会导致存货周转率的变动，而这种变动和销售部门人员的客观努力工作并无关系。这类销售策略主要可以分为定价策略和赊销策略，当把两个约束条件一并考虑之后，我们可以看到一个修正的存货周转率，如下式：

　　修正的存货周转率（次数）＝销售商品提供劳务收到的现金／存货平均余额　（7-4（a））

　　表 7-15 为福田汽车 2014—2016 年修正的存货周转率计算表，图 7-15 为其变动趋势图。

表 7-15　福田汽车 2014—2016 修正存货周转率计算表　　　　单位：元

项　　目	2016 年	2015 年	2014 年
销售商品或提供劳务收现	28 331 243 738.73	17 594 293 171.22	19 633 695 246.06
存货（年初）	2 059 386 400.00	2 051 103 243.87	3 271 788 608.18
存货（年末）	3 256 008 269.98	2 059 386 400.00	2 051 103 243.87
存货平均余额	2 657 697 334.99	2 055 244 821.94	2 661 445 926.03
修正的存货周转率/%	10.66	8.56	7.38

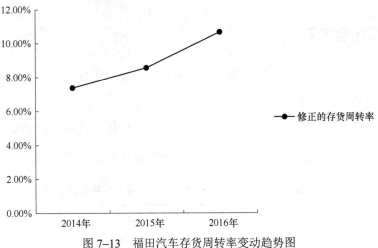

图7-13 福田汽车存货周转率变动趋势图

修正的存货周转天数=存货平均余额×计算期天数/销售商品提供劳务收到的现金 （7-4（b））

销售商品、提供劳务收到的现金本身包含了定价和赊销的约束条件，如果一个销售部门通过延长赊销期来达到增加存货的销售量，则会影响现金的回收；同样的，如果降低销售价格，也会影响到收到现金的总额。

需要说明的是，并不是说在作财务分析的时候，要用修正的存货周转率来代替存货周转率，而是要在不同的限制条件下，使用不同的指标来分析。当企业的销售部门没有销售策略的制定权，同时，在分析的期间内，客观上也没有对销售策略大幅调整，那么应该用式（7-3（a））和（7-3（b））来衡量。

如果企业的销售部门本身具有制定销售政策的权限，或者在给定的期间内客观上销售策略有较大的调整，则应该用式（7-4（a））和（7-4（b））来衡量，分析企业销售部门的营运能力。

另外，从企业资产增值的角度上看，也应该使用式（7-4（a））和（7-4（b））来进行分析，这是因为，将存货转变为营业成本本身并不是一个增值的过程，而只是企业内部的一项资产向成本的转移，销售作为一个增值的过程是体现在企业和企业外部的交换上的，也就是体现在销售成本和营业收入的交换上。

此外，在进行存货周转率分析时还应该注意以下3点：

① 各种存货的计价方式必须前后一致，否则需要对分析结果进行调整；

② 对存货的估价要谨慎，这对分析的结果有较大的影响；

③ 在对单一指标进行分析的时候要将其放入企业经营的大背景下看，注意非企业可控因素的影响。

7.3.6　资产现金回收率

资产现金回收率是一个借助于"套现"能力来衡量资产质量的一个评价指标。资产现金回收率的计算公式可表示如下：

资产现金回收率=（经营现金净流量÷平均资产总额）×100%

表 7-16 为福田汽车 2014—2016 年资产现金回收率计算表，图 7-14 为其变动趋势图。

单位：元

表 7-16　福田汽车 2014—2016 年资产现金回收率计算表

项　目	2016 年	2015 年	2014 年
经营现金净流量	1 191 783 305.59	490 044 412.02	1 102 348 778.34
总资产（年初）	42 752 961 319.03	34 697 470 410.81	32 558 179 741.98
总资产（年末）	53 913 464 928.89	42 752 961 319.03	34 697 470 410.81
平均总资产总额	48 333 213 123.96	38 725 215 864.92	33 627 825 076.40
资产现金回收率/%	2.47	1.27	3.28

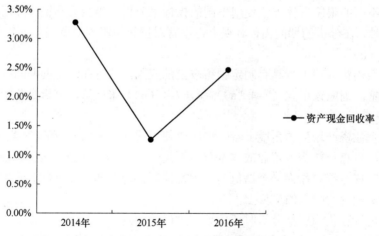

图 7-14　福田汽车 2014—2016 年资产现金回收率变动趋势图

可以看出，福田汽车的资产现金回收率三年来波动较大，2015 年大幅下降，2016 年有所回升，但仍未达到 2014 年的水平。这表明福田汽车在现金管理方面仍然有待改进，要注意持有一定的现金流量以确保企业的经营安全。

7.3.7 不良资产比率

不良资产比率是一个更为直观地反映企业资产资料存在问题的指标。简而言之，不良资产比率就是不良资产占企业资产总额的比重。不良资产比率的计算公式如下：

$$不良资产比率=[（资产减值准备余额+应提未提和应摊未摊的潜亏挂账+$$
$$未处理资产损失）/（资产总额+资产减值准备余额）]×100\%$$

表 7–17 为福田汽车 2014—2016 年不良资产比率计算表，图 7–15 为其变动趋势图。

表 7–17　福田汽车 2014—2016 年不良资产比率计算表　　　　单位：元

项　　目	2016 年	2015 年	2014 年
资产减值准备			
应收账款坏账准备	579 482 261.72	311 741 680.46	139 507 795.88
其他应收坏账准备	39 591 448.54	43 409 417.17	30 414 585.57
长期应收款坏账准备	311 581 565.00	267 581 082.28	173 304 914.88
存货跌价准备	277 611 787.30	230 352 194.68	170 714 557.21
固定资产减值准备	312 323 864.22	212 010 690.34	227 429 376.33
资产减值准备合计	1 520 590 926.78	1 065 095 064.93	741 371 229.87
资产总额	53 913 464 928.89	42 752 961 319.03	34 697 470 410.81
不良资产比率/%	2.74	2.43	2.09

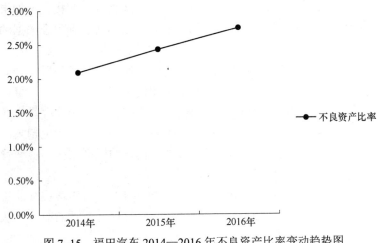

图 7–15　福田汽车 2014—2016 年不良资产比率变动趋势图

公式中分子列举的就是一些主要不良资产的表现形式,资产减值准备余额表示现有的资产中累计所发生的减值损失,应提未提和应摊未摊的潜亏挂账主要是指不确认可能发生的损失,导致账面资产价值本期利润的虚增现象,这种现象可能是现有企业会计准则的一个灰色地带,也可能是管理盈余的目的。比如,低估产品成本、高估存货、不良债权长期挂账、少提不提折旧、少计负债等手段,都可能导致企业虚增资产和利润。未处理资产损失主要指的是由于资产盈亏、毁损等原因尚未报请批准处理的资产损失。根据新企业会计准则的规定,对于这类资产损失,在资产负债表日,即便有关部门尚未批准处理,会计也应该凭着职业判断,估计处理结果并进行会计处理,等实际批复结果出来以后再进行调整,这样待处理财产损益就不会虚列于资产负债表了。公式的分母则是对资产负债表所列资产净额的一个修正,资产总额反映其原始金额的大小。

不良资产比率作为一个负指标,显然是越小越好。不良资产比率着重考虑那些不能正常循环周转、难以为企业牟取经济利益的资产占总资产的比重来反映企业资产的质量水平,比较直观地揭示了企业在资产管理和运用方面存在的问题,是对企业资产营运状况进行的补充和修正,有助于引起企业对相关资产的重视,以进一步提高资产的利用效率。

7.3.8　资产质量与营运能力行业分析

企业的优质资产可以带来优良收益。资产质量越高,营运状况越好,企业的经济资源就越充满活力,体现出的企业的资产管理水平越高。

同时,资产的循环和周转能力是判断企业资产的主要依据。资产的营运能力提高了,就可以盘活资产,进一步提高企业资产的质量。

企业营运能力分析有助于判断企业财务的安全性、资本的保全程度及资产的收益能力,可作相应的投资决策依据。首先,企业的安全性与其资产结构密切相关,如果企业流动性强的资产所占的比重大,企业资产的变现能力强,企业一般不会遇到现金拮据的压力,企业的财务安全性较高。其次,企业要保全所有者或股东的投入资本,除要求在资产的运用过程中,资产的净损失不得冲减资本金外,还要有高质量的资产作为其物质基础,否则资产周转价值不能实现,就无从谈及资本保全。而通过资产结构和资产管理效果分析,可以很好地判断资本的安全程度。最后,企业的资产结构直接影响着企业的收益。企业存量资产的周转速度越快,实现收益的能力越强;存量资产中商品资产越多,实现的收益额也越大;商品资产中毛利额高的商品所占比重越高,取得的利润率就越高。良好的资产结构和资产管理效果预示着企业未来收益能力的提高。

对福田汽车所在的行业营运能力进行分析(见表 7-18),可以掌握行业资产管理的平均水平,了解企业与行业中先进企业的差距,分析企业自身存在差距的原因,从而改善资产管理,不断提高资产质量和营运能力。

表 7-18 2014—2016 年行业营运能力分析 单位：%

公司名称	2016 年				2015 年				2014 年			
	应收账款周转率	存货周转率	流动资产周转率	总资产周转率	应收账款周转率	存货周转率	流动资产周转率	总资产周转率	应收账款周转率	存货周转率	流动资产周转率	总资产周转率
上汽集团	24.88	17.51	2.48	1.35	26.44	15.41	2.61	1.43	31.38	15.76	2.69	1.60
比亚迪	3.27	4.97	1.56	0.79	4.54	5.17	1.68	0.76	5.43	5.40	1.69	0.68
广汽集团	52.37	17.90	1.57	0.66	32.84	10.82	1.07	0.45	21.47	8.07	0.84	0.37
长城汽车	164.91	14.61	2.09	1.20	108.04	14.98	2.01	1.14	90.29	14.52	1.89	1.10
长安汽车	66.16	8.36	1.34	0.80	81.71	7.27	1.53	0.84	92.92	7.66	1.84	0.86
华域汽车	6.24	16.59	2.17	1.33	5.97	16.57	2.18	1.28	6.57	16.07	2.11	1.26
世纪华通	5.65	5.71	1.81	0.65	5.63	5.10	1.86	0.65	4.42	2.85	1.42	0.55
宇通客车	2.87	14.91	1.44	1.10	3.37	17.22	1.55	1.16	4.03	15.22	1.78	1.29
潍柴动力	9.17	5.16	1.39	0.67	7.91	4.64	1.21	0.63	11.30	5.90	1.42	0.80
万丰奥威	6.17	7.48	2.13	1.05	6.98	9.84	2.45	1.22	5.71	11.21	2.38	1.19
万向钱潮	5.32	5.40	1.38	0.89	5.38	4.92	1.26	0.83	5.76	4.62	1.45	0.91
小康股份	43.71	14.43	1.66	1.00	38.04	11.12	1.67	0.90	60.67	8.81	1.68	0.89
均胜电子	6.73	7.22	1.44	0.76	7.58	6.19	1.65	0.91	7.65	6.61	2.71	1.18
江淮汽车	19.72	20.34	1.98	1.19	37.35	26.15	2.57	1.41	70.17	23.28	2.56	1.35
威孚高科	4.97	4.41	0.70	0.39	4.65	4.45	0.71	0.38	5.43	4.52	0.84	0.46
万里扬	3.11	3.88	0.97	0.47	3.41	3.13	0.67	0.39	5.20	2.67	0.59	0.37
福田汽车	5.22	15.12	2.23	0.96	7.47	14.48	2.44	0.88	9.71	11.15	2.84	1.00
江铃汽车	20.27	11.25	1.79	1.17	22.86	10.70	1.88	1.21	44.19	11.22	2.23	1.42
拓普集团	4.32	3.48	1.48	0.87	5.03	3.56	1.56	0.90	5.48	3.93	2.22	1.18
一汽轿车	238.58	5.96	2.33	1.22	894.64	5.64	2.65	1.37	587.19	7.79	2.98	1.61
奥特佳	4.44	5.10	1.41	0.70	4.55	5.05	1.33	0.67	4.63	7.25	0.99	0.59
东风汽车	6.43	8.37	1.17	0.77	10.73	8.89	1.28	0.85	22.08	8.65	1.31	0.88
双林股份	4.12	3.90	1.47	0.69	4.31	3.63	1.40	0.64	3.33	2.93	1.08	0.55
富临精工	3.25	4.22	0.77	0.40	5.18	4.77	1.18	0.82	4.96	5.23	1.59	1.03
京威股份	5.68	3.14	1.43	0.61	5.17	2.99	1.22	0.62	5.33	2.79	0.97	0.62
力帆股份	3.62	4.19	0.76	0.40	4.15	5.05	1.02	0.54	6.17	4.40	1.12	0.59
宁波华翔	5.65	6.04	2.05	1.04	6.10	6.09	2.03	1.03	6.73	6.08	2.16	1.11
光启技术	2.90	7.90	1.83	0.58	2.69	7.22	1.77	0.60	3.00	7.00	1.58	0.69
富奥股份	4.65	7.80	1.44	0.68	3.89	6.08	1.24	0.56	4.67	6.88	1.55	0.70

公司名称	2016 年				2015 年				2014 年			
	应收账款周转率	存货周转率	流动资产周转率	总资产周转率	应收账款周转率	存货周转率	流动资产周转率	总资产周转率	应收账款周转率	存货周转率	流动资产周转率	总资产周转率
星宇股份	7.94	3.28	0.99	0.76	7.91	3.18	1.04	0.75	6.55	3.53	0.95	0.67
云意电气	3.53	2.87	0.47	0.32	3.37	2.53	0.51	0.35	3.52	2.64	0.50	0.37
亚太股份	4.83	4.98	1.34	0.75	4.69	5.20	1.16	0.72	5.42	5.88	1.50	0.96
中国汽研	7.27	6.19	0.65	0.36	4.44	3.79	0.50	0.28	6.65	6.45	0.68	0.39
信质电机	4.60	4.46	0.88	0.67	4.09	4.28	0.90	0.65	4.71	4.11	1.26	0.90
万安科技	5.38	4.94	1.33	0.85	5.85	4.28	1.37	0.86	5.56	3.57	1.17	0.72
一汽夏利	104.61	5.93	0.93	0.38	94.69	6.96	1.86	0.54	68.69	5.81	1.87	0.43
福达股份	2.93	2.87	0.59	0.29	2.73	2.62	0.65	0.29	3.51	3.10	1.09	0.42
中通客车	2.44	24.83	1.56	1.22	3.16	13.72	1.70	1.26	4.51	6.70	1.42	0.97
中国重汽	4.92	6.08	1.28	1.13	4.70	7.38	1.34	1.15	8.14	6.68	1.75	1.47
海马汽车	88.71	7.59	1.94	0.78	287.14	7.11	1.65	0.73	380.49	8.52	1.89	0.83
天润曲轴	3.16	2.49	1.08	0.37	4.02	2.10	1.02	0.35	4.37	1.88	0.93	0.34
金杯汽车	3.43	5.23	0.59	0.45	5.06	4.24	0.61	0.48	5.77	5.14	0.76	0.61
金龙汽车	1.80	8.68	0.98	0.86	2.73	9.15	1.42	1.23	3.08	10.68	1.49	1.24
八菱科技	13.68	6.10	0.77	0.35	8.22	5.15	0.56	0.31	7.75	4.95	0.79	0.50
斯太尔	4.55	0.77	0.46	0.14	2.52	1.41	0.33	0.16	3.27	1.90	0.47	0.31
金固股份	9.84	3.24	1.08	0.57	7.23	2.01	0.75	0.42	7.10	1.87	0.78	0.43
渤海活塞	5.07	3.41	0.61	0.36	4.12	2.09	0.51	0.34	4.23	2.36	0.70	0.46
继峰股份	3.80	3.64	1.24	0.84	3.79	3.48	1.32	0.80	4.72	3.87	1.91	1.07
华懋科技	3.44	6.04	0.88	0.62	3.73	6.54	0.78	0.56	4.02	6.30	0.94	0.62
浙江世宝	3.14	3.53	0.92	0.57	2.56	2.73	0.64	0.42	2.67	3.10	0.77	0.48
航天晨光	2.22	3.98	1.00	0.67	2.53	4.00	1.10	0.72	2.90	4.41	1.43	0.89
众泰汽车	2.24	1.57	0.58	0.45	2.91	2.07	0.66	0.51	2.44	1.63	0.52	0.39
西部资源	1.74	5.36	0.34	0.12	2.38	6.70	0.53	0.20	1.49	2.29	0.25	0.10
苏奥传感	5.26	4.98	1.02	0.83	6.14	4.38	1.55	1.17	6.99	4.60	1.81	1.36
银轮股份	3.38	4.51	1.44	0.72	3.68	4.47	1.38	0.73	3.78	4.14	1.30	0.72
兴民智通	4.03	1.24	0.66	0.36	4.66	1.21	0.65	0.36	7.29	1.54	0.77	0.45
一汽富维	22.54	10.94	3.01	1.55	13.34	10.31	3.31	1.45	17.54	12.80	4.47	1.85
凌云股份	6.48	5.06	1.64	0.94	6.13	4.79	1.51	0.88	5.52	4.86	1.56	0.92

公司名称	2016 年				2015 年				2014 年			
	应收账款周转率	存货周转率	流动资产周转率	总资产周转率	应收账款周转率	存货周转率	流动资产周转率	总资产周转率	应收账款周转率	存货周转率	流动资产周转率	总资产周转率
中航黑豹	12.37	3.55	1.28	0.54	8.00	3.63	1.50	0.60	6.87	4.67	1.62	0.76
贵航股份	3.41	4.33	1.30	0.89	3.31	4.47	1.26	0.85	3.78	4.44	1.31	0.88
中原内配	6.58	2.69	0.97	0.44	7.93	2.35	1.02	0.43	10.32	2.21	0.99	0.45
北特科技	4.10	3.96	0.99	0.56	4.25	4.09	1.33	0.70	4.90	4.18	1.47	0.80
腾龙股份	4.32	3.41	1.00	0.71	4.61	3.66	1.11	0.82	4.21	3.54	1.47	1.03
曙光股份	2.36	6.16	0.75	0.38	3.29	7.77	0.99	0.48	4.54	6.07	1.09	0.51
宁波高发	5.68	5.40	0.97	0.78	5.89	5.48	1.05	0.85	6.16	5.75	1.56	1.15
光洋股份	3.77	4.19	1.16	0.63	2.51	2.70	0.72	0.48	2.85	3.04	0.93	0.65
模塑科技	6.29	7.19	1.88	0.61	6.74	6.93	2.06	0.74	6.90	5.18	2.00	0.87
蓝黛传动	3.52	3.79	1.02	0.61	3.12	3.17	1.02	0.57	3.95	3.68	1.56	0.72
精锻科技	4.80	3.30	1.45	0.47	4.56	2.87	1.35	0.41	4.94	3.04	1.45	0.43
湖南天雁	2.53	3.21	0.60	0.45	2.34	2.84	0.54	0.40	3.09	3.49	0.70	0.54
联明股份	5.59	4.30	1.89	0.90	5.67	3.93	1.82	0.82	7.24	4.16	1.98	0.87
广东鸿图	3.44	5.57	1.79	0.82	3.19	5.04	1.73	0.85	3.35	5.01	1.67	0.90
松芝股份	3.13	3.72	0.99	0.70	3.38	4.19	1.00	0.74	3.39	4.40	0.92	0.71
天汽模	3.34	1.39	0.78	0.49	3.63	1.14	0.80	0.50	4.26	0.94	0.75	0.46
西仪股份	4.41	2.07	1.06	0.67	4.37	1.83	0.95	0.59	4.26	1.85	1.00	0.61
特尔佳	3.17	2.57	0.57	0.34	2.82	2.93	0.71	0.41	3.24	3.67	1.00	0.57
日上集团	3.47	1.10	0.62	0.44	3.54	1.04	0.65	0.44	4.53	1.13	0.77	0.50
东安动力	3.25	10.14	1.35	0.65	3.11	7.40	1.06	0.40	2.34	7.66	0.76	0.26
隆基机械	4.70	2.68	1.14	0.60	5.00	2.18	1.19	0.62	4.36	1.75	1.00	0.54
新朋股份	10.97	6.95	1.82	1.00	10.99	7.80	1.76	1.02	10.63	8.46	1.88	0.97
远东传动	3.02	3.06	0.70	0.41	2.56	2.36	0.62	0.38	3.46	2.75	0.74	0.50
东风科技	4.08	11.52	1.94	1.16	4.67	9.79	1.89	1.13	5.52	11.69	2.41	1.42
西泵股份	4.42	3.62	1.38	0.71	5.13	3.13	1.39	0.70	5.29	2.84	1.44	0.68
安凯客车	2.60	19.19	0.81	0.62	3.37	12.85	1.00	0.72	5.50	10.63	1.43	1.03
湘油泵	3.48	2.86	1.13	0.64	3.65	2.28	1.11	0.61	3.81	2.43	1.16	0.68
长春一东	2.79	4.07	0.93	0.68	2.64	3.93	0.78	0.59	3.51	4.14	0.99	0.76
华菱星马	2.95	2.81	0.95	0.44	2.95	2.37	0.89	0.40	4.82	3.37	1.18	0.58

续表

公司名称	2016 年				2015 年				2014 年			
	应收账款周转率	存货周转率	流动资产周转率	总资产周转率	应收账款周转率	存货周转率	流动资产周转率	总资产周转率	应收账款周转率	存货周转率	流动资产周转率	总资产周转率
跃岭股份	5.34	4.54	1.33	0.63	5.05	4.54	1.24	0.62	6.59	6.23	1.89	0.97
亚星客车	1.38	15.70	1.02	0.93	1.40	10.31	0.97	0.83	1.50	7.33	0.92	0.74
登云股份	2.59	1.45	0.76	0.41	2.11	1.24	0.62	0.34	2.47	1.56	0.79	0.43
鸿特精密	4.11	4.64	1.77	0.75	4.20	4.47	1.73	0.74	4.05	4.25	1.63	0.74
浙江仙通	3.81	4.01	1.03	0.71	3.82	3.87	1.71	0.88	3.05	3.39	1.41	0.69
奥联电子	3.38	3.52	1.05	0.73	3.57	3.29	1.45	0.86	3.32	2.86	1.28	0.79
今飞凯达	6.87	4.69	1.74	0.81	6.46	4.48	1.57	0.76	6.78	4.56	1.49	0.74
钧达股份	5.18	3.29	1.32	0.72	4.52	3.31	1.26	0.67	4.59	4.06	1.47	0.77
贝斯特	2.91	2.44	1.30	0.56	3.09	2.92	1.33	0.57	3.38	3.49	1.34	0.61
万通智控	5.34	5.30	1.81	1.06	5.69	5.74	2.14	1.23	7.10	7.34	2.73	1.67
雷迪克	4.00	2.60	1.28	0.87	3.92	2.51	1.35	0.92	4.37	2.97	1.31	0.91
隆盛科技	3.82	2.50	0.93	0.58	3.71	2.22	0.83	0.57	3.22	2.12	0.81	0.55
兆丰股份	3.79	6.98	1.10	0.74	3.37	5.29	0.87	0.51	3.44	6.58	0.86	0.52
爱柯迪	4.87	3.82	1.61	0.82	5.02	3.78	1.61	0.85	5.23	3.97	1.48	0.84
常熟汽饰	3.75	7.55	1.31	0.56	3.67	5.36	1.55	0.52	4.47	5.66	1.59	0.59
凯众股份	3.73	2.20	0.97	0.72	3.76	3.00	0.91	0.65	3.76	2.94	0.95	0.69
正裕工业	4.02	6.47	1.67	1.07	3.93	6.47	1.64	0.97	4.69	7.09	2.06	1.14
圣龙股份	5.17	6.35	2.34	0.91	5.86	6.42	2.51	1.02	6.59	6.13	2.59	1.11
新泉股份	4.97	2.90	1.57	1.04	3.78	2.13	1.18	0.73	3.24	2.01	1.17	0.72
保隆科技	4.70	2.91	1.70	1.12	5.04	2.73	1.69	1.10	5.78	2.63	1.77	1.12
日盈电子	3.97	4.35	1.92	0.74	4.20	4.42	1.72	0.66	4.98	4.23	1.65	0.75
迪生力	15.20	1.47	1.72	1.11	16.26	1.69	1.71	1.12	16.08	1.74	1.70	1.13
华达科技	6.56	3.33	1.94	1.18	6.64	3.12	1.90	1.19	7.06	3.14	1.98	1.33
金麒麟	5.35	3.91	1.48	0.74	5.48	3.45	1.34	0.64	5.71	3.00	1.18	0.61
岱美股份	4.86	2.95	1.76	1.14	5.37	2.74	1.75	1.13	5.43	2.69	1.77	1.14
秦安股份	5.10	2.23	1.34	0.52	5.92	2.36	1.50	0.57	7.27	2.82	1.53	0.64
中马传动	3.81	4.28	1.56	0.69	4.00	3.97	1.73	0.83	4.24	3.74	1.76	0.98
常青股份	12.36	6.45	2.92	1.09	8.64	6.35	2.69	0.97	11.78	6.41	2.82	1.19
金鸿顺	4.05	2.85	1.53	0.89	3.89	2.91	1.47	0.91	3.81	3.11	1.45	0.97

公司名称	2016 年				2015 年				2014 年			
	应收账款周转率	存货周转率	流动资产周转率	总资产周转率	应收账款周转率	存货周转率	流动资产周转率	总资产周转率	应收账款周转率	存货周转率	流动资产周转率	总资产周转率
铁流股份	8.97	3.35	1.91	1.05	8.87	3.78	2.12	1.18	9.35	4.11	2.13	1.35
行业平均值	11.57	5.79	1.33	0.73	18.32	5.37	1.35	0.74	17.38	5.32	1.46	0.81
福田汽车在行业中的排名	42	8	6	25	23	6	8	33	18	10	3	31

　　从表 7–18 中可以看出，福田汽车的营运能力处于行业中的较高水平。连续三年，福田汽车的应收账款周转率、存货周转率以及总资产周转率等各项营运能力指标在行业中均是名列前茅。

7.4　偿债能力与债务风险概述

　　本书分别从短期偿债能力和长期偿债能力两个角度入手分析企业的偿债能力和债务风险。选择的短期偿债指标包括：营运资本水平、流动比率、速动比率、现金比率和现金流量比率。长期偿债指标包括：资产负债率、产权比率、权益乘数、长期资本负债率、利息保障倍数、现金流量利息保障倍数、带息负债比率和现金流量债务比。

7.4.1　偿债能力与债务风险概述

1. 偿债能力分析的目的

　　企业偿债能力是指企业到期偿还债务本息的现金保障能力，即偿还各种债务的能力，包括长期偿债能力和短期偿债能力。静态地讲，企业偿债能力就是用企业资产偿还企业长、短期负债的能力；动态地讲，就是用企业资产和经营过程中创造的收益偿还长、短期负债的能力。

　　偿债能力是企业经营者、投资者、债权人等十分关心的重要问题，站在不同的角度，其分析的目的也有区别。例如，投资者更重视企业的盈利能力，但他们认为企业的财务状况良好、偿债能力强有助于提高企业的盈利能力。因此，他们同样会关注企业的偿债能力。对于投资者来说，如果企业的偿债能力发生问题，就会使企业的经营者花费大量的精力去筹措资金以应付还债，这不仅会增加筹资难度，加大临时性紧急筹资的成本，还会使企业的管理者难以全神贯注地进行企业经营管理，使企业的盈利受到影响，最终影响到投资人的利益。债权人则会从他们的切身利益出发来研究企业的偿债能力，只有企业有较强的偿债能力，才能及时收回债权，并能按期取得利息。可见，企业的偿债能力如何，不仅是企业自身所关心的问题，也是各方面利益关系者都非常重视的问题。

如果站在企业的角度，偿债能力分析的目的如下。

① 了解企业的财务状况。从企业财务状况的角度来看，企业偿债能力的强弱是反映企业财务状况的重要标志。

② 解释企业所承担的财务风险的程度。当企业举债时，就可能会出现债务不能按时偿付的可能，这就是财务风险的实质所在。而且企业的负债率越高，到期不能按时偿付的可能性越大，企业所承担的财务风险越大。

③ 预测企业的筹资前景。当企业偿债能力强时，说明企业的财务状况较好，信誉较高，债权人就愿意将资金借给企业。否则，债权人不愿意借款给企业。因此，当企业的偿债能力弱时，企业的筹资前景不容乐观，企业将承担更高的财务风险。

④ 偿债能力分析为企业进行各种理财活动提供了重要参考。

2. 偿债能力分析的内容

企业有无支付现金的能力和偿还债务的能力是企业能否继续生存和发展的关键。偿债能力分析主要包括以下两个方面的内容。

① 短期偿债能力分析。即通过对反映短期偿债能力的主要指标和辅助指标的分析，了解企业短期偿债能力的高低及其变动情况，说明企业的财务状况和风险程度。

② 长期偿债能力分析。通过对反映企业长期偿债能力的指标的分析，了解企业的长期偿债能力高低及变动情况，说明企业整体财务状况和债务负担及偿债能力的保障程度。

3. 影响短期偿债能力的主要因素

1）资产的流动性

资产的流动性是指企业资产转化为现金的能力。一般来说，企业都用流动资产来偿还债务，不仅短期负债需要用流动资金来偿还，就是长期负债也需要用流动资产偿还。除非企业中止经营，进行清算，否则一般不会出售固定资产来偿还短期负债。因此，资产的流动性越强，尤其是流动资产中变现能力较强的资产（如现金）所占的比重也越大，则企业的短期偿债能力就越强。在企业的流动资产中，应收账款和存货的变现能力是影响流动资产变现能力的重要因素。但应收账款可能会发生坏账，存货可能会造成积压，这将使企业流动资产的变现能力大大下降，影响其偿债能力。

2）企业的经营收益水平

短期负债通常是以流动资产中的现金进行偿还的，而现金的取得主要来源于企业的经营收益。企业利润是企业经营收益的集中体现。通常一个经营收益水平较高的企业，其利润也高，而利润的取得会增加企业的资金，使企业有持续和稳定的现金流入，从而从根本上保障债权人的权益。当企业的经营收益水平下降时，如果其现金的流入不足以抵补现金的流出，就会造成现金短缺，导致偿债能力下降。

3）流动负债的结构

企业的流动负债中有些需要用现金偿付，如短期借款、应付账款等，有些需要用商品或劳务来偿付，如预收账款。如果需要用现金偿付的流动负债所占的比重较大，则企业需要拥有足够的现金才可以保障其偿债能力；如果在流动负债中预收账款所占的比重较大，则企业只要有足够的存货就可以保障其偿债能力。

4. 影响长期偿债能力的主要因素

1）企业的盈利能力

这是影响企业偿债能力的最重要因素。企业的长期负债大多用于企业长期资产的投资，形成企业的固定生产能力。在企业正常的生产经营条件下，企业不可能靠出售长期资产作为偿债的资金来源，而是靠企业的生产经营所得。因此，企业的长期偿债能力与盈利能力密切相关。企业能否拥有足够的现金流入来偿还长期本息受制于收支配比的结果。一个长期亏损的企业，在通货膨胀普遍存在的情况下，要保全资本十分困难，而企图保持正常的长期偿债能力就更加不易。相反，对于长期盈利的企业，随着现金净流量的不断增加，必然会为及时足额地偿还各项债务本息提供坚实的物质基础。

2）所有者资本的积累程度

尽管企业的盈利能力是影响长期偿债能力的最重要因素，但是长期偿债能力必须以拥有雄厚实力的所有者资本为基础。如果企业将利润的大部分都分配给投资者，只提取少许的所有者资本，使其增长和积累的速度变慢，就会降低偿还债务的可能性。此外，当企业结束经营时，其最终的偿债能力将取决于企业所有者资本的全部实现价值。如果资产不能按其账面价值处理，就有可能损害债权人的利益，使债务不能得到全部清偿。

7.4.2　短期偿债能力指标

1. 营运资本

营运资本是指流动资产超过流动负债的部分，其计算公式如下：

$$营运资本=流动资产-流动负债$$

计算营运资本使用的流动资产和流动负债，通常可以直接取自资产负债表。实际上，资产负债表的基本结构，是按债权人的要求设计的。正是为了便于计算营运资本和分析流动性，资产负债表项目才区分流动项目和非流动项目，并且按流动性强弱排序。

如果流动资产与流动负债相等，并不足以保证偿债，因为债务的到期与流动资产的现金生成，不可能同步同量。企业必须保持流动资产大于流动负债，即保有一定数额的营运资本作为缓冲，以防止流动负债"穿透"流动资产。营运资本之所以能够成为流动负债的"缓冲垫"，是因为它是长期资本用于流动资产的部分不需要在一年内偿还。

营运资本=流动资产–流动负债

　　　　=（总资产–非流动资产）–（总资产–股东权益–非流动负债）

　　　　=（股东权益–非流动负债）–非流动资产

　　　　=长期资本–长期资产

当流动资产大于流动负债时，营运资本为正数，表明长期资本的数额大于长期资产，超出部分被用于流动资产。营运资本的数额越大，财务状况越稳定。简而言之，全部流动资产都由营运资本提供资金来源，则企业没有任何偿债压力。

当流动资产小于流动负债时，营运资本为负数，表明长期资本小于长期资产，有部分长期资产由流动负债提供资金来源。由于流动负债在 1 年内需要偿还，而长期资产在 1 年内不能变现，偿债所需现金不足，必须设法另外筹资，则财务状况不稳定。

表 7–19 为福田汽车 2014—2016 年营运资本计算表，图 7–16 为其变动趋势图。

表 7–19　福田汽车 2014—2016 年营运资本计算表　　　　单位：元

项　　目	2016 年	2015 年	2014 年
流动资产	25 110 477 737.81	16 649 629 215.14	11 271 621 885.14
流动负债	30 749 408 538.05	20 779 107 685.02	16 844 980 098.50
营运资本	–5 638 930 800.24	–4 129 478 469.88	–5 573 358 213.36

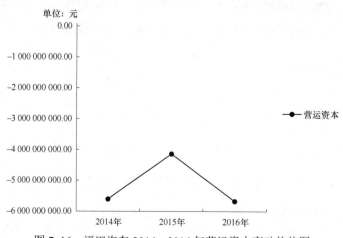

图 7–16　福田汽车 2014—2016 年营运资本变动趋势图

营运资本是流动负债"穿透"流动资产的"缓冲垫"。福田汽车营运资本为负数，说明企业的短期偿债能力比较弱，流动负债的偿还没有保障。

从表 7-19 的数据可以看出，福田汽车 2014—2016 年营运资本的配置比率不足，即 1 元流动资产需要偿还多于 1 元的流动负债。2015 福田汽车的流动资产增值额大于流动负债，这使得营运资本的情况有所好转，但是仍然是负数。2016 年福田汽车的流动资产增值额小于流动负债，这导致福田汽车营运资本的绝对数增加了，使得债务的"穿透力"增加了，即偿债能力降低了。由此可见，营运资本政策的改变使得 2016 年福田汽车的短期偿债能力降低了。

营运资本是绝对数，不便于不同企业之间比较。在流动资产和流动负债数额差别较大的情况下，相同营运资本代表的偿债能力是不同的。因此，在实务中很少直接使用营运资本作为偿债能力的指标。营运资本的合理性主要通过流动性存量比率来评价。

2. 流动比率

流动比率，又称营运资金比率，是流动资产与流动负债的比值，是衡量企业短期偿债能力的最常用指标。企业能否偿还流动负债，要看其有多少流动负债，以及有多少变现偿债能力的流动资产。流动资产越多，流动负债越少，则企业的短期偿债能力越强。它是衡量企业在某一时点偿付短期流动负债能力的指标，其计算公式为：

$$流动比率=流动资产/流动负债$$

一般情况下，企业的流动比率越高，短期偿债能力越强，债权人的权益越有保障。一般认为生产企业正常的流动比率是 2，但要求流动比率达到 2 对大多数中国企业而言并不实际；下限是 1.25，低于该数值，公司偿债风险就会增加。如果流动比率过低，企业可能面临到期难以偿还债务的困难。反之，如果流动比率过高，表明企业有足够的变现资产来清偿债务，但这并不能说明企业有足够的现金用来还债，因为这些流动资产可能是不能盈利的闲置的流动资产。因此，分析流动比率还要结合现金流量等进行。若现金不足，则说明有不合理的资金占用，如存货超储积压、应收账款增多等，这都会降低企业的盈利能力，增加经营风险。

评价一个企业的流动比率时，可将计算出的本期流动比率与企业前期流动比率进行比较，也可以与同行业的平均流动比率或先进的、竞争对手的流动比率进行比较。只有通过比较，才能评价流动比率是高还是低，是否合理。因为评价不同行业、不同时期的流动比率数值的合理性有不同的标准，且没有绝对统一的标准。并且，流动比率是静态的衡量指标，受到若干因素的影响，仅凭流动比率来判断企业的偿债能力有一定的片面性，因而在实际中，流动比率分析应该结合不同行业的特点、企业流动资产的结构以及各项流动资产的实际变现能力等因素综合考虑，不能用统一的标准来评价。

表 7-20 为福田汽车 2014—2016 年流动比率计算表，图 7-17 为其变动趋势图。

表 7–20 福田汽车 **2014—2016 年流动比率计算表**　　　　　单位：元

项　　目	2016 年	2015 年	2014 年
流动资产	25 110 477 737.81	16 649 629 215.14	11 271 621 885.14
流动负债	30 749 408 538.05	20 779 107 685.02	16 844 980 098.50
流动比率/%	0.82	0.80	0.67

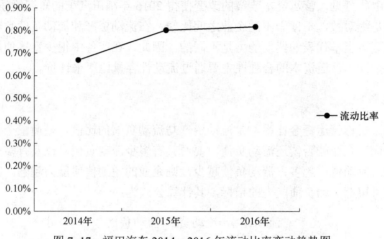

图 7–17 福田汽车 2014—2016 年流动比率变动趋势图

由表 7-20 可以看出，福田汽车的流动比率三年来都在 0.6～0.8 之间变动，流动比率反映了企业的短期偿债能力，流动比率越高，债权人的权益越有保障。福田汽车的流动比率低于一般认为的下限 1.25，说明公司的偿债风险很大，因此要加强这方面的管理。

另外，福田汽车的流动比率在行业内也处于较低的水平，因此，结合行业特点考量，福田汽车也应该提高资产的流动性。

3. 速动比率

流动比率虽然可以用来评价流动资产的总体变现能力，但存在一定的局限性。如果企业的流动比率较高，但流动资产的流动性较差，则企业的短期偿债能力仍然不强。因此，人们希望获得比流动比率更能体现企业变现能力的指标。这个指标就是速动比率。

速动比率是指企业一定时期内的速动资产与流动负债的比率。速动资产是指那些不需变现或变现过程较短，可以很快用来偿还流动负债的流动资产。一般是指流动资产扣除变现能力较差且不稳定的存货、待摊费用、一年内到期的非流动资产及其他流动资产等之后的余额，主要包括货币资金，交易性金融资产、应收账款、应收票据、其他应收款等。速动资产中的货币资金即现款，交易性金融资产能在证券市场上很快变现，应收票据可以通过贴现方式随时变现，应收款项一般能在较短时间内收回，在流动资产中，存货属于流动性最差的资产项目，在经济不景气或存货出现残缺时，存货属于流动性最差的资产项目，在经济不景气或存货出现残缺时，存货不能及时出售，或者按较低的价格抛售，这都会影响资金的流转和企业的支付能力；待摊费用是一种预付性质的费用，其回收转换为现金的速度取决于企业当期或以后各期的销售情况，一般来说，待摊费用的回收速度与存货的流动速度是一致的。所以，存货、待摊费用等不能作为速动资产。这样，将变现能力弱的存货和待摊费用等项目从流动资产中剔除以后，用速动资产与流动负债进行比较，能更加准确、可靠地评价企业资产的流动性及其偿还短期负债的能力。速动资产及速动比率的计算公式如下：

$$速动资产=流动资产-存货-待摊费用-一年内到期的非流动资产-其他流动资产$$
$$速动比率=速动资产/流动负债$$

一般认为，剔除了占流动资产50%的存货后，速动比率等于1较为合理，它说明每1元短期负债有1元的速动资产作为偿还的保证；而速动比率低于1被认为短期偿债能力较弱。当然，速动比率也不是越高越好，太高会造成资产闲置，增加企业的机会成本。而且，不同行业对速动比率的要求是不同的，因为速动资产中的应收账款比重会因行业而异。应收款项很少的，以现金销售为主的商品零售行业，速动比率必须大大低于1，甚至速动比率为0.3～0.4也是正常的；反之，应收账款比重很高的企业，速动比率必须大于1。当然，与流动比率一样，速动比率也没有绝对统一的标准，必须通过比较，才能做出正确的评价。可以认为，速动比率是考虑了企业可能出现的最不利情况后对资产流动性的衡量，因而用它衡量企业的流动性是稳健的。当然速动比率也有一定的局限性：其一，应收账款的可收回性，即应收账款的质量，以及对应收账款的会计核算是否足够稳健，必定会对速动比率的客观作用产生影响；其二，速动比率会随行业和企业情况而异，甚至随经济环境和具体情况的不同而异。比如，在临时性需要或存货比计划提前运到等情况下，企业会临时运用较多的现金来支付货款，这势必导致速动比率下降，很可能会影响债务的支付。

在一般情况下，影响速动比率可信度的重要因素是应收账款的变现能力，账面上的应收账款不一定都能变成现金，实际坏账可能比预先估计的要多；季节性的变化，可能使财务报表上的应收账款数额不能反映平均水平。这些情况，外部分析人员不易了解，而内部人员却有可能作出估计。

表 7-21 为福田汽车 2014—2016 年速动比率计算表，图 7-18 为其变动趋势图。

表 7-21 福田汽车 2014—2016 年速动比率计算表

单位：元

项　目	2016 年	2015 年	2014 年
流动资产	25 110 477 737.81	16 649 629 215.14	11 271 621 885.14
存货	3 256 008 269.98	2 059 386 400.00	2 051 103 243.87
速动资产	21 854 469 467.83	14 590 242 815.14	9 220 518 641.27
流动负债	30 749 408 538.05	20 779 107 685.02	16 844 980 098.50
速动比率/%	0.71	0.70	0.55

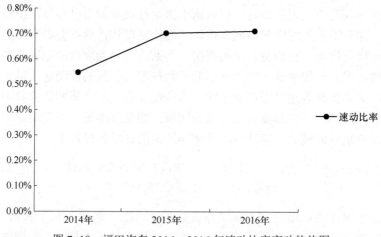

图 7-18　福田汽车 2014—2016 年速动比率变动趋势图

由表 7-21 可以看出，福田汽车的速动比率三年来都在 0.5～0.7 之间波动，比同行业的其他企业都要低，而汽车行业合理的速动比率一般认为是 0.85，更加可靠地验证了福田汽车短期偿债能力比较弱的事实。

虽然速动比率会随着行业和企业情况而异，甚至随经济环境和具体情况而异，但是对于应收账款较多的汽车销售行业来说，速动比率应该是略小于 1 是比较合理的，而福田汽车的速动比率与这一指标相差很远，因此必须要引起企业管理者的关注。

4. 现金比率

在速动资产中，流动性最强、可直接用于偿债的资产称为现金资产。现金资产主要包括货币资金、交易性金融资产等。它们与其他速动资产有区别，其本身就是可以直接偿债的资产，而非速动资产需要等待不确定的时间，才能转换为不确定数额的现金。

现金资产与流动负债的比值称为现金比率，其计算公式如下：

$$现金比率=（货币资金+交易性金融资产）/流动负债$$

现金比率是现金资产与流动负债的比率关系，反映了企业在最坏情况下的偿付能力，在企业的应收账款和存货的变现能力较弱的情况下有较大的意义。一般来说，该比率在 0.2 以上，企业的偿付能力不会有太大的问题，但如果该比率过高，意味着企业的现金管理能力较差，相当数额的现金资产未能得到有效的运用。

表 7-22 为福田汽车 2014—2016 年现金比率计算表，图 7-19 为其变动趋势图。

与流动比率、速动比率一样，福田汽车的现金比率依旧不容乐观，首先，三年来，福田汽车的现金比率整体呈现先上升后下降的趋势，2015 年现金比率大幅上升，而 2016 年企业持有的现金等价物较少，导致现金比率又重新落回 2014 年的水平，这一波动为企业的现金管理敲响了警钟。

表 7–22 福田汽车 2014—2016 年现金比率计算表   单位：元

项 目	2016 年	2015 年	2014 年
货币资金	4 079 942 947.48	4 557 843 830.73	2 190 969 971.43
流动负债	30 749 408 538.05	20 779 107 685.02	16 844 980 098.50
现金比率/%	0.132 7	0.219 3	0.130 1

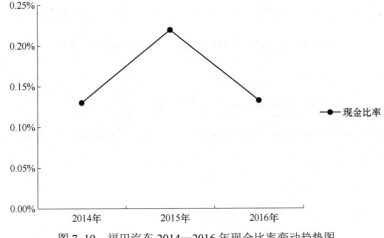

图 7-19 福田汽车 2014—2016 年现金比率变动趋势图

其次，福田汽车的现金比率在行业内依旧处于低位，与企业在行业内的整体排名情况有很大差距，一方面，说明了企业的现金管理能力较差，现金偿付存在极大的风险性；另一方面，也可能是企业现金存量太少，而流动负债过高所引起的。

增强短期偿债能力的表外因素主要有如下几类。

① 可动用的银行贷款指标：银行已经同意企业未办理贷款手续的银行贷款限额，可以随时增加企业的现金，提高支付能力。这一数据不反映在财务报表中，但会在董事会决议中披露。

② 准备很快变现的非流动资产：企业可能有一些长期资产可以随时变现出售，而不出现在一年内到期的非流动资产项目中。例如，储备的土地、未开采的采矿权、目前出租的房产等，在企业发生周转困难时，将其出售并不影响企业的持续经营。

③ 偿债能力的声誉：如果企业的信用很好，在短期偿债方面出现暂时性困难，比较容易筹集到短缺的现金。

降低短期偿债能力的表外因素则有以下几点。

① 与担保有关的或有负债，如果其数额较大并且可能发生，就应在评价偿债能力时给予关注。

② 经营租赁合同中承诺的付款，很可能是需要偿付的义务。

③ 建造合同、长期资产购置合同中的分阶段付款，也是一种承诺，应视同需要偿还的债务。

5. 现金流量比率

现金流量比率是指经营活动现金流量净额与流动负债的比值。其计算公式如下：

$$现金流量比率=经营活动现金流量净额/流动负债$$

该比率表明每 1 元流动负债的经营活动现金流量保障程度，现金流量比率越高，则企业的偿债能力越强。一般而言，该比率中的流动负债采用期末数而非平均数，因为实际需要偿还的是期末金额，而非平均金额。

表 7–23 为福田汽车 2014—2016 年现金流量比率计算表，图 7–20 为其变动趋势图。

表 7–23　福田汽车 2014—2016 年现金流量比率计算表　　　　　　单位：元

项　　　目	2016 年	2015 年	2014 年
经营活动现金流量净额	1 191 783 305.59	490 044 412.02	1 102 348 778.34
流动负债	30 749 408 538.05	20 779 107 685.02	16 844 980 098.50
现金流量比率/%	0.04	0.02	0.07

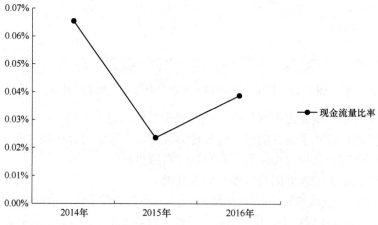

图 7–20　福田汽车 2014—2016 年现金流量比率变动趋势图

可以看出，福田汽车的现金流量比率先大幅下降，再上升。2016 年虽然企业的现金流量比率上升，但仍未达到 2014 年的水平。因此，企业的短期偿债能力很可能有所降低。

7.4.3　长期偿债能力指标

1. 资产负债率

资产负债率是指企业全部负债与全部资产的比率，也称为负债比例或举债经营比率，是指负债总额在资产总额中所占的比重。它是企业财务分析的重要指标，反映企业的资本结构状况，直接体现了企业财务风险的大小。其计算公式为：

$$资产负债率 = （负债总额/资产总额）\times 100\%$$

资产负债率是反映债权人所提供的资金占企业全部资产的比率，用来衡量利用债权人提供的资金进行经营活动的能力。它反映债权人提供资金的安全度。作为反映企业偿还债务能力的综合指标，该比率越高，企业偿还债务的能力越差；反之，企业偿还债务的能力越强。

从资产负债率本身来看，该指标并无好坏，但是，从不同的信息使用人的角度来看却有很大差别。

① 从债权人的角度看，他们最关心的是贷给企业的资金的安全程度，即能否按期收回本金和利息。因此，债权人希望资产负债率越低越好，这样股东提供的资本占企业资本总额的大部分，企业的风险主要由股东来承担，企业有充分的资产保障能力来确保其负债按时偿还；如果资产负债率过高，债权人会提出更高的利息率补偿。

② 从股东的角度看，他们关心的主要是投资回报率的高低。如果企业总资产收益率大于企业负债所支付的利息率，那么借入资本为股权投资者带来了正的杠杆效应，对股东权益最大化有利。所以，当企业的投资收益率大于其负债利率的时候，股东将倾向于进一步追加负债，以获得更多的投资收益。

③ 从企业管理者的角度看，企业管理者既不愿意采用较高的资产负债率，以承受较大的风险，也不会刻意保持较低的资产负债率，是企业丧失利用财务杠杆获得收益的机会。因此，企业的管理者会从企业整体出发，选择较为合适的资产负债率。

资产负债率并不存在标准比率，它依据行业状况、企业实际经营和财务状况而定。处于不同行业的企业，资产负债率的大小有很大差异，如批发和零售贸易业与机械、设备和仪表业的负债水平就明显不同。处于不同发展时期的企业，资产负债率也各有特点。处于快速成长期的企业，因其对资金的需求较大，资产负债率可能高一些。企业的资金是由负债和所有者权益构成的，因此，资产总额应该大于负债总额，即资产负债率应该小于 1。如果企业的资产负债率大于 1，说明企业资不抵债，有破产清算的风险。一般情况下，资产负债率越小表明企业的长期偿债能力越强。合理的资产负债率通常在 40%～60%之间，规模大的企业适当大些；但金融业较特殊，资产负债率在 90%以上也是很正常的。

由于企业的长期偿债能力受盈利能力的影响很大，在实务中，通常会把长期偿债能力分析与盈利能力分析结合起来进行。在经济高速发展、盈利前景看好，并且资本收益率高于债务利率的条件下，可适当提高资产负债率，为股东创造更多的财富；反之，应降低资产负债率，回避风险，防止企业陷入困境。

目前我国的企业资产负债率较高，主要原因是企业拥有的营运资本不足，流动负债过高。表 7-24 为福田汽车 2014—2016 年资产负债率计算表，图 7-21 为其变动趋势图。

表 7-24　福田汽车 2014—2016 年资产负债率计算表　　　　　　　单位：元

项　　目	2016 年	2015 年	2014 年
负债总额	34 846 739 004.46	24 001 243 962.03	19 150 361 535.35
资产总额	53 913 464 928.89	42 752 961 319.03	34 697 470 410.81
资产负债率/%	0.65	0.56	0.55

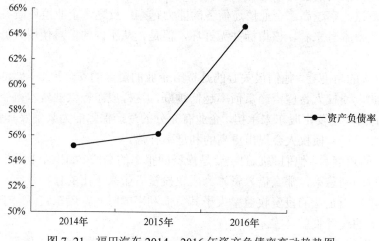

图 7-21　福田汽车 2014—2016 年资产负债率变动趋势图

　　可以看出，福田汽车的资产负债率三年来一直在上升，说明从长期来看，企业的负债规模的增长要超过资产规模的增大，其偿债能力不断下降。

　　资产负债率越小，表明企业的长期偿债能力越强。合理的资产负债率通常在 40%～60% 之间，规模大的企业可以适当大些。福田汽车 2016 年的资产负债率为 65%，相对合理，同时相比与行业内的其他企业，其资产负债率也位于较靠前的位置。因此，福田汽车的资产负债率从总体上来说是合理的，长期债务的清偿具有一定的保障。

2. 产权比率和权益乘数

　　资产负债率的另外两种表现形式是产权比率和权益乘数，它们的计算本质上和资产负债率是一样的。

$$产权比率=负债总额/股东权益$$
$$权益乘数=资产总额/股东权益$$

　　产权比率表示每 1 元股东权益所对应的负债金额。权益乘数表示每 1 元股东权益所对应的资产数额。二者均与长期偿债能力相关，是两种比较常用的财务杠杆比率。财务杠杆不仅影响总资产净利率和权益净利率之间的关系，还可以体现出权益净利率风险的变化。

　　表 7-25 为福田汽车 2014—2016 年产权比率和权益乘数计算表。

表7-25　福田汽车2014—2016年产权比率和权益乘数计算表　　　　单位：元

项　　目	2016年	2015年	2014年
负债总额	34 846 739 004.46	24 001 243 962.03	19 150 361 535.35
股东权益	19 066 725 924.43	18 751 717 357.00	15 547 108 875.46
产权比率/%	1.83	1.28	1.23
权益乘数/%	2.83	2.28	2.23

可以看出，福田汽车产权比率和权益乘数的趋势与资产负债率类似。福田汽车2014—2016年一直采用增加财务杠杆的政策以增加总资产或权益净利率，但这种做法不可避免地增加了企业面临的风险。

3. 长期资本负债率

长期资本负债率是指非流动负债在长期资本中所占的比例。它是反映资本结构的一种形式。

长期资本负债率=［非流动负债/（非流动负债+股东权益）］×100%

相比于经常变化的流动负债，长期资金来源包括非流动负债和股东权益，该指标的含义就是长期资本中非流动负债所占的比例。在资本结构管理中，流动负债经常变化，相比之下，非流动负债较为稳定，资本结构通常使用长期资本负债率来衡量。

表7-26为福田汽车2014—2016年长期资本负债率计算表，图7-22为其变动趋势图。

表7-26　福田汽车2014—2016年长期资本负债率计算表　　　　单位：元

项　　目	2016年	2015年	2014年
非流动负债	4 097 330 466.41	3 222 136 277.01	2 305 381 436.85
股东权益	19 066 725 924.43	18 751 717 357.00	15 547 108 875.46
长期资本负债率/%	17.69	14.66	12.91

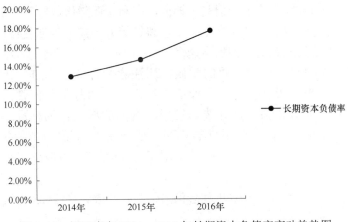

图7-22　福田汽车2014—2016年长期资本负债率变动趋势图

可以看出，福田汽车2014—2016年长期资本负债率一直增加，这与企业的非流动负债大幅增加显著相关。福田汽车长期资产负债率的变化表明企业的长期资本中来自债务的比例正不断扩大。

4. 利息保障倍数

利息保障倍数是企业的息税前利润与利息费用的比率，也称已获利息倍数。计算公式如下：

$$利息保障倍数=息税前利润/利息费用$$
$$=（净利润+利息费用+所得税费用）/利息费用$$

公式中的息税前利润是指利润表中未扣除利息费用的税前利润，即"净利润+利息费用+所得税费用"。由于在利润表中利息费用包含在财务费用中，因此，该表分析者往往使用"净利润+财务费用+所得税费用"来计算。此外，需要注意的是，该指标计算中，作为分母的利息费用包括企业各类长、短期负债所要支付的全部利息费用，即不但包括计入财务费用账户的利息费用，也包括列入固定资产、在建工程等各项资本化支出的利息费用。为了简便，有时候可采用财务费用代替。

长期债务不需要每年还本，却需要每年付息。利息保障倍数表明1元债务利息由多少倍的息税前收益作保障，它可以反映债务政策的风险大小。如果企业一直保持按时付息的信用，则长期负债可以延续，举借新债也比较容易。利息保障倍数越大，利息支付越有保障。如果利息支付尚且缺乏保障，归还本金就更难指望。因此，利息保障倍数可以反映长期偿债能力。

从长远看，企业的利息保障倍数至少要大于1，企业才有偿还利息费用的能力，否则就不能举债经营。如果企业的利息保障倍数小于1，表明企业自身产生的经营收益不能支持现有的债务规模。利息保障倍数等于1也是很危险的，因为息税前利润受经营风险的影响是不稳定的，而利息的支付却是固定的。但是短期内，在利息保障倍数低于1的情况下，企业仍有可能支付利息，这是因为有些费用（如折扣、摊销等）不需要当期支付现金。利息保障倍数越大，公司拥有的偿还利息的缓冲资金越多。

企业在确定合理的利息保障倍数的时候，应注意和行业水平进行比较，特别是与本行业平均水平比较，来分析、决定本企业的指标水平。同时从稳健性的角度出发，最好比较本企业连续几年的该项指标，并选择较低年度的数据，作为标准。这是因为，企业在经营好的年头要偿债，而在经营不好的年头也要偿还大约相同的债务；某年利润很高，利息保障倍数会很高，但不能年年如此，采用指标量低年度的数据，可以保证最低的偿债能力。

表7-27为福田汽车2014—2016年利息保障倍数计算表，图7-23为其变动趋势图。

表 7–27 福田汽车 2014—2016 年利息保障倍数计算表 单位：元

项 目	2016 年	2015 年	2014 年
净利润	512 127 860.24	356 531 363.93	458 633 394.45
所得税费用	5 743 798.09	44 950 629.98	922 093.94
财务费用	−38 460 801.48	11 749 170.06	183 991 498.24
息税前利润	479 410 856.85	413 231 163.97	643 546 986.63
财务费用	−38 460 801.48	11 749 170.06	183 991 498.24
利息保障倍数	−12.46	35.17	3.50

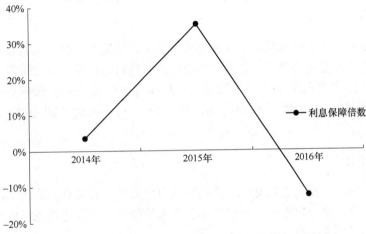

图 7–23 福田汽车 2014—2016 年利息保障倍数变动趋势图

可以看出，福田汽车的利息保障倍数先上升后下降。首先，2014 年和 2015 年利息保障倍数始终大于 1，说明其偿还利息费用的能力是有可靠保证的。2016 年福田汽车的财务费用为负，导致利息保障倍数为负。但这恰恰表明企业的偿还利息的能力很强。

利息保障倍数的高低又进一步说明了企业举债经营的程度，利息保障倍数若小于 1，企业就不能举债经营了。福田汽车三年的利息保障倍数不断下降，也从一方面说明企业在扩大负债经营的规模，更多的利用债权人的资金为企业创造收益。

此外，还有一些因素也会影响企业的长期偿债能力。

1）长期租赁

当企业急需某种设备或资产而又缺乏足够的资金时，可以通过租赁的方式解决，财产租赁有两种形式：融资租赁和经验租赁。

融资租赁是指出租方先垫付资金购买设备给承租人使用，承租人按合同规定支付租金（包括设备买价、利息、手续费等）。一般情况下，在承租方付清最后一笔租金之后，所有权归承租方。所有的长期债务，实际上都属于变相的分期付款购买固定资产。因此，在融资租赁形式下，租入的固定资产作为企业的固定资产入账，进行管理，想要的租赁费用作为长期负债处理。这种资本化的租赁，在分析长期偿债能力时，已经包括在债务比率指标计算之中。但当企业的经营租赁量比较大、期限比较长或具有经常性时，则构成一种长期性筹资，这种长期性筹资虽然不包括在长期负债内，但到期必须支付租金，会对企业的偿债能力产生影响。因此，如果企业发生经营租赁业务，应考虑租赁费用对偿债能力的影响。

2）担保责任

企业担保项目的时间长短不一，有的涉及企业的长期负债，有的涉及短期负债。在分析企业的偿债能力时，应根据有关资料判断担保责任带来的潜在长期负债问题。

3）或有项目

或有项目是指未来某个或几个事件发生或不发生的情况上，会带来的收益或者损失，但现在还无法肯定是否发生的项目，如未决诉讼。或有项目的特点是现存条件的最终结果不确定，对它的处理方式要取决于未来的发展。或有项目一旦发生便会影响企业的财务状况，因此企业不得不对它们予以足够的重视，在评价企业长期偿债能力时也要考虑其潜在影响。

5. 带息负债比率

带息负债比率，是指企业在某一时点的带息负债总额与负债总额的比率，反映企业负债中带息负债的比重，在一定程度上体现了企业未来的偿债（尤其是偿还利息）压力。带息负债比率的计算公式如下：

$$带息负债比率=[（短期借款+1年内到期的长期负债+长期借款+应付债券+应付利息）/负债总额]×100\%$$

俗话说，欠债还钱，天经地义。有人认为欠债付息也是自然而然的道理，其实不然。会计意义上的负债有着特定含义，其中既包括带息的债务，也包括不带息的债务。换言之，在企业的负债结构中，虽然通过金融机构贷款，发行公司债券等筹集的资金必然伴随着相应的利息支出，即企业经营活动中还存在一种自然性融资行为，如大部分预收账款、应付账款、不带息应付票据、应付职工薪酬、应交税费等，它们产生于企业日常经营活动，通常有既定的支付政策，由此产生的负债，一般认为是不带息债务。另外，还有一些负债作为公司的推定义务，也属于不带息债务，比如预计产品质量保证义务的经营性负债，只要公司的营运能力正常，资金链保持完好，则可以长期稳健地"免费占用"。

带息负债的比率越高，往往意味着公司资金使用成本越高，企业面临的财务压力也往往要高于该比率较低的企业。但依据该指标作出评价不能一概而论，不能简单地认为带息负债比率较高的企业就处于相对被动状态。比如，一家公司带息负债比率提高，可能源于公司面临较大规模的项目投资机会而大举通过资本市场筹资,但这却为公司将来的发展奠定了基础。带息负债比率的高低和升降源于各方面的因素,比如,公司在行业中的信誉和市场占有水平及在其上下游产业链中的议价能力的大小往往决定了其不带息债务分量的大小。另外,该比率指标也应立足于行业基础进行分析,例如,资本密集型的行业通常要比劳动密集型行业具有更大的带息债务比率。

表 7-28 为福田汽车 2014—2016 年带息负债比率计算表,图 7-24 为其变动趋势图。

表 7-28 福田汽车 2014—2016 年带息负债比率计算表　　　　　　单位:元

项　　目	2016 年	2015 年	2014 年
短期借款	3 386 631 860.61	1 327 241 040.84	2 221 717 219.89
长期借款	2 209 056 570.69	1 283 073 118.60	953 469 680.18
应付债券	997 570 668.56	996 898 920.71	0.00
应付利息	38 868 046.77	39 651 978.20	0.00
负债总额	34 846 739 004.46	24 001 243 962.03	19 150 361 535.35
带息负债比率/%	0.19	0.15	0.17

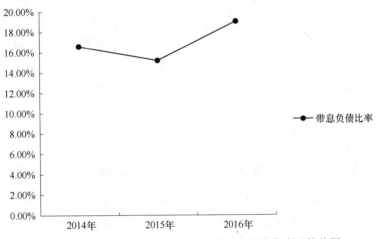

图 7-24 福田汽车 2014—2016 年带息负债比率变动趋势图

从图 7-24 中可以看出,福田汽车 2014—2016 年的带息负债比率基本保持稳定,2015 年有小幅下降,2016 年带息负债比率有所上升。

6. 现金流量利息保障倍数

现金流量利息保障倍数,是指经营现金流量为利息费用的倍数,其计算公式如下:

$$现金流量利息保障倍数=经营现金流量/利息费用$$

现金流量利息保障倍数表明，1 元的利息费用有多少倍的经营现金流量作保障。它比收益基础的利息保障倍数更可靠，因为实际用以支付利息的是现金，而不是收益。

表 7-29 为福田汽车 2014—2016 年现金流量利息保障倍数计算表，图 7-25 为其变动趋势图。

表 7-29　福田汽车 2014—2016 年现金流量利息保障倍数计算表　　　　单位：元

项　　目	2016 年	2015 年	2014 年
经营现金净流量	1 191 783 305.59	490 044 412.02	1 102 348 778.34
财务费用	−38 460 801.48	11 749 170.06	183 991 498.24
现金流量利息保障倍数	−30.99	41.71	5.99

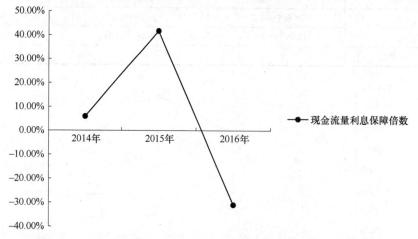

图 7-25　福田汽车 2014—2016 年现金流量利息保障倍数变动趋势图

福田汽车 2015 年的现金流量利息保障倍数大幅上升，2016 年福田汽车的财务费用为负，同时经营现金流量保持在三年中的较高水平，因此福田汽车现金保障越来越强。

7. 现金流量债务比

现金流量债务比，是指经营活动所产生的现金流量与债务总额的比率。其计算公式为：

现金流量债务比＝（经营现金流量/债务总额）×100%

公式中的"债务总额"，一般情况下使用年末和年初的加权平均数，为了简便，也可以使用期末数。该比率表明企业用经营现金流量偿付全部债务的能力。比率越高，承担债务总额的能力越强。

表 7-30 为福田汽车 2014—2016 年现金流量债务比计算表，图 7-26 为其变动趋势图。

表 7-30　福田汽车 2014—2016 年现金流量债务比计算表 单位：元

项　目	2016 年	2015 年	2014 年
经营现金净流量	1 191 783 305.59	490 044 412.02	1 102 348 778.34
年初债务	24 001 243 962.03	19 150 361 535.35	17 186 592 229.23
年末债务	34 846 739 004.46	24 001 243 962.03	19 150 361 535.35
债务总额	29 423 991 483.25	21 575 802 748.69	18 168 476 882.29
现金流量债务比	0.040 503 795	0.022 712 685	0.060 673 703

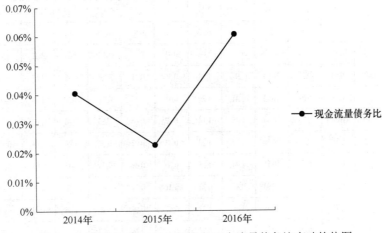

图 7-26　福田汽车 2014—2016 年现金流量债务比变动趋势图

福田汽车 2014—2016 年的现金流债务比先下降后上升，2016 年使用经营现金流偿付债还的能力大幅提高。这表明相比 2014 和 2015 年，使用经营现金流偿全部债务的能力有所提高。

7.4.4　偿债能力行业分析

财务比率固然能够反映企业的偿债能力，但是它们也有一定局限性。例如，公司拥有的未动用银行信贷额度、长期资产变现情况和是否存在未决诉讼或担保引起的或有负债都会对企业的短期偿债能力产生影响。可能对长期偿债能力产生影响的因素则有长期资产市价或清算价值与账面价值的比较关系、是否存在长期经营租赁和或有事项等。另外，资产负债表外揭示的各种风险因素也对企业的偿债能力产生影响。如金融风险、产业风险和政治风险等。此时，借助行业分析可以判断企业所处的行业是否面临重大的降价风险或成本上升压力，还可以得知公司所处地区是否面临因为政局不稳导致的经营和财务风险等，从而从行业整体的角度对企业的偿债能力有深入把握。

表 7-31 为汽车行业偿债能力指标。

表 7-31　汽车行业偿债能力指标

单位：%

公司名称	2016 年					2015 年					2014 年				
	流动比率	速动比率	现金比率	资产负债率	利息保障倍数	流动比率	速动比率	现金比率	资产负债率	利息保障倍数	流动比率	速动比率	现金比率	资产负债率	利息保障倍数
上汽集团	1.11	0.92	0.36	0.60	-150.94	1.05	0.85	0.28	0.59	-197.15	1.19	0.89	0.44	0.55	-258.35
比亚迪	1.00	0.77	0.10	0.62	6.37	0.82	0.58	0.10	0.69	3.62	0.77	0.57	0.08	0.69	1.63
广汽集团	1.44	1.30	0.88	0.45	24.01	1.50	1.37	0.88	0.41	16.68	1.33	1.19	0.91	0.42	11.07
长城汽车	1.25	1.08	0.05	0.49	-3 234.16	1.27	1.11	0.11	0.47	70.52	1.35	1.19	0.13	0.45	-73.51
长安汽车	1.10	0.96	0.41	0.59	-32.89	1.03	0.85	0.36	0.62	-65.39	0.91	0.73	0.25	0.63	115.10
华域汽车	1.31	1.15	0.58	0.57	-92.76	1.23	1.06	0.41	0.57	-3 388.76	1.29	1.12	0.55	0.55	87.71
世纪华通	1.91	1.48	0.56	0.20	36.94	1.97	1.54	0.56	0.21	32.37	2.45	1.63	0.51	0.13	166.24
宇通客车	1.35	1.24	0.28	0.61	18.42	1.41	1.29	0.41	0.57	-27.82	1.39	1.28	0.49	0.54	-121.53
潍柴动力	1.30	1.01	0.46	0.73	24.33	1.45	1.14	0.62	0.64	7.35	1.34	1.07	0.51	0.66	302.74
万丰奥威	1.67	1.22	0.38	0.38	26.08	1.67	1.28	0.47	0.47	16.67	1.29	1.04	0.36	0.52	12.60
万向钱潮	1.20	0.91	0.32	0.59	10.11	1.44	1.15	0.60	0.64	7.54	1.35	1.04	0.52	0.63	6.03
小康股份	0.90	0.80	0.27	0.77	25.93	0.82	0.72	0.21	0.74	7.60	0.78	0.65	0.19	0.75	6.25
均胜电子	1.57	1.30	0.77	0.63	2.59	1.25	1.03	0.61	0.65	5.86	1.06	0.69	0.21	0.61	8.29
江淮汽车	1.03	0.92	0.53	0.69	-11.54	0.87	0.78	0.49	0.74	-14.74	0.81	0.70	0.46	0.73	-5.09
威孚高科	3.15	2.70	1.26	0.22	-198.63	2.95	2.62	1.13	0.22	-148.55	2.71	2.28	0.84	0.22	-68.04
万里扬	1.35	1.07	0.34	0.43	5.19	1.14	0.92	0.22	0.60	-301.49	3.15	2.75	0.78	0.44	-3.62
福田汽车	0.82	0.68	0.13	0.65	-12.46	0.80	0.68	0.22	0.56	35.17	0.67	0.53	0.13	0.55	3.50
江铃汽车	1.38	1.17	0.98	0.49	-6.60	1.53	1.31	1.01	0.43	-9.15	1.47	1.24	1.04	0.46	-8.90
拓普集团	1.82	1.21	0.22	0.31	-27.78	2.71	1.97	0.44	0.23	-49.23	1.25	0.71	0.09	0.41	143.99
一汽轿车	0.98	0.69	0.10	0.60	-8.20	1.00	0.60	0.07	0.52	1.66	0.96	0.59	0.06	0.58	1.64
奥特佳	1.49	1.16	0.30	0.41	20.48	1.43	1.10	0.27	0.43	26.21	6.57	5.94	4.55	0.12	-2.15
东风汽车	1.13	0.97	0.27	0.66	91.68	1.23	1.07	0.35	0.60	17.79	1.18	1.01	0.37	0.59	-3.06
双林股份	1.07	0.78	0.11	0.53	8.73	1.07	0.75	0.18	0.47	8.50	1.14	0.81	0.21	0.48	6.24
富临精工	2.37	2.10	0.80	0.22	-28.84	2.43	2.02	0.70	0.32	-33.69	1.45	1.15	0.30	0.48	71.73
京威股份	3.59	2.18	0.81	0.46	7.84	3.77	2.38	1.05	0.36	67.02	4.33	2.91	1.41	0.14	-20.67
力帆股份	0.81	0.66	0.37	0.77	1.29	0.79	0.65	0.32	0.73	1.57	0.81	0.66	0.36	0.74	1.98
宁波华翔	1.11	0.77	0.23	0.55	154.99	1.33	0.92	0.34	0.46	33.85	1.44	0.93	0.35	0.44	28.86

公司名称	2016 年					2015 年					2014 年				
	流动比率	速动比率	现金比率	资产负债率	利息保障倍数	流动比率	速动比率	现金比率	资产负债率	利息保障倍数	流动比率	速动比率	现金比率	资产负债率	利息保障倍数
光启技术	1.89	1.62	0.25	0.19	44.46	1.32	1.10	0.12	0.25	12.98	1.46	1.18	0.03	0.25	25.66
富奥股份	1.75	1.47	0.47	0.36	−71.12	1.93	1.62	0.47	0.34	91.55	1.69	1.37	0.29	0.35	43.49
星宇股份	2.76	2.13	0.29	0.30	−190.32	1.98	1.38	0.30	0.38	−188.20	2.09	1.60	0.27	0.37	−69.32
云意电气	4.38	3.94	2.39	0.18	−6.29	5.60	4.78	3.30	0.14	−5.16	6.12	5.19	1.91	0.14	−7.90
亚太股份	1.28	0.94	0.31	0.45	26.89	1.57	1.25	0.37	0.38	9.14	1.75	1.42	0.22	0.40	12.24
中国汽研	5.00	4.65	2.80	0.16	−10.94	5.69	5.21	3.18	0.14	−8.23	5.38	4.95	2.61	0.14	−12.62
信质电机	2.26	1.61	0.75	0.33	715.95	1.71	1.37	0.91	0.44	−143.04	2.48	1.73	0.66	0.28	18.17
万安科技	1.57	1.27	0.47	0.45	36.90	1.23	0.93	0.30	0.59	8.72	1.09	0.80	0.22	0.58	5.16
一汽夏利	0.86	0.67	0.44	0.63	3.05	0.53	0.39	0.35	0.73	1.20	0.30	0.13	0.08	0.77	−12.11
福达股份	1.42	1.17	0.53	0.41	5.06	1.37	1.12	0.62	0.44	1.87	0.77	0.53	0.14	0.65	2.46
中通客车	1.32	1.26	0.27	0.68	11.72	1.27	1.18	0.30	0.70	15.94	0.98	0.79	0.41	0.75	14.58
中国重汽	1.24	0.95	0.07	0.73	4.93	1.36	1.16	0.14	0.70	3.46	1.34	1.09	0.11	0.71	7.00
海马汽车	0.79	0.58	0.26	0.47	−1.54	1.03	0.80	0.36	0.44	16.80	1.13	0.89	0.39	0.40	10.32
天润曲轴	1.24	0.84	0.20	0.29	12.71	1.15	0.77	0.17	0.29	11.03	1.08	0.65	0.18	0.34	7.70
金杯汽车	0.99	0.87	0.59	0.94	1.42	0.99	0.85	0.62	0.93	2.61	0.92	0.78	0.64	0.93	1.22
金龙汽车	1.22	1.14	0.29	0.82	23.22	1.30	1.10	0.36	0.76	−8.62	1.13	0.99	0.30	0.76	16.53
八菱科技	2.62	2.24	1.74	0.16	−7.84	2.63	2.39	1.90	0.21	−6.94	3.48	3.11	1.89	0.19	−25.81
斯太尔	1.36	1.03	0.75	0.30	10.18	2.09	1.40	1.01	0.18	−15.84	1.83	1.10	0.74	0.34	2.92
金固股份	0.87	0.54	0.31	0.66	−3.83	1.04	0.72	0.55	0.56	1.90	1.23	0.85	0.66	0.54	2.04
渤海活塞	1.82	1.62	1.11	0.35	7.19	3.00	2.37	0.92	0.30	1.53	2.50	2.01	0.79	0.30	3.57
继峰股份	3.49	2.67	0.60	0.20	−30.92	4.62	3.66	1.15	0.14	−154.51	2.05	1.38	0.20	0.27	41.25
华懋科技	4.07	3.73	1.99	0.17	−34.94	4.69	4.35	2.75	0.15	−26.63	4.33	4.03	2.27	0.18	31 938.85
浙江世宝	2.43	1.96	0.28	0.28	−42.91	3.05	2.39	1.29	0.22	16.18	2.30	1.95	1.22	0.31	3.26
航天晨光	1.54	1.20	0.36	0.49	4.61	1.53	1.17	0.52	0.51	1.91	1.03	0.69	0.14	0.65	2.70
众泰汽车	1.65	1.08	0.40	0.47	9.06	2.12	1.61	0.79	0.39	4.30	2.54	1.74	0.89	0.30	11.39
西部资源	1.29	1.26	0.44	0.74	0.24	1.21	1.13	0.37	0.76	−1.97	1.38	1.29	0.39	0.66	2.30
苏奥传感	5.95	5.18	1.25	0.15	−56.90	4.08	2.82	1.49	0.20	−99.32	3.20	1.98	0.84	0.26	−1 436.45
银轮股份	1.55	1.15	0.18	0.47	11.50	1.79	1.42	0.28	0.44	12.16	1.44	1.07	0.28	0.53	5.84
兴民智通	1.32	0.74	0.36	0.47	3.30	1.49	0.78	0.30	0.37	2.59	1.84	0.83	0.46	0.33	3.15

公司名称	2016 年					2015 年					2014 年				
	流动比率	速动比率	现金比率	资产负债率	利息保障倍数	流动比率	速动比率	现金比率	资产负债率	利息保障倍数	流动比率	速动比率	现金比率	资产负债率	利息保障倍数
一汽富维	1.53	1.13	0.55	0.41	137.49	1.43	0.94	0.40	0.37	48.80	1.30	0.83	0.26	0.35	58.75
凌云股份	1.14	0.80	0.27	0.52	5.20	1.56	1.11	0.46	0.51	3.21	1.26	0.88	0.36	0.61	3.31
中航黑豹	0.87	0.57	0.28	0.66	1.59	0.48	0.23	0.08	0.80	-3.63	0.66	0.36	0.11	0.75	-1.98
贵航股份	1.83	1.34	0.33	0.38	12.42	1.64	1.26	0.31	0.42	8.84	1.52	1.13	0.32	0.45	6.44
中原内配	2.89	2.29	1.26	0.19	-11.15	4.40	3.30	0.89	0.21	-23.47	2.07	1.36	0.66	0.23	91.73
北特科技	2.31	1.69	0.63	0.27	7.28	1.08	0.65	0.19	0.52	3.96	1.18	0.69	0.24	0.51	3.53
腾龙股份	2.57	1.99	0.41	0.27	-30.93	4.46	3.71	0.71	0.17	165.65	1.83	1.26	0.31	0.39	14.42
曙光股份	0.96	0.82	0.41	0.68	1.46	0.85	0.76	0.33	0.75	2.28	0.73	0.61	0.29	0.70	1.48
宁波高发	2.89	2.47	0.60	0.28	-313.37	3.33	2.94	0.43	0.28	-1 095.38	1.94	1.57	0.39	0.39	34.65
光洋股份	1.62	1.14	0.35	0.37	4.51	4.25	3.37	1.06	0.18	-32.18	3.81	2.99	0.90	0.20	87.63
模塑科技	0.74	0.53	0.26	0.48	5.73	0.76	0.54	0.21	0.47	7.70	0.67	0.45	0.16	0.65	5.27
蓝黛传动	1.93	1.55	0.54	0.51	14.88	2.25	1.67	0.72	0.35	6.96	1.48	1.04	0.10	0.49	5.52
精锻科技	1.26	0.89	0.21	0.29	34.28	1.44	1.02	0.33	0.28	14.37	1.28	0.79	0.14	0.26	14.02
湖南天雁	1.62	1.38	0.66	0.52	2.50	1.85	1.51	0.80	0.42	-20.97	2.28	1.89	0.84	0.37	35.62
联明股份	2.02	1.34	0.35	0.26	-257.58	2.09	1.29	0.27	0.23	68.36	2.15	1.34	0.72	0.23	34.73
广东鸿图	1.33	0.99	0.23	0.43	15.60	1.18	0.87	0.14	0.47	9.14	1.17	0.82	0.15	0.47	5.71
松芝股份	1.94	1.50	0.27	0.39	-53.99	2.03	1.64	0.26	0.39	-294.86	2.37	1.94	0.35	0.34	105.57
天汽模	1.49	0.83	0.39	0.52	6.89	1.25	0.61	0.20	0.52	23.65	1.26	0.51	0.23	0.52	15.15
西仪股份	1.87	1.13	0.20	0.37	3.67	1.79	0.87	0.12	0.37	-7.70	1.99	1.04	0.16	0.33	2.91
特尔佳	3.36	2.89	1.65	0.19	-7.89	2.93	2.56	1.11	0.21	-18.07	2.26	1.87	0.39	0.27	49.69
日上集团	1.56	0.75	0.30	0.48	3.91	2.02	1.00	0.20	0.41	1.96	1.29	0.52	0.11	0.57	2.00
东安动力	0.98	0.87	0.15	0.58	6.38	1.03	0.88	0.23	0.49	3.26	1.13	0.99	0.22	0.40	5.36
隆基机械	1.93	1.39	0.59	0.28	-15.30	1.45	0.80	0.33	0.35	19.55	1.42	0.76	0.29	0.40	2.86
新朋股份	1.65	1.23	0.29	0.33	-17.84	2.07	1.64	0.21	0.30	-21.04	2.14	1.69	0.47	0.31	13.43
远东传动	5.61	4.66	1.51	0.11	-18.00	5.19	4.19	1.45	0.12	-16.31	6.01	4.62	1.21	0.11	-70.57
东风科技	0.96	0.82	0.19	0.65	18.33	0.93	0.76	0.26	0.64	20.35	0.94	0.76	0.21	0.66	25.82
西泵股份	1.69	1.11	0.19	0.35	16.89	1.54	1.01	0.40	0.41	3.52	0.97	0.54	0.16	0.52	2.20
安凯客车	1.06	1.02	0.21	0.84	2.36	1.04	0.95	0.30	0.77	1.16	1.09	0.96	0.43	0.71	9.95
湘油泵	1.82	1.39	0.59	0.38	6.51	1.31	0.82	0.23	0.54	4.81	1.35	0.84	0.24	0.55	4.19
长春一东	1.73	1.42	0.31	0.54	19.51	1.78	1.47	0.41	0.50	5.96	1.75	1.45	0.25	0.51	17.43

公司名称	2016 年					2015 年					2014 年				
	流动比率	速动比率	现金比率	资产负债率	利息保障倍数	流动比率	速动比率	现金比率	资产负债率	利息保障倍数	流动比率	速动比率	现金比率	资产负债率	利息保障倍数
华菱星马	0.72	0.52	0.22	0.72	2.11	0.70	0.46	0.16	0.69	-4.57	0.88	0.52	0.20	0.59	-6.61
跃岭股份	3.91	2.94	1.47	0.12	-2.52	3.89	3.03	1.90	0.13	-2.68	3.08	2.40	1.39	0.17	-35.91
亚星客车	1.03	0.96	0.16	0.96	3.51	1.12	1.02	0.20	0.95	1.44	1.09	0.97	0.20	0.94	-5.22
登云股份	1.70	0.97	0.31	0.33	3.01	1.48	0.83	0.33	0.38	-3.87	1.94	1.08	0.39	0.29	2.53
鸿特精密	0.85	0.58	0.13	0.65	2.38	0.80	0.56	0.17	0.71	1.83	0.84	0.55	0.08	0.69	1.27
浙江仙通	3.63	3.25	2.14	0.21	25.16	1.34	1.02	0.25	0.42	16.41	1.37	0.95	0.15	0.38	10.74
奥联电子	3.45	2.94	1.64	0.26	139.51	1.66	1.22	0.21	0.39	19.73	1.44	1.04	0.18	0.45	7.22
今飞凯达	0.68	0.42	0.15	0.79	2.02	0.63	0.41	0.22	0.81	1.77	0.67	0.43	0.23	0.84	1.55
钧达股份	0.97	0.66	0.24	0.61	6.59	0.94	0.67	0.19	0.56	5.41	0.90	0.63	0.22	0.60	6.42
贝斯特	1.41	0.91	0.09	0.34	118.20	1.41	0.97	0.15	0.33	-162.29	1.83	1.33	0.25	0.34	97.24
万通智控	2.41	1.84	0.96	0.29	-9.32	1.93	1.43	0.73	0.31	-19.32	1.22	0.85	0.22	0.48	24.12
雷迪克	1.50	1.01	0.52	0.46	140.91	1.57	0.99	0.40	0.44	35.80	1.16	0.69	0.21	0.58	21.09
隆盛科技	1.52	1.15	0.57	0.43	11.74	1.70	1.24	0.61	0.43	7.72	1.84	1.40	0.80	0.43	6.33
兆丰股份	1.91	1.79	1.13	0.39	-18.83	2.05	1.88	1.36	0.33	-12.23	1.75	1.60	0.44	0.31	-18.77
爱柯迪	3.48	2.67	1.27	0.27	-13.59	4.45	3.27	1.30	0.28	-44.77	2.88	2.23	0.63	0.36	82.18
常熟汽饰	1.57	1.38	0.78	0.34	16.91	0.86	0.65	0.17	0.39	14.09	0.94	0.72	0.22	0.41	12.37
凯众股份	4.70	3.00	0.73	0.16	-125.01	10.69	8.40	3.84	0.07	-36.84	11.42	8.67	3.64	0.06	-49.74
正裕工业	1.64	1.32	0.59	0.43	-7.67	1.61	1.33	0.68	0.39	-5.11	1.33	1.06	0.41	0.46	241.97
圣龙股份	0.91	0.64	0.17	0.71	5.78	1.11	0.79	0.20	0.71	4.42	0.90	0.61	0.18	0.71	4.93
新泉股份	1.03	0.56	0.10	0.70	10.37	1.00	0.54	0.13	0.62	5.06	1.02	0.59	0.05	0.63	4.21
保隆科技	1.41	0.87	0.24	0.55	15.90	1.94	1.18	0.38	0.57	15.08	1.28	0.68	0.20	0.55	5.48
日盈电子	1.08	0.74	0.14	0.38	14.11	1.00	0.74	0.13	0.37	22.22	1.16	0.87	0.12	0.36	20.25
迪生力	1.59	0.25	0.05	0.44	-6.43	1.42	0.32	0.14	0.47	-11.57	1.12	0.39	0.20	0.60	5.19
华达科技	1.23	0.65	0.20	0.50	116.40	1.19	0.66	0.22	0.51	47.34	1.17	0.56	0.14	0.56	42.33
金麒麟	1.33	0.99	0.56	0.45	53.11	1.43	1.09	0.71	0.51	10.54	0.95	0.67	0.42	0.61	4.20
岱美股份	2.18	1.33	0.28	0.41	-39.88	1.94	1.17	0.39	0.45	76.80	1.63	0.86	0.20	0.49	12.36
秦安股份	1.49	0.82	0.34	0.30	21.02	1.35	0.67	0.15	0.37	18.17	0.84	0.45	0.21	0.47	10.63
中马传动	1.77	1.31	0.26	0.30	23.04	1.26	0.92	0.11	0.34	10.00	1.34	0.85	0.07	0.46	13.44
常青股份	0.77	0.37	0.06	0.51	8.95	0.74	0.53	0.14	0.50	4.19	0.69	0.33	0.01	0.54	3.47
金鸿顺	1.20	0.62	0.10	0.54	6.85	1.02	0.57	0.07	0.57	4.81	1.15	0.67	0.06	0.58	8.95

续表

公司名称	2016 年					2015 年					2014 年				
	流动比率	速动比率	现金比率	资产负债率	利息保障倍数	流动比率	速动比率	现金比率	资产负债率	利息保障倍数	流动比率	速动比率	现金比率	资产负债率	利息保障倍数
铁流股份	1.88	1.12	0.60	0.34	-52.98	1.86	1.16	0.61	0.33	-137.28	1.76	1.03	0.49	0.35	24.99
行业平均值	1.79	1.38	0.53	0.45	-23.87	1.87	1.43	0.57	0.45	-47.41	1.76	1.31	0.50	0.47	274.99
福田汽车在行业中的排名	111	101	106	22	92	109	98	85	34	10	113	107	101	40	73

从表 7–30 中可以看出，福田汽车的短期偿债能力较弱，各项短期偿债能力指标在同行业中的排名均靠后。长期资本结构看，企业的资产负债率处于行业中的较低水平，说明企业的长期偿债能力尚可，尚有进一步债务融资的能力。

7.5　发展能力与经营增长状况分析

为衡量企业的发展能力和经营增长状况，本书选取的衡量增长与发展能力的指标包括：营业收入增长率、营业利润增长率、总资产增长率及技术投入比率。

7.5.1　增长与发展能力概述

增长和发展是相互联系又相互区别的。一般认为，发展要比增长的内容丰富得多、复杂得多，而且意义更加深远。宏观地看，增长是发展的基础，没有增长，发展就失去了动力和物质基础。而发展不仅包括增长，而且还包括结构的优化、非经济性的治理和改善（如社会进步、人文和谐、环境改善等）。具体到一个企业，如果非要将发展和增长作一个界定，本书把发展理解为可持续的、积极的增长态势，并建议除非为了某种特殊需要，并不在二者之间刻意加以区分。

增长与发展能力通常是指企业未来生产经营活动的发展趋势和增长潜力，包括企业的资产规模、销售收入、利润等方面的增长趋势和发展速度。投资一个企业就是投资这个企业的未来，就是期望通过该企业获得丰厚的回报、诱人的价值和广阔的前景。而这一切都离不开增长和发展。反映企业增长和发展能力的指标也就成为对企业进行可持续投资价值评估的重要依据。毫无疑问，无论是投资者、债权人、公司管理层还是其他利益相关者（如企业员工、当地政府、社区等）都非常关注企业的增长和可持续发展的能力，因为企业的成长性直接或间接地影响到他们的未来利益。通过计算一些相关指标，以准确反映企业的发展能力和经营增长状况，有助于利益相关者衡量和评价企业的成长性及其在生命周期中所处的阶段，并结合企业的财务和经营战略，对其未来发展空间予以判断，从而做出正确的选择。

与企业增长和发展的内涵相适应，增长和发展能力分析的框架主要包括两种相互补充的形式：一是经营增长和发展的状况和结果的评定，二是从增长和发展能力形成的角度评价企业的发展能力和趋势。二者相互作用、相互影响，在实际运用中应当结合起来予以全面分析。在实务当中，主要表现为主营收入、资产规模、利润和净资产较以往的增进和改善。具体而言，反映发展能力和经营增长状况的财务指标主要包括：销售（营业）增长率、销售（营业）利润增长率、总资产增长率、技术投入比率等。

7.5.2　营业收入增长率

营业收入增长率是表示营业收入比上年度的增长变动幅度，是评价上市公司成长状况和发展能力的重要的基础性指标。其计算公式如下：

营业收入增长率=［（本年主营业务收入总额–上年主营业务收入总额）/
上年主营业务收入总额］×100%

表 7-32 为福田汽车 2014—2016 年营业收入增长率计算表，图 7-27 为其变动趋势图。

表 7-32　福田汽车 **2014—2016 年**营业收入增长率计算表　　　　单位：元

项　　目	2016 年	2015 年	2014 年	2013 年
营业收入	46 532 069 535.53	33 997 492 420.07	33 691 283 636.83	34 152 543 118.89
营业收入增长率/%	0.368 7	0.009 1	−0.013 5	

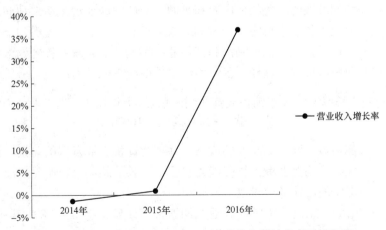

图 7-27　福田汽车 2014—2016 年营业收入增长率变动趋势图

从图 7-27 中可以看出，福田汽车 2014 年营业收入增长率下降，2015 年回到正数，2016 年则大幅增长。在同行业中，福田汽车的营业收入增长率处于相对较低的水平，远低于行业均值。

在进行销售（营业）增长率分析时应注意以下几点。

① 销售（营业）增长率是衡量企业营业状况和市场占有能力、预测企业经营业务拓展趋势的重要指标。不断增加的主营业务收入，是企业生存的基础和发展的条件。

② 该指标若大于 0，表示企业本年的主营业务收入有所增长，指标值越高，表明增长速度越快，企业市场前景越好；若该指标小于 0，则说明产品或服务不适销对路、质次价高，或是在售后服务等方面存在问题，市场份额萎缩。

③ 该指标在实际操作时，应结合企业历年的主营业务收入水平、企业市场占有情况、行业未来发展及影响企业发展的潜在因素进行前瞻性预测，或者结合企业前三年的销售（营业）增长率做出趋势性分析判断。

④ 由销售增长率公式可以看出，该指标反映的是相对化的销售（营业）收入增长情况，与计算绝对量的企业销售（营业）收入增长额相比，消除了企业营业规模对该项目的影响，更能反映企业的发展情况；但销售增长率作为相对量指标，也存在受增长基数影响的问题，如果增长基数额（上年销售或营业收入）特别小，即使销售（营业）收入出现小幅度增长，也会出现较大值，不利于进行比较。

7.5.3　营业利润增长率

企业利润增长是企业增长能力的主要体现，利润可以是企业的主营业务利润、营业利润或利润总额、净利润等。考虑企业的主要经营方向和发展的核心所在，通常应当选取主营业务无利润（即通常所说的产品或商品销售利润），销售利润是企业在正常的生产经营活动中获取的利润，是企业利润总额的主要构成内容和来源。它的增减变动是决定利润总额高低或盈亏的关键，企业主要应该依靠增加主营业务利润来增加利润总额。但考虑到当前上市公司编制的利润表中已经不再区分主营业务利润和其他业务利润，而笼统地称之为营业利润，所以销售利润也可用营业利润代替。这样，营业利润增长率计算公式为：

营业利润增长率=［（本年销售或营业利润总额–上年销售或营业利润总额）
/上年营业利润总额］×100%

营业利润增长率可以判断一个企业的成长，并据此评价企业发展的前景。销售利润或者营业利润增长率较大，说明企业业务扩张能力较强，增长的趋势比较明显，反之，则说明企业发展可能处于停滞阶段，业务前景也不容乐观。

表 7-33 为福田汽车 2014—2016 年营业利润增长率计算表，图 7-28 为其变动趋势图。

表 7-33　福田汽车 2014—2016 年营业利润增长率计算表　　　　单位：元

项　　目	2016 年	2015 年	2014 年	2013 年
营业利润	–581 636 849.24	–850 959 463.79	–631 632 468.77	235 976 255.96
营业利润增长率/%	–0.316 5	0.347 2	–3.676 7	

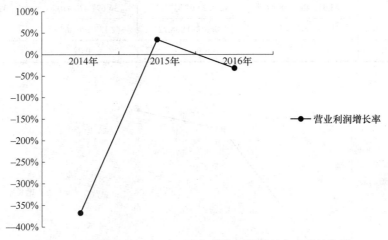

图 7-28　福田汽车 2014—2016 年营业利润增长率变动趋势图

　　从图 7-28 可以看出，福田汽车在 2015 年营业利润增长率较高，位于行业的前列。但是在 2014 和 2016 年其营业利润率均出现了负增长,但这并不意味着福田汽车发展出现了停滞,在分析时还要考虑 2014—2016 年的经济环境对福田汽车的影响。

7.5.4　总资产增长率

　　资产是企业拥有或者控制的用于经营并取得收入的资源，同时也是企业进行筹资和营运的物质保证。资产的规模和增长情况表明企业的实力和发展速度，也是体现企业价值和实现企业价值扩大的重要手段。在实践中凡是表现为不断发展的企业，都表现为企业的资产规模稳定并不断的增长，因此把总资产增长率作为衡量企业发展能力的重要指标。

　　企业要增加销售收入，就需要增加资产投入。总资产增长率就是本期资产增加额与资产期末余额之比，其计算公式如下：

　　　总资产增长率=［（年末资产总额–年初资产总额）/年初资产总额］×100%

　　总资产增长率是用来考核企业资产投入增长幅度的财务指标。总资产增长率为正数，则说明企业本期资产规模增加，总资产增长率越大，则说明资产规模增加幅度越大；总资产增长率为负数，则说明企业本期资产规模缩减，资产出现负增长。

表 7–34 为福田汽车 2014—2016 年总资产增长率计算表，图 7–29 为其变动趋势图。

表 7–34   福田汽车 2014—2016 年总资产增长率计算表   单位：元

项　　目	2016 年	2015 年	2014 年	2013 年
资产总额	53 913 464 928.89	42 752 961 319.03	34 697 470 410.81	32 558 179 741.98
本年资产增加额	11 160 503 609.86	8 055 490 908.22	2 139 290 668.83	
资产增长率/%	0.26	0.23	0.07	

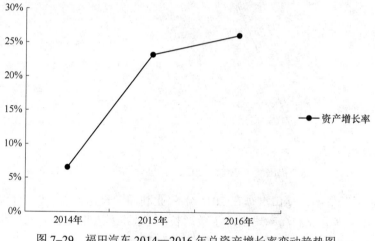

图 7–29   福田汽车 2014—2016 年总资产增长率变动趋势图

从图 7–29 中可以看出，福田汽车 2014—2016 年总资产增长率呈现逐年上升的趋势。因此，福田汽车的资产规模在不断增长，企业在不断发展。

在对总资产增长率进行具体分析时，应注意以下几点。

1. 企业资产增长率高并不意味着企业的资产规模增长就一定适当

评价一个企业资产规模增长是否适当，必须与销售增长、利润增长等情况结合起来分析。如果资产增加，而销售和利润没有增长和减少，说明企业的资产没有得到充分利用，可能存在盲目扩张而形成的资产浪费、营运不良等情况。所以只有在一个企业的销售增长、利润增长超过资产规模增长的情况下，这种资产规模增长才属于效益型增长，才是适当的、正常的。

图 7–30 为福田汽车 2014—2016 年总资产增长率综合分析图。

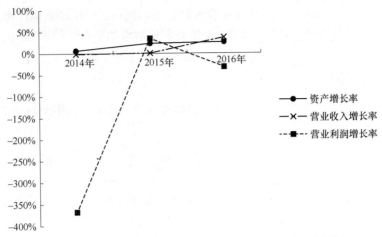

图 7-30　福田汽车 2014—2016 年总资产增长率综合分析图

从图 7-30 中可以发现，福田汽车资产规模呈现逐年上升的趋势，但是 2016 年较 2015 年的营业利润增长率却在下降。因此，福田汽车需要考虑自身资产规模的增长是否带来了相应的效益，这种资产的增长是否适当。

2. 需要正确分析企业资产增长的来源

因为企业的资产来源一般来自于负债和所有者权益，在其他条件不变的情形下，无论是增加负债规模还是增加所有者权益规模，都会提高总资产增长率。如果一个企业的资产增长完全依赖于负债的增长，而所有者权益项目在年度里没有发生变动或者变动不大，这说明企业可能潜藏着经营风险或财务风险，因此不具备良好的发展潜力。从企业自身的角度来看，企业资产的增加应该主要取决于企业盈利的增加。当然，盈利的增加能带来多大程度的资产增加还要视企业实行的股利政策而定。

表 7-35 为福田汽车 2014—2016 年总资产增长率分析计算表。

表 7-35　福田汽车 2014—2016 年总资产增长率分析计算表　　　　单位：元

项　　目	2016 年	2015 年	2014 年
资产总额	53 913 464 928.89	42 752 961 319.03	34 697 470 410.81
本年资产增加额	11 160 503 609.86	8 055 490 908.22	2 139 290 668.83
资产增长率/%	0.26	0.23	0.07
股东权益	19 066 725 924.43	18 751 717 357.00	15 547 108 875.46
股东权益增加额	315 008 567.43	3 204 608 481.54	175 521 362.71
股东权益增加额占资产增加额的比重/%	2.82	39.78	8.20

福田汽车 2014 年、2015 年、2016 年股东权益增加额占资产增加额的比重分别为 2.82%、39.78%、8.20%，可以看出 2014 年和 2016 年股东权益增加额在资产增加额中所占的比重很低，资产增长的绝大部分来自负债的增加。这表明企业可能面临一定的经营风险和财务风险，其发展潜力存在不确定性。

3. 为全面认识企业资产规模的增长趋势和增长水平，应将企业不同时期的资产增长率加以比较

因为一个健康的处于成长期的企业，其资产规模应该是不断增长的，如果时增时减，则反映出企业的经营业务并不稳定，同时也说明企业并不具备良好的发展能力，所以只有将一个企业不同时期的总资产增长率加以比较，才能正确评价企业资产规模的增长能力。

7.5.5 技术投入比率

技术创新是企业在市场竞争中保持竞争优势、不断发展壮大的重要前提。企业在技术创新等方面的投入比重从侧面说明了公司对于技术创新的重要程度和发展思路。技术投入比率就是指企业当年技术转让费支出与研究开发的实际投入与当年主营业务收入的比率。技术投入比率从企业的技术创新方面反映了企业的发展潜力和可持续发展能力。

技术投入比率=（本年科技支出合计/主营业务收入净额）×100%

其中，本年科技支出主要是指当年技术转让费支出与研发投入，是企业当年研究开发新技术、新工艺等具有创新性质项目的实际支出，以及购买新技术实际支出列入当年管理费用的部分。关于科技支出方面的数据主要通过附注信息提取，在附注信息不详的情况下，该指标的计算就会显得有些棘手。可以通过资产负债表中的开发支出、无形资产项目的增加变动情况以及利润表中计入当期损益（如管理费用等）的有关数据分析提取。

表 7–36 为福田汽车 2014—2016 年技术投入比率计算表。

表 7–36　福田汽车 2014—2016 年技术投入比率计算表　　单位：元

项　　目	2016 年	2015 年	2014 年
营业收入	46 532 069 535.53	33 997 492 420.07	33 691 283 636.83
研发支出	2 552 891 266.99	2 237 984 458.39	1 894 743 219.35
技术投入比率/%	5.49	6.58	5.62

从表 7–36 中可以看出福田汽车的技术投入比率每年稳定在营业收入的 5%以上，表明企业对于技术研发的投入给予了一定的重视。

技术投入比率集中体现了企业对技术创新的重要程度和投入情况，是评价企业持续发展能力的重要指标。该指标越高，表明企业对新技术的投入越多，企业对市场的适应能力越强，未来竞争优势越明显，生产发展的空间越大，前景越好。最重要的是，技术创新比率较高本身就是一个积极的标志，等于在向外界昭示，企业有能力、有资本在技术创新方面加大投入力度，而且有希望借此获得更加光明的前途。

7.5.6　汽车行业发展能力分析

企业无论是增强盈利能力、偿债能力还是提高营运能力，其目的都是为了提高企业的发展能力，因此对发展能力的行业分析，其实是对企业盈利能力、偿债能力和营运能力的综合分析。

表 7-37 为 2014—2016 年汽车行业发展能力分析表。

表 7-37　2014—2016 年汽车行业发展能力分析表　　　　单位：%

公司名称	2016 年			2015 年			2014 年		
	总资产增长率	营业利润增长率	营业收入增长率	总资产增长率	营业利润增长率	营业收入增长率	总资产增长率	营业利润增长率	营业收入增长率
上汽集团	0.15	0.11	0.13	0.23	0.08	0.06	11.03	−7.80	11.26
比亚迪	0.26	0.88	0.29	0.23	−18.73	0.37	20.50	2.69	11.25
广汽集团	0.22	0.68	0.68	0.08	0.51	0.31	7.83	−45.32	18.87
长城汽车	0.28	0.32	0.30	0.17	0.00	0.21	16.62	−4.37	10.21
长安汽车	0.19	−0.01	0.18	0.28	0.34	0.26	30.59	48.96	34.26
华域汽车	0.37	0.28	0.36	0.24	0.09	0.23	16.53	−7.59	6.04
世纪华通	0.09	0.30	0.14	0.21	0.90	0.77	102.79	149.05	39.11
宇通客车	0.17	0.15	0.15	0.27	0.32	0.21	47.08	17.17	15.95
潍柴动力	0.43	0.60	0.26	−0.05	−0.61	−0.07	53.35	12.34	36.75
万丰奥威	0.05	0.19	0.12	0.75	0.86	0.53	20.17	56.28	21.60
万向钱潮	−0.10	0.12	0.05	0.07	0.07	0.04	22.18	23.24	6.08
小康股份	0.59	0.87	0.53	0.13	0.02	0.12	7.85	−14.43	13.28
均胜电子	2.26	0.47	1.30	0.82	0.22	0.14	8.93	6.68	15.92
江淮汽车	0.27	0.73	0.13	0.45	−9.61	0.36	13.48	−101.47	1.85
威孚高科	0.10	0.11	0.12	0.08	−0.07	−0.10	10.82	16.83	13.75
万里扬	0.62	0.50	0.89	0.50	0.04	0.43	18.79	79.94	−3.45
福田汽车	0.26	−0.32	0.37	0.23	0.35	0.01	6.98	−476.16	−1.36
江铃汽车	0.16	−0.47	0.09	0.08	−0.03	−0.04	18.28	5.96	21.75
拓普集团	0.20	0.51	0.31	0.63	0.06	0.10	19.69	12.81	18.71

续表

公司名称	2016 年			2015 年			2014 年		
	总资产增长率	营业利润增长率	营业收入增长率	总资产增长率	营业利润增长率	营业收入增长率	总资产增长率	营业利润增长率	营业收入增长率
一汽轿车	0.06	−16.34	−0.15	−0.14	0.09	−0.21	−0.75	−103.76	13.97
奥特佳	0.25	1.26	1.11	8.34	11.78	4.52	−11.49	−70.13	−4.85
东风汽车	0.06	−0.35	−0.05	0.04	0.13	−0.03	−3.73	−9.54	−9.62
双林股份	0.36	0.42	0.34	0.12	0.87	0.65	97.59	29.37	24.21
富临精工	2.35	0.33	0.36	0.73	0.29	0.23	29.68	37.32	30.17
京威股份	0.30	−0.01	0.33	0.41	0.03	0.48	60.58	31.56	36.13
力帆股份	0.16	−0.96	−0.11	0.21	0.02	0.09	18.56	−18.18	13.34
宁波华翔	0.28	1.13	0.27	0.23	−0.29	0.13	21.53	32.33	19.46
光启技术	0.05	0.76	0.04	0.11	0.00	0.01	21.51	25.83	38.07
富奥股份	0.12	0.24	0.35	0.11	−0.21	−0.14	2.26	11.28	−4.19
星宇股份	0.58	0.19	0.36	0.08	0.03	0.22	11.11	28.49	23.59
云意电气	0.63	0.57	0.24	0.04	−0.18	0.00	7.52	−24.82	−0.81
亚太股份	0.16	−0.06	0.12	0.01	−0.16	−0.07	60.65	23.02	20.64
中国汽研	0.07	0.04	0.38	0.07	0.17	−0.23	4.70	−37.21	5.39
信质电机	−0.05	0.12	0.18	0.47	0.11	−0.03	16.14	35.51	17.09
万安科技	0.53	0.45	0.32	0.14	0.20	0.28	0.60	75.10	3.05
一汽夏利	−0.20	−1.07	−0.41	−0.13	−0.11	0.05	−16.93	−30.89	−42.70
福达股份	−0.01	4.40	0.10	0.22	−0.85	−0.22	6.83	−12.72	−2.04
中通客车	0.14	0.77	0.30	0.67	0.52	0.97	29.85	17.96	12.64
中国重汽	0.20	0.71	0.09	0.02	−0.43	−0.19	6.01	28.12	11.19
海马汽车	0.05	−1.52	0.14	0.08	−0.79	−0.01	16.54	−38.35	20.15
天润曲轴	0.07	0.24	0.08	−0.03	0.17	0.04	5.89	36.37	3.09
金杯汽车	0.13	−2.35	0.04	0.08	7.18	−0.10	22.88	−10.03	−9.69
金龙汽车	−0.01	−2.36	−0.19	0.38	1.50	0.25	14.55	41.03	2.93
八菱科技	−0.03	0.07	0.35	0.55	0.28	0.02	78.11	−12.07	5.85
斯太尔	0.54	−1.19	0.03	−0.20	−11.64	−0.53	0.93	42.46	17.40
金固股份	0.14	−9.76	0.49	0.05	−0.63	0.16	37.95	47.23	12.59
渤海活塞	1.23	38.49	0.73	0.01	−0.88	−0.13	42.31	−25.24	−7.89
继峰股份	0.24	0.53	0.40	0.46	−0.17	0.03	28.56	12.33	35.53
华懋科技	0.23	0.54	0.32	0.14	0.47	0.27	89.62	32.59	34.01

公司名称	2016 年			2015 年			2014 年		
	总资产增长率	营业利润增长率	营业收入增长率	总资产增长率	营业利润增长率	营业收入增长率	总资产增长率	营业利润增长率	营业收入增长率
浙江世宝	0.10	0.27	0.36	−0.10	0.39	0.03	59.88	30.73	20.23
航天晨光	−0.01	−0.47	0.00	0.15	−0.63	−0.12	1.73	64.58	−3.69
众泰汽车	0.21	0.35	0.04	0.17	1.25	0.46	3.54	−48.63	23.41
西部资源	−0.24	−3.11	−0.41	0.24	−16.66	2.17	173.10	369.57	9.64
苏奥传感	1.17	0.27	0.22	0.19	0.07	0.02	18.79	47.73	16.82
银轮股份	0.22	0.28	0.15	0.12	0.30	0.13	11.48	50.82	26.01
兴民智通	0.22	1.24	0.17	0.10	−0.38	−0.17	0.98	−12.65	3.14
一汽富维	0.17	0.15	0.22	0.10	−0.24	−0.13	14.03	118.49	19.02
凌云股份	0.13	0.25	0.23	0.18	0.11	0.11	12.81	34.71	16.24
中航黑豹	−0.33	−0.84	−0.32	−0.18	1.15	−0.33	−12.72	−32.86	−20.75
贵航股份	0.00	0.05	0.05	0.00	0.16	0.04	16.50	27.22	12.82
中原内配	0.06	0.11	0.06	0.04	0.04	0.02	6.96	−4.32	−2.44
北特科技	0.60	0.16	0.13	0.19	0.09	0.11	38.96	20.01	19.43
腾龙股份	0.30	0.30	0.24	0.64	0.02	0.13	17.15	29.94	23.17
曙光股份	−0.08	−2.25	−0.16	0.21	−0.78	0.09	10.37	75.87	−16.00
宁波高发	0.17	0.33	0.29	0.82	0.17	0.15	23.45	28.26	29.24
光洋股份	1.14	0.82	1.04	−0.01	−0.47	−0.13	41.83	−4.13	7.36
模塑科技	0.30	−0.30	0.02	0.16	0.17	−0.08	1.05	8.60	17.05
蓝黛传动	0.40	1.15	0.48	0.36	−0.24	0.00	15.49	35.08	18.96
精锻科技	0.13	0.35	0.29	0.14	0.15	0.11	18.50	7.79	18.33
湖南天雁	0.22	−1.04	0.26	0.02	−10.21	−0.23	9.32	−87.91	−9.79
联明股份	0.20	0.33	0.35	0.27	0.45	0.30	54.04	10.83	30.26
广东鸿图	0.37	0.25	0.19	0.08	0.08	0.02	6.57	12.37	21.56
松芝股份	0.10	−0.29	0.08	0.17	0.10	0.19	12.18	67.65	28.42
天汽模	0.14	−0.12	0.09	0.06	−0.05	0.21	17.93	53.35	27.78
西仪股份	0.02	−0.99	0.14	−0.01	−19.39	−0.02	2.71	165.76	27.32
特尔佳	0.00	−0.36	−0.20	−0.05	−0.11	−0.28	4.19	−50.83	−20.07
日上集团	0.18	0.59	0.10	0.05	−0.03	−0.04	10.13	17.88	9.42

续表

公司名称	2016 年			2015 年			2014 年		
	总资产增长率	营业利润增长率	营业收入增长率	总资产增长率	营业利润增长率	营业收入增长率	总资产增长率	营业利润增长率	营业收入增长率
东安动力	0.27	2.86	1.01	0.19	−0.14	0.70	−1.10	87.20	−13.38
隆基机械	0.24	0.42	0.06	−0.05	0.08	0.12	2.66	−15.24	9.14
新朋股份	0.04	0.20	0.00	0.00	−0.01	0.08	4.77	56.20	37.21
远东传动	0.02	0.17	0.11	0.02	−0.34	−0.22	3.02	−1.88	7.63
东风科技	0.10	−0.10	0.08	0.01	−0.02	−0.02	60.93	128.52	59.15
西泵股份	−0.04	0.80	0.09	0.18	0.70	0.19	14.51	46.77	29.85
安凯客车	0.47	0.43	0.18	0.25	4.62	−0.17	11.67	27.80	36.76
湘油泵	0.23	0.46	0.20	0.07	−0.13	−0.02	10.34	2.66	4.75
长春一东	0.14	3.16	0.20	−0.05	−0.87	−0.24	0.87	26.89	0.40
华菱星马	0.11	−0.68	0.14	0.00	0.76	−0.29	5.09	−238.65	−23.76
跃岭股份	0.02	−0.19	0.00	−0.03	−0.41	−0.23	58.10	−12.62	−0.96
亚星客车	0.73	7.39	0.68	0.24	−1.09	0.37	18.89	−403.69	21.95
登云股份	−0.03	−1.09	0.20	0.02	−3.59	−0.19	5.64	−31.98	−2.31
鸿特精密	−0.11	0.37	0.00	0.12	2.22	0.16	21.13	−10.02	16.76
浙江仙通	1.03	0.73	0.38	0.31	0.71	0.41	−8.10	19.20	−6.57
奥联电子	0.80	0.29	0.22	0.04	0.19	0.14	7.34	32.72	14.80
今飞凯达	0.05	0.16	0.08	−0.04	−0.15	−0.01	−0.86	24.67	8.65
钧达股份	0.25	0.32	0.21	−0.01	−0.28	−0.07	16.30	−8.25	14.03
贝斯特	0.19	0.26	0.15	0.14	0.20	0.08	17.97	11.30	18.02
万通智控	0.10	0.29	0.07	0.44	−0.10	−0.04	14.39	207.63	32.64
雷迪克	0.28	0.07	0.10	0.03	0.15	−0.02	−7.63	30.54	19.82
隆盛科技	0.13	0.25	0.14	0.10	1.13	0.43	91.95	−15.52	28.21
兆丰股份	0.23	0.72	0.53	−0.11	0.16	−0.06	2.27	58.55	28.45
爱柯迪	0.45	0.33	0.24	0.11	0.16	0.13	12.00	5.06	16.03
常熟汽饰	0.53	0.06	0.41	0.07	0.03	−0.06	5.19	14.95	27.83
凯众股份	0.21	0.47	0.30	0.15	0.06	0.05	7.38	1.73	4.45
正裕工业	0.22	0.39	0.21	−0.02	0.01	−0.11	11.99	24.51	28.60
圣龙股份	0.24	0.12	0.12	0.27	0.07	0.20	34.99	48.17	32.61

公司名称	2016 年			2015 年			2014 年		
	总资产增长率	营业利润增长率	营业收入增长率	总资产增长率	营业利润增长率	营业收入增长率	总资产增长率	营业利润增长率	营业收入增长率
新泉股份	0.55	0.96	0.90	0.10	0.23	0.14	17.00	−0.66	13.42
保隆科技	0.16	0.54	0.21	0.21	0.41	0.13	9.12	52.08	15.40
日盈电子	0.18	0.19	0.16	−0.08	−0.49	−0.12	8.69	11.96	16.60
迪生力	0.13	0.20	−0.02	−0.14	0.13	−0.01	16.47	1 045.74	53.40
华达科技	0.19	0.16	0.15	0.13	0.14	0.06	27.22	9.95	7.92
金麒麟	0.05	0.32	0.15	−0.04	0.24	0.06	5.57	−4.32	10.04
岱美股份	0.15	0.37	0.18	0.20	0.39	0.16	13.64	21.47	16.61
秦安股份	0.04	−0.12	0.02	0.23	0.18	0.14	32.96	19.63	7.86
中马传动	0.02	0.06	−0.09	0.17	−0.41	−0.14	−12.41	21.23	10.77
常青股份	0.27	0.94	0.31	0.05	−0.14	−0.18	−4.01	−21.02	4.95
金鸿顺	0.18	0.31	0.05	0.00	−0.34	−0.10	−8.47	−12.21	−10.66
铁流股份	0.24	0.21	0.07	0.15	−0.15	−0.08	−4.38	−10.96	−10.82
行业平均值	0.26	0.36	0.22	0.22	−0.49	0.13	19.38	19.28	13.25
福田汽车在行业中的排名	34	98	18	28	22	68	80	117	97

注：上市公司实行新企业会计准则后，2007 年和 2008 年的利润表中的营业收入包括主营业务收入和其他业务收入，上述计算的指标数据取自附注中的主营业务收入，而在行业分析中为了比较的口径一致，采用营业收入替代了主营业务收入，所以数据与上述计算的指标有所出入。

从表 7-37 中可以看出，2014 年福田汽车在同行业中的增长势头强劲，营业收入和总资产在行业中的增速排名靠前。但是 2015 年和 2016 年福田汽车的增长速度有放缓的趋势。总的来说，目前，福田汽车的发展能力在行业中处于相对落后的位置。

7.6　上市公司特有指标分析

此外，上市公司还有些重要的财务分析指标，包括每股收益（在第 3 章已经介绍，此处不再涉及）、市盈率、市净率、市销率、每股净资产和股利支付率等财务指标。

7.6.1　市盈率

市盈率，或称价格收益比率，是指在一个考察期内，普通股每股市场价格和每股收益的比率。市盈率的计算公式可以表示如下：

$$市盈率=普通股每股市场价格/普通股每股收益$$

市盈率把股价和利润联系起来，反映了企业的近期表现。当今市场上几乎没有人不注意股票的市盈率，有关证券报刊、杂志几乎没有一家不在报道各类股票的市盈率。这种衡量指标很简单、直观，如果能用好市盈率指标，对投资者帮助很大。

市盈率对市场具有整体性的指标意义。市盈率反映投资者对于公司每股盈余所愿意支付的价格，是资本市场对于上市公司的共同期望指标，市盈率越高，往往表明市场对公司的未来发展前景越看好，越表明公司赢得了社会的认可和信赖。通常情况下，充满扩展机会的新兴行业的市盈率普遍偏高，而成熟稳健行业的市盈率普遍较低。即如大家平时所看到的那样，热门股具有较高市盈率，而冷门股具有较低市盈率，这意味着，利用市盈率比较不同股票的投资价值时，这些股票必须属于同一个行业，否则这种比较就失去了意义。

市盈率经常被投资者用来估量某种股票的投资价值，判断股票市场价格是否具有吸引力。而对于市盈率高低标准的评价，可谓仁者见仁，智者见智，有时候让决策者变得进退两难。其实，在进行投资分析时，更需要辩证地看待市盈率，因为市盈率同样免不了"两面性"的俗。一方面，市盈率较高的公司往往迎来较好的声誉和发展机遇，毕竟它在一定程度上反映了投资者对公司增长潜力的认同，不仅在中国股市如此，在欧美成熟的股票市场上同样如此。另一方面，市盈率较高，可能意味着股价中有了泡沫，价值被高估，投资风险就越大，而较低的市盈率反而意味着有利可图的投资空间。这也是市盈率通常作为比较不同价格的股票是被高估还是被低估的指标的主要理由。市盈率间接地表达了上市公司价格和价值之间的关系，其高低标准并不是绝对的。一般认为，该比率保持在 20%～30%是正常的，过小说明股价低，风险小，值得购买；过大则说明股价高，风险大，购买时应谨慎。当然，如果一家公司增长速度以及未来的业绩增长非常好时，股票的高市盈率恰好可以准确地估量该公司的价值。

收益增长可以刺激股市繁荣，股市繁荣又可以反过来推动市盈率的成倍增长。对于增长型公司的美好预期所引起的买入势头，进一步抬高了公司的股价。在股票市场中，当人们完全套用市盈率指标去衡量股票价格的时候，往往会发现市场变得无法理喻：股票的市盈率相差悬殊；市盈率越高的股票，其颇具感染力的市场表现往往使得进一步的投资趋之若鹜，面对潜在风险熟视无睹。尤其是在我国，股市尚处于初级阶段，庄家肆意抬拉股价，造成市盈率畸高，由此经常性地造成巨大的市场波动和市场风险，因此投资者应该从公司背景、基本素质、盈余的可持续性等方面多加分析，并以动态眼光看待市盈率，对市盈率进行全面、公正而恰当的判断。

图 7-31 为福田汽车 2014—2016 年市盈率变动趋势图。

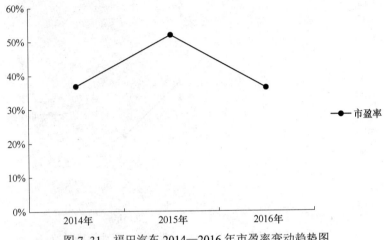

图 7-31 福田汽车 2014—2016 年市盈率变动趋势图

从图 7-31 可以看出福田汽车 2014—2016 年市盈率呈现先上升后下降的趋势。福田汽车市盈率的波动与股价的波动有着密切的关系。

7.6.2 市净率

市净率是衡量上市公司资产质量状况的一个很有特色的指标。有人把它与市盈率、市销率合称影响上市公司发展的"三驾马车"。市净率是指上市公司每股市价与每股净资产的比值。用计算公式表示为：

$$市净率=每股市价/每股净资产$$

市净率可用于投资分析，而且从长期来看，股票市值是决定股票市场价格走向的主要根据。通常而言，上市公司每股净资产值高而每股市价不高的股票，即市净率越低的股票，其投资价值越高。相反，其投资价值就越小。每股净资产是股票的账面价值，它是用成本计量的，而每股市价则是指股权资产的现在价值，它是证券市场交易的结果。市价高于账面价值时，说明企业资产的质量较好，有发展潜力，反之则资产质量差，没有发展前景。优质股票的市价都超出每股净资产许多，一般来说，市净率达到 3 可以树立较好的公司形象。市价低于每股净资产的股票，就像售价低于成本的商品一样，属于"亏损"产品，其价值只能看公司今后是否还有转机，或者经过资产重组能否提高获利能力，否则投资者将处于很大的投资风险当中。

图 7-32 为福田汽车 2014—2016 年市净率变动趋势图。

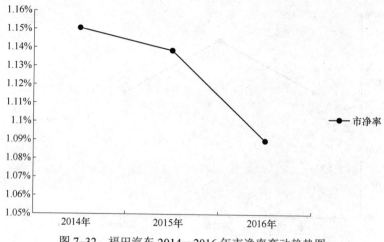

图 7-32　福田汽车 2014—2016 年市净率变动趋势图

从图 7-32 中可以看出，福田汽车 2014—2016 年的市净率呈逐年下降的趋势，这与股票市场上每股股票市价下降有着密不可分的联系。

7.6.3　市销率

市销率是指普通股每股市价与每股营业收入的比率。该比率表示普通股股东愿意为每 1 元营业收入支付的价格。其中，每股营业收入是指营业收入与流通在外普通股加权平均数的比率，它表示每股普通股创造的营业收入。其计算公式如下：

$$市销率=每股市价/每股营业收入$$

$$每股营业收入=营业收入/流通在外普通股加权平均数$$

市销率与市盈率比较接近，它是以公司每股收益代替每股销售收入，具有以下优势：首先，对于上市公司而言，公司往往出于各种目的对会计报表进行处理和美化，对于利润这一块的操作是比较普遍和相对容易的，而操纵主营业务收入的可能性比较小，难度比较大。因而，基于每股收益的市盈率指标更容易偏离公司真实的投资价值，但市销率并不会。其次，基于主营业务收入的市销率，排除了非经常性收入对数据的干扰，因为非经常性收入是不可持续的，不能作为反映公司未来持续经营能力的因素。最后，对于一些在短期内利润率极高或极低的公司，市盈率往往波动很大，投资者对该股票很容易错误估值而遭受损失或者错失投资机会。但是对于这些公司而言其主营业务收入很可能只是由快速的增长转变为平稳态势，或者变化幅度很小，因此市销率依然能够适用。

图 7–33 为福田汽车 2014—2016 年市销率变动趋势图。

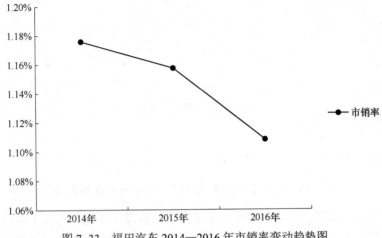

图 7–33　福田汽车 2014—2016 年市销率变动趋势图

从图 7–33 中可以看出，福田汽车 2014—2016 年的市销率呈逐年下降的趋势。进一步分析可知，福田汽车 2014—2016 年每股市价和每股营业收入均呈现下降的趋势，相比之下，每股市价下降的幅度更大，因此导致市销率呈下降的趋势。

7.6.4　每股净资产

每股净资产是衡量股票投资价值的又一重要指标。公司净资产即股东权益、所有者权益，就是指资产负债表中的总资产减去全部债务后的余额。公司净资产除以发行在外的普通股总股数，即得到每股净资产。其计算公式可以表示为：

每股净资产=股东权益/公司发行在外普通股股数

每股净资产值反映了每股股票所代表的公司净资产价值，公司净资产也即股票净值的多少主要是由公司经营状况决定的，公司的经营业绩越好，其资产增值越快，股票净值就越高，因此股东所拥有的权益也就越多。可以认为股票净值是支撑股票市场价格的重要基础。每股净资产显然是越高越好，每股净资产值越大，表明公司每股股票代表的财务越雄厚，通常创造利润的能力和抵御外来因素影响的能力也越强。该指标的缺憾在于每股净资产是按照会计账面成本计算的，未必能够反映每股股票所代表的资产的真实价值。

图 7–34 为福田汽车 2014—2016 年每股净资产变动趋势图。

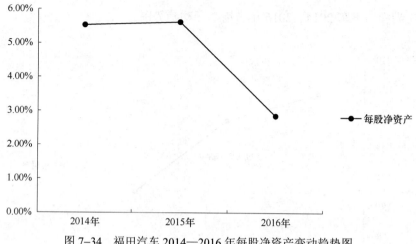

图 7-34　福田汽车 2014—2016 年每股净资产变动趋势图

　　从图 7-34 中可以看出 2014—2016 年福田汽车每股净资产呈现逐年下降的趋势。这表明每股股票所代表的公司净资产在不断减少，企业创造利润的能力和抵御外来因素影响的能力在不断地减弱。

7.6.5　股利支付率

　　股利支付率，或称股利发放率，是指上市公司股利占公司净收益的比重。它反映的是公司的股利分配政策和股利支付能力。股利支付率的计算公式可以表示为：

$$股利支付率 = 每股股利/每股收益$$

　　一方面，股利支付率越高，发放的股利就相对越多，对股东和潜在投资者的吸引力越大，也就越有利于建立良好的公司信誉。如此便形成良好信号效应，吸引更多的投资者，刺激股价上升，并方便了公司的再融资。另一方面，公司的收益并不等于公司的现金流量，有的公司每股收益很高，但却没有足够的现金流去满足较高的股利分配需求。因此公司可能存在为维持高股利分配政策而可能不得不对外举债的情况，进而增加资金成本，最终会影响公司的未来收益和股东权益。而且高股利支付伴随着公司的低积累，也可能会引起那些真正的投资人对公司可持续发展的担忧。总之，股利支付率作为公司股利政策的核心，上市公司确定股利支付率，应当结合自身战略发展的需要，并权衡由此带来的利弊得失，以便做出对公司最有利的股利分配政策。同样地，站在投资者的立场上，在分析股利支付率这个指标时应该结合其他指标，并深入了解上市公司的股利分配政策及其可能后果，透视股利分配的表象，在此基础上做出更加明智的判断和抉择。

　　图 7-35 为福田汽车 2014—2016 年股利支付率变动趋势图。

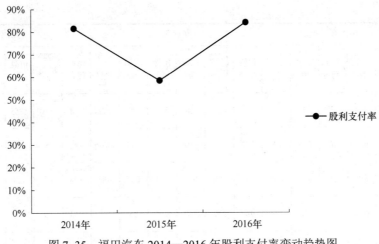

图 7-35 福田汽车 2014—2016 年股利支付率变动趋势图

从图 7-35 中可以看出，福田汽车 2015 年股利支付率较 2014 年有所下降，但 2016 年又回到从前的水平。另外，福田汽车的股利支付率在同行业中比较靠前。

7.6.6 特有指标行业分析

投资者投资的目的是获得投资报酬，一个企业投资报酬率的高低直接影响现有投资者是否继续投资，以及潜在的投资者是否追加或重新投资。投资者十分关心企业的资产运用效率，因为这会影响投资报酬的高低。但资产报酬率高并不等于投资者的收益高，因为企业的总资本包括债务融资时，如果企业运用债务资本带来的利润支付利息以后有剩余，产权融资的收益率就会提高；否则，就会降低。通过对不同企业同一时期特有指标的行业分析，可以了解一个企业的投资获利能力。

表 7-37 为福田汽车 2014—2016 年特有指标行业分析表。

表 7-38　福田汽车 2014—2016 年特有指标行业分析表　　　　单位：%

公司名称	2016 年						2015 年						2014 年					
	每股收益	每股净资产	市盈率	市净率	市销率	股利支付率	每股收益	每股净资产	市盈率	市净率	市销率	股利支付率	每股收益	每股净资产	市盈率	市净率	市销率	股利支付率
上汽集团	2.90	17.41	8.18	1.40	0.36	0.57	2.70	15.88	8.12	1.41	0.37	0.50	2.54	14.30	8.70	1.63	0.38	0.51
比亚迪	1.88	17.40	29.94	2.73	1.30	0.09	1.12	13.04	79.49	5.50	2.41	—	0.18	10.46	198.08	3.73	1.73	—
广汽集团	0.98	6.73	20.94	3.47	3.33	0.22	0.66	6.00	40.17	3.93	5.65	0.18	0.50	5.49	20.70	1.65	2.53	0.16

续表

公司名称	2016 年						2015 年						2014 年					
	每股收益	每股净资产	市盈率	市净率	市销率	股利支付率	每股收益	每股净资产	市盈率	市净率	市销率	股利支付率	每股收益	每股净资产	市盈率	市净率	市销率	股利支付率
长城汽车	1.16	5.18	11.14	2.30	1.16	0.30	0.88	4.20	12.68	3.28	1.51	0.22	2.64	11.00	16.55	4.07	2.16	0.30
长安汽车	2.19	9.07	6.55	1.75	0.99	0.29	2.13	7.37	8.94	2.54	1.23	0.30	1.62	5.50	11.48	3.27	1.62	0.15
华域汽车	1.93	12.08	8.95	1.38	0.41	0.52	1.85	10.56	9.42	1.72	0.53	0.44	1.73	9.14	9.18	1.91	0.55	0.30
世纪华通	0.49	4.27	91.54	11.27	14.27	—	0.40	3.88	89.27	9.08	12.57	—	0.60	7.06	123.66	3.89	9.30	0.17
宇通客车	1.83	6.14	10.99	3.67	1.28	0.55	1.60	5.81	14.86	4.45	1.68	0.94	1.77	7.31	16.12	2.65	1.41	0.56
潍柴动力	0.61	7.94	21.50	1.28	0.49	0.41	0.35	7.94	23.82	1.23	0.49	0.29	2.51	16.24	10.27	1.77	0.77	0.06
万丰奥威	0.53	2.91	32.90	7.40	3.21	0.19	0.93	4.50	53.87	7.16	5.15	0.05	1.12	5.02	26.90	5.82	1.96	—
万向钱潮	0.36	1.90	36.63	7.18	2.83	0.28	0.34	1.82	67.73	13.05	5.25	0.74	0.37	2.08	30.31	6.00	2.26	0.81
小康股份	0.63	4.31	44.10	6.57	1.73	0.48	0.50	3.46	—	—	—	—	0.40	2.86	—	—	—	—
均胜电子	0.66	13.38	42.80	5.48	1.65	0.30	0.61	5.50	55.09	5.81	2.71	—	0.55	3.80	37.99	5.18	1.81	0.20
江淮汽车	0.72	7.29	21.33	1.63	0.43	0.26	0.59	5.75	28.15	2.58	0.50	0.31	0.41	5.45	26.19	2.25	0.47	0.27
威孚高科	1.66	12.81	14.79	1.81	3.69	0.36	1.49	11.68	15.67	2.18	4.28	0.34	1.51	10.64	17.71	2.59	4.29	0.26
万里扬	0.30	4.14	81.71	3.89	7.16	0.33	0.41	4.54	53.01	5.18	7.86	0.37	0.56	6.39	29.35	2.57	4.12	0.36
福田汽车	0.08	2.84	43.18	1.11	0.54	0.33	0.13	5.56	62.65	1.16	0.63	0.28	0.17	5.44	32.37	1.18	0.52	0.25
江铃汽车	1.53	14.38	13.13	1.91	0.94	0.40	2.57	13.88	12.22	2.29	1.06	0.40	2.44	12.28	13.28	2.61	1.08	0.40
拓普集团	0.95	5.19	35.43	6.01	5.44	—	0.66	4.86	48.02	5.95	6.30	0.93	0.77	2.84	—	—		0.24
一汽轿车	−0.59	4.72	−25.83	2.23	0.79	—	0.03	5.35	423.16	3.04	0.93	1.32	0.10	5.33	51.89	2.79	0.75	0.10
奥特佳	0.41	4.37	47.13	3.73	3.58	0.15	0.28	3.57	156.76	5.30	13.76	—	0.03	1.49	−74.21	4.29	6.12	—

公司名称	2016 年						2015 年						2014 年					
	每股收益	每股净资产	市盈率	市净率	市销率	股利支付率	每股收益	每股净资产	市盈率	市净率	市销率	股利支付率	每股收益	每股净资产	市盈率	市净率	市销率	股利支付率
东风汽车	0.11	3.25	57.42	2.11	0.87	0.30	0.17	3.20	61.80	2.77	1.11	0.30	0.07	3.05	56.26	1.94	0.67	0.30
双林股份	0.82	6.36	43.56	5.78	4.61	0.02	0.62	5.35	56.18	6.08	5.59	0.16	0.47	4.81	37.40	2.22	2.94	0.28
富临精工	0.64	6.83	60.31	3.64	11.82	0.47	0.57	2.53	54.92	10.59	10.91	0.38	1.52	4.43	—	—		0.20
京威股份	0.85	6.37	32.08	2.80	2.74	0.41	0.60	5.82	33.54	3.89	4.79	0.50	0.70	5.51	25.75	2.22	4.46	0.43
力帆股份	0.07	5.36	44.32	1.77	0.96	0.71	0.29	5.44	65.12	3.12	1.82	0.34	0.40	5.33	17.89	1.53	0.85	0.50
宁波华翔	1.35	9.77	27.84	2.32	1.03	0.11	0.30	8.76	33.53	2.12	0.97	0.33	0.99	8.10	13.89	1.83	0.94	0.10
光启技术	0.22	2.00	226.31	20.01	27.66	—	0.14	1.76	384.77	28.77	33.23	0.14	0.22	2.68	64.44	4.51	6.20	—
富奥股份	0.52	4.00	16.67	2.19	2.06	0.38	0.39	3.62	25.72	2.90	3.04	0.38	0.48	3.31	17.92	2.68	2.10	0.21
星宇股份	1.39	13.58	31.96	2.92	3.49	0.52	1.22	8.74	30.49	4.52	3.85	0.59	1.14	8.29	17.16	2.35	2.38	0.69
云意电气	0.51	6.98	107.82	6.72	20.71	0.20	0.35	4.91	81.43	6.15	13.84	0.57	0.41	4.76	32.85	3.05	6.49	0.49
亚太股份	0.20	3.60	69.95	3.94	3.20	0.50	0.19	3.50	91.74	5.96	4.88	0.53	0.60	6.72	28.56	1.95	1.49	0.17
中国汽研	0.35	4.18	27.96	2.64	6.72	0.43	0.32	3.93	36.65	2.50	6.72	0.31	0.65	5.51	15.38	2.29	5.61	0.15
信质电机	0.58	4.24	44.10	6.18	6.17	0.10	0.51	3.71	63.84	8.88	8.32	0.10	0.93	6.61	31.98	4.44	3.70	0.22
万安科技	0.27	3.58	86.33	5.75	4.96	0.09	0.22	1.97	119.86	13.15	6.64	0.18	0.36	3.58	36.43	3.50	1.87	0.22
一汽夏利	0.10	1.06	205.16	13.51	4.33	—	0.01	0.96	−6.51	17.84	3.24	—	−1.04	0.95	−9.80	4.25	2.83	—
福达股份	0.17	3.53	130.44	4.68	10.17	1.18	0.12	4.10	193.08	6.64	13.56	0.58	0.28	2.36	60.30	7.64	5.96	0.54
中通客车	0.99	4.36	14.13	3.84	1.04	—	1.58	7.21	38.02	3.76	1.52	0.32	1.17	4.46	10.82	3.03	0.93	0.09
中国重汽	0.62	7.29	29.58	1.92	0.47	0.37	0.66	10.87	29.07	1.70	0.37	0.30	1.03	10.50	17.85	2.00	0.37	0.29

公司名称	2016 年						2015 年						2014 年					
	每股收益	每股净资产	市盈率	市净率	市销率	股利支付率	每股收益	每股净资产	市盈率	市净率	市销率	股利支付率	每股收益	每股净资产	市盈率	市净率	市销率	股利支付率
海马汽车	0.14	4.56	33.81	1.18	0.64	—	0.10	4.47	63.43	1.44	0.90	0.51	0.13	4.38	33.64	1.21	0.75	—
天润曲轴	0.17	3.17	54.18	2.50	5.16	0.11	0.27	6.00	86.47	3.79	7.93	0.15	0.24	5.70	37.62	1.53	2.93	0.10
金杯汽车	−0.19	0.07	−223.40	41.81	1.78	—	0.03	0.24	−42.51	20.91	1.18	—	−0.13	0.23	−157.27	11.46	0.80	—
金龙汽车	−1.18	5.06	52.45	2.34	0.34	—	0.97	6.39	30.43	3.22	0.49	0.16	0.56	5.50	20.41	2.27	0.25	—
八菱科技	0.45	7.31	73.47	4.23	9.95	0.56	0.50	7.04	88.02	7.91	18.53	0.40	0.49	5.30	48.59	3.51	7.47	0.31
斯太尔	0.06	2.55	−43.31	4.78	52.00	—	−0.25	1.93	−155.45	8.46	30.23	—	0.02	2.89	1 817.59	4.02	8.88	
金固股份	−0.27	2.77	−116.07	5.67	4.09	—	0.09	3.12	225.36	9.24	10.62	0.89	0.35	7.75	84.40	3.01	3.60	0.57
渤海活塞	0.12	4.51	197.16	1.67	5.74	0.21	0.04	3.88	149.07	2.80	5.41	0.24	0.34	6.17	35.25	1.80	2.93	0.09
继峰股份	0.59	3.64	36.63	5.64	6.42	0.41	0.44	3.18	61.89	8.81	10.80	0.30	0.56	2.17	—	—		0.27
华懋科技	1.25	6.08	31.31	6.49	9.67	0.56	1.25	7.56	40.46	5.76	9.40	0.40	1.04	6.59	35.26	4.03	7.55	0.15
浙江世宝	0.20	4.67	173.96	6.66	9.84	0.50	0.17	4.57	193.23	7.38	12.53	0.59	0.16	4.50	194.50	5.80	10.57	0.63
航天晨光	0.03	5.23	−873.55	3.61	3.23	0.37	0.05	5.09	188.33	5.07	3.08	0.30	0.22	3.22	149.67	4.50	1.51	0.32
众泰汽车	0.16	4.08	103.62	3.61	4.04	—	0.11	3.94	85.59	1.60	2.43	0.18	0.08	3.82	81.71	1.69	3.42	—
西部资源	0.02	1.53	−14.69	9.37	6.29	—	−0.41	1.55	671.51	9.33	10.47	—	0.02	1.96	−122.05	6.26	19.50	—
苏奥传感	1.58	11.80	81.70	9.29	13.67	0.19	1.56	6.72	—	—			1.38	5.27	—	—		
银轮股份	0.36	3.16	29.45	3.19	2.43	0.11	0.57	5.66	36.33	3.41	2.49	0.11	0.46	4.56	27.68	2.69	1.68	0.11
兴民智通	0.10	3.94	154.17	3.47	5.86	0.10	0.05	3.85	396.41	5.23	9.20	0.20	0.10	3.80	73.69	1.74	2.50	0.10
一汽富维	1.01	10.14	14.38	1.62	0.61	0.50	2.01	18.74	13.77	1.60	0.60	0.25	2.61	17.18	12.34	1.77	0.54	0.18

公司名称	2016 年						2015 年						2014 年					
	每股收益	每股净资产	市盈率	市净率	市销率	股利支付率	每股收益	每股净资产	市盈率	市净率	市销率	股利支付率	每股收益	每股净资产	市盈率	市净率	市销率	股利支付率
凌云股份	0.47	7.76	33.87	1.95	0.81	0.30	0.37	7.34	51.83	2.31	1.09	0.27	0.38	5.58	28.52	2.36	0.74	0.32
中航黑豹	0.08	1.27	−53.70	17.68	5.21	—	−0.64	1.14	−31.47	10.82	2.90	—	−0.41	1.76	−387.08	5.59	1.21	—
贵航股份	0.60	7.25	38.46	3.07	1.96	0.30	0.57	6.82	41.56	3.41	2.08	0.31	0.46	6.40	34.83	2.55	1.51	0.33
中原内配	0.36	3.71	32.00	3.05	5.96	0.27	0.33	3.45	44.08	4.21	7.71	0.30	0.77	8.04	22.33	2.19	3.57	0.26
北特科技	0.46	9.67	118.24	5.04	7.95	—	0.43	4.70	97.84	8.53	6.33	—	0.48	4.16	50.54	5.29	3.72	—
腾龙股份	0.55	4.02	58.67	7.03	8.96	0.27	0.93	7.29	71.27	8.93	10.76	0.27	1.12	4.33	—	—	—	—
曙光股份	0.10	4.15	30.80	2.20	1.39	0.26	0.17	3.82	−83.91	4.30	2.78	—	0.02	3.65	−21.28	1.59	0.85	—
宁波高发	1.13	5.86	42.40	7.70	7.80	0.71	0.84	5.18	47.83	7.42	8.33	0.71	0.93	3.30	—	—		0.38
光洋股份	0.14	3.23	124.25	3.98	7.08	0.21	0.09	2.23	116.54	7.04	11.48		0.34	4.85	45.17	3.36	4.72	0.44
模塑科技	0.26	4.33	29.27	1.87	1.94	0.42	0.84	6.73	28.82	3.78	2.75	0.12	0.80	4.50	16.30	2.76	1.16	0.16
蓝黛传动	0.62	5.00	54.95	5.48	5.80	0.16	0.41	4.80	82.51	6.82	7.94	0.61	0.52	3.68	—	—		—
精锻科技	0.47	3.59	33.78	4.24	7.20	0.21	0.52	4.78	35.47	3.85	7.08	0.21	0.70	6.55	24.86	2.72	5.20	0.23
湖南天雁	0.01	0.68	−160.09	9.89	13.28	—	−0.05	0.67	−1310.64	10.45	14.81	—	0.01	0.72	141.56	8.13	10.91	—
联明股份	0.68	4.30	37.37	7.38	5.98	0.31	1.03	7.63	115.54	5.39	10.42	0.31	0.95	7.12	41.10	4.55	5.59	0.21
广东鸿图	0.69	8.71	36.53	2.74	2.30	0.14	0.67	7.60	57.87	4.45	2.89	—	0.62	7.04	24.57	2.29	1.40	0.16
松芝股份	0.58	6.60	20.92	2.16	1.76	0.17	0.76	5.94	30.57	3.24	3.08	0.11	0.68	5.71	20.01	2.53	2.28	0.44
天汽模	0.18	2.42	35.68	2.99	2.86	0.22	0.40	4.34	41.14	4.21	4.18	0.25	0.40	4.06	23.02	2.27	2.76	0.25
西仪股份	0.02	1.68	−457.08	11.46	11.94	—	−0.11	1.65	−429.53	7.43	7.68	—	0.03	1.77	247.61	5.78	6.63	0.33

续表

公司名称	2016 年						2015 年						2014 年					
	每股收益	每股净资产	市盈率	市净率	市销率	股利支付率	每股收益	每股净资产	市盈率	市净率	市销率	股利支付率	每股收益	每股净资产	市盈率	市净率	市销率	股利支付率
特尔佳	0.04	1.74	452.53	15.23	32.75	0.25	0.05	1.70	362.77	12.59	20.57	—	0.07	1.66	94.50	5.99	6.83	0.21
日上集团	0.10	2.53	101.12	2.90	3.92	0.50	0.15	7.51	224.54	4.90	6.46	0.67	0.19	5.74	72.33	2.36	2.27	0.32
东安动力	0.17	3.96	88.01	2.80	2.30	—	0.05	3.78	49.70	2.94	5.02	—	0.07	3.73	−5.14	1.70	3.87	—
隆基机械	0.16	4.81	84.24	2.61	3.54	0.13	0.19	4.51	124.71	5.08	4.77	0.11	0.15	4.38	85.75	3.20	3.44	0.33
新朋股份	0.21	5.20	53.14	2.09	1.18	0.21	0.20	5.00	61.89	2.77	1.56	0.23	0.19	4.89	49.25	1.68	1.04	0.32
远东传动	0.21	4.00	48.69	2.16	5.10	0.72	0.16	3.89	67.04	3.27	6.92	0.63	0.46	7.65	22.15	1.34	2.46	0.43
东风科技	0.37	3.67	49.90	4.25	0.92	0.32	0.49	3.44	38.34	6.63	1.53	0.30	0.65	3.15	24.72	4.52	0.95	0.31
西泵股份	0.32	5.51	56.99	2.60	2.37	0.31	0.54	15.78	125.58	4.22	4.06	0.37	0.42	12.36	72.56	2.13	1.62	—
安凯客车	0.07	1.90	134.83	3.57	1.08	—	0.06	1.84	181.00	5.22	1.69	0.33	0.03	1.78	489.66	3.24	0.94	—
湘油泵	0.90	7.39	113.09	7.89	9.01	0.17	0.64	5.96	—	—	—	—	0.74	5.48	—	—	—	—
长春一东	0.09	2.66	504.41	10.59	7.38	—	0.01	2.56	269.55	10.64	7.20	—	0.27	2.62	81.90	7.47	3.95	0.30
华菱星马	0.14	4.84	−4.95	1.61	1.20	—	−1.70	4.72	−5.04	1.34	1.15	—	−0.68	6.41	44.50	1.67	1.20	—
跃岭股份	0.28	5.68	78.47	4.00	6.05	0.36	0.35	5.55	66.76	4.76	5.84	0.43	0.96	8.71	31.78	3.82	3.95	0.42
亚星客车	0.28	0.59	24.39	31.06	1.21	—	0.09	0.30	−22.77	−104.60	2.15	—	−0.66	0.20	−90.50	29.32	2.50	—
登云股份	0.09	5.06	−109.47	7.33	12.09	—	−0.53	4.86	−220.47	7.64	14.72	—	0.21	5.44	87.61	4.37	7.19	0.29
鸿特精密	0.47	5.94	58.82	5.26	2.23	0.43	0.36	5.58	165.67	5.44	2.31	0.28	0.15	5.27	98.41	2.73	1.26	0.34
浙江仙通	2.22	9.73	32.35	3.53	6.69	0.27	1.30	4.72	—	—	—	—	0.79	3.82	—	—	—	—
奥联电子	0.85	5.25	26.65	3.08	4.17	0.47	0.66	3.21	—	—	—	—	0.58	2.80	—	—	—	—

公司名称	2016 年						2015 年						2014 年					
	每股收益	每股净资产	市盈率	市净率	市销率	股利支付率	每股收益	每股净资产	市盈率	市净率	市销率	股利支付率	每股收益	每股净资产	市盈率	市净率	市销率	股利支付率
今飞凯达	0.44	3.54	—	—	—	—	0.35	3.10	—	—	—	—	0.35	2.76	—	—	—	—
钧达股份	0.62	6.22	—	—	—	0.08	0.51	5.60	—	—	—	—	0.62	5.09	—	—	—	—
贝斯特	0.78	4.65	—	—	—	0.17	0.63	3.99	—	—	—	—	0.51	3.46	—	—	—	—
万通智控	0.26	1.45	—	—	—	—	0.24	1.27	—	—	—	—	-	1.85	—	—	—	—
雷迪克	1.03	4.14	—	—	—	—	0.94	3.36	—	—	—	—	0.84	2.42	—	—	—	—
隆盛科技	0.64	3.94	—	—	—	—	0.54	3.51	—	—	—	—	0.32	3.16	—	—	—	—
兆丰股份	3.97	9.31	—	—	—	—	2.25	8.34	—	—	—	—	2.00	9.14	—	—	—	—
爱柯迪	0.69	2.62	—	—	—	—	0.53	1.84	—	—	—	—	-	1.76	—	—	—	—
常熟汽饰	1.08	9.91	—	—	—	0.23	1.06	5.97	—	—	—	—	0.96	5.38	—	—	—	—
凯众股份	1.48	6.90	—	—	—	0.47	1.07	6.33	—	—	—	—	0.99	5.56	—	—	—	—
正裕工业	1.10	5.07	—	—	—	0.27	0.84	4.42	—	—	—	—	0.76	4.03	—	—	—	—
圣龙股份	0.53	2.71	—	—	—	0.23	0.46	2.26	—	—	—	—	0.47	1.82	—	—	—	—
新泉股份	0.95	4.97	—	—	—	—	0.44	4.07	—	—	—	—	0.40	3.68	—	—	—	—
保隆科技	1.51	6.71	—	—	—	—	0.77	5.65	—	—	—	—	0.47	4.93	—	—	—	—
日盈电子	0.47	3.75	—	—	—	—	0.45	3.28	—	—	—	—	0.72	3.59	—	—	—	—
迪生力	0.26	1.82	—	—	—	—	0.20	1.53	—	—	—	—	0.16	1.31	—	—	—	—
华达科技	2.42	10.50	—	—	—	0.28	2.14	8.58	—	—	—	—	1.84	6.93	—	—	—	—

公司名称	2016 年						2015 年						2014 年					
	每股收益	每股净资产	市盈率	市净率	市销率	股利支付率	每股收益	每股净资产	市盈率	市净率	市销率	股利支付率	每股收益	每股净资产	市盈率	市净率	市销率	股利支付率
金麒麟	1.32	6.31	—	—	—	—	1.03	5.29	—	—	—	—	0.90	4.46	—	—	—	—
岱美股份	1.23	8.61	—	—	—	—	0.88	6.97	—	—	—	—	0.62	5.47	—	—	—	—
秦安股份	0.57	4.37	—	—	—	—	0.66	3.79	—	—	—	—	0.60	2.82	—	—	—	—
中马传动	0.66	5.21	—	—	—	—	0.74	4.86	—	—	—	—	1.45	4.92	—	—	—	—
常青股份	0.97	4.88	—	—	—	—	0.50	3.91	—	—	—	—	0.58	3.40	—	—	—	—
豪能股份	1.58	9.77	—	—	—	—	1.33	8.19	—	—	—	—	1.73	6.86	—	—	—	—
金鸿顺	1.11	5.28	—	—	—	—	0.85	4.17	—	—	—	—	1.19	4.33	—	—	—	—
铁流股份	1.24	5.54	—	—	—	—	1.05	4.59	—	—	—	—	1.22	3.86	—	—	—	—
行业平均值	0.65	5.49	37.29	5.38	5.52	0.33	0.57	5.18	50.44	4.59	6.09	0.37	0.64	5.12	60.07	3.63	3.22	0.30
福田汽车在行业中的排名	106	99	41	94	88	33	96	42	36	88	82	45	94	45	39	83	79	40

从表 7-37 可以看出，2014 年福田汽车每股收益、市净率和市销率在行业中的排名比较靠后，而市盈率、每股净资产和股利支付率相对处于行业的平均水平。

2015 年福田汽车每股收益、市净率和股利支付率在行业中的排名有所下降，但是市盈率、市销率和每股净资产在行业中的排名上升。总的来说，2015 年各指标在行业中的排名基本维持在上期水平。

福田汽车 2016 年各项指标较 2015 年在行业排名中的变动不大。总的来说，投资者对福田汽车的整体价值没有给出较高的预期，企业需要重点考虑公司价值的问题。

 **思考题**

1. 什么是发展能力？评价企业发展能力的目的是什么？
2. 企业的盈利能力可以从哪些角度进行评价？
3. 上市公司的特有指标有哪些？对其分析有何意义？
4. 可以从哪些方面分析企业的偿债能力，它们各自有什么特点？
5. 为什么要分析企业的资产质量和营运状况，它们在企业的经营过程中起着什么作用？
6. 若仅从财务指标的角度分析企业会有哪些局限性？在使用财务指标分析体系时，应当注意什么？

第8章

综合绩效评价

 学习目标

1. 理解综合绩效评价财务指标体系的思想与实际运用；
2. 掌握杜邦财务分析的基本方法；
3. 了解中央企业综合绩效评价体系；
4. 掌握 EVA 分析的基本方法。

8.1 综合绩效评价概述

8.1.1 综合绩效评价的含义

公司的综合绩效评价体系是指由一系列与绩效评价相关的评价制度、评价指标体系、评价方法、评价标准以及评价机构等形成的有机整体。企业综合绩效评价体系的设计应遵循内容全面、方法科学、制度规范、客观公正、操作简便、适应性广的基本原则，充分保证综合绩效评价体系的科学性、实用性、客观公正性以及可操作性。同时还应看到，企业的绩效评价内容，视企业的经营类型而定，不同经营类型的企业，综合绩效评价内容也有所不同。

对财务报告进行分析，不能只停留在就事论事的层面上，被局部的内容所吸引可能会导致顾此失彼，最终得出错误的结论。局部不能代表整体，某项指标的好坏不能说明整个企业经济效益的高低。因此要达到对企业整体状况的分析，仅仅测算几个简单、孤立的财务指标、或者将若干个孤立的财务指标罗列起来考察企业的财务状况和经营情况，都不能得出科学、合理、完整的结论。因此，只有将企业偿债能力、盈利能力、营运能力等各项指标联系起来，作为一套完整的体系，相互配合使用，才能从整体上把握企业的财务状况和经营情况，对企业作出综合评价。综合绩效评价有利于全面、准确、客观地揭示与披露与企业财务状况和经营情况，并对企业经济效益做出合理的评价。

对企业进行综合绩效评价和分析的结果有利于同一企业不同期间的比较分析，也有利于不同企业之间的比较分析。财务报告综合分析的结果在进行比较分析时，消除了时间和空间上的差异，使之具有可比性，从而有利于企业从整体上、本质上反映和把握其财务状况和经营成果。

8.1.2 综合绩效评价的内容构成

综合绩效评价体系通常由财务指标体系和非财务指标体系两部分组成。

一般而言，财务指标体系评价是指对一定期间内的盈利能力和财务效益状况、营运能力与资产质量、偿债能力与债务风险的状况以及发展能力与经营增长 4 个方面进行定量对比分析和评判。通过评价可以明确企业的盈利能力、营运能力、偿债能力和发展能力之间的相互关系，找出制约企业发展的"瓶颈"所在，有助于财务报告分析者通盘考虑、统筹安排，最终形成全面综合的结论和意见，是公司综合绩效评价体系的核心内容。

非财务指标一般属于定性的指标，如可以通过采取专家评价的方式，对企业一定期间的经营管理水平进行定性分析与综合评判等。

8.1.3 综合绩效评价的主要类型

财务综合绩效评价可以从不同角度出发，有不同的分析内容与分析思路。基于对公司综合绩效评价的角度，主要有杜邦分析、沃尔财务状况综合评价模型、平衡计分卡、经济增加值（EVA）指标评价法等财务报告分析方法。

1. 杜邦分析

杜邦分析是利用各种主要财务比率指标间的内在联系，对企业的财务状况和经营效益进行综合系统分析评价的方法，该体系是以净资产收益率为龙头，以资产净利率和权益乘数为核心，重点揭示企业获利能力以及权益乘数对净资产收益率的影响，以及相关指标间的相互作用和影响的关系。因其最初由美国杜邦公司成功应用，所以得此名。

杜邦分析通过几种主要的财务比率之间的相互关系，全面、系统、直观地反映出企业的财务状况，从而大大节约了财务报表使用者的时间。但是，杜邦分析对以企业绩效作为综合绩效评价体系的企业还不算"综合"，因为杜邦分析系统基本上属于就财务论财务，对企业的绩效评价和考核没有深入到经营管理过程中去，不能全面、动态地反映企业组织行为全过程中的问题，也不能与企业的战略目标及战略管理手段实现有机融合。另外，受制于它所产生的时代局限，杜邦体系是一种重视内部经营管理、忽视外部市场的分析考核体系。

2. 沃尔财务状况综合评价模型

财务状况综合评价的先驱者亚历山大·沃尔在 20 世纪初提出了信用能力指数的概念，把若干个财务比率用线性关系结合起来，以评价企业的信用水平。沃尔选择了流动比率、产权比率、固定资产比率、存货周转率、应收账款周转率、固定资产周转率和自有资金周转率 7 项财务比率，分别给定了其在总评价中所占的比重，总和为 100 分，然后通过与标准比率的比较，评出各项指标的得分及总体指标的总评分，依次对企业的财务状况做出评价。这一评价方法被称为沃尔评分法。

沃尔评分法将彼此孤立的偿债能力、营运能力等指标进行了组合，做出了较为系统的评价，其优点在于简便、易于操作，对评价企业财务状况具有一定的积极意义，是现实中比较可取的一种方法，但这一方法的正确性取决于指标的选定、标准值的合理程度、标准值重要性权数的确定等。

沃尔评分法从理论上讲有一个明显的问题——未能证明为什么选择这 7 个指标，而不是更多或者更少，或者选择别的财务比率，以及未能证明每个指标所占比重的合理性。这个问题至今仍然没有从理论上解决。另外，沃尔评分法技术上也有一个缺陷，就是某一指标严重异常时，会对总评分产生不合逻辑的重大影响。这个缺陷是由财务比率与其比重相"乘"引起的，财务比率提高一倍，评分就增加 100%，而缩小一倍，其评分只减少 50%。

在实际应用中，标准比率应当以行业为基础，适当进行理论修正。例如，在给每个指标进行评分时，应规定上限和下限，以减少个别指标异常对总分造成的不合理影响，应以科学严谨的态度和灵活多变的方法处理特殊的分析计算问题。只有经过长期连续的实践积累，不断修正和完善，才能取得良好的评价效果。

3. 平衡计分卡

平衡计分卡是由美国哈佛商学院教授罗伯特·S.卡普兰和大卫·P.诺顿创建的。平衡计分卡是一个综合性的业绩评价系统，它是一套能够使高层经理快速而全面地考察企业的测评指标。平衡计分卡既包含了财务衡量指标，说明企业已采取的行动所产生的结果，也包含了非财务指标。平衡计分卡把对企业业绩的评价划分为 4 个部分：财务、客户、经营过程、学习与成长，如图 8-1 所示。

1）财务角度：我们怎样满足股东

财务绩效评价体系显示了企业总体战略计划，以及企业实施与执行计划是否达到预期目标，是否增加企业利润直至最终实现企业价值的最大化。而对企业价值最大化的计量是离不开相关财务指标的，如经营利润、净资产收益率、现金流量和经济附加值等。对财务评价指标体系的设计不单是一个财务问题，更重要的是，财务绩效评价的成功与否，对企业经营绩效的改善具有重大影响。因此，财务评价指标应考虑：向信息使用者提供哪些有用的信息？财务评价指标应如何确定？应采取什么行动才能满足所有者的要求？

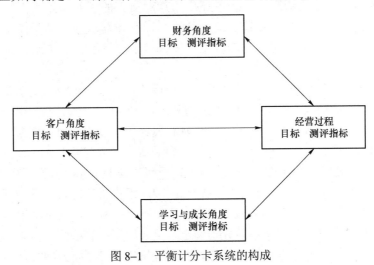

图 8-1 平衡计分卡系统的构成

2）客户角度：客户怎样看待我们

市场经济条件下，一个企业要想获得生存并有所发展，必须一心为客户提供价值。因此，企业如何从客户角度去运作企业，已成为管理层首先要考虑的问题之一。平衡计分卡要求企业决策层要把它们为客户服务的声明转化为具体可行的测评指标，这些指标要能够真正反映与客户相关的各种因素。一般客户对企业所关心的因素主要包括时间、质量、性能与服务、成本等。时间是指企业能否按照客户要求及时满足其所需；质量是指客户衡量所得到的产品水平或享受的服务好坏；性能与服务可以衡量企业的产品或服务在为客户提供价值方面能起到的作用；成本是指企业一定时间内投入要素的多少。因此，针对客户所需，客户对企业评价的核心指标包括客户满意度、客户保持程度、新客户的获得、客户获利能力以及在目标范围内的市场份额等。

3）经营过程角度：我们必须擅长什么

这些企业内部营运与技术指标用来反映企业组织是否较好地完成了其核心工作，同时使股东获得预期的财务收益。具体可以分为以下 3 个方面。第一，创新阶段：要求企业进行充分的市场调查，寻找客户所要求的潜在需要，从而挖掘新的客户，开拓新的市场。这是企业成功与否的关键。第二，经营过程：企业进行生产经营提供产品和服务，并将产品支付给客户。企业内部经营过程在注重销售收入增长的同时也应考虑企业的盈利率和资金管理效率，以求达到收入与报酬率之间的平衡。第三，售后服务：主要包括产品质量保证书、产品的修理、退货、调换以及机器设备使用的培训等。

4）学习与成长角度：企业能否继续提高并创造价值

该类指标用来反映企业的改进和创新能力。企业应该在生产和改进现有产品的同时，开发和创造适应市场需要的新产品。企业还应注意对员工的生产技术水平、劳动积极性以及培训方面评价，以提高企业的经营业绩。具体指标有开发新型产品所需时间、产品成熟过程所需时间、新产品上市时间、员工满意程度、员工流动性、员工培训次数、员工建议数量等。

综上所述，平衡计分卡在保留了传统的财务指标体系的基础上，引进大量能对未来财务业绩进行考评的非财务动因（包括客户、经营过程、学习与成长等），共同融合于企业信息系统。利用平衡计分卡，企业经营管理者可以计量有关经营单位是如何为现在和未来的客户创造价值，如何建立和提高内部生产力，以及如何为提高未来经营而对人员、系统和程序进行投资。当然，平衡计分卡也存在许多缺陷。首先，平衡计分卡中非财务指标难以用货币衡量，非财务计量指标上的改进与利润增长的关系较为模糊，很难辨认出非财务指标上的改进到底引起了利润多大的变化，尤其在短期内利润指标几乎不受影响。其次，非财务指标之间的关系错综复杂。有些联系得很紧密，不易分别确定其重要程度；有些则可能是相互矛盾的，一个指标需要其他指标作出牺牲方能得以改善，容易引起各部门之间的冲突。

4. 经济增加值（EVA）指标评价法

上市公司的传统业绩指标主要有净资产收益率、每股收益和每股净资产等。这些传统业绩衡量指标仅仅反映了企业经营状况的某一方面信息，并不适用于对企业进行综合定位，这主要表现在资本成本计算的不完全和会计报表信息的失真两个方面。经济增加值（EVA）作为一种新的衡量企业经营业绩的财务指标，它克服了传统业绩评价指标的缺陷，比较准确地反映了上市公司在一定时期内为股东创造的价值，到20世纪90年代中期以后逐渐在国外得到了广泛应用，成为传统业绩衡量指标体系的重要补充。

EVA是经济增加值（Economic Value Added）的英文缩写，它是由美国思腾斯特公司于1989年提出的一种全新的企业价值评价指标，经过20世纪90年代的发展，已为企业的经营绩效评价提供了新的思路和解决方案。

EVA的定义为：

$$EVA=税后净营业利润(NOPAT)-资本成本总额(ZCC)$$

即：　　EVA=税后净营业利润(NOPAT)-资本总额(CAP)×加权平均资本成本(WACC)

EVA的基本含义是企业的资本收益和资本成本之间的差额，是指企业通过资本在经营中获得的超过资本社会平均成本的那部分价值。

一般来说，对企业的盈利，偿债、发展和创新等能力的分析基本上已经涵盖了对一个企业经营的主要方面，也是常规意义上的分析。但是，这种分析大都是站在企业和社会立场的一种分析，其根本是一种经营者角度的分析，忽略了权益资本成本的补偿。如果从投资者的角度来说，它们对企业的盈利要求可能比经营者和社会的要求更高。债权人对企业经营者的要求至少要保证投入资本获得高于社会平均的收益水平。

现代企业的经营目标应该是寻求股东财富的最大化，西方将这种在考察投资收益率时扣除资本社会平均成本后得出的收益率才能评价企业经营优劣的财务分析方法，称为"经济增加值分析"。

其中的资本成本等于企业的全部资本投入乘以加权平均资本成本。这样它就不但考虑了在会计账面上的显性成本（债务成本），同时也考虑了没有在账面上反映的权益资本的隐性成本。

从绩效评价的角度考虑，EVA 就是企业在绩效评价期内增加的价值。它在计算企业的资本成本时，不仅考虑负债资本的成本，而且考虑权益资本的成本，这样就将所有者为补偿其投资的机会成本而要求的最低收益纳入指标体系，从而得到企业所有者从经营活动中获得的增值收入。如果 EVA 的值为正，则表示企业获得的收益高于为获得此项收益而投入的资本成本，即企业为所有者创造了新价值；相反，如果 EVA 的值为负，则表示所有者的财富在减少。EVA 更好地促使企业经营管理者需要按照股东价值最大化的决策行事。同一般的财务指标相比，EVA 强调了一个理念，即只有经济利润超过了所有债务成本和权益成本时，才会为企业创造财富，才会产生真正意义上的利润，即经济学当中提倡的超额利润。

8.2　杜邦财务分析体系

8.2.1　杜邦财务分析体系的内涵

杜邦分析法是利用几种主要财务比率之间的关系来综合地分析企业的财务状况的方法。最终目的在于全面了解企业财务状况、经营成果和现金流量情况，并对企业经济效益的优劣做出系统的、合理的评价。杜邦财务分析体系是一种直观的财务分析工具，它把基础财务分析指标有机地结合起来，分析单个指标，同时关注它们的协调性，从而形成财务分析人员对企业综合财务状况和经营成果的综合认识。杜邦财务分析体系又是一种系统的财务分析方法，它要求财务分析人员将企业各方面财务状况和经营成果结合起来分析，对企业经营管理状况进行系统的评价，并通过层层的因素分解、分析来探究深层原因。

杜邦财务分析体系是以净资产收益率为核心指标，将偿债能力、资产营运能力、盈利能力有机结合起来，层层分解，逐渐深入，直观、明了地反映企业的财务状况的完整的分析系统。杜邦财务分析体系的特点，是将若干反映企业盈利状况、财务状况和营运状况的比率按其内在联系有机结合起来，形成一个完整的指标体系，并最终通过净资产收益率这一核心指标来综合反映。

杜邦财务分析体系包含了几种主要的指标关系，可以分为两大层次。

第一层次包括净资产收益率和资产净利率。

（1）净资产收益率

$$净资产收益率=总资产净利率×权益乘数$$

即：
$$\frac{净利润}{净资产}×100\%=\frac{净利润}{总资产}×\frac{1}{1-资产负债率}×100\%$$

（2）资产净利率

$$总资产净利率=销售净利率×总资产周转率$$

即：
$$\frac{净利润}{总资产}×100\%=\frac{净利润}{销售收入}×\frac{销售收入}{总资产}×100\%$$

以上关系表明，影响净资产收益率最主要的因素有 3 个：销售净利率、资产周转率和权益乘数。

即：
$$净资产收益率=销售净利率×资产周转率×权益乘数$$

第二层次包括销售净利率和资产周转率。

（1）销售净利率

$$销售净利率=\frac{净利润}{销售收入}×100\%=\frac{总收入-总成本费用}{销售收入}×100\%$$

（2）总资产周转率

$$总资产周转率=\frac{销售收入}{总资产}×100\%=\frac{销售收入}{流动资产+非流动资产}×100\%$$

以上关系可以用图 8-2 更清楚地反映出来。

可以看出，净资产收益率作为核心指标，是一个综合性极强、最具代表性的财务比率，它符合所有者权益最大化的公司理财目标。由它与销售净利率、总资产周转率和权益乘数之间组成的等式关系，说明净资产收益率和企业销售规模、成本水平、资产营运、资本结构有着密切关系，这些因素构成一个相互依存的系统，只有把这些系统内各因素的关系安排好，才能使净资产收益率达到最大。福田汽车 2014—2016 年的杜邦分析见表 8-1。

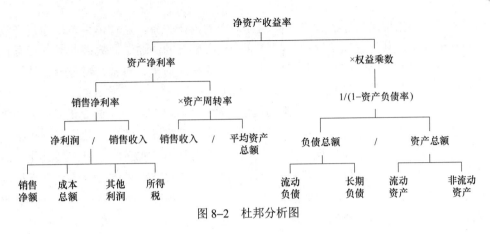

图 8–2　杜邦分析图

表 8–1　福田汽车 2014—2016 年杜邦分析　　　　　　　　　　单位：元

	2016	2015	2014
净资产收益率%（1）×（12）	3.00	2.10	3.04
资产净利率%（1）=（2）×（9）	1.06	0.92	1.36
销售净利率%（2）=（3）/（8）	1.10	1.05	1.36
净利润（3）=（4）−（5）+（6）−（7）	512 127 860.24	356 531 363.93	458 633 394.45
销售净额（4）	46 532 069 535.53	33 997 492 420.07	33 691 283 636.83
成本总额（5）	46 244 220 982.46	34 357 074 485.64	33 990 090 600.80
其他利润（6）	230 023 105.26	761 064 059.48	758 362 452.36
所得税（7）	5 743 798.09	44 950 629.98	922 093.94
销售收入（8）	46 532 069 535.53	33 997 492 420.07	33 691 283 636.83
资产周转率%（9）=（10）/（11）	96.27	87.79	100.19
销售收入（10）	46 532 069 535.53	33 997 492 420.07	33 691 283 636.83
平净资产总额（11）	48 333 213 123.96	38 725 215 864.92	33 627 825 076.40
权益乘数（12）=1/（1−（13））	2.83	2.28	2.23
资产负债率%（13）=（14）/（15）	64.63	56.14	55.19
负债总额（14）=（15）+（16）	34 846 739 004.46	24 001 243 962.03	19 150 361 535.35
流动负债（15）	30 749 408 538.05	20 779 107 685.02	16 844 980 098.50
长期负债（16）	4 097 330 466.41	3 222 136 277.01	2 305 381 436.85
资产总额（17）=（18）+（19）	53 913 464 928.89	42 752 961 319.03	34 697 470 410.81
流动资产（18）	25 110 477 737.81	16 649 629 215.14	11 271 621 885.14
非流动资产（19）	28 802 987 191.08	26 103 332 103.89	23 425 848 525.67

8.2.2　关于杜邦财务分析体系的科学性认识

　　理解财务指标之间的内在关系，提高对杜邦财务分析体系的科学性认识，关键在于理解该体系中各项财务指标所表述的含义及其相互之间的内在关系。这种体系是以净资产收益率为核心的分析体系，其他各项指标都是围绕这一核心展开的。通过研究彼此间的相互依存、相互制约关系，从而揭示企业的获利能力及其获利的前因后果。对杜邦财务分析体系中各项指标之间相互关系的理解，应侧重于考虑以下几个问题。

① 净资产收益率是一个综合性最强的财务比率，是杜邦财务分析体系的核心，经过分解以后，可以提供反映盈利能力、营运能力以及偿债能力等方面的信息，其他各项指标都是围绕这一核心指标展开的。企业进行财务管理的目标主要是为了实现股东财富最大化，而净资产收益率可以直接反映股东投资的获利能力，提高净资产收益率是实现财务管理目标的基本保证。通过分解可知，净资产收益率的高低取决于销售净利润、资产周转率及权益乘数。

提高净资产收益率的主要途径有两个：一是在资产结构一定时，提高资产利润率；二是在总资产净利润高于借款利息率时，提高权益乘数，或者提高资产负债率，但也不能无限度地增加，因为企业的财务杠杆效应增大，企业的财务风险会增加。

② 资产利润率又是由销售利润率和资产周转率所决定的。销售利润率是利润总额与销售收入的比率，这表示企业在商品销售过程中实现的效益。通过分析销售利润率的升降变动，可以促使企业在扩大销售的同时，注意改进经营管理，提高盈利水平。总资产周转率是反映企业运用资产能力的指标，对它的分析则需要对影响资产周转的各因素进行分析。除了确定对资产结构和占用量分析是否合理外，还可以通过对流动资产周转率、存货周转率、应收账款周转率等有关资产组成部分使用效率的分析，来判断影响资产增长的主要问题出在哪里。

③ 销售利润率对资产利润率而言，是起决定性作用的因素。如果销售过程中无利润，总资产利润率则无从谈起，即使资产周转很快，也不起作用。在销售盈利的情况下，总资产周转越快，总资产利润率就会越高，这也说明企业销售额的扩大，要以企业资产合理运用为基础。

④ 决定销售利润率的两个因素是利润总额和销售净额，利润总额=销售净额−成本费用。市场销售部门要研究销售数量、销售价格和销售结构的变动对企业经济效益产生的影响；成本管理部门要研究和寻求降低成本费用的途径和方法。即扩大销售收入、降低成本是提高销售利润率的基本途径，而提高销售利润率和加快资本周转率又是提高总资产利润率的基本途径。

⑤ 企业的财务状况、资产负债结构与企业经营好坏直接相关。扩大经营，无资产保障不行，有了资本不能充分合理使用也不能获利，这就要求企业的财务状况要进入良性循环，要具有良好的信用和声誉。资产负债结构应合理，在负债经营时，企业的总资产和报酬率应大于借款利息率，否则将增加亏损，这就是财务杠杆作用。

通过杜邦财务分析体系，企业管理人员可以进行自上而下或自下而上的分析，可以了解企业财务状况和经营成果的整体情况及财务指标之间的结构关系，并且可以明确企业各项主要指标的变动情况及其影响因素。杜邦财务分析体系所提供的财务信息，可以解释指标变动的具体原因及趋势，为企业加强管理指明了方向。

8.2.3　传统杜邦财务分析体系的局限性

传统的杜邦财务分析体系以净资产收益率为核心指标，将企业的资本结构、资本运作能力、资产营运能力以及盈利能力有机结合起来，进而构成一个完整的财务分析和绩效评价系统。但是，杜邦财务分析体系是以利润指标为核心进行构建的，对企业经营绩效的评价偏重于企业过去和现在的经营成果，这在以"现金为王"并面对复杂多变的经营环境的时代，它已经显得力不从心。概括而言，传统杜邦财务分析体系的主要缺陷表现在以下几个方面。

1. 计算资产利润率的"总资产"与"净利润"不匹配

首先被质疑的是资产利润率的计算公式。总资产是全部资产提供者享有的权利，而净利润是专门属于股东的，两者不匹配。由于总资产净利润的"投入与产出"不匹配，该指标不能反映实际的回报率。为了改善该比率的配比，要重新调整其分子和分母。

为公司提供资产的人包括股东、有息负债的债权人和无息负债的债权人，后者不要求分享收益。要求分享收益的是股东、有息负债的债权人。因此，需要计量股东和有息负债债权人投入的资本，并且计量这些资产产生的收益，两者相除才是合乎逻辑的资产报酬率，才能准确反映企业的基础盈利能力。

2. 没有区分经营活动损益和金融活动损益

传统杜邦财务分析体系没有区分经营活动和金融活动。对于多数企业来说金融活动是净筹资，它们从金融市场上主要是筹资，而不是投资。筹资活动没有产生净利润，而是支出净费用。这种筹资费用是否属于经营活动的费用，即使在会计规范的制定中也存在争议，各国的会计规范对此的处理也不尽相同。从财务管理的基本理念看，企业的金融资产是投资活动的剩余，是尚未投入实际经营活动的资产，应将其从经营资产中剔除。与此相适应，金融费用也应从经营收益中剔除，才能使经营资产和经营收益匹配。因此，正确计量基础盈利能力的前提是区分经营资产和金融资产，区分经营收益与金融收益（费用）。

3. 没有区分有息负债与无息负债

既然要把金融（筹资）活动分离出来单独考察，就会涉及单独计量筹资活动的成本。负债的成本（利息支出）仅仅是有息负债的成本。因此，必须区分有息负债和无息负债，利息与有息负债相除，才是实际的平均利息率。此外，区分有息负债与无息负债后，有息负债与股东权益相除，可以得到更符合实际的财务杠杆；无息负债没有固定成本，本来就没有杠杆作用，将其计入财务杠杆，会歪曲杠杆的实际作用。

8.2.4 对杜邦财务分析体系的改进

1. 改进的杜邦财务分析体系的主要概念

表 8-2 为改进的杜邦财务分析体系的主要概念。

表 8-2 改进的杜邦财务分析体系的主要概念

项 目	基 本 等 式
资产负债表	净经营资产=净金融负债+股东权益 其中：净经营资产=经营资产-经营负债 净金融负债=金融负债-金融资产
利润表	净利润=经营利润-净利息费用 其中：经营利润=税前经营利润×(1-所得税税率) 净利息费用=利息费用×(1-所得税税率)

改进的杜邦财务分析体系与传统杜邦财务分析体系相比，主要的区别如下。

1）区分经营资产和金融资产

经营资产是指用于生产经营活动的资产。与总资产相比，它不包括没有被用于生产经营活动的金融资产。严格说来，保持一定数额的现金是生产经营活动所必需的，但是外部分析人无法区分哪些金融资产是必需的，哪些是投资的剩余，为了简化都将其列入金融资产，视为未投入营运的资产。应收项目大部分是无息的，将其列入经营资产。区分经营资产和金融资产的主要标志是有无利息，如果能够取得利息则列为金融资产。例如，短期应收票据如果以市场利率计息，就属于金融资产；否则应归入经营资产，它们只是促进销售的手段。只有短期权益性投资是个例外，它是暂时利用多余现金的一种手段，所以是金融资产，应以市价计价。至于长期权益性投资，则属于经营资产。

2）区分经营负债和金融负债

经营负债是指在生产经营中形成的短期和长期无息负债。这些负债不要求利息回报，是伴随经营活动出现的，而非金融活动的结果。金融负债是公司筹资活动形成的有息负债。划分经营负债与金融负债的一般标准是有无利息要求。应付项目大部分是无息的，故将其列入经营负债；如果是有息的，则属于金融活动，应列为金融负债。

3）区分经营活动损益和金融活动损益

金融活动的损益是净利息费用，即利息收支的净额。金融活动收益和成本，不应列入经营活动损益，两者应加以区分。利息支出包括借款和其他有息负债的利息。从理论上说，利息支出应包括会计上已经资本化的利息，但是实务上很难这样去处理，因为分析时找不到有关的数据。资本化利息不但计入了资产成本，而且通过折旧的形式列入费用。如果没有债权投资利息收入，则可以用"财务费用"作为税前"利息费用"的估计值。金融活动损益以外的损益，全部视为经营活动损益。经营活动损益与金融活动损益的划分，应与资产负债表对经营资产和金融资产的划分保持对应。

4）经营活动损益内部进一步区分为主要经营利润、其他营业利润和营业外收支

主要经营利润是指企业日常活动产生的利润，它等于销售收入减去销售成本及有关的期间费用，是最具持续性和预测性的收益；其他营业利润，包括资产减值、公允价值变动和投资收益，它们的持续性不易判定，但肯定低于主要经营利润；营业外收支不具持续性，没有预测价值。这样的区分，有利于评价企业的盈利能力。

5）法定利润表的所得税是统一扣除的

为了便于分析，需要将其分摊给经营利润和利息费用。分摊的简便方法是根据实际的所得税税率比例分摊。严格的办法是分别根据适用的税率计算应负担的所得税。后面的举例采用简单的办法处理。

2. 调整资产负债表和利润表

根据上述概念，经调整重新编制的福田汽车资产负债表和利润表见表8-3和表8-4。

3. 改进的财务分析体系的核心公式

该体系的核心公式如下：

$$净资产收益率 = \frac{税后经营利润}{股东权益} - \frac{税后利息}{股东权益}$$

$$= \frac{税后经营利润}{净经营资产} \times \frac{净经营资产}{股东权益} -$$

$$\frac{税后利息}{净负债} \times \frac{净负债}{股东权益}$$

$$= \frac{税后经营利润}{净经营资产} \times \left(1 + \frac{净负债}{股东权益}\right) -$$

$$\frac{税后利息}{净负债} \times \frac{净负债}{股东权益}$$

$$= 净经营资产利润率 + (净经营资产利润率 - 净利息率) \times 净财务杠杆$$

可以看出，净资产收益率的驱动因素包括净经营资产利润率、净利息率和净财务杠杆。

表8-3 调整后的福田汽车资产负债表

净经营资产	2016年12月31日	2015年12月31日	2014年12月31日
经营资产：			
应收票据	309 184 950.11	141 772 788.12	81 990 487.00
应收账款	12 600 913 522.02	6 565 600 384.76	3 874 058 428.09
预付款项	819 960 226.65	373 541 437.29	376 087 780.60
应收利息	1 889 390.97	1 924 608.55	1 817 957.08
应收股利			
其他应收款	528 618 165.67	726 260 618.04	1 203 380 456.32
存货	3 256 008 269.98	2 059 386 400.00	2 051 103 243.87
一年内到期的非流动资产	1 848 612 676.72	1 166 258 058.91	961 489 611.30
其他流动资产	1 665 347 588.21	1 057 041 088.74	530 723 949.45
持有至到期投资			
长期应收款	2 150 413 008.14	2 014 662 676.43	1 678 760 978.85
长期股权投资	2 465 101 702.90	2 306 048 442.12	2 085 244 101.30
投资性房地产			
固定资产	12 290 393 033.74	10 190 528 870.60	9 756 497 809.37
在建工程	1 656 508 307.10	2 623 467 592.44	2 221 973 914.84
工程物资			
固定资产清理			
生产性生物资产			
油气资产			
无形资产	6 324 849 264.00	4 590 932 727.93	3 690 723 261.36
开发支出	2 195 821 363.57	3 029 612 926.59	2 682 025 120.59
商誉	14 653 707.00	–	
长期待摊费用	8 162 575.84	7 353 500.41	5 068 631.61

净负债及股东权益	2016年12月31日	2015年12月31日	2014年12月31日
金融负债：			
短期借款	3 386 631 860.61	1 327 241 040.84	2 221 717 219.89
交易性金融负债			
长期借款	2 209 056 570.69	1 283 073 118.60	953 469 680.18
应付债券	997 570 668.56	996 898 920.71	
金融负债合计	6 593 259 099.86	3 607 213 080.15	3 175 186 900.07
金融资产：			
货币资金	4 079 942 947.48	4 557 843 830.73	2 190 969 971.43
交易性金融资产	319 015 200.00	328 453 956.56	329 831 504.72
可供出售金融资产			
金融资产合计	4 398 958 147.48	4 886 297 787.29	2 520 801 476.15
净负债	2 194 300 952.38	–1 279 084 707.14	654 385 423.92

续表

	2016年12月31日	2015年12月31日	2014年12月31日
净经营资产	1 300 613 380.52	960 533 556.91	909 334 909.74
递延所得税资产	77 455 648.27	51 737 853.90	66 388 293.29
其他非流动资产			
经营资产合计	49 514 506 781.41	37 866 663 531.74	32 176 668 934.66
经营负债：			
应付票据	5 654 906 250.00	4 578 397 808.57	2 287 010 000.00
应付账款	12 731 580 646.51	8 157 296 184.32	5 672 990 847.54
预收款项	2 940 323 056.06	2 485 589 981.69	2 750 133 510.72
应付职工薪酬	507 022 006.32	436 065 853.30	253 554 925.66
应交税费	515 912 595.94	85 490 449.66	42 239 303.29
应付利息	38 868 046.77	39 651 978.20	
应付股利			
其他应付款	3 729 179 996.67	3 024 474 516.98	2 867 915 290.47
一年内到期的非流动负债	1 220 189 225.30	613 096 070.43	660 134 719.71
其他流动负债	24 794 853.87	31 803 801.03	89 284 281.22
长期应付款	170 987 554.37	72 024 516.32	337 985 465.01
专项应付款	2 888 328.62	5 208 988.05	9 560 850.55
预计负债	705 339 690.43	862 089 581.63	1 001 057 634.70
递延收益	11 487 653.74	1 961 151.66	1 547 806.41
递延所得税负债	—	880 000.04	1 760 000.00
其他非流动负债			
经营负债合计	28 253 479 904.60	20 394 030 881.88	15 975 174 635.28
净经营资产	21 261 026 876.81	17 472 632 649.86	16 201 494 299.38

净负债及股东权益	2016年12月31日	2015年12月31日	2014年12月31日
股东权益：			
股本	6 670 131 290.00	3 335 065 645.00	2 809 671 600
资本公积	7 839 934 428.43	10 174 480 379.93	7 758 713 124.03
减：库存股			
其他综合收益	−131 541 452.03	−57 819 588.09	−108 370 206.54
盈余公积	2 082 928 680.33	1 999 152 572.27	1 865 265 453.29
未分配利润	2 449 740 532.98	3 090 605 512.53	2 961 486 424.07
归属于母公司股东权益合计	18 911 193 479.71	18 541 484 521.64	15 286 766 394.85
少数股东权益	155 532 444.72	210 232 835.36	260 342 480.61
股东权益合计	19 066 725 924.43	18 751 717 357.00	15 547 108 875.46
净负债及股东权益	21 261 026 876.81	17 472 632 649.86	16 201 494 299.38

注：企业保持一定数额的货币资金是生产经营活动所必需的，但是无法区分哪些是经营活动所必需的，哪些是投资需的剩余，为了简化将其全部列为金融资产，视为未投入运营的资产。

表 8-4　调整后的福田汽车利润表

项　目	2016 年度	2015 年度	2014 年度
经营活动：			
一、营业收入	46 532 069 535.53	33 997 492 420.07	33 691 283 636.83
减：营业成本	40 185 176 314.17	29 754 699 977.51	29 679 522 975.31
二、毛利	6 346 893 221.36	4 242 792 442.56	4 011 760 661.52
减：营业税金及附加	600 673 057.88	250 204 257.46	224 952 154.70
销售费用	2 841 987 035.93	2 028 307 747.81	1 760 340 263.67
管理费用	3 255 518 433.84	2 562 317 590.26	2 366 235 863.58
三、主要经营利润	−351 285 306.29	−598 037 152.97	−339 767 620.43
减：资产减值损失	551 995 587.56	314 981 523.81	305 411 266.86
加：公允价值变动收益（损失以"−"号填列）			
投资收益（损失以"−"号填列）	283 183 243.13	73 808 383.05	197 537 916.76
四、税前营业利润	−620 097 650.72	−839 210 293.73	−447 640 970.53
加：营业外收入	1 153 065 994.36	1 312 582 240.18	1 148 212 484.22
减：营业外支出	53 557 486.79	60 140 782.48	57 024 527.06
五、税前经营利润	479 410 856.85	413 231 163.97	643 546 986.63
减：经营利润所得税费用	5 317 223.14	46 266 087.72	1 291 271.22
六、税后经营利润	474 093 633.71	366 965 076.25	642 255 715.41
七、经营活动其他综合收益的税后净额	−66 546 876.95	52 146 534.38	15 066 764.71
八、经营活动综合收益总额	407 546 756.76	419 111 610.63	657 322 480.12
金融活动：			
一、税前利息费用	−38 460 801.48	11 749 170.06	183 991 498.24
利息费用减少所得税	−426 574.95	1 315 457.74	369 177.28
二、税后利息费用	−38 034 226.53	10 433 712.32	183 622 320.96
三、金融活动其他综合收益的税后净额	7 174 986.98	1 595 915.93	38 949 742.71
四、金融活动综合收益总额	−30 859 239.55	12 029 628.25	222 572 063.67
利润合计			
税前利润合计	517 871 658.33	401 481 993.91	459 555 488.39
所得税费用合计	5 743 798.09	44 950 629.98	922 093.94
税后净利润合计	512 127 860.24	356 531 363.93	458 633 394.45
其他综合收益的税后净额	−73 721 863.93	50 550 618.45	−23 882 978.00
综合收益总额	438 405 996.31	407 081 982.38	434 750 416.45
备注：平均所得税税率	1.11%	11.20%	0.20%

注：为了分析简便，且利息费用占财务费用的大部分，因此把财务费用全部列为利息费用。

根据表 8–3 和表 8–4 计算的财务利率如表 8–5 所示。

表 8–5 福田汽车 2014—2016 年主要财务比率及其变动

主要财务比率	2016 年	2015 年	2014 年	2016 年变动	2015 年变动
经营利润率（经营利润/销售收入）（1）	1.02%	1.08%	1.91%	−0.06%	−0.83%
净经营资产周转次数（销售收入/净经营资产）（2）	2.19	1.95	2.08	0.24	−0.13
净经营资产利润率（经营利润/净经营资产）（3）=（1）×（2）	2.23%	2.10%	3.96%	0.13%	−1.86%
净利息率（净利息/净负债）（4）	−1.73%	−0.82%	28.06%	−0.92%	−28.88%
经营差异率（净经营资产利润率−净利息率）（5）=（3）−（4）	3.96%	2.92%	−24.10%	1.05%	27.01%
净财务杠杆（净负债/股东权益）（6）	0.12	−0.07	0.04	0.18	−0.11
杠杆贡献率（经营差异率×净财务杠杆）（7）=（5）×（6）	0.46%	−0.20%	−1.01%	0.66%	0.82%
净资产收益率（8）=（3）+（7）	2.69%	1.90%	2.95%	0.78%	−1.05%

使用连环替代法确定各影响因素对净资产收益率变动的影响程度，如表 8–6 所示。

表 8–6 福田汽车 2016 年净资产收益率变动的因素分析

变动影响因素	净经营资产利润率	净利息率	经营差异率	净财务杠杆	财务贡献率	净资产收益率	变动影响
2015 年净资产收益率	2.10%	−0.82%	2.92%	−0.07	−1.01%	1.90%	
净经营资产利润率变动	2.23%	−0.82%	3.05%	−0.07	−0.21%	2.02%	0.12%
净利息率变动	2.23%	−1.73%	3.96%	−0.07	−0.27%	1.96%	−0.06%
财务杠杆变动	2.23%	−1.73%	3.96%	0.12	0.46%	2.69%	0.73%

根据表 8–5、表 8–6 可以看出，福田汽车 2016 年净资产收益率较 2015 年降低 0.78%，其主要影响因素是：① 净经营资产利润率的升高，使净资产收益率增加 0.12%；② 净利息率降低，使得净资产收益率减少 0.06%；③ 财务杠杆的提高，使净资产收益率增加 0.73%。因此得出结论，福田公司 2016 年净资产收益率上升的主要原因是财务杠杆的提高。

进一步分析净经营资产利润率上升的原因：

$$净经营资产利润率=经营利润率×净经营资产周转次数$$

较 2015 年，福田汽车的经营利润率下降了 0.06%，然而净经营资产周转次数增加了 0.24 次，说明引起变动的主要是经营资产的周转速度。

表 8–7 为福田汽车 2015 年净资产收益率变动的因素分析。

表8–7　福田汽车2015年净资产收益率变动的因素分析

变动影响因素	净经营资产利润率	净利息率	经营差异率	净财务杠杆	财务贡献率	净资产收益率	变动影响
2014年净资产收益率	3.96%	28.06%	−24.10%	0.04	−1.01%	2.95%	
净经营资产利润率变动	2.10%	28.06%	−25.96%	0.04	−1.09%	1.01%	−1.94%
净利息率变动	2.10%	−0.82%	2.92%	0.04	0.12%	2.22%	1.22%
财务杠杆变动	2.10%	−0.82%	2.92%	−0.07	−0.20%	1.90%	−0.32%

　　根据表8–7可以看出，2015年净资产收益率较2014年降低了1.05%，其主要影响因素是：① 净经营资产利润率的降低，使净资产收益率降低1.94%；② 净利息率降低，使得净资产收益率增加1.22%；③ 财务杠杆的降低，使净资产收益率减少0.32%。因此得出结论，福田公司2015年净资产收益率上升的主要原因是净经营资产利润率的大幅上涨。

　　进一步分析净经营资产利润率下降的原因：

$$净经营资产利润率=经营利润率×净经营资产周转次数$$

　　较2014年，福田汽车的经营利润率降低了0.83%，净经营资产周转次数降低了0.13次，说明福田汽车的经营资产盈利能力和周转速度都有所下降。

8.3　企业综合绩效评价体系

8.3.1　企业综合绩效评价体系的主要内容

　　1999年，财政部、国家经贸委、人事部和国家计委联合发布了《国有资本金绩效评价规则》。制定该规则的目的是完善国有资本金监管制度，科学解释和真实反映企业资产营运效果和财务效益状况。2002年3月，财政部、国家经贸委、中央企业工委、劳动保障部和国家计委在认真总结实践经验的基础上，对《国有资本金绩效评价规则》进行了修订，重新颁布了《企业绩效评价操作细则（修订）》。2006年9月，国资委发布了《中央企业综合绩效评价实施细则》，企业综合绩效评价指标由22个财务绩效定量评价指标和8个管理绩效定性评价指标构成，财务绩效定量评价指标由反映企业盈利能力状况、资产构成质量状况、债务风险状况和经营增长状况4个方面的8个基本指标和14个修正指标构成，用于综合评价企业财务报告所反映的经营绩效状况。

　　企业盈利能力状况以资产收益率、总资产报酬率两个基本指标和销售（营业）利润率、盈余现金保障倍数、成本费用利润率、资本收益率4个修正指标进行评价，主要反映企业一定期间的投入产出水平和盈利质量。

资产质量状况以总资产周转率、应收账款周转率两个基本指标和不良资产比率、流动资产周转率、资产现金回收率 3 个修正指标进行评价，主要反映企业所占用经济资源的利用效率、资产管理水平与资产的安全性。

企业债务风险状况以资产负债率、已获利息倍数两个基本指标和速动比率、现金流动负债比率、带息负债比率、或有负债比率 4 个修正指标进行评价，主要反映企业的债务负担水平、偿债能力以及其面临的债务风险。

企业经营增长状况以销售（营业）增长率、资本保值增值率两个基本指标和销售（营业）利润增长率、总资产增长率、技术投入比率 3 个修正指标进行评价，主要反映企业的经营增长水平、资本增值状况以及发展后劲。

企业管理绩效评价指标包括战略管理、发展创新、经营决策、风险控制、基础管理、人力资源、行业影响、社会贡献 8 个方面的指标，主要反映企业在一定经营期间内所采取的各项管理措施及管理成效。

显而易见，这可以说是一套比较完善的指标体系，基本指标和修正指标比较完全、合理地反映了企业的财务状况、效益等整体业绩，从而形成了表 8-8 所示的综合绩效评价体系。

表 8-8　企业综合绩效评价体系及权重表　　　　单位：%

评价内容与权重		财务绩效（70）				管理绩效（30）	
		基本指标	权重	修正指标	权重	评议指标	权重
盈利能力状况	34	净资产收益率 总资产报酬率	20 14	销售（营业）利润率 盈余现金保障倍数 成本费用利润率 资本收益率	10 9 8 7	战略管理 发展创新 经营决策 风险控制 基础管理 人力资源 行业影响 社会贡献	18 15 16 13 14 8 8 8
资产质量状况	22	总资产周转率 应收账款周转率	10 12	不良资产比率 流动资产周转率 资产现金回收率	9 7 6		
债务风险状况	22	资产负债率 已获利息倍数	12 10	速动比率 现金流动负债比率 带息负债比率 或有负债比率	6 6 5 5		
经营增长状况	22	销售（营业）增长率 资本保值增值率	12 10	销售（营业）利润增长率 总资产增长率 技术投入比率	10 7 5		

8.3.2　评分标准

企业综合绩效评价指标权重实行百分制，指标权重依据评价指标的重要性和各项指标的引导功能，通过征求、咨询专家的意见和组织必要的测试进行确定。

财务绩效定量评价指标权重确定为 70%，管理绩效定性评价指标权重确定为 30%。在实际评价过程中，财务绩效定量评价指标和管理绩效定性评价指标的权数按百分制设定，分别计算各项指标的分值，然后按 70%:30%折算。绩效评价标准如表 8-9 所示。

表 8-9　绩效评价标准

财务绩效定量评价标准	管理绩效定性评价标准	标准系数
优秀（A）	优秀（A）	1.0
良好（B）	良好（B）	0.8
平均（C）	中（C）	0.6
较低（D）	低（D）	0.4
较差（E）	差（E）	0.2

企业财务绩效定量评价标准值的选用，一般根据企业的主营业务领域对照企业综合绩效评价行业基本分类，自下而上逐层遴选被评价企业适用的行业标准值。评价组织机构应当认真分析判断评价对象所属行业和规模，正确选用财务绩效定量评价标准值。根据评价工作的需要可以分别选择全行业和大、中、小型规模标准值实施评价。

管理绩效定性评价标准具有行业普遍性和一般性，在进行评价时，应当根据不同行业的经营特点，灵活把握个别指标的标准尺度。对于定性评价标准没有列示，但对被评价企业绩效产生重要影响的因素，在评价时也应予以考虑。

8.3.3　计分方法

企业综合绩效评价体系的计分方法采用功效系数法和综合分析判断法。其中，功效系数法用于财务绩效定量评价指标的计分，综合分析判断法用于管理绩效定性评价指标的计分。按照规定的计分公式计算各项指标的计分。

财务绩效定量评价基本指标的计分是按照功效系数法计分原理，将评价指标实际值对照行业评价标准值，按照规定的计分公式计算各项基本指标得分。计算公式为：

$$基本指标总得分=\sum 单项基本指标得分$$
$$单项基本指标得分=本档基础分+调整分$$
$$本档基础分=指标权数\times 本档标准系数$$
$$调整分=功效系数\times (上档基础分-本档基础分)$$
$$上档基础分=指标权数\times 上档标准系数$$
$$功效系数=(实际值-本档标准值)/(上档标准值-本档标准值)$$

本档标准值是指上下两档标准值居于较低等级的一档。

财务绩效定量评价修正指标的计分是在基本指标计分结果的基础上，运用功效系数法原理，分别计算盈利能力、资产质量、债务风险和经营增长 4 个部分的综合修正系数，再据此计算出修正后的分数。计算公式为：

$$修正后总得分=\Sigma 各部分修正后得分$$
$$各部分修正后得分=各部分基本指标分数×该部分综合修正系数$$
$$某部分综合修正系数=\Sigma 该部分各修正指标加权修正系数$$
$$某指标加权修正系数=(修正指标权数/该部分权数)×该指标单项修正系数$$
$$某指标单项修正系数=1.0+(本档标准系数+功效系数×0.2–该部分基本指标分析系数)$$

单项修正系数控制修正幅度为 0.7～1.3。

$$某部分基本指标分析系数=该部分基本指标得分/该部分权数$$

在计算修正指标单项修正系数过程中，对于一些特殊情况作如下规定。

① 如果修正指标实际值达到优秀值以上，其单项修正系数的计算公式如下：

$$单项修正系数=1.2+本档标准系数–该部分基本指标分析系数$$

② 如果修正指标实际值处于较差值以下，其单项修正系数的计算公式如下：

$$单项修正系数=1.0–该部分基本指标分析系数$$

③ 如果资产负债率≥100%，指标得 0 分；其他情况按照规定的公式计分。

④ 如果盈余现金保障倍数分子为正数，分母为负数，单项修正系数确定为 1.1；如果分子为负数，分母为正数，单项修正系数确定为 0.9；如果分子分母同为负数，单项修正系数确定为 0.8。

⑤ 如果不良资产比率≥100%或分母为负数，单项修正系数确定为 0.8。

⑥ 对于销售（营业）利润增长率指标，如果上年主营业务利润为负数，本年为正数，单项修正系数为 1.1；如果上年主营业务利润为零本年为正数，或者上年为负数本年为零，单项修正系数确定为 1.0。

⑦ 如果个别指标难以确定行业标准，该指标单项修正系数确定为 1.0。

管理绩效定性评价指标的计分一般通过专家评议打分形式完成，聘请的专家应不少于 7 名；评议专家应当在充分了解企业管理绩效状况的基础上，对照评价参考标准，采取综合分析判断法，对企业管理绩效指标做出分析评议，评判各项指标所处的水平档次，并直接给出评价分数。计分公式为：

$$管理绩效定性评价指标分数=\Sigma 单项指标分数$$

$$单项指标分数=\frac{\Sigma每位专家给定的单项指标分数}{专家人数}$$

任期财务绩效定量评价指标计分，应当运用任期各年度评价标准分别对各年度财务绩效定量指标进行计分，再计算任期平均分数，作为任期财务绩效定量评价分数。计算公式为：

$$任期财务绩效定量评价分数=\frac{\Sigma任期各年度财务绩效定量评价分数}{任期年分数}$$

在得出财务绩效定量评价分数和管理绩效定性评价分数后，应当按照规定的权重，耦合形成综合绩效评价分数。计算公式为：

企业综合绩效评价分数=(财务绩效定量评价分数×70%)+(管理绩效定性评价分数×30%)

在得出评价分数以后，应当计算年度之间的绩效改进度，以反映企业年度之间经营绩效的变化状况。计算公式为：

$$绩效改进度=\frac{本期绩效评价分数}{基期绩效评价分数}$$

绩效改进度大于 1，说明经营绩效上升；绩效改进度小于 1，说明经营绩效下滑。

对企业经济效益上升幅度显著、经营规模较大，有重大科技创新的企业，应当给予适当加分，以充分反映不同企业努力程度和管理难度，激励企业加强科技创新。

最后，根据财务绩效定量评价结果和定性评价结果，按照规定的权重和计分方法，计算企业综合绩效评价总分，并根据规定的加分和扣分因素，得出企业综合绩效评价的最后得分。

8.3.4　评价结果

企业综合绩效评价结果以评价类型、评价级别和评价得分表示。评价类型是根据评价分数对企业综合绩效所划分的水平档次，用文字和字母表示，分为优（A）、良（B）、中（C）、低（D）、差（E）5 种类型。评价级别是对每种类型再划分级次，以体现同一评价类型的不同差异，采用在字母后标注 "+" "−" 号的方式表示。企业综合绩效评价结果以 85、70、50、40 分作为类型判定的分数线。具体如表 8–10 所示。

表 8–10　绩效评价表

评价类型	评价级别	评价得分
A	A++	95～100（含 95）
	A+	90～95（含 90）
	A	85～90（含 85）

续表

评价类型	评价级别	评价得分
B	B+	80～85（含 80）
	B	75～80（含 75）
	B–	70～75（含 70）
C	C	60～70（含 60）
	C–	50～60（含 50）
D	D	40～50（含 40）
E	E	＜40

8.4　EVA 模型及应用

8.4.1　EVA 的定义及计算

EVA 是指资本所增加的经济价值、附加经济价值或经济增加值等。这一指标设计的基本思路是这样的：一般来说，理性的投资者都希望自己的资本投入能够获得超过资本机会成本的收益，这种收益从经济学角度也叫增量收益。如果能够获得增量收益，就说明投资者的投资决策是正确的；否则，投资者就会想方设法将投资转移投入到其他方面。

从会计计算方法上来说，EVA 指的是企业资本收益与资本成本之间的差额，也就是企业税后营业净利润与全部投入资本（债务资本和权益资本之和）成本之间的差额。差额是正数，说明企业创造了价值；反之，表示企业发生了价值损失；差额为零，说明企业利润仅能满足债权人和投资人预期获得的收益。

根据上述定义，经济增加值 EVA 的计算公式如下：

$$EVA = NOPAT - WACC \times CAP$$

简单来讲，EVA 主要的计算变量有以下几个。

① 税后净营业利润（NOPAT）：它等于税后净利润加上利息支出部分，即企业营业收入减去除利息支出以外的全部经营成本和费用后的净值。它是在不涉及资本结构情况下企业经营所得的税后利润。

② 资本总额（CAP）：它是所有投资者（债权人和所有者）投入企业经营的全部资本的账面价值，包括债务资本和权益资本。

③ 加权平均资本成本（WACC）：它是债务资本的单位成本和权益资本的单位成本根据债务和权益在资本结构中各自所占的权重计算出的平均单位成本。

从绩效评价的角度考虑，EVA 就是企业在绩效评价期内增加的价值。它在计算企业的资本成本时，不仅考虑负债资本的成本，而且考虑权益资本的成本，从而得到企业所有者从经营活动中获得的增值收入。如果 EVA 值为正，表示企业获得的收益高于为获得此项收益而投入的资本成本，即企业为所有者创造了新价值；相反，如果 EVA 值为负，则表示所有者的财富在减少。EVA 评价体系更好地促使企业经营管理者按照股东价值最大化的决策行事。同一般的财务指标相比，EVA 强调了一个理念，即只有经济利润超过了所有债务成本和权益成本时，才会为企业创造财富，才会产生真正意义上的利润，即经济学中提倡的超额利润。

与其他经营业绩绩效评价方法相比，EVA 评价法有如下优点。

① EVA 的提出，使企业及其下属部门和人员增加了资本成本的理念，重视节约经营资本成本，增强了经营者与股东目标的一致性。

② 尽量消除了会计失真对绩效评价的影响。传统的评价指标和会计收益等是在公认会计准则下计算出来的，因此都存在某种程度上的会计失真，从而歪曲了企业真实的经营业绩。而对 EVA 来说，尽管传统的财务报表仍然是进行计算的主要信息来源，但它要求在计算之前对会计信息来源进行必要的调整，以尽量消除公认会计准则所造成的扭曲性影响，从而能够更加真实、更加完整地评价企业的经营绩效。

③ EVA 立足于企业的可持续发展，除了应用于绩效评价体系之外，还可以用于经营预算、资本预算、战略审核、激励补偿计划及股票投资分析等企业财务的方方面面。

④ 显示了一种新型的企业价值观。EVA 的改善是同企业价值的提高相联系的。为了增加公司的市场价值，经营者必须表现得比竞争者更好。因此，一旦获得资本，他们在资本市场上获得的收益必须超过由其他风险相同的资本需求者提供的报酬率。如果他们完成了这个目标，企业投资者投入的资本就会获得增值，投资者就会加大投资，其他潜在的投资者也会把他们的资金投向这家公司，从而导致公司股票价格的上升，表明企业的市场价值提高了。如果他们不能完成这个目标，就说明存在资本的错误配置，投资者的资金就会流向别处，最终可能导致股价下跌，表明企业市场价值遭到了贬低。

但是，EVA 本身也存在一些缺陷。首先，它是企业经济增加值的评价，是事后进行的，在实际上忽略了不确定因素和动荡环境对企业的影响。其次，由于 EVA 仍然是一个结果性的财务业绩指标，具有财务业绩指标本身难以克服的缺点，如侧重对结果的反映，且针对性不强，使企业很难提出具体的非财务业绩动因及解决问题的方案。

8.4.2　EVA 的会计科目调整

EVA 是建立在传统财务体系基础上的，EVA 中的税后净营业利润和资本总额也都来源于常规的财务报告。但是在通用企业会计准则指导下的财务报告，一些财务数字不能真实反映经营业绩。因此，需要对这种财务数据进行调整，把财务报表中的数字还原成真实的营业业绩。

1. 会计科目调整的必要性

为了使财务报告能更真实地反映公司业绩和财务状况，会计界也在不断实行变革，颁布了许多新的规则。但是，这些努力仍旧没有解决好会计失真的问题，并且有些会计准则导致会计报告越来越偏离经济现实，会计扭曲有加重的迹象，主要表现在如下几个方面。

（1）会计准则的保守性造成会计失真

会计准则强调谨慎，因为一个时期以来，会计报表主要给债权人看，而债权人关心的事情与所有者不同。债权人关心的是，如果借款人破产，他们能否得到足够的财产来补偿借款损失。资产负债表数据只是向债权人表明：公司倒闭后变卖的资产能否偿还到期债务。这样，会计准则要求把研发费用、员工培训等无形资产的支出列为费用，计入当期损益。而这些费用的发生，实质上能为公司长期经营发展带来效益。显然，这种财务处理方式不符合企业的真实经济状况。

（2）会计分期造成会计失真

在对多数会计科目进行处理时，折旧安排是一种主观因素。因为避税等一些原因，财务人员可能会灵活地根据会计准则处理折旧问题，使得不同会计分期的财务业绩失真。新企业会计准则还要求计提一些准备账项，也无疑加大了人为的会计扭曲问题。从长远看，这些问题可以通过时间解决，但就某一时期而言，财务报表的数字就偏离了真实的经济现实。

（3）公司内部费用的摊销及内部转移定价造成会计失真

按照目前的会计准则，费用的摊销一般根据营业收入或企业规模进行，并且内部的转移定价一般也由上层决策者决定。这就会造成主观的会计失真。因此，需要对这些失真的会计项目进行调整。会计调整的可能性很多，主要包括对以下项目的处理：确认支出和营业收入的时间；对可能转让证券的证券化资产和其他表外融资项目的确认；重组费用的计算；通货膨胀的估计；外币折算；存货估计；坏账识别；商誉无形资产的摊销；税收中的递延问题；战略性投资的处理。

对这些项目的调整，其目的也各不相同，主要有：避免把经营决策同融资决策混同起来；为一些费用的支出提供一个长期的看法；避免存量指标与流量指标混同；将权责发生制所形成的存量指标转化为现金流量为基础的流量指标；把 GAAP 中的现金流量项目转化为资本的存量项目；改变内部会计处理，解决因组织层面而造成的决策扭曲问题。

2. 会计科目调整的原则

显然，如果对每个事项进行调整，需要花费很多人力和精力，而且是没有必要的。根据经验，为了计算最优的 EVA，大多数公司需要作出的调整事项应该不超过 15 项。但公司一旦确定的调整事项一般不要轻易改变，公司对哪些事项进行调整要遵循以下原则。

（1）量体裁衣原则

不同企业有不同的具体情况，灵活性和可裁剪性是推行 EVA 的一大优点。EVA 的主要目标是改变管理者和员工的行为方式，以达到企业价值最大化。一些具体的会计调整在某些企业比较重要，而在其他企业可能不重要。量体裁衣就是根据企业不同的实际情况，将调整限制在必要的范围以内。

（2）简单易行原则

需要调整的项目必须容易从会计报表中获得，而且处理起来不会非常烦琐。

（3）连续性原则

EVA 的调整账项一经确定，就不应该经常变动，哪怕是轻微的变动也不允许。保持连续性才能获得有效数据。

3. 会计调整项目

EVA 会计调整项目有很多，每个公司应根据自身的具体情况选择恰当的会计调整项目。2012 年 12 月 29 日，国资委修订了《中央企业负责人经营业绩考核暂行办法》（国资委令第 30 号），对"经济增加值考核细则"（简称《细则》）进行了修改。该《细则》规定了 4 项会计调整项目：利息支出、研究开发费用、无息流动负债、在建工程。

1）利息支出

利息支出指企业财务报表中"财务费用"项目下的"利息支出"。由于财务费用中的利息费用作为债务资本成本的一部分，在计算资本成本时已经被考虑在内，所以将税后利息支出加计入税后净利润。

调整方法：EVA 模型中，将扣减的税后财务费用加到税后净利润中，以避免债务资本成本的重复扣除。

2）研究开发费用

研发开发费用是企业为了获得将来的收益而发生的某项交易或事项，这与企业购入资产极为相似。现有的会计处理方法的缺陷在于：大多数公司根据谨慎性原则，将研究开发费用支出看作是当期费用，冲减当年利润。这种处理方法实际上忽略了研究开发费用支出对公司未来发展所起的作用，而把它与一般的期间费用等同起来。这样处理很可能会导致管理层减少对研究开发费用支出的投入，以改善短期会计利润，从而使管理层的业绩上升，收入提高。这在效益不好的年份和管理人员即将退休的前几年尤为明显。

调整方法：EVA 模型中，研究开发费用调整项指企业财务报表中管理费用项目下的"研究与开发费"与当期确认为无形资产的研究开发支出。并且，对于勘探投入费用较大的企业，经国资委认定后，可将其成本费用情况表中的"勘探费用"视同研究开发费用调整项，按照一定比例（原则上不超过 50%）予以加回。

3）无息流动负债

无息流动负债指企业财务报表中应付票据、应付账款、预收款项、应交税费、应付利息、应付职工薪酬、应付股利、其他应付款和其他流动负债（不含其他带息流动负债）；对于专项应付款和特种储备基金，可视同无息流动负债扣除。这一部分负债并未实际产生企业资本成本，因而需要扣除。

调整方法：在总平均资本的基础上扣减平均无息流动负债。

4）在建工程

在建工程指企业财务报表中的符合主业规定的在建工程。由于在建工程并不能给企业带来经济利益，并不占用资本成本，因此在资本总额中扣除在建工程。

调整方法：在总平均资本的基础上扣减平均在建工程。

此外，《细则》还规定，企业通过变卖主业优质资产等取得的非经常性收益在税后净营业利润中全额扣除。这主要是因为相应部分收益易受人为操纵，盈余管理成分较重，并不能直接与管理者的经营能力挂钩，因而在计算净营业利润时，需要将其全额扣除。

8.4.3　EVA 模型的计算

1. 确定税后净营业利润和资本总额

在对会计报表中的一些必要项目进行调整的基础上，计算出企业的税后净经营利润和资本总额。

《细则》规定：

税后净营业利润=净利润+(利息支出+研究开发费用调整项)×(1–25%)

企业通过变卖主业优质资产等取得的非经常性收益在税后净营业利润中全额扣除。

表 8–11 为福田汽车 2014—2016 年税后净利润（NOPAT）计算表。

表 8–11　福田汽车 2014—2016 年税后净利润（NOPAT）计算表　　　单位：元

年　　份	2016 年	2015 年	2014 年
税后净利润	512 127 860.24	356 531 363.93	458 633 394.45
营业外收入	1 153 065 994.36	1 312 582 240.18	1 148 212 484.22
营业外支出	53 557 486.79	60 140 782.48	57 024 527.06
–税后营业外收支净额	824 631 380.68	939 331 093.28	818 390 967.87
+税后利息支出	202 821 023.22	188 381 575.67	213 573 537.59

年　　份	2016 年	2015 年	2014 年
+税后研究与开发费	851 525 972.83	716 792 824.47	466 302 115.56
+税后确认为无形资产的研究开发支出	1 688 486 149.68	628 084 055.48	360 683 581.55
税后净营业利润 NOPAT	2 430 329 625.29	950 458 726.27	680 801 661.27

如表 8-11 所示，福田汽车 2014—2016 年税后净利润、营业外收入、营业外支出来自企业会计报表的相关项目，利息支出来自财务报表附注中对财务费用项目的具体披露明细项，研究与开发费来自财务报表附注中对管理费用项目的具体披露明细项，确认为无形资产的研究开发支出来自财务报表附注中对开发支出项目的具体披露明细项。

调整后资本=平均所有者权益+平均负债合计−平均无息流动负债−平均在建工程

表 8-12 为福田汽车 2014—2016 年资本总额（CAP）计算表。

表 8-12　福田汽车 2014—2016 年资本总额（CAP）计算表　　　单位：元

年　　份	2016 年	2015 年	2014 年
平均所有者权益	18 909 221 640.72	17 149 413 116.23	15 459 348 194.11
+平均负债合计	29 423 991 483.25	21 575 802 748.69	18 168 476 882.29
−平均无息流动负债	22 494 727 671.28	16 408 334 285.63	13 467 687 102.91
−平均在建工程	2 139 987 949.77	2 422 720 753.64	2 094 264 728.88
调整后资本 CAP	23 698 497 502.91	19 894 160 825.66	18 065 873 244.62

如表 8-12 所示，福田汽车 2014—2016 年平均所有者权益、平均负债合计、平均在建工程数据由企业财务报表中的相关项目直接算平均值得到，平均无息流动负债来自企业财务报表中应付票据、应付账款、预收款项、应交税费、应付利息、应付职工薪酬、应付股利、其他应付款、其他流动负债（不含其他带息流动负债）、专项应付款和特种储备基金的平均值加和得到。

2. 资本成本的确定

对于资本成本，《细则》规定：

① 中央企业资本成本率原则上定为 5.5%；

② 对军工等资产通用性较差的企业，资本成本率定为 4.1%；

③ 资产负债率在 75% 以上的工业企业和 80% 以上的非工业企业，资本成本率上浮 0.5 个百分点。

因而，福田汽车作为一家国有控股的上市公司，其资本成本率可取 5.5%。

3. 计算经济增加值 EVA

表 8-13 为福田汽车 2014—2016 年经济增加值 EVA 计算表。

表 8-13　福田汽车 2014—2016 年经济增加值 EVA 计算表　　　单位：元

年　份	2016 年	2015 年	2014 年
税后净营业利润 NOPAT	2 430 329 625.29	950 458 726.27	680 801 661.27
调整后资本 CAP	23 698 497 502.91	19 894 160 825.66	18 065 873 244.62
资本成本率	5.50%	5.50%	5.50%
经济增加值 EVA	1 126 912 262.63	−143 720 119.14	−312 821 367.18

由表 8-13 可以看出，从 2014—2016 年，福田汽车的税后净营业利润、资本总额逐年上升。虽然公司 2014、2015 年的经济增加值为负，只有 2016 年为正，但是从 2014—2016 年公司经济增加值的变化趋势来看，EVA 呈现出逐年增长的态势。

4. 行业典型企业比较分析

上海汽车集团股份有限公司（简称"上汽集团"，股票代码为 600104）是国内 A 股市场最大的汽车上市公司，总股本达到 110 亿股。目前，上汽集团主要业务涵盖整车（包括乘用车、商用车）、零部件（包括发动机、变速箱、动力传动、底盘、内外饰、电子电器等）的研发、生产、销售，物流、车载信息、二手车等汽车服务贸易业务，以及汽车金融业务。上汽集团所属主要整车企业包括乘用车公司、上汽大通、上汽大众、上汽通用、上汽通用五菱、南京依维柯、上汽依维柯红岩、上海申沃等。公司与实际控制人之间的产权及控制关系，如图 8-3 所示。

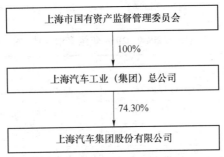

图 8-3　上汽集团与实际控制人之间的产权及控制关系

2016 年，上汽集团整车销量达到 648.89 万辆，同比增长 9.95%，继续保持国内汽车市场的领先优势。其中，乘用车销售 566.6 万辆，同比增长 14.8%，商用车销售 82.3 万辆，同比下降 14.9%；国内市场占有率达到 22.6%，继续保持国内市场的领先地位；全年实现整车出口和海外销售共计 12.9 万辆，同比增长 50%，在全国出口形势普遍下滑的背景下，整车出口销量逆势上扬，首次位居全国第一。上汽集团从 2004 年起，先后 12 次入围《财富》杂志世界 500 强，2016 年上汽集团以上一年度 1 066.8 亿美元的合并营业收入，排名第 46 位。对上汽集团 EVA 的计算过程如表 8-14～表 8-16 所示。

表 8-14　上汽集团 2014—2016 年税后净利润（NOPAT）计算表

单位：元

年　　份	2016 年	2015 年	2014 年
税后净利润	43 961 961 698.34	40 073 969 223.24	38 250 773 022.04
营业外收入	3 313 765 181.06	3 666 663 216.93	3 329 082 332.66
营业外支出	1 254 310 678.05	1 445 017 136.44	974 055 646.12
−税后营业外收支净额	1 544 590 877.26	1 666 234 560.37	1 766 270 014.91
+税后利息支出	568 283 671.42	581 548 443.68	501 886 676.54
+税后研究与开发费	7 057 963 488.17	6 281 655 430.48	5 148 383 059.82
+税后确认为无形资产的研究开发支出	—	—	—
税后净营业利润 NOPAT	50 043 617 980.67	45 270 938 537.03	42 134 772 743.49

表 8-15　上汽集团 2014—2016 年资本总额（CAP）计算表

单位：元

年　　份	2016 年	2015 年	2014 年
平均所有者权益	223 006 829 861.99	197 958 181 367.56	173 365 584 062.98
+平均负债合计	328 122 584 319.65	265 292 500 792.97	301 756 168 634.44
−平均无息流动负债	202 345 452 867.94	162 393 584 342.05	139 166 894 209.88
−平均在建工程	12 561 163 183.02	11 279 563 208.99	10 658 794 686.96
调整后资本 CAP	336 222 798 130.68	289 577 534 609.50	325 296 063 800.58

表 8-16　上汽集团 2014—2016 年经济增加值 EVA 计算表

单位：元

年　　份	2016 年	2015 年	2014 年
税后净营业利润 NOPAT	50 043 617 980.67	45 270 938 537.03	42 134 772 743.49
调整后资本 CAP	336 222 798 130.68	289 577 534 609.50	325 296 063 800.58
资本成本率	5.50%	5.50%	5.50%
经济增加值 EVA	31 551 364 083.48	29 344 174 133.50	24 243 489 234.46

以此类推，可得到行业内资产规模排名前五的公司 EVA 数据与福田汽车相关数据对比，如表 8-17 所示，图 8-4 为其变动趋势表。

表 8-17 汽车行业典型公司 2014—2016 年经济增加值 EVA 计算表 单位：元

年　份	2016 年	2015 年	2014 年
上汽集团	31 551 364 083.48	29 344 174 133.50	24 243 489 234.46
潍柴动力	−658 689 141.59	−1 197 062 806.80	3 030 681 140.10
比亚迪	5 229 742 167.50	2 693 338 000.00	1 193 968 657.50
华域汽车	7 687 643 935.75	6 480 194 260.51	5 704 280 571.62
长安汽车	9 882 539 852.77	9 374 092 336.31	7 306 263 274.15
福田汽车	1 126 912 262.63	−143 720 119.14	−312 821 367.18

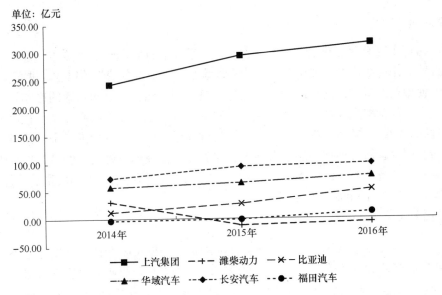

图 8-4　汽车行业典型公司 2014—2016 年 EVA 变动趋势图

由表 8-17 和图 8-4 可以看出，3 年来，上汽集团、比亚迪、华域汽车、长安汽车的 EVA 始终为正值，表明各公司获得的收益高于为获得此项收益而投入的资本成本，汽车行业的这 4 家典型企业为所有者创造了新价值。EVA 强调了一个理念，即只有经济利润超过了所有债务成本和权益成本时，才会为企业创造财富，才会产生真正意义上的利润，即经济学中提倡的超额利润。除潍柴动力外，2014—2016 年汽车行业其他典型公司 EVA 都呈现逐年上升的态势。相较而言，上汽集团的 EVA 一直处于高位状态，且增长态势良好。三年来，比亚迪、华域汽车、长安汽车的发展相对比较稳定，而福田汽车 EVA 一直保持增长，从起初的负值在 2016 年度实现 11.27 亿人民币的经济利润，扭转为正，创造了价值增长。

8.4.4　EVA 指标优缺点分析

传统企业经营绩效的评价指标一般是指财务报表中现成的获得指标,如销售额、净利润、资产收益率、净资产收益率、投资回报率、每股收益、每股净资产和经营活动的现金流量等。这些会计指标是当前企业经营业绩评价中最基本也是最常用的指标。它们的最大优点在于计算简单、使用方便。虽然传统财务评价指标能够解释部分经营业绩,但作为企业经营绩效评价指标还具有相当的局限性。下面以净利润、经营活动的现金流量、收益率指标(包括资产收益率、净资产收益率)和每股收益等代表性指标为例加以说明。

1. 传统评价指标

1)净利润

净利润指标主要有两点缺陷。一是,净利润只确认和计量债权资本成本,忽略了权益资本成本。这种不计权益资本的现象会使企业管理者形成"资本免费"的错觉,进而不计成本、随心所欲地使用权益资本。同样,净利润指标忽略了资本结构对公司业绩的影响,会使公司管理者忽视资本经营的重要性。二是,净利润对企业真实业绩的反映存在某种程度的失真和扭曲,而且净利润指标容易被操纵。例如,按稳健性原则计提的各项准备金、研发和广告费用都会使利润减少。而这种利润的下滑并不意味着公司业绩的下降,因此具有误导性。历史成本的计量属性使资产的计价偏离真实价值。会计计量方法的可选择性和大量的估算项目(如折旧和摊销)导致会计利润被操纵。

2)经营活动的现金流量

经营活动的现金流量由于剔除了应计会计的影响,能够反映会计利润指标之外的许多信息,如企业应收账款和存货管理中的一些问题。但是,它在企业业绩评价方面却不是一个优秀的指标。这主要是因为现金流的流出和流入过于频繁,而且与期间价值创造不具有相关性。如低经营活动的现金流量可能意味着公司对于营运资本管理不善,但是低经营活动的现金流量值也可能是因为公司投资某个高盈利项目所致。对于调整发展的公司而言,这是常见的现象。同样,成熟行业中企业充裕的现金流也并不代表公司的经营有效,有时反而说明公司投资不力,浪费了良好的投资机会。

3)收益率

收益率指标反映了企业投入资本的有效性,是一种效率指标。企业常用的收益率指标主要有资产收益率和净资产收益率等。资产收益率考察的是企业全部资产的获利能力,该指标反映了在未考虑资本结构的影响之前企业的经营效率。其计算公式为:

$$资产收益率 = \frac{净利润 + 利息费用 \times (1-T)}{平均资产总额}$$

公式中将扣抵税收影响后的利息费用加回净利润的收益数字（分子），反映的是企业为对股东和债权人分配前的收益，因此资产收益率通过分离企业的经营效率和融资效率，可以更清楚地评价企业资产的真实价值。

净资产收益率，是从股权投资角度反映股东投入资本的使用效率，其计算公式为：

$$净资产收益率 = \frac{净利润}{权益资本账面值}$$

净资产收益率被认为是传统指标中最具综合性和代表性的财务指标，杜邦财务分析体系便是以它为出发点来解释公司业务状况和变化趋势的。收益率指标的一个潜在重大缺陷是收益率最大化和股东财富最大化可能并不一致。根据投资法则，投资的预期回报必须高于资本成本。但是单纯追求预期回报最大化而没有考虑资本成本的投资决策并不能保证投资的净现值大于零。它的另一个内在缺陷是忽略企业经营的风险因素，也就是说收益率指标没有经过适当的风险调整。此外，收益率还有一个固有的缺陷——收益率指标的分母（资本）使用的都是账面价值而非市场价值。但是企业的市场价值不仅包括企业现有资产的账面价值，而且还包括资产的预期增值。因此以账面价值计算得到的收益率指标通常会被高估，从而误导投资决策。

4）每股收益

每股收益是衡量上市公司盈利能力的重要指标，简单计算公式如下。

$$每股收益 = \frac{(净利润 - 优先股股利)}{流通在外的普通股加权平均股份数}$$
$$股票价格 = 每股收益 \times 市盈率$$

该模型表明企业的股价等于每股收益乘以市盈率，而且模型假设市盈率保持不变，因此每股收益的变动与股价的变化一致。但事实上，公司战略、资本结构、财务信息等都会使市盈率发生变动。因此，单纯的每股收益指标在评价公司业绩时，可靠程度相当低。

综上所述，传统的绩效衡量指标会误导投资决策，造成采用传统指标衡量业绩的企业在追求传统财务指标最大化的同时，偏离股东价值最大化的目标。

EVA 较剩余利润及投资报酬率更加能够强化企业的内部控制功能和评估功能。与传统的指标相比，EVA 具有许多独特的优点，它可以很好地克服传统指标的缺陷，准确地衡量管理者为股东创造的财富。

2. EVA 的作用

1）EVA 是股东衡量利润的方法，使公司管理者的决策与股东财富一致

EVA 是股东定义的利润，注重资本成本是 EVA 的明显特征。管理人员在运用资本时，必须为资本付费，就像付工资一样。由于考虑到了包括权益资本在内的所有资本的成本，EVA 体现了公司在某个时期创造或损坏了的财富价值量，真正成为了股东所定义的利润。用财务报告中的会计利润指标来衡量，许多公司都是盈利的，但实际上只有当公司所得的净利润大于公司资本成本时，才为投资者创造了财富，否则是在损害股东财富。EVA 对资本成本的重视，使企业可以避免这种"隐性亏损"的发生。虚假的盈利很可能给决策者造成错觉，使其不断追加投资，隐性亏损不断增加（EVA 在不断下滑），便为显性亏损，导致企业失控甚至有突然倒闭的可能。

EVA 的真正价值，在于公司可以把它作为财务管理体系的基础。建立在 EVA 基础之上的管理体系密切关注股东财富的创造，并以此指导公司决策的制定和营运管理，使战略企划、资本分配、并购或出售等公司行为更加符合股东利益，并使年度计划甚至每天的计划更加有效。采用 EVA 作为业绩衡量标准和投资评估工具将使管理者更为审慎、尽责地进行投资决策。首先，EVA 从实际经济意义来衡量业绩。通过明确引入资本成本，它对企业业绩、投资机会和战略的价值创造前景作出了准确反馈。相应地，管理层能更好地知道何时修正已作出的决策，合理安排产品、客户、生产能力以提高营运效率、优化资源配置。在 EVA 体系下，一旦投资项目正式启动，管理层就必须为已投入资本承担资本成本，因此，在提出项目建议时，管理者会主动剔除那些前景不佳的项目，决策高层从而无须再对各项目进行筛选，并能腾出更多的时间用于确定企业宏观战略。

2）EVA 结束了企业使用多指标相互冲突引起的混乱

大多数企业在不同的业务流程中往往使用各种很不一致的衡量指标。企业的战略企划通常建立在所得收入或市场占有的增加基础之上。在评估个体产品或生产线时，企业常常以毛利率或资金流动为标准。在评价各业务部门时，则可能根据总资产回报率，或是预算规定的利润水平。财务部门通常根据净现值来分析资本投资，但是在评估可能的购并活动时，则又常常根据对收入增长的可能贡献为衡量指标。这些标准和目标前后并不一致，通常会导致营运战略、策划决策缺乏凝聚力。EVA 解决了这些问题，仅使用一种财务衡量指标，就把所有经营决策活动归结为一个目的——如何增加 EVA？

EVA 为各个营运部门的员工提供了相互沟通的共同语言，使企业内部的信息交流更加有效，所有管理决策可以依据 EVA 指标制定，从而达到监督、交流的作用。整个 EVA 系统的目的就是以价值驱动力和资本成本为中心，确定赖以发放激励薪酬的基础，并达成企业内部以及与投资者之间的良好沟通。

3）EVA 可以避免和纠正管理者陷入"盈余管理"的误区

EVA 指标本身具有的特性可以在一定程度上避免操纵盈余进而影响红利支付的行为发生。当管理者通过平滑利润改变了利润在各个会计期间的分配时，这些利润的现值必然会发生变化，如果采用利润指标衡量业绩并据此发放红利时，红利的现值也会发生变化，管理者可以获得时间价值收益，因而管理者就会有动机去从事操纵利润的行为；而如果管理者通过操纵利润来提高当期的 EVA 时，未来期间的总投入资本就会增加，资本成本费用也会随之增加，从而提前确认 EVA 所带来的货币时间价值利益将被在未来期间递减 EVA 的资本成本费用予以消除，EVA 的限制不会发生变化，而根据 EVA 发放的红利的现值也不会发生变化，管理者的操纵利润行为不会获得任何利益，这就使得管理者没有动机去从事操纵利润的行为。但是，如果操纵利润的行为对 EVA 的影响未能反映在未来支付的红利中时，EVA 的该特性将无从发挥作用。例如，当管理者未来收到的红利为零，或者管理者在由于目前增加的 EVA 所导致的未来 EVA 的减少并影响红利支付前离职，这时价值不变性将遭到破坏，管理者可以从操纵盈余行为中获利。此时，管理者仍有动机加速收入确认，而光凭 EVA 指标本身显然无法解决该问题，只有通过结合报酬设计才能有效地避免管理者的操纵盈余行为。

4）EVA 调整了由 GAAP 谨慎原则引起的会计失真

EVA 通过对按照 GAAP 计算的会计数据的一系列调整，第一，消除了传统会计的稳健性原则所导致的会计数据不合理的现象，使调整后的数据更接近现金流，更能反映公司的真实业绩（如对研发费用、商誉的调整）；第二，通过调整减少了管理者平滑利润、管理盈余的机会（如对坏账准备、存货准备的调整）；第三，通过对研究费用、商誉等的调整，消除了管理者对这类投资的顾虑；第四，通过将资产的账面价值调整为经济价值，明确了管理者对公司实际投入的资本所负有的保值增值责任。因此，调整后的 EVA 更真实、客观地反映了公司真正的经营业绩。

5）EVA 源于传统财务体系，将价值管理的概念植入传统会计指标之中

EVA 由剩余利润 RI 延伸而来，而 RI 又是由传统会计衍生的，因此 EVA 实际上是由反映公司不同方面的会计数据计算得出的，它源于会计数据，又高于会计数据。通过对 EVA 计算公式进行分解，可以得到 EVA 的组成公式，如下所示：

息税前利润 EBIT=经营性现金净流量+不涉及现金的净损益
息前税后净利润 NOPAT=经营性现金净流量+不涉及现金的净损益+利息费用
剩余利润 RI=经营性现金净流量+不涉及现金的净损益+利息费用–加权平均资本成本
经济增加值 EVA=经营性现金净流量+不涉及现金的净损益+利息费用–
(债务资本成本+股权资本成本)

如上所示，可以清楚地看出 EVA 是由 CFO、EBIT、NOPAT、RI 等指标一步步推算出来

的，同时又对它们进行了适当的调整，从而具有其他会计基础指标所无法比拟的丰富的信息含量，比这些指标更准确全面地反映了管理者的经营业绩。

6）EVA 揭示价值管理的本质

EVA 的定义式也可以用另一种形式表达，即 EVA=TC×(ROA−K)，其中 TC 是总投入资本，ROA 是总资产报酬率，K 为债务资本成本和股权资本成本的加权平均值（即公司的加权平均资本成本，其中股权资本成本可以通过 CAPM 模型进行测算）。此公式清楚地揭示了 EVA 产生的价值驱动力的源泉。

从公式中可以看出，管理人员为了提高 EVA 可能采取的措施有以下几种。

① 提高总资产报酬率，其中主要的途径是加速资产的周转，以既定的资金占用实现尽可能多的报酬。

② 降低资本成本，通过更有效地筹资方案来减少资本成本。

③ 当总资产报酬率＞资本成本时，尽可能多地投入资金，而当资产回报率小于资本成本时，尽可能地减少资金的占用。

很明显，这三种做法都有利于股东财富的增长，和企业的目标相一致。由此可见，用 EVA 衡量管理人员的经营业绩时，会促使管理人员采用有利于股东财富最大化的行为。

8.4.5　EVA 考核推广应用

通过对财务体系的改进，EVA 指标不仅能较好地从股东价值创造角度反映企业的经营绩效，有效地促进企业规模和效率、长期利益和短期利益的统一；同时还可以在企业内部进行纵向分解，成为一种有效的内部绩效管理工具。目前为止，以 EVA 为核心的价值管理体系的运用已经相当广泛。

2016 年 12 月 12 日，国务院国资委印发了《中央企业负责人经营业绩考核办法》（国资委令第 33 号，对 2013 年 1 月 1 日开始实施的《中央企业负责人经营业绩考核暂行办法》进行了修改完善，但对暂行办法中"经济增加值考核细则"内容并未进行修改。暂行办法规定，所有中央企业需要推行经济增加值（EVA）考核，这对中央企业负责人以战略为导向、以全面预算为实现战略目标手段的管理模式是又一次提升。

长期以来，我国国有企业由于体制机制不良、资产产权虚置，在利益驱动下，人为调节利润形成虚挂资产，或是充分建设，或是盲目扩张；在经营管理上，对应收账款管理不力、清收不及时，造成了国有资产质量不佳、资本成本低下。推行以主要关注资本成本的 EVA 考核，对国有企业的资产质量和管理模式提出更高要求，将提高国企的竞争力，缩减其与国际企业的差距。

思考题

1. 公司综合绩效分析与评价体系的主要类型有哪些?

2. 传统杜邦分析体系的局限性是什么? 杜邦财务分析指标体系中主要财务指标之间的相互关系怎样?

3. 改进的杜邦分析体系较之于传统体系有什么优点?

4. 经济增加值评价法的基本原理是什么? 有什么缺点?

5. 平衡计分卡是如何评价企业的业绩的? 有什么缺点?

6. 中央企业如何进行综合绩效评价?

7. 试对沃尔评分法进行评述。

附 录 A

2018 年 6 月 15 日，中华人民共和国财政部正式公布了《关于修订印发 2018 年度一般企业财务报表格式的通知》（以下简称《通知》），针对 2018 年 1 月 1 日起分阶段实施的新金融工具准则和新收入准则，以及企业会计准则实施中的有关情况，对一般企业财务报表格式进行了修订，并分别就尚未执行新金融准则和新收入准则的企业、已执行新金融准则或新收入准则的企业的财务报表格式提供了模板，分别见附录 A–1 和附录 A–2。执行企业会计准则的非金融企业中，尚未执行新金融准则和新收入准则的企业应当按照企业会计准则和附录 A–1 的要求编制财务报表，已执行新金融准则或新收入准则的企业应当按照企业会计准则和附录 A–2 的要求编制财务报表。

企业对不存在相应业务的报表项目可结合本企业的实际情况**进行必要删减**，企业根据重要性原则并结合本企业的实际情况**可以对确需单独列示的内容增加报表项目**。

执行企业会计准则的金融企业应当根据金融企业经营活动的性质和要求，比照《通知》中一般企业财务报表格式进行相应调整。

《通知》适用于资产负债表日为 2018 年 6 月 30 日及之后的财务报表，并要求对可比期间的比较数据按照《通知》要求进行调整。

附录 A–1 一般企业财务报表格式（适用于尚未执行新金融准则和新收入准则的企业）

资产负债表

会企 01 表

编制单位：　　　　　　　　　　　　　年　月　日　　　　　　　　　　　　单位：元

资　　产	期末余额	年初余额	负债和所有者权益（或股东权益）	期末余额	年初余额
流动资产：			流动负债：		
货币资金			短期借款		
以公允价值计量且其变动计入当期损益的金融资产			以公允价值计量且其变动记入当期损益的金融负债		
衍生金融资产			衍生金融负债		
应收票据及应收账款			应付票据及应付账款		
预付款项			预收款项		
其他应收款			应付职工薪酬		

资　　　产	期末余额	年初余额	负债和所有者权益（或股东权益）	期末余额	年初余额
存货			应交税费		
持有待售资产			其他应付款		
一年内到期的非流动资产			持有待售负债		
其他流动资产			一年内到期的非流动负债		
流动资产合计			一年内到期的非流动负债		
流动资产合计			其他流动负债		
非流动资产：			流动负债合计		
可供出售金融资产			非流动负债：		
持有至到期投资			长期借款		
长期应收款			应付债券		
长期股权投资			其中：优先股		
投资性房地产			永续债		
固定资产			长期应付款		
在建工程			预计负债		
生产性生物资产			递延收益		
油气资产			递延所得税负债		
无形资产			其他非流动负债		
开发支出			非流动负债合计		
商誉			负债合计		
长期待摊费用			所有者权益（或股东权益）：		
递延所得税资产			实收资本（或股本）		
其他非流动资产			其他权益工具		
非流动资产合计			其中：优先股		
			永续债		
			资本公积		
			减：库存股		
			其他综合收益		
			盈余公积		
			未分配利润		
			所有者权益（或股东权益）合计		
资产总计			负债和所有者权益（或股东权益）总计		

修订新增项目说明：

1."应收票据及应收账款"行项目，反映资产负债表日以摊余成本计量的、企业因销售商品、提供服务等经营活动应收取的款项，以及收到的商业汇票，包括银行承兑汇票和商业承兑汇票。该项目应根据"应收票据"和"应收账款"科目的期末余额，减去"坏账准备"科目中相关坏账准备期末余额后的金额填列。

2."其他应收款"行项目，应根据"应收利息""应收股利"和"其他应收款"科目的期末余额合计数，减去"坏账准备"科目中相关坏账准备期末余额后的金额填列。

3."持有待售资产"行项目，反映资产负债表日划分为持有待售类别的非流动资产及划分为持有待售类别的处置组中的流动资产和非流动资产的期末账面价值。该项目应根据"持有待售资产"科目的期末余额，减去"持有待售资产减值准备"科目的期末余额后的金额填列。

4."固定资产"行项目，反映资产负债表日企业固定资产的期末账面价值和企业尚未清理完毕的固定资产清理净损益。该项目应根据"固定资产"科目的期末余额，减去"累计折旧"和"固定资产减值准备"科目的期末余额后的金额，以及"固定资产清理"科目的期末余额填列。

5."在建工程"行项目，反映资产负债表日企业尚未达到预定可使用状态的在建工程的期末账面价值和企业为在建工程准备的各种物资的期末账面价值。该项目应根据"在建工程"科目的期末余额，减去"在建工程减值准备"科目的期末余额后的金额，以及"工程物资"科目的期末余额，减去"工程物资减值准备"科目的期末余额后的金额填列。

6."应付票据及应付账款"行项目，反映资产负债表日企业因购买材料、商品和接受服务等经营活动应支付的款项，以及开出、承兑的商业汇票，包括银行承兑汇票和商业承兑汇票。该项目应根据"应付票据"科目的期末余额，以及"应付账款"和"预付账款"科目所属的相关明细科目的期末贷方余额合计数填列。

7."其他应付款"行项目，应根据"应付利息""应付股利"和"其他应付款"科目的期末余额合计数填列。

8."持有待售负债"行项目，反映资产负债表日处置组中与划分为持有待售类别的资产直接相关的负债的期末账面价值。该项目应根据"持有待售负债"科目的期末余额填列。

9."长期应付款"行项目，反映资产负债表日企业除长期借款和应付债券以外的其他各种长期应付款项的期末账面价值。该项目应根据"长期应付款"科目的期末余额，减去相关的"未确认融资费用"科目的期末余额后的金额，以及"专项应付款"科目的期末余额填列。

利润表

会企 02 表

编制单位：　　　　　　　　　　　　　年　月　　　　　　　　　　　　　　　单位：元

项　目	本期金额	上期金额
一、营业收入		
减：营业成本		
税金及附加		
销售费用		
管理费用		
研发费用		
财务费用		
其中：利息费用		
利息收入		
资产减值损失		
加：其他收益		
投资收益（损失以"－"号填列）		
其中：对联营企业和合营企业的投资收益		
公允价值变动收益（损失以"－"号填列）		
资产处置收益（亏损总额以"－"号填列）		
二、营业利润（亏损以"－"号填列）		
加：营业外收入		
减：营业外支出		
三、利润总额（亏损总额以"－"号填列）		
减：所得税费用		
四、净利润（净亏损以"－"号填列）		
五、其他综合收益的税后净额		
（一）不能重分类进损益的其他综合收益		
1. 重新计量设定受益计划变动额		
2. 权益法下不能转损益的其他综合收益		
……		
（二）将重分类进损益的其他综合收益		
1. 权益法下可转损益的其他综合收益		
2. 可供出售金融资产公允价值变动损益		
3. 持有至到期投资重分类为可供出售金融资产损益		
4. 现金流量套期损益的有效部分		

续表

项　　目	本期金额	上期金额
5. 外币财务报表折算差额		
……		
六、综合收益总额		
七、每股收益：		
（一）基本每股收益		
（二）稀释每股收益		

修订新增项目说明：

1. "研发费用"行项目，反映企业进行研究与开发过程中发生的费用化支出。该项目应根据"管理费用"科目下的"研发费用"明细科目的发生额分析填列。

2. "其中：利息费用"行项目，反映企业为筹集生产经营所需资金等而发生的应予费用化的利息支出。该项目应根据"财务费用"科目的相关明细科目的发生额分析填列。

3. "利息收入"行项目，反映企业确认的利息收入。该项目应根据"财务费用"科目的相关明细科目的发生额分析填列。

4. "其他收益"行项目，反映计入其他收益的政府补助等。该项目应根据"其他收益"科目的发生额分析填列。

5. "资产处置收益"行项目，反映企业出售划分为持有待售的非流动资产（金融工具、长期股权投资和投资性房地产除外）或处置组（子公司和业务除外）时确认的处置利得或损失，以及处置未划分为持有待售的固定资产、在建工程、生产性生物资产及无形资产而产生的处置利得或损失。债务重组中因处置非流动资产产生的利得或损失和非货币性资产交换中换出非流动资产产生的利得或损失也包括在本项目内。该项目应根据"资产处置损益"科目的发生额分析填列；如为处置损失，以"-"号填列。

6. "营业外收入"行项目，反映企业发生的除营业利润以外的收益，主要包括债务重组利得、与企业日常活动无关的政府补助、盘盈利得、捐赠利得（企业接受股东或股东的子公司直接或间接的捐赠，经济实质属于股东对企业的资本性投入的除外）等。该项目应根据"营业外收入"科目的发生额分析填列。

7. "营业外支出"行项目，反映企业发生的除营业利润以外的支出，主要包括债务重组损失、公益性捐赠支出、非常损失、盘亏损失、非流动资产毁损报废损失等。该项目应根据"营业外支出"科目的发生额分析填列。

8. "（一）持续经营净利润"和"（二）终止经营净利润"行项目，分别反映净利润中与持续经营相关的净利润和与终止经营相关的净利润；如为净亏损，以"-"号填列。该两个项目应按照《企业会计准则第42号——持有待售的非流动资产、处置组和终止经营》的相关规定分别列报。

现金流量表

会企 03 表

编制单位：　　　　　　　　　　年　　月　　　　　　　　　　　　　单位：元

项　目	本期金额	上期金额
一、经营活动产生的现金流量：		
销售商品、提供劳务收到的现金		
收到的税费返还		
收到其他与经营活动有关的现金		
经营活动现金流入小计		
购买商品、接受劳务支付的现金		
支付给职工以及为职工支付的现金		
支付的各项税费		
支付其他与经营活动有关的现金		
经营活动现金流出小计		
经营活动产生的现金流量净额		
二、投资活动产生的现金流量：		
收回投资收到的现金		
取得投资收益收到的现金		
处置固定资产、无形资产和其他长期资产收回的现金净额		
处置子公司及其他营业单位收到的现金净额		
收到其他与投资活动有关的现金		
投资活动现金流入小计		
购建固定资产、无形资产和其他长期资产支付的现金		
投资支付的现金		
取得子公司及其他营业单位支付的现金净额		
支付其他与投资活动有关的现金		
投资活动现金流出小计		
投资活动产生的现金流量净额		
三、筹资活动产生的现金流量：		
吸收投资收到的现金		
取得借款收到的现金		
收到其他与筹资活动有关的现金		
筹资活动现金流入小计		
偿还债务支付的现金		

续表

项　目	本期金额	上期金额
分配股利、利润或偿付利息支付的现金		
支付其他与筹资活动有关的现金		
筹资活动现金流出小计		
筹资活动产生的现金流量净额		
四、汇率变动对现金及现金等价物的影响		
五、现金及现金等价物净增加额		
加：期初现金及现金等价物余额		
六、期末现金及现金等价物余额		

所有者权益变动表

会企 04 表

编制单位：　　　　　　　　　　　　年度　　　　　　　　　　　　　　单位：元

项目	本年金额										上年金额									
	实收资本（或股本）	其他权益工具			资本公积	减：库存股	其他综合收益	盈余公积	未分配利润	所有者权益合计	实收资本（或股本）	其他权益工具			资本公积	减：库存股	其他综合收益	盈余公积	未分配利润	所有者权益合计
		优先股	永续债	其他								优先股	永续债	其他						
一、上年年末余额																				
加：会计政策变更																				
前期差错更正																				
其他																				
二、本年年初余额																				
三、本期增减变动金额（减少以"、本号填列）																				
（一）综合收益总额																				
（二）所有者投入和减少资本																				
1. 所有者投入的普通股																				

项目	本年金额										上年金额									
	实收资本（或股本）	其他权益工具			资本公积	减：库存股	其他综合收益	盈余公积	未分配利润	所有者权益合计	实收资本（或股本）	其他权益工具			资本公积	减：库存股	其他综合收益	盈余公积	未分配利润	所有者权益合计
		优先股	永续债	其他								优先股	永续债	其他						
2. 其他权益工具持有者投入资本																				
3. 股份支付计入所有者权益的金额																				
4. 其他																				
（三）利润分配																				
1. 提取盈余公积																				
2. 对所有者（或股东）的分配																				
3. 其他																				
（四）所有者权益内部结转																				
1. 资本公积转增资本（或股本）																				
2. 盈余公积转增资本（或股本）																				
3. 盈余公积弥补亏损																				
4. 设定收益计划变动额结转留存收益																				
5. 其他																				
四、本年年末余额																				

附录 A-2　一般企业财务报表格式（适用于已执行新金融准则或新收入准则的企业）

资产负债表

会企 01 表

编制单位：　　　　　　　　　　年　月　日　　　　　　　　　　单位：元

资　　产	期末余额	年初余额	负债和所有者权益（或股东权益）	期末余额	年初余额
流动资产：			流动负债：		
货币资金			短期借款		
交易性金融资产			交易性金融负债		
衍生金融资产			衍生金融负债		
应收票据及应收账款			应付票据及应付账款		
预付款项			预收款项		
其他应收款			合同负债		
存货			应付职工薪酬		
合同资产			应交税费		
持有待售资产			其他应付款		
一年内到期的非流动资产			持有待售负债		
其他流动资产			一年内到期的非流动负债		
流动资产合计			其他流动负债		
非流动资产：			流动负债合计		
债权投资			非流动负债：		
其他债权投资			长期借款		
长期应收款			应付债券		
长期股权投资			其中：优先股		
其他权益工具投资			永续债		
其他非流动金融资产			长期应付款		
投资性房地产			预计负债		
固定资产			递延收益		
在建工程			递延所得税负债		
生产性生物资产			其他非流动负债		
油气资产			非流动负债合计		

资　产	期末余额	年初余额	负债和所有者权益（或股东权益）	期末余额	年初余额
无形资产			负债合计		
开发支出			所有者权益（或股东权益）：		
商誉			实收资本（或股本）		
长期待摊费用			其他权益工具		
递延所得税资产			其中：优先股		
其他非流动资产			永续债		
非流动资产合计			资本公积		
			减：库存股		
			其他综合收益		
			盈余公积		
			未分配利润		
			所有者权益（或股东权益）合计		
资产总计			负债和所有者权益（或股东权益）总计		

修订新增项目说明：

1．"交易性金融资产"行项目，反映资产负债表日企业分类为以公允价值计量且其变动计入当期损益的金融资产，以及企业持有的直接指定为以公允价值计量且其变动计入当期损益的金融资产的期末账面价值。该项目应根据"交易性金融资产"科目的相关明细科目期末余额分析填列。自资产负债表日起超过一年到期且预期持有超过一年的以公允价值计量且其变动计入当期损益的非流动金融资产的期末账面价值，在"其他非流动金融资产"行项目反映。

2．"债权投资"行项目，反映资产负债表日企业以摊余成本计量的长期债权投资的期末账面价值。该项目应根据"债权投资"科目的相关明细科目期末余额，减去"债权投资减值准备"科目中相关减值准备的期末余额后的金额分析填列。自资产负债表日起一年内到期的长期债权投资的期末账面价值，在"一年内到期的非流动资产"行项目反映。企业购入的以摊余成本计量的一年内到期的债权投资的期末账面价值，在"其他流动资产"行项目反映。

3．"其他债权投资"行项目，反映资产负债表日企业分类为以公允价值计量且其变动计入其他综合收益的长期债权投资的期末账面价值。该项目应根据"其他债权投资"科目的相关明细科目期末余额分析填列。自资产负债表日起一年内到期的长期债权投资的期末账面价值，在"一年内到期的非流动资产"行项目反映。企业购入的以公允价值计量且其变动计入其他综合收益的一年内到期的债权投资的期末账面价值，在"其他流动资产"行项目反映。

4. "其他权益工具投资"行项目，反映资产负债表日企业指定为以公允价值计量且其变动计入其他综合收益的非交易性权益工具投资的期末账面价值。该项目应根据"其他权益工具投资"科目的期末余额填列。

5. "交易性金融负债"行项目，反映资产负债表日企业承担的交易性金融负债，以及企业持有的直接指定为以公允价值计量且其变动计入当期损益的金融负债的期末账面价值。该项目应根据"交易性金融负债"科目的相关明细科目期末余额填列。

6. "合同资产"和"合同负债"行项目。企业应按照《企业会计准则第 14 号——收入》（2017 年修订）的相关规定根据本企业履行履约义务与客户付款之间的关系在资产负债表中列示合同资产或合同负债。"合同资产"项目、"合同负债"项目，应分别根据"合同资产"科目、"合同负债"科目的相关明细科目期末余额分析填列，同一合同下的合同资产和合同负债应当以净额列示，其中净额为借方余额的，应当根据其流动性在"合同资产"或"其他非流动资产"项目中填列，已计提减值准备的，还应减去"合同资产减值准备"科目中相关的期末余额后的金额填列；其中净额为贷方余额的，应当根据其流动性在"合同负债"或"其他非流动负债"项目中填列。

7. 按照《企业会计准则第 14 号——收入》（2017 年修订）的相关规定确认为资产的合同取得成本，应当根据"合同取得成本"科目的明细科目初始确认时摊销期限是否超过一年或一个正常营业周期，在"其他流动资产"或"其他非流动资产"项目中填列，已计提减值准备的，还应减去"合同取得成本减值准备"科目中相关的期末余额后的金额填列。

8. 按照《企业会计准则第 14 号——收入》（2017 年修订）的相关规定确认为资产的合同履约成本，应当根据"合同履约成本"科目的明细科目初始确认时摊销期限是否超过一年或一个正常营业周期，在"存货"或"其他非流动资产"项目中填列，已计提减值准备的，还应减去"合同履约成本减值准备"科目中相关的期末余额后的金额填列。

9. 按照《企业会计准则第 14 号——收入》（2017 年修订）的相关规定确认为资产的应收退货成本，应当根据"应收退货成本"科目是否在一年或一个正常营业周期内出售，在"其他流动资产"或"其他非流动资产"项目中填列。

10. 按照《企业会计准则第 14 号——收入》（2017 年修订）的相关规定确认为预计负债的应付退货款，应当根据"预计负债"科目下的"应付退货款"明细科目是否在一年或一个正常营业周期内清偿，在"其他流动负债"或"预计负债"项目中填列。

利润表

会企 02 表
单位：元

编制单位：　　　　　　　　　　　　年　　月

项　　目	本期金额	上期金额
一、营业收入		
减：营业成本		
税金及附加		
销售费用		
管理费用		
研发费用		
财务费用		
其中：利息费用		
利息收入		
资产减值损失		
加：其他收益		
投资收益（损失以"-"号填列）		
其中：对联营企业和合营企业的投资收益		
净敞口套期收益（损失以"-"号填列）		
公允价值变动收益（损失以"-"号填列）		
资产处置收益（亏损总额以"-"号填列）		
二、营业利润（亏损以"-"号填列）		
加：营业外收入		
减：营业外支出		
三、利润总额（亏损总额以"-"号填列）		
减：所得税费用		
四、净利润（净亏损以"-"号填列）		
（一）持续经营净利润（净亏损以"-"号填列）		
（二）终止经营净利润（净亏损以"-"号填列）		
五、其他综合收益的税后净额		
（一）不能重分类进损益的其他综合收益		
1. 重新计量设定受益计划变动额		

项　目	本期金额	上期金额
2. 权益法下不能转损益的其他综合收益		
3. 其他权益工具投资公允价值变动		
4. 企业自身信用风险公允价值变动		
……		
（二）将重分类进损益的其他综合收益		
1. 权益法下可转损益的其他综合收益		
2. 其他债权投资公允价值变动损益		
3. 金融资产重分类计入其他综合收益的金额		
4. 其他债权投资信用减值准备		
5. 现金流量套期储备		
6. 外币财务报表折算差额		
……		
六、综合收益总额		
七、每股收益：		
（一）基本每股收益		
（二）稀释每股收益		

修订新增项目说明：

1. "信用减值损失"行项目，反映企业按照《企业会计准则第 22 号——金融工具确认和计量》（2017 年修订）的要求计提的各项金融工具减值准备所形成的预期信用损失。该项目应根据"信用减值损失"科目的发生额分析填列。

2. "净敞口套期收益"行项目，反映净敞口套期下被套期项目累计公允价值变动转入当期损益的金额或现金流量套期储备转入当期损益的金额。该项目应根据"净敞口套期损益"科目的发生额分析填列；如为套期损失，以"–"号填列。

3. "其他权益工具投资公允价值变动"行项目，反映企业指定为以公允价值计量且其变动计入其他综合收益的非交易性权益工具投资发生的公允价值变动。该项目应根据"其他综合收益"科目的相关明细科目的发生额分析填列。

4. "企业自身信用风险公允价值变动"行项目，反映企业指定为以公允价值计量且其变动计入当期损益的金融负债，由企业自身信用

风险变动引起的公允价值变动而计入其他综合收益的金额。该项目应根据"其他综合收益"科目的相关明细科目的发生额分析填列。

5. "其他债权投资公允价值变动"行项目，反映企业分类为以公允价值计量且其变动计入其他综合收益的债权投资发生的公允价值变动。企业将一项以公允价值计量且其变动计入其他综合收益的金融资产重分类为以摊余成本计量的金融资产，或重分类为以公允价值计量且其变动计入当期损益的金融资产时，之前计入其他综合收益的累计利得或损失从其他综合收益中转出的金额作为该项目的减项。该项目应根据"其他综合收益"科目下的相关明细科目的发生额分析填列。

6. "金融资产重分类计入其他综合收益的金额"行项目，反映企业将一项以摊余成本计量的金融资产重分类为以公允价值计量且其变动计入其他综合收益的金融资产时，计入其他综合收益的原账面价值与公允价值之间的差额。该项目应根据"其他综合收益"科目下的相关明细科目的发生额分析填列。

7. "其他债权投资信用减值准备"行项目，反映企业按照《企业会计准则第 22 号——金融工具确认和计量》（2017 年修订）第十八条分类为以公允价值计量且其变动计入其他综合收益的金融资产的损失准备。该项目应根据"其他综合收益"科目下的"信用减值准备"明细科目的发生额分析填列。

8. "现金流量套期储备"行项目，反映企业套期工具产生的利得或损失中属于套期有效的部分。该项目应根据"其他综合收益"科目下的"套期储备"明细科目的发生额分析填列。

现金流量表

会企 03 表

编制单位：   年   月   单位：元

项　　目	本期金额	上期金额
一、经营活动产生的现金流量：		
销售商品、提供劳务收到的现金		
收到的税费返还		
收到其他与经营活动有关的现金		
经营活动现金流入小计		
购买商品、接受劳务支付的现金		
支付给职工以及为职工支付的现金		
支付的各项税费		
支付其他与经营活动有关的现金		
经营活动现金流出小计		
经营活动产生的现金流量净额		

续表

项　　目	本期金额	上期金额
二、投资活动产生的现金流量:		
收回投资收到的现金		
取得投资收益收到的现金		
处置固定资产、无形资产和其他长期资产收回的现金净额		
处置子公司及其他营业单位收到的现金净额		
收到其他与投资活动有关的现金		
投资活动现金流入小计		
购建固定资产、无形资产和其他长期资产支付的现金		
投资支付的现金		
取得子公司及其他营业单位支付的现金净额		
支付其他与投资活动有关的现金		
投资活动现金流出小计		
投资活动产生的现金流量净额		
三、筹资活动产生的现金流量:		
吸收投资收到的现金		
取得借款收到的现金		
收到其他与筹资活动有关的现金		
筹资活动现金流入小计		
偿还债务支付的现金		
分配股利、利润或偿付利息支付的现金		
支付其他与筹资活动有关的现金		
筹资活动现金流出小计		
筹资活动产生的现金流量净额		
四、汇率变动对现金及现金等价物的影响		
五、现金及现金等价物净增加额		
加:期初现金及现金等价物余额		
六、期末现金及现金等价物余额		

所有者权益变动表

会企 04 表

编制单位：　　　　　　　　　　　年度　　　　　　　　　　　　单位：元

项目	本年金额										上年金额									
	实收资本（或股本）	其他权益工具			资本公积	减:库存股	其他综合收益	盈余公积	未分配利润	所有者权益合计	实收资本（或股本）	其他权益工具			资本公积	减:库存股	其他综合收益	盈余公积	未分配利润	所有者权益合计
		优先股	永续债	其他								优先股	永续债	其他						
一、上年年末余额																				
加：会计政策变更																				
前期差错更正																				
其他																				
二、本年年初余额																				
三、本期增减变动金额（减少以"、本号填列）																				
（一）综合收益总额																				
（二）所有者投入和减少资本																				
1. 所有者投入的普通股																				
2. 其他权益工具持有者投入资本																				
3. 股份支付计入所有者权益的金额																				
4. 其他																				
（三）利润分配																				
1. 提取盈余公积																				

项目	本年金额										上年金额									
	实收资本（或股本）	其他权益工具			资本公积	减：库存股	其他综合收益	盈余公积	未分配利润	所有者权益合计	实收资本（或股本）	其他权益工具			资本公积	减：库存股	其他综合收益	盈余公积	未分配利润	所有者权益合计
		优先股	永续债	其他								优先股	永续债	其他						
2. 对所有者（或股东）的分配																				
3. 其他																				
（四）所有者权益内部结转																				
1. 资本公积转增资本（或股本）																				
2. 盈余公积转增资本（或股本）																				
3. 盈余公积弥补亏损																				
4. 设定收益计划变动额结转留存收益																				
5. 其他综合收益结转留存收益																				
6. 其他																				
四、本年年末余额																				

修订新增项目说明：

1. "其他综合收益结转留存收益"行项目，主要反映：（1）企业指定为以公允价值计量且其变动计入其他综合收益的非交易性权益工具投资终止确认时，之前计入其他综合收益的累计利得或损失从其他综合收益中转入留存收益的金额；（2）企业指定为以公允价值计量且其变动计入当期损益的金融负债终止确认时，之前由企业自身信用风险变动引起而计入其他综合收益的累计利得或损失从其他综合收益中转入留存收益的金额等。该项目应根据"其他综合收益"科目的相关明细科目的发生额分析填列。

参 考 文 献

[1] 中华人民共和国财政部. 企业会计准则 [M]. 上海：立信会计出版社，2018.

[2] 中华人民共和国财政部. 企业会计准则应用指南 [M]. 上海：立信会计出版社，2018.

[3] 中国注册会计师协会. 会计 [M]. 北京：中国财政经济出版社，2018.

[4] 中国注册会计师协会. 财务管理 [M]. 北京：中国财政经济出版社，2018.

[5] 张新民，钱爱民. 财务报表分析 [M]. 4 版. 北京：中国人民大学出版社，2017.

[6] 张新民. 从报表看企业 数字背后的秘密 [M]. 3 版. 北京：中国人民大学出版社，2017.

[7] 林秀香. 财务报告分析：应用视角 [M]. 大连：东北财经大学出版社，2017.

[8] 李昕. 财务报表分析 [M]. 4 版. 大连：东北财经大学出版社，2017.

[9] 谢士杰. 读懂财务报表看透企业经营. 北京：人民邮电出版社，2016.

[10] 陆正飞. 财务报告与分析 [M]. 2 版. 北京：北京大学出版社，2014.